国内重点大学联合编写　　高等学校城市规划专业系列教材

城市社会学

CHENGSHISHEHUIXUE

(国家自然科学基金资助项目)

顾朝林　编著

东南大学出版社

内容提要

我国城市问题的成功解决需要城市社会地理学家的参与研究。本书主要内容有社会学与城市社会学概念、城市社会结构、城市社会分层与流动、城市社会空间结构、城市社会学基本理论体系、城市社会地理学理论与方法、城市社会学研究方法等。

本书可作为城市规划专业的教材，也可作为城市社会、经济、地理方面研究人员的参考资料。

图书在版编目（CIP）数据

城市社会学/顾朝林编著. —南京：东南大学出版社，2002.6（2021.8 重印）

（高等学校城市规划专业系列教材/顾朝林主编）

ISBN 978-7-81050-959-6

Ⅰ.城… Ⅱ.顾… Ⅲ.城市社会学—高等学校—教材 Ⅳ.C912.81

中国版本图书馆 CIP 数据核字（2002）第 020703 号

东南大学出版社出版发行

（南京四牌楼 2 号　邮编 210096）

出版人：江建中

网　　址：http://www.seupress.cn

电子邮件：press@seu.edu.cn

全国各地新华书店经销　南京京新印刷有限公司印刷

开本：700mm×1000mm　1/16　印张：19　字数：319 千字

2002 年 8 月第 1 版　2021 年 8 月第 12 次印刷

ISBN 978-7-81050-959-6/TU·166

印数：25501~26500 册　定价：39.00 元

（凡因印装质量问题，可直接与读者服务部联系。电话（传真)：025-83792325）

总 前 言

工业革命以后,世界范围内城市的功能与结构日趋复杂,产生了近代城市规划学。20 世纪 60 年代以后,城市规划学又有了新的发展,从以建筑规划为主发展到多学科交叉。建筑学家、地理学家、经济学家、环境学家、心理学家、社会学家、历史学家、人口学家、法学家、甚至政治家等都相继加入城市规划的行列,目的在于研究城市、参与规划、创造优美的人居环境。

综观发达国家城市规划教育的道路,走过了以工程学或以建筑学为基础的本科生教育为主的阶段后,开始转向主要招收文、理、工等多学科交叉的以攻读城市规划硕士学位或博士学位的研究生为主的阶段。从国际城市规划学科发展潮流看,规划理论与方法、社会经济分析、环境保护与资源利用、规划分析技术与方法以及市政建筑工程等成为城市规划专业教育的五大支柱学科。

在我国,有关城市规划的科学起源于建筑学。据文字记载,我国自夏代开始营建城邑,历经商、周两代到春秋晚期逐步形成了一套完整的城邑建设制度——营国制度。在漫长的封建等级制度下,这套制度进一步完善为城邑建设体制、礼制营建制度和城邑规划制度,从而严重束缚了我国城市规划学的发展。直到鸦片战争以后,由于帝国主义列强入侵,外国资本输入,一批殖民地城市如青岛、广州、哈尔滨、旅大(今大连),租界城市如上海、天津、汉口(今武汉)等才开始进行近代的城市规划。然而,我国的城市规划学科发展一直比较缓慢。自改革开放以来,我国的城市规划学科建设才顺应国际潮流,从以建筑规划为主向多学科交叉发展。

一个城市的规划代表着一个城市的综合实力和城市发展的未来,也是城市规划师技术、文化、政策、国际视野等能力的重要标志。这也就是说,城市规划教育必须涉及现代城市规划的自然、技术(工程)、经济等多门类学科,在知识结构上包含基础理论、应用基础理论和应用技术(方法)等基本方面。与此同时,城市规划还是一门立足于实践的学问,通俗地说,它要培养学生具备真正能动手的能力。

城市规划是一门新型的交叉科学,对提高人类居住生活水平、可持续利用自然和空间资源、充分发挥城市设施效率具有特别重要的意义。有鉴于此,新编城市规划系列教材应该涉及建筑学、地理学、环境科学、经济学、社会学、文化艺术、工程技术、法律、甚至政治学等多门类学科。本套系列教材力图全面反映新世纪中国城市发展对规划师知识的增长要求，在原有的工科城市规划教材的基础上，增加经济、社会、文化、环境、技术、法律、甚至政治等多方面内容，以适应全球化、信息化、城市化和地方化对我国城市规划师提出的挑战。

建设部高等学校城市规划专业指导委员会副主任
南京大学城市与资源学系教授、系主任 **顾朝林**
2002 年 4 月 16 日

Foreword

I have known Professor Gu Chaolin for many years and have had the privilege of working more closely with him in the last two years when he visited Seattle for extended periods. Professor Gu is probably the most prolific Chinese geographer of his generation. His voluminous research has helped us understand the complexity of Chinese cities and urban systems. In the past few years, he has labored diligently to introduce urban geography in the West to China to help further theorize Chinese urban geography and develop applicable models. In his research, he has studied the social dimension of Chinese cities, an important area that remains inadequately researched by geographers in China. This book is his major contribution in this field.

This is a fresh and pioneering geographic text on the social urban geography in China. The book covers comprehensively both modern theories, methods, with examples and case studies from China and abroad. The book examines a wide range of theories, from classical urban ecology to the latest feminist approaches and globalization theories. The book has also two substantive chapters on social stratification and socio – spatial differentiation based largely on his own original research in China. While the book is intended as a textbook for senior undergraduates and graduate students, it can also be read as his research in which his work and interpretations, seen from various analytical perspectives, are discussed and summarized. This book will no doubt serve to guide students of Chinese cities in the coming years in their quest to find appropriate models and methods to raise China's urban geography to a higher level. It will be a significant work in bridging the gaps in urban social geography between China and the Western world. On the eve of publication of this important book, I would like to send my congratulations to Prof. Gu

Kam Wing Chan
University of Washington, Seattle, USA
Saturday, May 04, 2002

前言

城市是人类聚落的一种形式。与乡村相比,它是一种更高级的聚落形式。城市的形成已有数千年的历史,但在长期的历史发展中城市人口只占总人口的一小部分。然而自工业革命以来,城市在世界范围内得到过快速发展。在最近一二百年中,全球总人口中越来越多的人离开乡村进入城市。到1980年,全世界已有40%的人居住在城市当中;到1990年,世界总人口中城市居民已超过一半;到2000年,全世界城市居民的比例据报道已达到了58%。根据联合国、世界银行等组织预测表明:全世界城市化水平到2025年将达到65%。即使对欠发达地区而言,城市化水平也将从2000年的45%增长到2025年的61%。亚洲是世界上人口稠密的地区,联合国预测亚洲到2025年城市化水平达50%。第二次世界大战以后,继发达国家城市化以后,世界城市化的主流正在向发展中国家转移,南美洲、亚洲、非洲的城市化进程尤为迅速。因此,城市的社会生活如何,对整个人类社会发展具有至关重大的作用。

城市的重要性不仅在于它的规模和人数,同时还在于它在整个社会的经济、政治和文化等方面所占的重要地位。早期的城市从一开始就是作为整个社会的政治、军事、文化或贸易中心,在政治、经济与社会生活中占据重要的地位。工业革命以后,工业取代了农业而成为经济中的主导产业,工业化又进一步促进大量农村人口涌向城市,使城市在经济、政治和社会生活中的中心地位进一步加强。20世纪后半叶以来,以电子信息产业和服务行业为主导产业的产业转化使得城市经济更具活力,并使城市在整个社会经济体系中扮演更加重要的角色。

然而,当我们更进一步考察城市发展和城市生活时,却会看到城市的另一面,即城市中的各种社会问题。城市这种人口高密度的聚落方式本身就是产生各种社会问题的根源。工业化所带来的城市人口膨胀使城市的弱点进一步暴露无遗。尽管工业化和城市化有力地促进了经济发展,并带来了前所未有的现代城市文明,但同时也带来了失业、贫困、住房困难、交通拥挤、环境恶化、犯罪增多等社会问题。

20世纪20年代的美国,当时正值资本主义发展及工业化的高峰期,大量农村人口及外国移民涌向芝加哥,以致人口爆炸、罪案丛生、房屋短缺等城市问题日趋严重,芝加哥成为当时社会学研究的重点城市,并孕育出城市社会学。

城市发展是社会经济发展的重要标志。20世纪以来,城市几乎已经成为一个国家的缩影。自20世纪80年代起,快速的经济增长推动着中国的城市化进程,城市经济在全国经济发展中已具有十分重要的地位和作用。20世纪80~90年代是中国巨变的年代,20年的成就超过了近现代100年的总和。作为经济社会中心的中国城市在这一时期的变化,正是国家改革与发展的一个缩影,它是新时期的中国"城市复兴"。从现在起到21世纪中叶,在中国实施社会主义现代化的征程中,城市是先锋,是中心,是推动社会经济发展的强大动力。

西方学者曾经公认:在社会主义国家,社会空间结构差距已经逐步缩小。然而,自从1978年改革开放,尤其是1984年城市改革实施以来,受城市功能结构转变、外国直接投资(FDI)和流动人口的影响,中国城市的社会结构正在经历巨大的转变,诸如:(1)交通拥挤、住房和基础设施不足,乃至水、土地和能源等资源短缺。(2)外国直接投资、新国际劳动地域分工、经济全球化和加入世界贸易组织(WTO)等对城市产业结构和就业结构的影响。(3)全球产业结构转型与升级造成的城市传统制造业部门职工下岗。(4)城市流动人口的急剧增长和职工收入水平差距扩大导致城市社会结构的极化和新的城市贫困现象等等。

有关侧重于从城市社会结构的角度描述和解释社会空间要素的学科是城市社会地理学。西方发达国家和大多数发展中国家,第二次世界大战后由于种族、宗教、跨国移民以及本国贫富阶层分异等因素,城市社会地理学已经成为西方城市地理学、人文地理学的主要研究领域。1983年,LEY出版的第一本《城市社会地理学》标志着这一新学科的形成。近年来,城市社会地理学成为城市地理学的重要分支学科,它从城市社会群体入手,涉及如何理解、认识社会群体对空间的利用而产生的结构模式,以及这一结构形成和变化的过程研究。其研究方法既包括非空间社会地理学,即根据人口普查资料,采用多变量统计分析方法去识别社会群体的居民分异,如城市社会区分析、城市居民职业、社会组织变化模型等;也包括空间社会地理学,即不仅揭示社会区的特征,而且也研究城市复合体中的特色区域,尤其注重通过城市的社会空间组织推导城市居民的居住模型,同时还有相当的城市社会地理学家开始注重弱势群体对城市的影响,诸如街区社会评价,城市意象和场所评价,甚至开始涉及贫民区、贫民窟、街角帮派组织。

中国城市地理学起步较晚,自1978年以后才得到迅速发展,其研究的重点一直偏重城市化、城市体系和城市与区域规划、城市的发展条件、城市性质与规模确定以及制订各类用地和重点建设项目的布局方案等城市经济地理的研究,国内城市社会地理学的研究才刚刚起步。本书是在中国科学院"九五规划"重点项目(K295Z-J1-206)城市发展中的社会地理研究——以北京为例、国家杰出青年基金(40025102)和教育部跨世纪人才基金项目城市社会地理学研究和国家自然科学基金项目(49831030)城市发展中的社会地理研究等的部分研究成果的基础上编著而成,其中第1章第4节第2部分由张京祥撰写。书中附录二由黄春晓指导撰写。

我们正进入21世纪的重大历史时刻。在经济社会发展的历史进程中,我国正面临加速城市化的历史机遇,同时也面临着巨大的挑战。从中国国情看,巨大的人口负担和日益紧缺的资源将在很长的历史进程中成为我国经济社会和城市化发展的重大制约因素。如何在经济社会可持续发展的同时,解决好几亿农民从农村到城镇的地域流动,从农民到市民的生活方式转变;解决好几亿城市居民的安居乐业,是我国21世纪城市化发展的重大问题。它的成功解决需要城市社会学的建设和发展。

顾朝林

2001年11月5日星期一

于美国西雅图华盛顿大学附近公寓

目　录

1 社会学与城市社会学

人类是以社会群体的方式存在于地球之上。研究人类社会群体发展规律的科学就是社会学,而侧重于研究城市社会的社会学我们称它为城市社会学。

1.1 社会学

1.1.1 社会学的由来

社会学是为数众多的社会科学中的一门年轻的学科。从它诞生到现在,只有约一个半世纪的历史。当然,在社会学产生之前,甚至可以说,自从有了人类社会,也就有了各种各样的关于社会的思想和学说。比如在我国先秦时代就有孔子、孟子、老子、庄子、墨子等人的杰出的社会思想。在古希腊时期,则有柏拉图、亚里士多德的社会学说,中世纪时有托马斯、阿奎那、马基雅弗利的社会思想。这些思想,无疑包含着许多对于人类社会的真知灼见,但它们往往是和哲学、伦理、历史、经济、政治以及宗教观念分不开的。这些思想一般都表现为理想多于客观的分析,理性的推论多于经验的验证,信仰高于科学。这与把社会作为一个特定的对象、运用科学的方法进行系统研究的社会学存在本质的不同。

在19世纪30年代,法国的哲学家孔德[1](Auguste Comte 1798—1857)连续出版了他的多卷本哲学名著《实证哲学教程》。他在该书第四卷(1838)中第一次提出了"社会学"这个新的名词以及关于建立这门新科学的大体设想。后来的社会学家们大多认为这就是社会学的诞生。其实,孔德只是提出社会学这个名词,以及建立社会学这门学科的设想,并没有真正进行多少社会学的研究。

社会学这门学科是在这样的条件下发展起来的。从社会历史条件看,孔德正是生活在资本主义大发展,同时也是资本主义的种种弊端开始逐步暴露的时代。经过英国的产业革命和法国的政治大革命,西欧结束了中世纪时期长达几百年的沉睡状态,经济和社会都有了很大的发展。生产力的发展,相应地带来整个社会的

---

〔1〕 孔德是数学家,又是物理学家。

急剧变化。人们终于不得不用冷静的眼光看待他们的生活地位、他们的相互关系了。在这错综复杂、变化多端的社会中,他们急切地要求搞清楚这是怎么一回事,这都是为什么?

从学术发展的背景来看,在中世纪的神学统治下,自然科学曾长期被窒息,而欧洲文艺复兴带来了自然科学的繁荣。在这期间,天文学、地理学、数学、物理学、力学、气象学、生物学等都开始发展起来。到孔德的时代,许多自然科学的学科都已经取得了重大的成果,这些不能不给社会思想家以深刻的启示。自然科学的方法在研究自然现象方面可以取得如此成绩,那么用来研究社会又会怎样呢?因此,孔德在提出社会学这一名词时的基本想法,就是建立一门用自然科学的精确方法来研究社会的科学。正是孔德提出的用自然科学的方法来研究人类社会的立论,为以后社会学的建立和发展奠定了基础。

那么,社会学在中国是什么时候才有的呢?一般地说来,最早讲解社会学的是康有为[1](1858—1927)。他于1891年(光绪十七年)在广州长兴里万木草堂建立"长兴学舍",该学舍的教学大纲中设有"经世之学"的学科。在"经世之学"学科中有政治学、群学等课程。所谓"群学"就是社会学。群学的"群"字,是从我国古代哲学《荀子》中引来的。《荀子》中说,"人生不能无群",人之所以贵于禽兽,在于"人能群,彼不能群也"。这在清朝末年有鼓舞人民团结一致共御外侮的意思。继康有为之后,1903年严复翻译出版了英国社会学家斯宾塞(Herbert Spencer,1820—1903)的社会学著作《群学肄言》,一时风行海内。这是整本出版西方社会学著作的第一部,对中国社会学的产生影响甚大。故人们常说严复是第一个引进西方社会学的学者。

1.1.2 社会学的研究对象

究竟什么是社会学?从最一般的意义上说,社会学就是对社会的研究,是关于社会的学问。社会学这个名词在英文中是sociology,在法文中是sociologie。西文中的这个名词实际是由两部分组成的,前半部分来源于拉丁文"socius",意思是"社会中的个人";后半部分来源于希腊文"logos",意思是"论述"或"学说"。合在一起,意思就是关于社会的理论或学说。因此,在孔德那里,社会学这个名词相当于我们现在的所谓"社会科学"统称,或者是总论。但是,从法国社会学家杜尔克姆(Emile Durkheim 1858—1917)起,逐渐给予社会学以具体的研究范围和特定的研究方法,从而形成一门独立的社会学科学。

那么,究竟什么是社会学的研究对象呢?社会学的研究对象并不存在于社会

[1] 康有为,广东南海人,清朝末年资产阶级改良派思潮的代表,伟大的爱国主义者。

生活的某一特殊领域之中，而是存在于社会生活的各个领域之间的相互联系之中，存在于由各种相互联系所形成的作为一个有机整体的社会之中。因此，社会学是一门对人类社会进行总体性综合研究的社会科学。具体说，社会学是把社会作为一个整体，来研究社会各个组成部分及其相互关系，探讨社会的发生、发展及其规律的一门综合性的社会科学。

1.1.3 社会学的学科特点

概括社会学的学科特点具有以下三个方面：

(1) 社会学把社会作为一个整体来看待。从社会学看来，只有把社会作为一个有机的整体，并从这个角度出发，才能全面科学地认识社会的各种组成成分和各种特殊的社会现象之间的关系，这也就是社会学区别于其他社会科学的根本之点。这种整体性的思想，在社会学的发展史上是源远流长的。早在19世纪的中叶，斯宾塞就提出了"社会有机"论。虽然从他的整个理论看带有浓厚的社会达尔文主义的色彩，而且他将社会现象比作生物现象显得过于简单化，但他关于把整个社会作为一个有机整体来理解的思想无疑是正确的。总之，作为一门对人类社会进行总体性研究的社会科学——社会学的首要前提是把社会看作是一个有机的整体。

(2) 社会学是一门综合性的科学。由于社会是一个统一的整体，是一个多层次、多结构、多序列的完整网络，那么，把社会作为一个整体研究的科学，社会学必然具有一种综合性学科的性质。首先，这种综合性突出表现在它研究任何一种社会现象、社会过程或社会问题时，总是联系多种有关的社会因素以至于自然因素来加以考察。其次，这种综合性还表现在社会学的研究经常结合和利用其他社会科学甚至自然科学的成果，来做综合性的考察。如果不利用其他社会科学和自然科学的成果，社会学是不能实现它对社会的立体研究的。

(3) 社会学的科学性。社会学是一门运用科学研究方法取得对人类社会的科学认识的学科。这种认识不是表面的，而是要深入到事物的本质；不是片面的，而是系统的认识。现在社会学把定性的方法与定量的方法结合起来已经成为一种普遍的趋势。

1.2 社会发展

在我国的古籍中，"社"是指用来祭神的一块地方。《孝经·纬》记载："社，土地之主也。土地阔不可尽敬，故封土为社，以报功也。""会"就是集会。两个词联用，表示在一定的地方，于民间节日举行的演艺集会、祭神的庆祝活动。西方社会学者，对社会一词有各种不同的理解，说法不一。概括起来，社会是由一群人组成的，这群人之间存在着种种社会规定的关系，按着社会的规范发生交互行为，分工合作地进行必要的生产及其他社会活动，以满足社会成员不断增长的物质和精神的需要。因此，社会发展具有基本规律可供研究。

1.2.1 社会发展的自然基础

人类社会是在自然界的基础上繁衍生息的，地理环境、自然界、人地关系以及自然资源对人类活动的制约等，共同构筑了社会发展的自然基础。

1）地理环境

生物和人类社会都是在地球表面上活动的。地理环境是人类社会发展的必要条件之一。我们称以生物或人类社会为主体的环境为“地理环境”。

广义的地理环境包括古地理环境和现代地理环境。古地理环境是地质历史时期的地理环境，它的主体是古生物群和古沉积物。狭义的地理环境是人类出现以后的现代地理环境。人类出现以前的古地理环境是纯自然环境，而现代地理环境的情况则要复杂得多。

地球大约有60亿年的历史。生物在地球上的存在大约有20亿年的历史。而人类在地球上出现只是约200万年前的事。由于生物先于人类存在，所以生物也构成了人类环境的一部分。人类出现以后，虽然人类并未改变地球表层各种自然过程（地壳运动、大气环流、潮汐、洋流、河床过程、地形演化、土壤发育、生物群落演替等）的客观规律，但是，自然过程的发展方向和速度却受到人类活动的严重影响和干扰。随着社会的发展，人类不断地改造或破坏着自然环境，地理环境的面貌也发生了很大的变化。此外，人类还在遵守某些客观规律的条件下，按照自己的意志，在地球表面上建造了许多世界上原先（人类出现以前）没有的东西，如农田、牧场、矿山、工厂、水库、电站、运河、道路、村庄等，最典型的就是城市。这些都是叠加在自然环境中的人工环境。

我们把未被污染的自然环境，叫原生环境。它是地形、气候、水文（河、湖、海等）、植被等自然要素的组合。城乡社区的风貌在很大程度上取决于原生环境。山地的村寨不同于平原的集镇，江南的水乡不同于北国的山庄，沿海的港埠不同于内陆的城堡。我们把被污染了或被改变了的自然环境，叫次生环境，如被污染了的大气，被污染了的水体，被污染了的土壤，被破坏了的林木或草地，被退化了的荒坡或空地。原来自然界本身就存在着一些对人类生存和社会生产不利的因素，如地震、火山、台风、海啸、暴雨、洪水、塌方、泥石流等自然灾害或工程病害，人们称之为原生环境问题。由于人类活动而引起的环境退化（如土地沙化、土壤盐碱化等）和环境污染，则被称为次生环境问题。次生环境问题与原生环境问题有些是不能分开的。很多所谓原生环境问题，其实是人为因素引起的。

2) 人类与自然界的关系

人类出现以后,人类与自然界的关系经历了4个阶段,它们是:① 依赖关系阶段。200万年前,原始社会最初的人类虽然能够制造工具,但也只是一些用石块、树枝制造的简单工具,用来采集果实、鞭打野兽,人类对自然界完全是一种依赖的关系,靠天然的动植物提供食物等生活必需品。② 顺应关系阶段。一万年前,人类进入了农业社会,懂得了顺应自然规律,学会了栽培植物和驯养动物,人类的食物来源主要靠农作物和家畜、家禽来提供,但是农牧业收成的好坏却完全"靠天吃饭",靠大自然的恩赐。③ 掠夺关系阶段。200多年前,人类发明了机器,进入了工业社会,对燃料、原料的需求加速增长,开始对矿产进行掠夺性的开采,对森林进行破坏性的砍伐。化石燃料(煤炭、石油、天然气)、核燃料、金属和非金属原料的开发和利用,产生了大量"三废"(废气、废液、废渣),污染了原生环境。④ 和谐关系阶段。第二次世界大战以后,随着世界人口的增长,生活水平的提高,对资源的需求猛增,于是逐渐出现了资源相对短缺的局面。到20世纪70年代初,发生了能源危机,环境污染问题也日趋严重。人们开始认识到片面追求经济增长和片面强调改造自然有可能带来灾难性的后果,人类应该走可持续发展的道路,人与自然的关系进入和谐相处的阶段。

3) 人类对环境的作用

人类对环境的作用,概括起来有下述几个方面:① 开发。即对还没有被利用的资源进行开采和垦殖。② 利用。即对已被开发出来的资源进行处理和加工。③ 改造。即用加工好了的材料和产品来改善自然环境和建造人工环境。④ 破坏。即不合理地开发和利用自然资源所造成的不良后果。⑤ 污染。即把在开发、利用和改造的过程中产生的废物排放到环境中,对生物或人类带来有害的影响。⑥ 治理。即对已经被破坏和被污染了的环境进行治理。⑦ 保护。即对尚未被破坏或被污染的环境,采取必要的措施,进行保护。

人类不断从自然环境中取得资源,把它们加工成产品以后,一部分作为生活资料,直接供人们消费,另一部分作为生产资料,又用来改善自然环境和建造人工环境。与此同时,人类还在开发利用资源进行生产和消费的过程中,把有害的物质和多余的能量送回到自然界中去污染环境。因此,自然资源是一种物质和能量,它从环境中来,再回到环境中去;从自然环境中来,再回到人工环境中去;从原生环境中来,再回到次生环境中去。资源的开发和利用过程也就是各种有用物质和能量在地理环境中的迁移和转换过程。总之,我们必须合理地开发和利用自然资源,合理地规划和建设人工环境;对已被破坏和已被污染了的环境要尽快治理,对未被破坏和未被污染的环境要尽力保护。只有这样,人类才能同自然界保持和谐的关系。

4) 环境对人类的影响

自然环境是各种自然要素,即地形、气候、海洋、陆地、水、土壤和植被等的复杂综合体。这些要素的交互作用,不仅形成了人类生存的环境,而且为社会生产提供了必要的资源,包括可再生资源(如生物)和不可再生资源(如矿物)。自然环境对人类来说有两方面的作用,即有利的一面与不利的一面。有利的自然环境,从生产的角度来看,实际上就是具有丰富多样的自然资源。不利的自然环境,主要就是缺乏足够的自然资源。环境对人类的影响主要表现在以下三个方面:① 资源的局限性。即资源的种类和数量对人类生存社会生产活动的限制,即对人口的限制。② 原生环境问题。即各种自然灾害对人类生存和社会生产的破坏性影响。③ 次生环境问题。即由于人类活动所引起的对空气、水、土、食物的污染,以及噪声和辐射线对人体的伤害等。

5) 自然资源与社会发展

人类与自然界的关系是随着社会的发展而发展的。人类最先利用的是生物界,包括栽培植物和驯化动物;之后就是改良土壤,引水灌溉;再后就是开发矿产,建造工厂,于是地球上就逐渐出现了农田、牧场、水渠、道路、矿山、工厂和城市。人类从环境中所索取的资源,其种类、数量、规模、范围都取决于人口的数量,人类的技术水平、生产水平和生活水平,即整个人类社会的发展状况。

旧石器时代,人类就对自然环境施加影响,尤其在学会用火以后。到了新石器时代,人类开始栽种植物和驯养动物。青铜器时代,劳动分工开始,手工业产生,出现了城市。但是在石器时代,铜和锡还不是资源;在青铜器时代,铁还不是资源。在原始社会,土地、水就像阳光、空气一样,并未成为有价值的资源。随着农牧业的兴起和引水灌溉的发展,土地、水也都成为有价值的资源了。由此可见,随着社会的发展,资源的种类、范围、广度、深度和价值都在不断地扩大、加深和变化着。

6) 人类生态系统分析

人类社会与地理环境是一系列因子相互关联的复杂系统,我们称之为“人类生态系统”。这个系统是处于动态平衡之中的。而人类的活动,尤其是生产活动,在这个系统中却是引起不平衡的重大因素,用系统分析的方法来研究这个复杂系统,来探索人类社会与地理环境之间相互关联的各种通道和可供选择的最佳途径,也正是现代社会学所关心的问题之一。

引起人类生态系统发生巨大变动的最重要的社会因素就是科学技术,就是人类提取资源并对其加工处理的技术。科学技术是在不断发展的,资源的产量和储量也是随时间而变化的(表 1.1)。因此,我们必须按照人口密度、生活水平(消费产品的速度)、生产水平(消耗资源的速度)、技术水平(开发和利用资源的广度、深度和速度)等指标,来分析和评价一定时间和一定空间范围内的各类资源的产量、质量和储量,来探讨人类社会与地理环境之间的供求平衡关系。

表 1.1 自然资源利用与社会发展

时期	起始年代	新的工具和技术	新增的资源种类
旧石器时代	约一百万年前	粗制石器,钻木取火	石头(燧石)、树枝、兽、鱼、果
新石器时代	约一万年前	精制石器,刀耕火种	栽培植物、驯化动物
青铜器时代	公元前三千年	铜制斧、犁、冶炼技术,轮轴机械,灌溉技术,木质结构建筑	矿石(铜、锡)、土地(耕地、)林木(盖房的材料、冶炼的燃料)、水流(灌溉用水)
铁器时代	公元前五世纪	铁斧、铁犁等,齿轮传动机械,石质结构建筑,水磨	铁、铅、金、银、汞(水银)、石料(建材)、水力
中世纪	公元五世纪	航海,风车	海洋水产,风能
文艺复兴时期	公元十四世纪	爆炸采矿	硝石(炸药、肥料)
产业革命时期(第一次工业革命)	1750 年—	蒸汽机	煤(大量开采)
西方殖民地时代(第二次工业革命)	1850 年—	火车,轮船,电力,炼钢	锰、镍、钨等黑色及有色金属
第一次世界大战前后	1890 年—	汽车,内燃机,飞机,化肥	石油,铝,磷、钾
第二次世界大战前后(第三次工业革命)	1930 年—	人造纤维,原子技术	一些稀有元素,铀、钍等放射性元素
第二次世界大战以后(第四次工业革命)	1950 年—	空间技术,电子技术	更多稀有元素,半导体材料

不论是研究资源的开发和利用问题,还是研究环境的管理和保护问题,时间尺度很重要。技术经济学家往往着眼较短期(三年、五年或十年、八年)的经济效果,而人类生态学家常常着眼于较长期(十几年、几十年甚至上百年)的生态平衡,注意分析再生资源的循环周期(如林木的更新)与非再生资源的回收周期(如金属的回炉)等。研究社会与环境之间的供求和平衡关系,还必须有个空间尺度。是从全球来考虑问题,或是从全国来考虑问题,还是从一个城市来考虑问题。

1.2.2 社会运行

人与自然及其相互之间的联系所形成的网络,不是静止地放置在地球之上,他们在昼夜不停地运动变化,体现结构的价值,展示社会的魅力。在这里,我们把社会运行定义为社会在各种因素的影响与作用下的运动、变化和发展的过程。对这一过程的理解,包括以下两个方面内容:一是社会运行的机制,二是社会运行状态及其评价。

1) 社会运行机制

所谓社会运行机制,即指社会运行中所遵循的规律或所形成的模式。社会学所关注的社会运行的几大主题:社会需要—社会互动—社会管理与控制—社会变迁与进步。

(1) 社会需要

社会运行的动因及运行动力蕴藏于组成社会的基本实体要素——人的需要之中。正是人的需要,即人对自身生存与发展条件的欲求状态,迫使人与自然发生联系,人与人发生联系,并在此之中通过实践满足这种欲求,进而形成社会,以及使社会成为活的有机体。由于人的需要既具有物质性的,还具有精神性,因而组成了不同层次、内容丰富的"需要"体系。目前最具操作性的"需要"体系是马斯洛(A. H. Maslow, 1908—1970)关于需要的层次理论,即认为需要分为五个层次。第一层,生理需要;第二层,安全需要;第三层,友爱需要;第四层,尊重需要;第五层,自我实现的需要。这五个层次的需要是由低级需要向高级需要发展的。人们首先追求较低层次的需要,只有在得到高度满足之后,较高层次的需要才会突出地表现出来。人的需要始终处于永无止境的状态之中,原来的需要满足了,又有新的需要产生。新的需要便成为现实行为的推动力,于是社会就在人类不断去追求满足自身新的需要的过程中,得到运行的动因与力量,永不停息地运转下去,从而使其运行过程具有持续性和永恒性。

(2) 社会互动

人的需要可在个人与个人之间、群体与群体之间的相互补充中得到满足。这种相互作用性就决定了满足需要的个体行为或群体行为实质上是一种社会互动行为。社会互动行为就是指社会中人与人之间、群体与群体之间的相互依赖性的感性活动。社会中的各种互动,都是社会运行中的基本组成,不管行为者的行为是由什么样的个性与特殊条件所决定,而表现为不同目标的运动与力量,但他们的行动的总和都形成一种平均合力来表现社会系统的运行。人们在社会互动过程中所能得到需要的满足程度,以及人们在社会互动过程中所结成的这种合力的大小,会影响到社会系统运行的平衡性、协调性以及方向性。因此,从某种意义上讲,社会运行就是人们的社会互动的综合化、整体化。也正因为如此,社会中人们的互动行为是社会学研究的相当关注的内容。

(3) 社会管理与控制

社会运行的趋势是社会发展与进步。要使这种趋势维持下去,则要求有引发运行的动机,即个体与群体的需要具有能够促使社会良性协调运行的合理结合状态。社会运行的具体表现方式——社会互动要满足大多数人的需要与利益,从而才能推动社会运行朝着社会文明与进步的方向前进。个人的需要、群体的需要是否能得到合理的结合,必须通过社会系统有目的、有计划、有原则的调节。而社会合力的大小,也取决于能否通过有效的社会管理与调节来达到个人与个人之间、组织与组织之间、组织与个人之间、国家与个人之间的互动协调一致。调节是社会运行过程中的重要环节,这种调节的过程是依赖社会管理与控制来实现的。

社会的管理与控制,就是通过有组织地利用社会规范对其社会成员的社会行为施行管理、调节与约束的过程。社会管理与控制由实施控制的机构、控制规范的体系——制度以及控制的手段与方式等基本要素构成。社会控制由于其目标和采取的手段的不同分为不同的控制体系,如经济管理、行政管理、企业管理、法律控制等等。如何使社会控制能在社会运行中发挥有效的功能,这是社会学研究中的一个十分重要的问题。

(4) 社会变迁与进步

社会通过在一定的管理与控制下的人们的互动,不断地满足人们的需要。人们的需要在人们的互动中得到不断的满足而又不断地产生新的欲求,这是需要的本性所决定的。于是人们的互动内容、互动方式也随之而在不断地改变、提高、发展以满足新的需要。据此,社会也就在这种运行机制中表现出无穷无尽、多姿多彩和广泛普遍的各种变化,它能使人们感受到社会的日新月异、新旧交替。在社会学的研究中,把这种现象称之为社会变迁。社会发生变迁是必然的,同时,社会变化也是有规律的。社会变迁的规律通过变化的内容、变化的形式、变化的根源和变化所给社会带来的各种效应得到展示。社会变迁的方向性规律,从社会学研究的视角出发,把它具体地归结到如何审视社会发展的现代化上。这样,为什么要变,社会的什么在变?怎样变?朝着什么方向变?变了以后又怎么样等,各种问题的具体现实的研究,便成了社会学研究中的重要组成部分。

2) 社会控制

(1) 社会控制的涵义

社会学上许多名词的使用,开始往往与生物学有关。社会控制这个概念的产生,也与生物学有关。达尔文认为,生物进化是通过自然选择实现的。生物个体为了在大自然中继续生存下去,保持自己的物种不被消灭,就必须不断发展自己的适应能力。适者生存,弱者灭亡,物竞天择,自然淘汰,这就是自然界对生物个体的控制机制。这种控制是通过盲目的、不自觉的自然进化法则来完成的。

早期的社会学,吸收了达尔文自然选择的概念,并且进一步加以发展,提出了生存竞争这一概念。这就是社会达尔文主义,由此引入了社会控制这个概念。在这里,社会是控制者,个人是被控制者。社会控制的提出是以这样一种假设为前提的:即人具有动物性质,社会必须控制人的这种动物性质。否则,由于人人都存在着追求个人的自我利益的倾向,结果就会堕入一些人反对一些人的战争中去,社会秩序就无法建立和维持[1]。

"社会控制"这个词是由美国社会学家 E. A. 罗斯(Ross)首次提出来的。在 19 世纪末,罗斯就社会控制这个问题写了一系列论文,1901 年他把这些论文编成一本书出版。这本书的名字叫《社会控制》(*Social Control*)。罗斯为什么要提出社会控制这个概念呢? 这要从罗斯本人的思想发展和当时美国社会背景两方面来分析。

罗斯原来认为,在人的天性中存在着一种"自然秩序"(Natural Order),它包括同情心(Sympathy)、互助性(Sociability)和正义感(Sense of Justyce)三个组成部分。罗斯认为,正因为人性中存在着这些"自然秩序"的成分,人类社会也才能处于自然秩序的状态,大家互相同情,互相帮助,互相约束,和平共处,相安无事。人们会自行调节自己的行为,不会出现因人与人之间的争夺、战争而引起的社会混乱现象,因此也就不需要进行社会控制。

可是,美国社会的这种所谓"自然秩序"状态,被 19 世纪末和 20 世纪初的城市化和大规模移民破坏了。初级群体和社区迅速解体,人们不得不生活在一个完全陌生的环境之中,因而人性中的"自然秩序"遭到破坏,对人的行为不再起约束作用。于是,出现了越轨和犯罪等一系列社会问题。在这种情况下,罗斯认为,必须有一种新的机制来维持社会秩序,这种新的机制就是社会控制。

那么什么叫社会控制呢? 按照如上的分析和理解,不妨这样说:凡是利用任何社会或文化的工具,对个人或集体行为进行约束,使其依附于社会传统的行为模式,以促进社会或群体的协调和发展的,都可以叫做社会控制。社会控制最基本的形式可以说是建立在个人对社会规范和角色的期待之上,正当的行为标准的承诺之上,不然人们就不会依附于这些行为模式,就会进行反抗。因此,大部分的社会控制现象可以认为是人们通过社会化,把社会规范和价值观内化成人们自觉行为的结果。

(2) 社会控制的类型和方式

---

〔1〕 这种假设是错误的,因为人的动物性和只顾自我利益的立论本身就是偏激的。

社会控制可以是积极的，也可能是消极的，但不论是积极的还是消极的，都可能表现为比较形式化的和不怎么形式化的。

所谓形式化的社会控制，包括那些为了处理人们的行为而产生的诸如权威系统、法律、条例、规程等。这些都是比较正规的、比较形式化的。其中积极奖励的如奖状、奖金、奖章等，消极惩罚的如判处死刑、坐牢、流放等。社会中有组织的宗教也表现出作为形式化的控制系统。所谓非形式化的社会控制，其表现往往是人们不自觉、不怎么定型的行为。例如公共舆论和时尚就是虽然流行很快，但却不是那么正规，人们往往以表扬或嘲笑等方式进行传播。

所谓积极的社会控制，是指建立在积极的个人顺从的动机上，以物质的刺激和精神的鼓励进行，大多数的行为是通过社会化的内化作用形成的，人们相信这样做是对的，社区中大多数人也都认为这样做是对的。所谓消极的社会控制，是指建立在惩罚或对某些惩罚的一种畏惧心之上的。人们知道不守法就要处以罚款、坐牢或死刑，人们也知道如果不按风俗习惯办事其行为就要遭到非难、嘲笑或拒绝。

社会控制进行的方式是各式各样的。人们通常把风俗、习惯、道德、法律、宗教、艺术以及各种社会制度和与此相适应的体现国家权力的军队、警察、法庭、监狱等称为社会控制的各种不同方式。

(3) 青少年失足与犯罪

青少年犯罪是一个世界性的问题。所谓青少年犯罪，就是指法律认定的违法犯罪行为。青少年犯罪问题包含两个方面：第一，青少年的违法犯罪行为；第二，司法机关对这种行为的认定。尽管司法部门是以客观事实为根据，以法律为准绳，但是由于各种原因，在对青少年犯罪行为的判定上存在弹性。因此，就要把青少年的不慎失足和青少年的故意犯罪严格区别开来。少数青少年由于种种因素的诱发不慎失足，这固然有他们自己的责任，但还是应该从爱护的观点出发，积极、热情、诚恳地帮助他们改正错误。如果我们稍不注意，就有可能把大批失足的青少年认定为罪犯。

1.2.3　社会变迁

所谓社会变迁，是指在一个社会中，社会结构方面发生的任何社会制度或人们社会角色模式变动的过程。

1) 社会变迁理论

古今中外，对于社会变迁这类问题有不少说法，现就几种具有代表性的理论论述如下。

(1) 历史循环论

我国战国时代的阴阳五行家邹衍(约公元前 305—公元前 240)认为：历史的发

展、变迁是按照“五德终始”和“五德转移”的。意大利唯心主义哲学家维科(Giovanni Battista Vico,1668—1744)认为:人创造历史,……上帝并不直接影响历史事件的进展。维科把历史看做是循环的过程。认为世界各个民族都要经过三个历史阶段,即:神的统治(神灵时代)、贵族统治(英雄时代)、人民统治(凡人时代,即资本主义时代)。施本格勒(Oswald Spengler,1880—1936),德国唯心主义哲学家、史学家,认为历史是各自独立的文化形态循环交替的过程。任何文化都是一个相对自主和自明的系统。每一文化都有它自己的形态,并有一个发展过程,就像生物有机体一样,都要经过青年期、壮年期,以至衰老灭亡,文明是最后的阶段。英国历史学家汤恩比(Arnold Toynbee)提出“社会和自然环境压力”理论。当社会和自然环境压力过大时,一个民族的文化也呈现衰微状态或停留在边缘地带,不易前进,如像波利尼西亚人;只有当有足够的社会和自然环境压力,但压力不足以压倒这个民族时,文化就能得到空前的发展,从而就能进入文明时代。美国社会学者索罗金(P.A.Sorokin,1889—1968),提出文化类型变迁的理论。他说文化主要有两种类型:一种是感觉文化(Sensate Cultures),这种文化强调建立在感觉经验的重要性的价值上;另一种是观念文化(Ideational Cultures),重视精神和形而上学的价值。两种文化是两个极端。世界历史的发展总是像钟摆一样地从这个极端走向另一个极端,摇摆于两者之间,周而复始。最理想的阶段是这两种文化互相交接、混合的中间阶段,他称之为理想型(Idealisticthemes),这就是从希腊至罗马之间的黄金时代(Golden Age),从中世纪到20世纪之间的文艺复兴时代(Renaissance)。以上一些历史循环论思想,都是只从表面现象形而上学地看问题,他们看不到历史曲折和迂回运动的实质。有些论点更看不到社会历史发展的必然性。

(2) 社会进化论

社会进化论导源于生物进化论。19世纪后期,人们非常相信进化的变迁思想,认为进化既然是自然规律,也应该是社会规律。早期的社会进化论者有三个基本假定:① 相信变迁是一个积累的过程。② 变迁增加了社会的文化和分化,增加了复杂性。③ 变迁提高了人们的适应力,因之激发了进步。西方社会学者对前两个假定一般是同意的,对第三个假定则持怀疑态度。早期的学者总相信社会是沿着一定的进化阶梯前进的。每一阶梯都比前一个阶梯高,社会是笔直地前进的。美国人类学家摩尔根(Lewis H. Morgan,1818—1881)认为变迁就是从蒙昧到野蛮再到文明;斯宾赛认为人类从军事宗教社会走向工业社会;孔德则认为社会组织从神学阶段走向科学阶段。这些说法既抽象也不太科学、不太确切。但涂尔干(Emile Durkheim)的理论认为,社会变迁从社会的凝聚力来看,则是从机械团结(如像原始民族社会那样)发展到有机团结(如像当前的工业社会那样),技术进步了,团结力反而减弱了。德国早期社会学者滕尼斯(Ferdinand Tonnies,1855—1936)认为社会是从社区型向社会社团型的社会发展。这些说法,似为广大社会学者所接受。

(3) 社会均衡论

均衡论的思想是西方社会学理论中结构功能主义的理论。这一理论认为,每一个社会如果能够持久,必须能够提供五种最基本的功能,即:① 成员的交替延续。② 成员的社会化。③ 生产、分配及服务的功能。④ 维护社会秩序。⑤ 提供社会团体活动的目标与机会。家庭能够发挥第一种功能,教育系统能够起到满足第二种功能的作用,社会团体各司其职。社会是一个系统,由互相关联的部分或机构组成,并互相整合协调。社会永远朝向均衡的状态运行。在均衡状态里,社会体系是和谐而无冲突的,变迁也是缓慢而有秩序的。功能学派理论还认为,变迁可以说是一种对社会体系的调整,局部而缓慢,无损于整个社会体系的整合与均衡。在社会系统内,任何一个部门所发生的变迁都会造成整体的失调,因此要引导社会重新朝向社会整合与均衡。社会均衡论在 20 世纪 40 ~ 50 年代的西方社会学界很为盛行,这也是当时资本主义社会一时经济稳定的反映。但社会均衡论思想反对社会进步、革命、革新,所以它在社会变迁的诸理论中,是趋向保守的,逐渐遭到不少的批评,为此也就逐渐消沉下去。

2) 科学技术对社会变迁的影响

科学技术是生产力。科学技术作为生产力,越来越显示出对社会变迁的巨大作用。主要表现在如下两个方面:① 科学技术的创新。科学技术发展变化的过程,是从其内部的源泉开始的。这个源泉就是发明(Invention)和发现(Discovery),总起来称作创新(Innovation)。所谓发明,就是在科学技术上创造新事物或新方法。所谓发现,就是经过研究和探索,看到或找到前人没有看到或找到的事物或规律。创新可以通过人类环境中已经使用的物质,从中发现新的物质。② 科学技术的传播与扩散。科学技术的发展变化不仅从内部的源泉而来,发明与发现经常也来自于别的社会、别的文化,引进或传播经常是文化变迁和社会变迁的主要来源。美国人类学家林顿(Ralph Linton,1893—1953)在论述各种文化要素中,估计约有 90%是通过传播得来的,即使在当前复杂多变的工业发达的社会也是如此。许多国家人民生活中除了大量的物质文化外,在思想行动方面,人们的一举一动,一言一行,其表现方法与形式很多都是通过文化的传播得来的。

1.2.4 社会发展计划

社会发展计划,即人们为了调控社会运行的状况、实现社会的协调发展和有计划的社会变迁,而对社会的有关系统、社会生活的有关方面的发展做出的规划。我国的经济与社会发展计划,就是这样一种最有代表性的国民规划,它是针对社会整体的运行而言的。还有许多社会计划,则是关于某一个地区或社会的某一领域运行的。前者如某个省或市的经济和社会发展计划,后者如我国教育系统的发展规划。由于社会计划是人们根据过去和现在社会运行的状况所提出的一种未来的社会发展目标,因而社会计划的制定是一个主观正确反映客观、主观与客观有机结合的过程。

为了比较全面地反映一个社会或社会中的一个系统的存在和运行状况,就必须采用一系列具有内在联系的指标项目所结合而成的社会指标体系。社会发展指标,简单地说,就是描述和评价社会整体及各方面存在和运行状况的项目及其数值(包括数字、图表、符号等)。例如,一个国家的国民收入在某一时期内的增长率、城市化的水平,就是衡量社会存在和运行状况的两项重要指标。这样的数值主要有两种:一是现实社会实践材料的统计数据;二是根据一定的历史、现实材料的分析,按一定的理论提出的数据。表 1.2 是关于我国社会发展的指标体系,由国家统计局社会统计司制定的,分 15 个大类,包括 1 300 多个指标(表中对那些具体指标未一一列出)。按照一定的方式运用社会指标体系,可以使我们从总体上一目了然地把握社会是否处于协调发展之中。

表 1.2　中国的社会指标体系

指标集	指　　标
(一) 自然环境	(1) 人口密度(人/平方公里); (2) 城市建成区面积(平方公里); (3) 城市人均绿地面积(平方米)
(二) 人口与家庭	(1) 总人口(万人); (2) 性别比(比女性为 100); (3) 市镇人口占总人口比重(%); (4) 出生率(%); (5) 死亡率(%); (6) 结婚对数(万对); (7) 离婚对数(万对); (8) 平均寿命(岁)
(三) 劳动	(1) 劳动力资源(万人); (2) 社会劳动者(万人); (3) 社会劳动者占劳动力资源比重(%); (4) 城镇待业人员(万人); (5) 待业率(%); (6) 物质生产部门劳动者占社会劳动者比重(%); (7) 脑力劳动者占社会劳动者比重(%); (8) 第三产业劳动者占社会劳动者比重(%)
(四) 居民收入与消费	(1) 居民平均收入(元); (2) 劳动者平均劳动收入(元); (3) 职工生活费用价格总数(以 *X* 年为 100); (4) 居民消费水平(元); (5) 社会消费品零售额中吃所占比重(%); (6) 农民生活消费中商品性支出比重(%); (7) 城乡居民储蓄存款年底余额(亿元)
(五) 住房与生活服务	(1) 人均居住面积(平方米); (2) 全社会住宅投资总额(亿元); (3) 每万人口中零售商业、饮食业、服务业机构数(个); (4) 每万人口中零售商业、饮食业、服务业人员数(人); (5) 每万人拥有电话机数(部); (6) 每万人拥有邮电局数(处); (7) 每万城市人口拥有公共电、汽车数(辆); (8) 每万城市人口拥有铺设道路面积(万平方米); (9) 城市自来水用水普及率(%); (10) 城市煤气普及率(%); (11) 人均使用长途交通工具次数(次)

续表 1.2

指标集	指　　标
(六) 劳动保险与社会福利	(1) 实行各项劳动保险制度职工人数(万人); (2) 劳动保险费用总额(亿元); (3) 退职退休离休职工人数(万人); (4) 社会福利事业单位数(个); (5) 社会福利事业单位收养人数(万人); (6) 年内摆脱贫困户户数(万户)
(七) 教育	(1) 各级学校数(个); (2) 各级学校教师数(万人); (3) 各级学校在校学生数(万人); (4) 各级学校招生数(万人); (5) 各级学校毕业生数(万人); (6) 每万人口大学生数(人); (7) 学龄儿童入学率(%); (8) 小学毕业生升学率(%); (9) 各级成人教育学习人数(万人)
(八) 科学研究	(1) 自然科学研究机构数(个); (2) 自然科学研究机构的科技人员数(万人); (3) 全民所有制单位自然科技人员数(万人); (4) 每万人口中自然科技人员数(人)
(九) 卫生	(1) 卫生机构数(万个); (2) 卫生机构床位数(万张); (3) 卫生技术人员数(万人); (4) 婴儿死亡率(%); (5) 新法接生率(%)
(十) 环境保护	(1) 工业废水排放达标率(%); (2) 工业废渣综合利用率(%)
(十一) 文化	(1) 艺术表演团体(个); (2) 电影放映单位(万个); (3) 广播电台(座); (4) 电视台(座); (5) 公共图书馆(个); (6) 博物馆(个); (7) 群众文化馆(个); (8) 人均看电影次数(次); (9) 书刊出版印数(亿册、亿份)
(十二) 体育	(1) 等级运动员人数(人); (2) 举办县级以上运动会次数(次); (3) 获世界冠军个数(个); (4) 破世界纪录次数(次); (5) 达到“国家体育锻炼标准”人数(万人)
(十三) 社会秩序与安全	(1) 律师工作者数(人); (2) 公证人员数(人); (3) 人民调解委员会数(万个); (4) 刑事案件发案数(万件); (5) 交通事故件数(件); (6) 火灾事件(件)
(十四) 社会活动参与	(1) 工会基层组织数(万个); (2) 工会会员数(万人); (3) 共青团员数(万人); (4) 少先队员数(万人)
(十五) 生活时间分配	(1) 用于工作和上下班路途时间; (2) 用于个人生活必需时间; (3) 用于家务劳动时间; (4) 用于自由支配时间

1.2.5　城市化趋势

1) 城市化

城市化伴随着工业化的社会进程。它造成了以下主要的结果:人口从农村向城市流动和集中,使城市人口在社会总人口中的比重不断增加;城市规模不断扩大,数目不断增加;城市生活方式形成并扩展到整个社会。各国城市化过程分为近域推进和广域推进两个阶段。近域推进包括中心城区城市化、中间市区城市化、外围市区城市化和郊区城市化几个阶段。广域推进包括农村地区城市化、小城镇城市化等层面,广域推进意在增加城市的数量、扩散城市的功能和传播城市的生活方式。

农业生产发展到一定的水平是城市化的基本前提。这主要在于城市人口所需的粮食和蔬菜及其他副食品、加工业所需的许多原料都靠农业生产来提供。只有当农业生产到了这样的水平,即能为城市人口提供足以满足他们生活需要的商品粮和经济作物,此时城市才可能得以发展。

工业化无疑是城市化的根本动力。城市也是工业发展的最适合社区形式,这主要因为城市能够为工业发展提供种种有利的条件,它包括:① 工业需要的能源主要是煤炭、石油和电力,这些在城市可以得到集中供应。② 城市聚集了大量人口,既为工业发展提供了源源不断的劳动力,又为工业产品提供了就近的销售市场。③ 工业企业所需的机器设备、技术,容易通过城市的商业和金融业获取。④ 公用事业往往在城市才比较完善,尤其是城市的良好的通信、交通设施对工业企业的发展有极大的助力。⑤ 在城市能得到专门生产零部件或从事某种特殊工艺的企业的协作,有利于提高经济效益。⑥ 城市的文化、教育比较发达,能够为企业提供各类优秀经营管理人员和技术人员。⑦ 城市的服务业减轻了人们家务劳动的负担,娱乐业则能迎合人们在收入增加、闲暇时间延长后新的需要。

近代的城市化是工业化的直接产物。在工业革命时期,以及在工业革命以后的时间里,大批的工厂和其他企业在城市中兴建起来,工业生产随之成为城市中的主要活动。由于资本主义工业生产的发展,大量的工厂需要兴建,这就要求城市的规模不断扩大,并要大量兴建新的城市;而工业以及商业的发展,则需要大量的劳动力,这就势必提出农业劳动力向工业生产转移、农村人口向城市转移的问题;这也就是说,近代的城市化主要是工业化推动的结果。

2) 城市生活方式

美国芝加哥大学的沃尔斯(L. Wirth,1897—1952)1938 年发表了一篇《作为一种生活方式的城市性》的文章。在这篇文章中,他提出了一个发人深思的问题,即:城市生活是一种特殊的生活方式。那么,与农村的生活方式相比,城市的生活方式具有哪些特点呢？我们可归纳为以下几个方面:

(1) 生活丰富而复杂。在城市中,劳动时间是固定的,劳动强度相对也比较低,加之所处的是政治、经济、文化的中心,这就提供了大量参与政治、文化活动的广泛机会。

(2) 生活的节奏快,精确性要求高。在城市中,由于人们主要从事的是工业生产,人们劳动和生活的节奏必须与机器运行的节奏相一致。时间是按小时、刻、分来计算的,并且要严格遵守。城市的生活节奏要比农村快得多,而精确性的要求也高得多。这种快节奏的生活,有时不免使人有一种紧张和疲劳的感觉。而这种疲劳,与农村中由于劳动强度大而造成的疲劳是不同的,农村生活中的疲劳主要是生理上的疲劳,而都市生活中的疲劳主要是精神上的。

(3) 交往上的表面化与事本主义。在城市中,一个人与之交往的对象,是售货员、司机、警察,这都是一个个片面的角色,而不是具体的个人,因此有人说,城市生活具有一种隐名埋姓的性质。一个人到商店去买东西,和售货员只是买卖的关系,她的姓名、出身、工作得意不得意,顾客毫不关心;反之亦然。城市社会关系感情色彩淡薄的原因就在这里。

(4) 文化的异质性。在城市中,不同的人们有着不同的文化。虽是住在同一条街道,甚至是同一个大院、同一幢楼房,或是在同一个单位工作,其文化的差异却可能是很大的。城市中的文化之所以是异质性的,是由多种原因造成的。一是人口的异质性:一个城市的居民,往往是来自五湖四海,而每个地方的人,当他们来到这个城市的时候,同时也就把他们那个地方的文化带了进来。二是专业化的活动:在城市中,劳动分工更加复杂,专业化程度高,既有工业,又有商业、政治、文化、科学、教育等,而从事不同职业的人,其文化特点也是不同的。产业工人的豪放,知识分子的文雅,其间的差别是很大的。三是易于受到外来文化的影响:城市是一个开放系统,和外界存在广泛的文化交流,人口的流动性也大。这样,很容易受到外来文化的影响。

(5) 个人的自主性强。在城市中,由于其生活复杂而多变,靠一些简单、固定的传统行为规范去指导人们的行为就远远不够了。因此,在城市中占主导地位的已不再是传统行为,而是一种理性行为。指导这种行为的,不再是传统的要求,而是理智的考虑。这样,就要求人们要善于思考、善于独立地进行判断和选择,如果没有这种自主的能力就不能适应城市生活。

(6) 越轨行为增多。一般地说,城市的社会治安大大不如农村,城市中的犯罪率远远高于农村。其原因是多方面的,如就业问题等。但初级社会关系的衰落也是其中的一个重要原因。在城市中,初级社会关系已经大大地衰落了,这样,对人们行为的约束力也就相应地降低,导致城市中犯罪行为的增加。

总之,在城市化的过程中,尽管也出现许多毛病和弊端,如住房问题、公共卫生与环境污染问题,乃至于吸毒酗酒等犯罪与道德败坏问题,但全面地看来,其积极的作用是主要的,城市化是近代社会发展的趋势。

1.3 城市社会问题

社会问题是社会学传统的研究领域。社会学从调查研究社会问题入手,建立自己的理论体系,反过来又用这些理论从事新的社会调查研究,考虑并规划解决社会问题的意见和方案。究竟什么是社会问题?社会学所研究的社会问题与一般社会上所谓的社会问题可能是不同的。社会学的所谓社会问题,是认为社会的正常运转出了问题,出了毛病,是社会中发生的被多数人认为是不合需要或不能容忍的事件或情况,这些事件或情况,影响到多数人的生活,而必须以社会群体的力量才能进行改进的问题。据此,所谓社会问题,不是指个别人、个别家庭或团体的努力,而是必须依靠社会中大家的力量共同解决的问题。每一个社会在一定的时期内都有其特殊的社会问题。例如,当前世界上不少国家的城市比较普遍地存在着犯罪(特别是青少年犯罪)、吸毒、娼妓,以及离婚、长期失业、贫穷和精神病等问题。我国最严重、最基本、最棘手的城市问题莫过于人口问题,这个问题又直接地衍生出或即将衍生出一系列问题,如劳动就业问题、青少年犯罪问题、老龄化问题、贫穷问题等。再加上其他的所谓知识分子问题、婚姻家庭问题、社会道德风尚问题、城乡发展和建设问题、官僚主义问题,这就构成了我们当代最为主要的十大社会问题。

1.3.1 老龄化问题

所谓人口老龄化是指 60 岁(或 65 岁)及以上人口在总人口中所占比重的问题。按联合国的规定,凡 60 岁及以上人口占总人口 10%以上或 65 岁及以上人口占总人口 7%以上就属于老年型社会,由于人口老龄化给社会、政治、经济、人口规划等带来一系列影响而产生的问题称之为老龄化问题。人口老龄化是一个动态概念,它与出生率迅速下降密切相关。出生率越低,人口老龄化进展越快;反之,出生率提高,社会就会向年轻化转化。

人口老龄化也是一个世界性的问题。在全世界 44 亿人口中,65 岁及以上人口占 6%左右,但发达国家都已达到人口老龄化指标,属于老年型的国家,如瑞典为 16.9%,英国为 15%,瑞士为 13.7%,德国为 13.6%,意大利为 13.5%,法国为 12.5%,美国为 11%,日本为 9%。在正常的情况下,随着时间的推移,老年人在总人口构成中的绝对数和相对比重都会继续增大。

由于我国近些年来严格控制出生人数,人口老龄化进程加快。虽然就全国来看,我国尚属于成年型人口,短期内还达不到老年型人口标准,1982 年人口老龄化指数才达到 5%。可是由于我国经济发展不平衡,在各省、市、自治区的人口老龄化进程也不同,上海市 65 岁及以上的老年人已占 7.3%,为我国第一个进入老年型人口的地区,其他如浙江省为5.77%,河北为5.66%,北京为5.64%,山东为5.63%,江苏为5.54%,天津为5.54%,广东为5.44%,河南为5.23%,这些省、市也会较快地达到老年型人口社会标准。中国人口老龄化和老龄问题的表现首先出现在大城市,然后出现在农村,最后发展到小城镇,也可以说首先出现在沿海,然后扩大到内地。我国目前人口老龄化系数只相当于日本1950年的水平。我国如果继续执行一对夫妇生一个孩子的政策,2000年独生子女家庭估计占70%左右,则人口老龄化系数急剧上升,2010年将达到15%左右。从5%上升到15%,中国只需要28年时间,与日本人口老龄化过程相比少了12年。

我国老年人口群体的绝对数大,由于个人生理上逐步衰老会产生更多的健康保健、疾病治疗问题;离休、退休人员逐年增加会带来经济问题;受赡养人口比重日益增加,对社会生产、消费、城乡规划、老年住宅等会带来诸多社会问题。目前我国城乡大部分老年人都和自己的子女生活在一起,互相依靠,互相照顾,共享天伦之乐。随着独生子女家庭的增加,亲属网络关系的简单化,会给赡养老年人的方式带来新的问题。

1.3.2 就业问题

就业问题是世界各国普遍存在而且日益严重的一个社会问题。也可以说,当今世界无论是发达的资本主义国家还是发展中的国家,都面临着不同程度的就业问题。

究竟什么叫做"就业"。在1982年全国人口普查时曾对"在业人口"下过定义:"凡从事一定的社会劳动并取得劳动报酬或经营收入的人"就认为是就业。从这个定义可以了解到就业的两个基本条件:一是从事社会劳动;二是有报酬或收入。凡是具备了这两个条件的就算已经就业。反之,凡是不具备这两个条件的,如从事自己家务劳动的妇女、在校学习的学生、在部队服役的军人等都不视为就业。这个定义在我国也具有实际意义,这就是把许多在小集体企业工作和个体劳动者,以及大量的临时工、合同工都包括在就业范围内。

从广义看,就业就是指劳动者处在有职业的状态,即劳动者能够与生产资料相结合,从事某种社会劳动。但如果比较狭义的理解,从事劳动活动的人并不一定都是就业者,这就说明了就业还需要具备其他条件。这主要指要具备社会的条件,也就是说只有当从事某种劳动与维持劳动者本人及其家庭的生活联系起来,才能被认为是就业。因此,就业不仅表现为劳动力的一个实际活动,而且表现为是一种社会生活中的谋生手段。

那么什么是失业呢?如前所说,所谓就业就是劳动者与生产资料相结合以获得一定报酬为生,这就牵涉到在劳动者与生产资料结合时,可能产生三种情况:

① 劳动力的供给大于社会经济发展对劳动力的需求。表现为一部分劳动力无法与生产资料相结合,劳动力未得到充分利用,这就出现失业现象。② 劳动力的供给小于社会经济对劳动力的需要,这时一部分生产资料得不到充分利用,出现劳动力不足现象。③ 劳动力与生产资料互相适应,失业现象消失。

虽然失业是由于劳动力供大于求,也就是说经济的不发展是造成失业或不能充分就业的根本原因。但即使经济发展,也会出现失业现象,而且在社会主义社会也不例外。这就表明,就业还要受到一些经济因素以外的社会因素的影响。这主要的就是指科学技术的进步、季节性工作、人口发展控制程度和劳动力流动等因素。由于劳动力与生产资料结合得不好,经济因素的不协调而产生的失业可以叫做经济性失业,而由于经济因素以外的更加复杂的社会因素的影响而引起的失业,不妨叫做社会性失业。当然,从失业的社会影响看,失业总是社会性的,没有纯经济性的。

科学技术的进步,无疑地会引起生产和劳动结构的变动。使用新的生产设备、生产方法、新的材料或组织新的生产过程,改善经营管理,都会更加节约劳动力而使一部分劳动力失业。这就引起经济结构,甚至社会结构的变动,这类失业也叫做结构性失业。开辟一个新的生产和服务领域,虽然一方面能够提供新的就业机会,但也不可避免的要挤垮一部分老的生产和服务领域或单位,分离出一部分富余人员。据我国统计,在国民经济中,每年产生近六百种新的专业,淘汰五百种旧的专业。西方发达国家从 1950 年到 1965 年内,由于新技术的不断涌现,原有工业体系中有八千多个技术工种逐渐消失,同时又产生了六千多个新工种。再比如我国目前家用电器中,彩色电视机正在盛行,这一方面表现在新的彩色电视机工厂,彩电生产线和有关零件部件工业会创造更多的就业机会,但一方面也不幸地使生产黑白电视机,甚至生产半导体收音机的大量工厂生产萎缩、劳动力多余,这就引起工厂如不转产,劳动力如不培训新的技术,势必引起失业。但转产和培训工人都不是一件简单易行的事,这是引进新技术必须考虑的问题。

其次,由于自然界的条件变化或其他因素的影响,往往也会产生就业的波动,至少会季节性的失业。这种现象将更多地出现在受自然条件变化影响较大的农业生产劳动和许多以农产品作为主要原料的加工工业,以及有些受自然条件影响而不能常年进行生产的行业。如像我国乡镇企业,有很多会产生季节性失业现象。由于在进行生产劳动时,生产时间(从劳动对象进入生产领域到制成产品的全部时间,即资本或资金处于生产过程的时间,包括劳动时间、劳动者休息和劳动对象受自然力作用的劳动时间,以及原料、材料、燃料等必要的贮备时间)与劳动时间的差距,越是在初级生产过程或落后的生产过程中,越是表现得距离大,就自然会引起季节性的失业。当然这种失业,政府、企业或劳动者个人可以采取相应的计划或措施,以减少其对就业的压力。

第三种更为重要的因素,即与经济增长不相适应的人口过度增长对就业水平的影响,这是目前发展中国家普遍面临的棘手问题,而我国的人口问题尤其严重。如不采取适当对策,就会耗尽大量本来可以用于提供更多就业机会的社会经济发展资本,使国家社会由于人口增长的惯性作用,长期陷入恶性循环之中。

从上述这些因素可以理解,就业、失业决不单纯的是一个经济问题,而是一个复杂的、联系广泛的社会问题。因为无论在经济发展或经济停滞的年代,这些因素都会以各种方式影响就业水平,也就是说,在任何情况下,某种程度的失业是不可避免的。

1.3.3 贫穷问题

贫穷是一种社会问题,也是一种司空见惯的社会现象。所谓贫穷就是当人们缺少满足他们生活基本需要的手段的状况存在时的现象。

资本主义国家的学者,自19世纪开始,对贫穷进行了比较认真的、严谨的调查研究。一些研究者企图制定一个比较固定的标尺以衡量贫穷。这就是众所周知的所谓"贫穷线"。在这条线之下,就开始有了贫穷;在这条线之上,贫穷就到此为止。这个关于贫穷的概念,在资产阶级社会学与经济学里,一般称作绝对的贫穷。

贫穷线经常包括了关于人类基本需要的判断。这些需要是指人类用来维持健康和体质活动的生活资料而言。构成绝对贫穷的计量项目,一般包括常人维持健康生活必要的食品、衣着、住房的质量和数量等内容。绝对的贫穷,也就是物质的贫穷,即建立在以最低标准的物质需要为基础上的贫穷。它经常是以基本生活需要的价格计算的。以价格画出一条贫穷线,凡收入在这条贫穷线下的,便被认为是贫穷。

所谓基本物质需要,看法有所不同,计量方法也有不同。比如有的学者着重从质量考虑,他们认为营养方面,可以营养成分来衡量,如摄取多少卡热量和蛋白质等;在住房方面,则以居住的质量和拥挤的程度来衡量;在健康方面,则以婴儿死亡率以及有效的医疗设备的质量来衡量等等。也有些学者对绝对贫穷概念的考虑,超出了物质贫穷,而引进所谓"基本文化需要"这样一些因素。他们认为,所谓"基本文化需要"包含了诸如教育、安全、闲暇和娱乐等项目。儿童入学的比例是教育设施水平的一个指标,相对于总人口的意外死亡人数则是安全的指标之一。相对于劳动时间的闲暇时间总量是闲暇和娱乐水平度量的标准之一。

绝对贫穷的概念曾广泛地流行,但也遭到不少批评。因为这个概念是建立在所有社会中的人都有一些最低基本需要这一假定之上的。这是一个不易辩论清楚的问题,因为概念本身包含了许多难以测定的情况,同时也包含在客观上因时、因地、因人、因民族而异的情形。因为贫穷线、贫穷的绝对意义,实质上总是在特定的时间和空间中,其实质总还是相对的。

所谓相对贫穷,就是一个以特定社会成员的生活作标准,即在这个特定的社会里,依靠当时的常态情况而考虑的一个较客观而可接受的生活水平和生活方式作标准。但由于常态情况也是经常在变,贫穷的含义也就在变,这样,他们对相对贫穷就做出一种解释。因此,任何贫穷的定义都必须与变化着的社会的实际需要相联系。如果按照这种相对贫穷的解释,在一个特定的社会里,因民族、阶级、年龄、宗教、地区以及其他因素的不同,就不可避免地要产生许多贫穷标准。

但不管他们对贫穷的绝对意义和相对意义解释得如何难以分辨,观点如何不正确,总的来说,他们对资本主义社会的贫穷现象是作了认真和详细分析的。比如美国早期研究贫穷的有名学者朗特利(Seebohm Rountree)1899 年在纽约经过调查,绘制了一个以每周最低用款为基础的贫穷线。此款数可以用来维持家庭健康生活必需的用途,即可以用来维持家庭生活,包括燃料和照明、房租、食物、衣着、家庭杂务开支的费用。据此,他拟订了一个最低营养的必需品清单,或称健康生活必需品清单。这就是所谓"生存贫穷"(Subsistence Poverty)的概念。依照这样的概念来计量,纽约当时有 33%的人口生活在贫穷状态。接着他又于 1936 年和 1950 年用同样方法,在纽约进行了两次调查,证明 1936 年贫穷人口的比例已从 1899 年的 33%降为 18%,1950 年降为 15%。他同时发现,关于贫穷的原因,在半个多世纪内也起了很大变化。例如,工资微薄在 1899 年和 1936 年是主要因素,而到了 1950 年,相对地说,工资微薄的因素已经是无足轻重的了。这就给人一种假象,好像到了 20 世纪 50 年代贫穷已被征服了,这就引起人们的不断地批评和不断地改进这种测量方法,但不论作了多少修正,其基本作法仍一直延续了朗特利的这种分析方法。

1.4 城市社会学

既然社会运行有规律可循,现实的城市社会问题需要解决,这就要求有专门的科学来进行研究,这就是城市社会学。

1.4.1 中国城市社会学发展的基础

为什么我们一定要建立专门的学科从事城市社会问题的研究呢?

首先,城市具有差异性。城市是人类聚落的高级形式,在一个国家中,城市往往是其政治、经济、文化的精华所在。但由于各个国家在社会制度、经济结构、领土面积、政治、地理环境、民族分布、历史传统、人口数量等诸多方面的差异,城市的特征也不尽相同。欧洲古代创造了灿烂的城市文明。欧洲中世纪城市也是工商业发达的中心,是作为封建经济的对立物出现的。这种城市往往独立于封建主直接控制的庄园之外,是自由的集团。这样的城市集团没有传统的统治者,而且传统的统治者既缺乏手段,又没有帮助他们的意图,城市集团不得不为自己提供一系列的防御措施。市民阶级凭着自己的努力,在11世纪时期,已经使市政组织粗具规模,12世纪时他们已经掌握了一切主要的市政机构。在中国,在相当长的时期内城市发展水平处于世界的领先地位,是举世公认的少数几个城市发源地之一。城市的发展有着悠久的历史,在数千年的中华文明史上,城市在促进中国生产力进步、弘扬中华民族文化、推动经济和社会的发展等方面都发挥着重要作用。但是,由于历史发展轨迹与文化传统的不同,造成了中国城市与欧洲城市的明显不同。概括起来说:① 欧洲城市是工商业发达地区的经济中心;而中国古代城市虽然历史悠久,规模宏大,但一般不是完善的地区经济中心。② 欧洲城市经济中心的地位,使它们可以程度不同地独立于封建主直接控制的庄园之外,成为自由城市,有自己的行政、司法、货币甚至武装体系。市民对于封建领主没有直接隶属关系,是自由民。总之,城市与农村在经济结构上是分离对立的。而中国古代城市正因为没有取得经济中心的地位,所以始终处于封建专制主义中央集权的绝对控制之下,基本上是封建统治者施行统治的政治中心。农村与城市密不可分,一片农村区域往往被一个城市控制,两者在经济、政治结构上是一体化的。

其次,城市处在发展时期。19世纪欧洲爆发了产业革命。这在两方面摧毁了以前的城市发展格局。一方面,世界城市人口剧增,并形成加速发展趋势;另一方面,在城市职能和规模显著变化的基础上涌现出新的城市发展理论。这两方面的变化发展形成两次强大的冲击波。第一个冲击波发生在1800—1950年,持续了150年的时间。冲击波过后,城市人口占到世界人口总数的30%。第二个冲击波形成于1950年,紧接着第一个冲击波后,主要发生在发展中国家。今天全球城市人口约有25亿,占世界总人口的45%。一些专家预言:到2025年世界人口将达到80亿左右,而城市人口约有50亿。这意味着在不到200年的时间里,世界城市化水平从3%发展到62%。此外,2025年城市化最主要的特征是85%的城市人口(超过40亿)将生活在亚洲、非洲和南美洲的城市里。所以管理和控制如此众多的城市人口将是我们面临的关键问题。21世纪将是大都市普遍发展的时代,虽然刚刚起步,有关理论研究还不全面,但我们现在关注以下几个方面:① 大都市发展经历了一个前所未有的城市人口高速增长。② 大都市现象与新的世界经济体系的形成息息相关。③ 根据大都市的地位我们可将其划分为三个层次。最低一层是国家级大都市,如法国的格勒诺勃(Grenoble)和中国的广州大都市。中间一层是国际化大都市,它们和国外的城市有密切联系,经济辐射力可覆盖某一世界区域,如欧洲的苏黎士和亚太地区的中国香港国际化大都市。最高一层是世界级大都市,又叫世界城市。它们的辐射范围覆盖全球,没有国家界限。通过跨国公司,它们成为世界经济的控制和管理中心,同时又是资本聚集和最高决策中心。

第三,中国城市的特殊性。中国城市的发展具有两大特点。一方面,中国有着悠久的城市发展历史,并且城乡差异明显。另一方面,中国汇入世界大都市体系的时间不长,只有 1978 年实行改革开放政策以来的短短十几年。中国作为农业大国的历史非常悠久,因此中国城市发展历史的一个最大特点是城乡关系的维系。中西方城市在城市职能上存在着巨大差异:中国城市是国家管理等级体系中各层次的行政中心,虽然也存在着商业中心,但它们分属于另一个等级体系。行政和商业两个体系之间的相互关系是复杂的,通过各种各样的关系和一些机构相互沟通,如科学、血亲制度、中国文化传统、衙门功能等。尽管两个体系的相互关系不断发展演变,但商业城市体系一直都受控于行政的城市体系。第一部反映中国周代(公元前 770—公元前 221 年)社会和经济体系的著作《周礼》,在最后一章的论述成为中国建立行政城市的规范。《周礼》中规定城市的空间形态是统一的,有着严格等级制度的方形或长方形。中国许多古老的著名行政中心城市就是严格按照该书上的规定建成的。其中最著名的有西安和北京。西安是汉代(公元前 206—公元 220 年)的首都。唐代(公元 618—907 年)重建后,它的城市布局风格影响了许多当时的亚洲城市,如日本的东京和泰国的清迈(Chang' Mai)。唐代是中国历史上最辉煌的时期,当时的中国文化扩散到亚洲许多地区。专家们一致认为中国文明是几千年来很多亚洲国家文明的策源地。同样根据《周礼》规范建成的北京城,早在元代(公元 1271—1368 年)就成为著名的大都市。在七个多世纪的岁月中(经历明清两个朝代),它的城市空间形态和空间组织结构基本保持不变。1840 年的鸦片战争割断了中国漫长的封建社会城市发展历史。从那时起,中国遭受了许多苦难。20 世纪上半叶,中国又被从封闭的城市发展轨迹上推入西方产业革命带来的城市发展轨道中。从 1950 至 1960 年,中国又照搬前苏联的城市规划和管理模式。直到 70 年代末期,这种模式仍然在中国城市空间组织和城市概念上打上深深的烙印。变"消费城市"为"生产城市"是这三十年计划经济制度下城市工业化发展的主要结果。中国工业城市最具代表性的是黑龙江省的油田城市大庆。为了体现"文革"中的平均主义思想,大庆的工业区和居住区在空间上非常分散,就如同大都市区周围城乡结合处的发展状况。这种城市布局强调"多快好省"的原则,以最少消耗来首先发展工业。根据这一原则,中国城市是工业生产的基地,对城市住房、学校、道路、污水处理系统的投资都保持绝对最低水平。然而由于城乡差别的存在,在农村存在着剩余劳动力向城市迁移的巨大压力,因此中国政府当时又实行对城市人口增长严格控制的措施,如城市就业、城市居民户籍管理(户口簿)和粮食配给制度等。中国对人口流动的控制是如此彻底,以至三十多年来,人口净迁移增长只占城市人口增长的30%左右。

第四,城市社会学的起步。自1978年实行经济改革和对外开放政策以来,一方面,中国城市进入一个新的历史发展阶段。这些新政策瓦解了对人口流动控制的几大支柱(就业、户籍管理和粮食配给制度)。因此伴随着经济的高速增长,大量流动人口涌入城市,城市化进入加速发展阶段;另一方面,尤其是1984年城市改革实施以来,中国城市的社会结构正在经历巨大的转变。这种转变"使一部分人先富起来",一部分人则相对贫困化,导致不同社会阶层乃至全社会的极化趋势,其结果是社会空间分异的日益增长和一些新的社会集团开始出现。有关侧重于从城市社会结构的角度描述和解释社会空间要素的学科是城市社会学。西方发达国家和大多数发展中国家,战后由于种族、宗教、跨国移民以及本国贫富阶层分异等因素,城市社会学已经成为城市科学、社会学的主要研究领域。中国城市科学起步较晚,自1978年以后才得到迅速发展,其研究的重点一直偏重城市化、城市体系和城市与区域规划、城市的发展条件、城市性质与规模确定以及制定各类用地和重点建设项目的布局方案等城市经济学的研究,国内城市社会学的研究才刚刚起步。

1.4.2　城市社会学应用领域[1]

城市社会学的应用领域相当广泛,这里仅就城市规划的应用进行叙述。

1) *面向社会发展的城市规划*

第二次世界大战后,西方城市都面临着战后重建和飞速发展,以物质空间规划为主要内容的城市规划起了重要的作用。20世纪50年代以后,社会经济得到了全面的发展,物质空间规划在经过了一段时期的实践后,出现了许多问题。(CIAM)第十小组(Team10)提出了以人为核心的人际结合(Humam Association)思想,认为城市的形态必须从生活本身的结构中发展起来,城市和建筑空间是人们行为方式的体现。他们提出的流动、生长、变化思想为城市规划的发展提供了新的起点。几乎与此同时,希腊学者C. A. Doxiadis提出人类聚居学(Ekistics)概念,强调对人类居住环境的综合研究。人类聚居学认为人类居住环境由五个要素组成,即:自然界、人、社会、建筑物和联系网络,人类聚居学就是要从这五个要素的相互作用关系中来研究人类居住环境。这为20世纪60年代后的面向社会的城市规划与发展提供了理论框架。

20世纪60年代是一个反叛的年代,在城市规划领域也同样如此。进入60年代以后西方各国的城市进入了相对稳定的发展阶段,社会运动的风起云涌,学术领域多元化思潮的蓬勃兴起,城市研究的多学科介入和对城市中人的主体地位的重

[1] 该部分作者为张京祥。

新认识,以及社会经济和科学技术的迅速发展,对城市规划的发展起了推动作用。城市规划冲破了功能主义主流思想的束缚而进入了一个更广阔的背景之中。

在美国社会学家甘斯 H. Gans 的《人与规划》(*People and Plan*)(1968)一书中,作者通过对城市规划的理论和实践进行分析、考察,对城市规划及其作用提出了新的看法。他认为,人的生活是由经济、文化和社会权力结构所决定的,而不是规划师们所认为的由物质环境(Physical Environment)及其规划所决定的。而 M. Petersen 于 1966 年在美国规划师协会杂志(AIP Journal May,1966)上写下了一段令人深省的话:“我可以稍带夸张,但却颇有几分真理性地说,一代人的规划会成为另一代人的社会问题。在规划工作中所取得的那些‘成绩’,往往会成为产生困难的根源。”

人们对城市规划的作用也有了新的认识。J. B. McLonghlin(1968)提出:“规划本质上是一种引导式的控制管理。”20 世纪 60 年代以后,城市规划已经成为国家权力的一部分,并已成为国家对城市发展宏观控制的一个手段和工具。国家权力机构在对城市事务的管理上,已经形成了一整套完整的制度和方法,城市规划已经被整合进行政权操作过程。McLoughlin(1985)声称:“规划不只是一系列理性的过程,而且在某种程度上,它不可避免地是特定的政治、经济和社会的历史背景的产物。”

其次,经过二次大战后的经济恢复和随之而来的突飞猛进的发展,市场机制逐渐完善,在城市生活中,市场的作用更为突出。规划部门所拥有的管理权也仅仅是一种影响空间供给和设计的间接方式。因此除了控制之外,对城市规划“协调各集团效益再分配的功能”也不断强化。20 世纪 60 年代中期后,在西方城市规划领域兴起了倡导性规划(Advocacy Planning)运动。这一运动的主旨就是规划师对公众的重新认识和促进公众对规划过程的参与。城市规划成为公众各方之间以及公众与政府机构之间达成的一种“契约”,这种契约经过各方的多次协调和讨价还价,而在各自的意愿和利益上达成了某种程度的均衡,经过立法机构的批准而成为合法的文本,成为约束各方今后行为的规范。

因此,在这一阶段,城市规划的性质已发生了改变,正如 H. Wohlin 所预料的,现在的城市规划已更多地具有咨询和协商(Consultation and Negotiation)的特征(林秋华,1987)。与多元论思想相配合,城市规划所寻求的是在各类群体中进行沟通、对话,对各种不同的价值观、生活方式和文化传统在空间层面上寻求解释,或者将这些内容转化为不同的空间形态,然后通过协商和谈判,建构起一个协同的纲领。在此过程中,规划师又能充当什么样的角色呢? Ann Ferebee 认为,“除了必须有能力进行大规模发展规划外,他还要起到发展商、(现行政策的)辩护士,政府公共部门与公众之间的调解者,(城市公共设施的)管理人和鼓吹者,有时他本人甚至是一个经理人员”(金昔,1985)。由此,城市规划与规划师开始从与国家权力紧密结合的统一体中分离出来,他们在政府与社会之间、公共部门与私人部门之间寻求对话,寻求解决问题的相互作用。城市规划在许多层面上已表现出作为一种社会规划的特征。

2) 城市社会隔离研究

城市是一个由人与人相互作用而形成的社会。人与人之间的互相交往和作用会形成一定的群体。人群是构成社会的最基本单元。当我们具体分析、研究城市社会时,我们不可能以互不相同的个体作为对象,而是以某类人为单位来建构分析的单位。社会学认为人群是社会发展的主体。人群包括两个或两个以上的人,他们有相同的身份或某种团结感,有共同的目标和期待。这样,在面对同样的境况下,他们会做出相同或类似的结论。因而在城市社会中形成了不同的人群群落。在所有的社会群体中,主要可以分为两类:一类被称作首属群体(Primary Group),这是一种较小的多目的群体,其中最为主要的群体是家庭。另一类是次属群体(Secondary Group),这是为了实现实际的目标而形成的专门群体,它主要是由一种专门化的、相对来说非个人的和感情淡薄的关系所形成的,成员只表现出其个性的某一方面。

各种各样的群体,不仅在其自身范围内运动和发展着,而且它们之间也互相作用,并由此构成了一个复杂的网络,而表现出不同类型、不同程度的社会隔离,形成城市社会的整体结构。城市就是在各类人群不断进行的互相作用过程中发展演变的。人与人的相互作用是城市发展的最基本原因。人类生态学(Human Ecology)就是首先尝试性地有系统地将自然生态学的基本理论体系运用于人类社会的研究。城市中人与人之间相互竞争又相互依赖的这两种因素结合在一起,促成了人类在空间中的集中与分离,由此而形成了大小不同的社区,并促进了这些社区的分化与发展。

在地域上,不同的社区反映了城市社会隔离的物质形态。社区(Community)是在一定地域内围绕某种互相作用模式而由多个群体组合而成的实体。各个社区都有各自的利益关系,有在城市和社会中的地位和作用,这些往往决定了它们发展的取向和趋向。在像美国社会隔离(Social Segregation)明显的社会里,各类社区均有其自身发展的独特性,邻里单位成为组织这些社区的基本方法。

在社会上,社会分层(Social Stratification)则揭示了城市的内在结构。所谓的社会分层,就是以财富、权力和声望的获取机会为标准的社会地位的排列模式。通常,社会阶层是以职业和收入来划分的,在多民族不平等的城市中,种族则是决定阶层的一个重要因素。不同的阶层有着不同的价值观念,对城市发展有不同的认识并寄有不同的期望,因此,在城市规划中评价和综合各阶层的目标、利益要求和行为方式,便成为一个重要内容,也是规划师进行取舍的关键。P. Davidoff 的"规划选择理论”(A Choice Theory of Planning,1962)和倡导(Advocacy)观点(1965),主张规划就是要依据不同的阶层和社区的利益而提出方案,提供多种选择的可能,扩大选择的范围,为各阶层和社区的发展服务。

城市社会隔离表现在城市生活中最明显的是居住隔离。居住隔离指在城市中,人们生活居住在各种不同层次的社区中,这是西方城市的一大特点。经过大量实证研究,得出的结论是:

首先,不同社会经济地位的各社会阶层在城市中的居住分布是呈扇形的,沿交通轴线延伸。并且初始的形态有着深远的影响,高级住宅区附近将吸引房地产开发公司建造更多的高级住宅,而人们也逐渐对形态进行心理感知,不知不觉在住宅选择时表现出来,上层阶层仍然选择高级住宅区,这样扇形的形态结构就进一步加强了。

第二,不同家庭结构的人们居住分布呈同心圆状。因为处在人生不同阶段的人们对空间大小的需求是不一样的。据罗斯(P. H. Rossi)等研究,可以将人一生划为6个周期,每个不同生命周期对居住地的选择都不同。① 青年期,刚从学校毕业,未婚,无子女,一般住在公寓宿舍,靠近或就在中心商务区。② 刚结婚,夫妇则要在中心区外围寻找出租房屋,但不能离 CBD 太远,以便于享受方便的服务。③ 待有了孩子以后,主要矛盾就是要寻求更宽敞的住宅,最好带有花园,这样就要在城市边缘居住。④ 孩子成年离家,并且家庭地位也有了提高,便要在更高级的社区居住。⑤ 退休后,在更远的、更接近自然的地方居住。⑥ 老年丧偶,造成生活不便,又回到靠近市中心有各种设施的公寓居住。因此,总的来说是,人口多的大家庭,需要宽敞的空间,一般住在城市外圈,而小家庭、单身家庭则在内圈。

第三,种族、民族因素的存在,使其居住状态不符合社会分层和家庭规模而形成的分布规律。他们一般为了特殊的利益,或仅是偏好,也因为歧视的存在,在城市中某一区域成团状集聚。

将以上三个因素进行叠加,就形成了总的城市居住社区的隔离分布。

在城市组织中,在不同群体相互作用过程中,城市政府是一个具有特殊意义的组织。在城市中有着各种各样的群体,他们有各自的价值取向、目标、利益要求和行为方式,其中有些是矛盾的,为维护城市运行的正常秩序,保障城市社会的整体利益,城市政府就要对此进行调解和协调,谋求比较共同一致的意见并以此作为行动的规范。城市规划是城市政府的基本职能和行为的一部分,是城市建设和发展决策的依据和组成部分。

3) 城市社会整合

社会整合是指将社会存在和社会发展的各要素联系到一起,使它们一体化。城市社会整合机制一般包括制度性整合、功能性整合和认同性整合,这三个部分既相互联系又独立存在，它们分别从社会的制度化、专业化和社会化三个方面对城市社会进行整合。

制度性整合是指运用国家的各种政策、法规和法律对各种社会关系进行条理化和合法化梳理，使其纳入统一管理和控制的轨道。

功能性整合是从统一社会劳动的角度出发，对伴随社会化分工出现的职业异质性加以整合。社会化分工越深入，各专业之间的依赖性就越强，在市场供求关系的调节下，各专业之间将达成一种有机的联系，形成一种有机的整体。

认同性整合则是在意识形态领域里进行的思想性整合。它通过社会化的学习过程让人们在社会的互动过程中达到认识上的一致，避免因主流价值观的不同而产生的行为紧张和冲突，达到意识形态领域中的协调一致。

一个国家在宏观的制度性整合具有了一定的规模之后，微观的社会整合往往从社区开始。20 世纪 60 年代末至 70 年代初，发达国家在着手社会整合时就是如此考虑的。我国开展的城市文明小区建设，就是从城市社区入手，将城市社区作为城市社会整合的微观切入点。在城市中，单位已不再是社会整合的惟一渠道，并且单位的整合能力也已下降，城市社区成为新的城市社会整合地。城市规划作为一种社会空间资源再分配的形式与手段，在城市社会整合中将发挥积极作用。

4) 城市社区建设与管理

人类社会是一个制度性、地域性的空间，任何一个社区成员由于扮演的社会角色不同，在具体的时间与空间场合中，他都属于某个社区。城市社区具有人口规模大又密度高、政治及文化活动集中、社会组织复杂、公共市政设施齐全、社区成员异质性高等特点。因此，在某种意义上，城市社区就是一个复杂的社会系统，是整个人类社会在某一特定区域内的缩影。

城市社区建设是指在政府倡导下，依靠城市社区力量，利用社区资源，解决社区问题，强化社区功能，发展社区事业，促进社区经济和社会的协调发展。城市社区建设已经成为一个既事关长远又非常紧迫的大问题。城市社区建设是一个制度创新、社会重构、城市工作格局调整的系统工程。

第二次世界大战以后，西欧国家基于城市重建与解决大城市问题的迫切需求，出现了以大范围空间疏解为特征的“新城建设”，而其又是以居住为核心内容的，先后经历了第一、二、三代卫星城的建设，不但在社区规划理论上有了极大的提高，而且更加重视具体的环境设计手法。但随着城市社会生活功能的加强，尤其是六七十年代以后，自然的计划已不再是主要内容，欧美国家的社区规划转向综合的社会计划，如社区成长与更新，社区情感、社区精神的培育。以社区为单位进行城市更新已成为全世界的主流，居住社区规划日益偏重社会分析与内在社会机能的建构，公共参与规划的程度越来越大。1952 年联合国经济社会理事会通过了“社区开发计划”,其宗旨是加强社区间联系,充分发挥社区成员的积极性,利用社区自身的力量提高社区经济、社区发展水平,改善居民生活,解决社区存在的社会问题。社区开发强调社区成员参与有计划的社区改造,通过改造达到社区内部各构成要素的相互协调。当今西方国家的城市社区建设有两个层次:① 把各种社区看作一个整体,作为城市中社会生活组织的基本单元协调社区间的演替与互动。如20世纪70年代美国各大城市纷纷以“邻里复兴”(Neighbourhood Revitalization)的概念取代大规模的城市更新,其内容是把城市居住社区作为城市更新的单位。② 把城市社区看作一个有机的系统,优化其内部的运行机制,如社区整合、社区分化、社区成分变迁、社区发展(Community Development)等,宗旨在于充分利用社区人力、物力资源,培养社区成员的自治与互动精神,创造更为美好的生活条件。

最近我国城市社区建设的内容有转向系统性的趋势。传统的城市基层工作内容主要限于政府所部署的社会行政管理工作和范围还很狭窄的居民自治性事务;近些年发展起来的社区服务,则初步拓展了社区工作的内容。它应该包括:社区经济建设、社区环境建设、社区文化建设、社区教育建设、社区服务建设、社区城市建设和社区安全管理建设等等。它既包括了传统的社区行政性、社会性工作,也包括了体制变化和社会发展带来的许多新的内容;既包括了由街道组织直接抓的一些事情,还包括社区中应由社会组织、中介组织、市场主体和居民自己去干的大量事情。它可以说是现代城市综合性的“社会生态”在社区这个局部的集中体现。

城市社区是涉及政治、经济、文化、人口、生态等方面的复杂社会系统。广义的城市社区管理就是对整个城市社会系统,包括政治、经济、文化等社会领域的全面管理;而狭义的城市社区管理,则是就城市社区内部社会生活所进行的管理,这主要涉及与社区成员生活密切相关的环境卫生、医疗保健、社区服务等诸方面。然而,无论是广义还是狭义的城市社区管理,本质上讲,都是对社会系统的社会管理,都是借助系统方法、层次方法所实施的社会管理。城市社区管理目标具有独特性。著名管理学家哈罗德·孔茨说:“目标是活动祈求的结果。”可见目标在管理中的根本区别。人是社区的主体,社区管理的一切活动都围绕着人这个中心。在社区管理过程中,必须将社会效益放在首位,协调好社区中的各种关系,并最终实现社区成员对社区的心理归属。

综上所述,城市社区管理与一般的城市管理不同,它把实现社区社会效益和心理归属作为最终目标,借助系统、层次的方法对社区诸领域进行社会管理,以确保城市社区持续、稳定地发展。

5) 城市更新

追溯城市发展的历史,城市发展的全过程就是一个不断更新、改造的新陈代谢过程。自城市诞生之日起,城市更新就作为城市自我调节机制存在于城市发展之中。然而,真正使城市更新这一问题突出地显示出来,并将其作为一门社会工程学科提出,则是始于20世纪50年代欧美的一些发达国家。产业革命导致世界范围的城市化,大工业的建立和农村人口涌向城市促使城市规模扩大,由于城市的盲目发展,随之出现"逆城市化",导致城市的解体:居住环境恶化,市中心区"衰败",贫民窟形若癌瘤,城市特色消失,社会治安混乱……面对这种局势,许多国家对此曾采取各种更新措施,以期防止和消除"城市病"、"枯萎症",恢复城市的活力。但是事实证明,上述措施数十年并未能达到预期目标,因为局部的添建房屋,零星的改建房屋,仍不能防止地区的衰败,所以为谋求彻底解决问题,只有谋求全面地更新改造,别无良法。因此,城市更新逐渐成为20世纪各国政府所关注的重大问题,并被作为一门社会工程学科为人们所研究。

与城市更新(Urban Renewal)相类似的术语有:城市改造、旧区更新、旧区改建、城市再开发、城市复兴、旧城整治……在我国《城市规划法》中的"旧区改建"指的是对城市中的陈旧、衰退的地区进行改造,以便根本改善劳动、生活服务和休息的条件,达到满足社会、政治、经济及人民精神生活需要的目的。但城市更新更为强调的是城市功能体系上的重构与重组这一过程,比单纯的旧区改建、城市改造等完整得多。一般来说,城市更新具有以下特征:① 城市更新是一个连续性的过程。城市更新贯穿于城市发展的整个历程,具有承上启下的特点和功能,因此更新规划的一个主要方面就是要如何处理继承保护(城市特色等)、预测引导城市发展,要强调更新的过程和连续性。② 城市更新是城市发展的一个重要手段。③ 城市更新具有综合性、系统性的特点。

随着城市更新规划观念和思想的转变,一向以大规模拆除重建为主,目标单一、内容狭窄的城市更新和贫民窟清理出现蜕变,转向了以谨慎渐进式改建为主,目标更为广泛、内容更为丰富的社区邻里更新。

社区邻里的社会问题、经济问题是西方许多国家大城市中最为关键和最为严峻的问题,正是由于社区邻里内部出现的社会混乱和经济萧条,导致了社区邻里的衰退。像这些深层的社会结构和经济结构问题,通过简单的推倒重建是难以获得圆满答案的,这些在20世纪70年代以后已为许多国家越来越清楚地认识到,并逐渐获得共识:城市更新不可能惟一趋向物质转变,它必须涵盖更广泛的社会改良和经济复兴,必须更多地注重政策制定的社会和经济方面的问题。于是,自20世纪70年代以后,西方许多国家的政府和社会学家、经济学家们提出了一系列复兴城市的方案和对策,诸如优化城市设施布局,降低服务成本,刺激城市就业,控制市区土地和房产价格,在城市内设立条件优惠的"企业区"等等。所有这些,对内城的衰退都起到了一定的抑制作用。例如:美国早期大规模拆除改建贫民窟,发现无法解决和负担社会问题而且趋于保守,转而结合社会福利、商业再发展、历史建筑地区维护以及塑造社会邻里高品质生活环境等各种综合性的更新计划，其成果远较早期更新方式更为成功、辉煌。英国《内城政策》的制定，促使更新措施扩展到更为广泛和综合的地方战略性的开发，通过增强内城的经济实力和内城的自身吸引力，来达到复兴内城的目的。

纵观西方现代城市更新运动的发展演变，可看出以下几方面的趋向：① 城市更新政策的重点从大量贫民窟清理转向社区邻里环境的综合整治和社区邻里活力的恢复振兴。② 城市更新规划由单纯的物质环境改善规划转向社会规划、经济规划和物质环境规划相结合的综合性更新规划，城市更新工作发展成为制定各种不可分割的政策纲领。③ 城市更新方法从急剧动外科手术式的推倒重建转向小规模、分阶段和适时的谨慎的渐进式改善，强调城市更新是一个连续不断的更新过程。

在我国，自改革开放以来，随着商品经济的发展与社会主义市场经济的逐渐形成，中国城市正经历着急剧而持续的变化，城市经济发展速度大大加快，旧城更新改造也以空前的规模与速度展开，日益成为我国城市建设的关键问题和人们关注的热点。一方面，由于我国旧城底子薄、欠账多，长期以来又缺乏有效的政策引导和雄厚的资金保证，许多旧城都普遍存在布局混乱、房屋破旧、居住拥挤、交通阻塞、环境污染、市政和公共设施短缺等问题，不能适应城市经济社会发展和改革开放的需要，并危及城市特色和历史遗产的保护与继承，造成严重的社会问题，旧城改造迫在眉睫；另一方面，由于我国日益紧张的土地资源等问题，城市的空间形态将由以水平方向拓展为主的平面形态向以调整、配置、组合再开发为主的立体形态转变，城市建设将由外延转向内涵发展。充分表明综合开发已由以新区开发为主转向新、旧区开发相结合。尤其是，由于目前我国正处于一个工业化进程开始加速、经济结构发生明显变化、社会进行全方位深刻变革的时期，城市正面临和正在进行着物质空间的大变动和重新建构，城市结构整体调整成为中国的城市发展主题，因此城市更新的意义就格外突出。

6) 规划的公众参与

城市规划师无论处在什么样的团体和组织中，他都难以保持完全中立的状态。他在发挥技术专家的同时，也往往带有明显的个人倾向，他必然需要运用其自身的价值判断。但是，城市规划师也不能仅从自己的观念出发，因为这只代表了社会中的一部分甚至是一小部分人，这显然并非是城市规划所要求的，也不利于城市规划作用的发挥。针对这样的状况，在多元思想的影响下，Davidoff 和 Reiner 于 1962 年提出的“规划选择理论”，在对不同价值观的矛盾和适应进行讨论的基础上，强调规划师就是要通过各种方法提出尽可能多的方案供社会选择。根据这一理论，城市规划的制定和执行过程就可以被看成是通过一系列选择来决定今后行动的过程。

在该理论引导下逐步形成的倡导性规划，促进了城市规划师有意识地接受并运用多种价值判断，以此来保证某些团体和组织的利益，从而担当起社会利益代言人的职责。

城市规划的基本任务就是建立起城市各组成要素在空间层次的协同的相互作用关系，使城市发展获得统一的物质空间基础。在这样的意义上，无论规划师从事于什么样的空间范围的规划或就职于什么样的部门，他们始终都是一定空间范围内的协调者。城市规划师则成为社会利益的协调者，在城市空间和土地使用关系中，蕴含着社会经济关系和内容，不同的社会利益团体对于城市的发展具有不同的价值标准和利益要求，在不同的团体之间，他们的要求往往是互相矛盾的，有时甚至是互相冲突的。规划师就是要在城市发展目标的引导下，对各类利益要求和发展趋向进行评价，通过对话、沟通、协商和谈判等途径，使各类利益要求都得到体现，并综合到一个完整的、统一的规划过程之中。

但是，城市规划并不是一次性的行为，而是一个循序渐进的过程，它要随城市的发展而不断调整。规划的实施更是一项社会工程。随着城市规划实践的广泛开展，许多学者开始进行对规划实施后果的研究，促进了对以专家意志表达为基础的城市规划的反思。进入 20 世纪 60 年代后，学者们首先对城市中人的活动特征、要求等方面进行研究，提出城市规划必须吸收有关人类活动的多价信息（Polyvalent Message），使城市规划能够接受并运用这些信息，规划内容必须与此相配合；其次，通过对人类活动场所空间的要求进行研究，将活动与空间统一起来，揭示其中的相互关系，进而发展到对空间使用者在活动场所空间决策中的作用的重视。

在城市规划领域，P. Davidoff（1962）提出了规划的选择理论，确立了倡导性规划（advocacy planning）概念。在 20 世纪 60 年代后期，美国的一些城市中成立了诸如社区改造中心（Centre of Community Change）之类的机构，以帮助社区居民学习有关社区建设的知识和技术，为居民提供服务。而在联邦政府方面，从 1968 年开始的新社区计划和以后的示范城市计划（Model Cities Program），审批援助款项时的先决条件就是要证明市民们已经真正有效地参与了规划制定过程。在英国，住房和地方政府部（Department of Housing and Goverment）于 1965 年成立了一个规划顾问小组对城市规划的程序和方法进行研究，该小组在 1966 年提出结论性的报告 *The Future of Development Plans*。该报告所提建议的主要内容成为英国 1968 年规划法的主要依据。在该报告中特别提出，在规划过程中要让广大的公众参加讨论，听取各种情况介绍和发表意见。经过一些城市的初步实践，当局认识到市民参加规划的重要性和复杂性，为了对公众参与规划的过程、技术及相关政策等内容进行研究，成立了以 Skeffington 任主席的公众参与规划委员会（Committee on Public Participation in Planning）。该委员会于 1969 年提出了题为 *People and Planning* 的报告，对公众参与规划的整个过程,从开始制定规划目标一直到对规划方案的评价、规划的贯彻执行以及最后对这次规划的回顾总结等提出了完整的建议。这些建议在以后的实践中得到了全面贯彻并不断完善。

1973年联合国世界环境会议通过宣言,开宗明义地提出:环境是人民创造的,这就为城市规划中的公众参与提供了政治和思想保证。城市规划过程的公众参与现已成为许多国家城市规划立法和制度的重要内容和步骤。《马丘比丘宪章》不仅承认公众参与对城市规划过程的极端重要性,而且更进一步地推进发展。《马丘比丘宪章》提出:"城市规划必须建立在各专业设计人、城市居民以及公众和政治领导人之间的系统的、不断的互相协作配合的基础上。"

公众参与规划有以下作用:① 满足市民自治的要求,进而促进民主的思想。② 在不改变现存体制的原则下,鼓励市民去支持政府,以保社会安定。③ 通过参与,使市民更能接受政府的决定,不做"非分"之想,以稳定民心,使市民对规划方案的实践采取更合作的态度。④ 市民作政府的监察,确定政府维护"公共利益",不受"特别利益"的影响。⑤ 增加市民的信任,削弱市民的离心倾向,并且通过市民的反馈,使规划实践工作进行得更顺利。

从国外,特别是美国等规划实践来看,真正有成效的公众参与不是个人层次的参与,而是以社区组织为居民代表的参与。社区组织实力越大,公众参与的成效越显著。

目前我国的公众参与特征与表现是:规划工作过程中已有一定程度上的公众参与。在规划编制、规划审批和规划实施阶段,我国在规划工作中提倡公众参与,但规划中少有公众参与的实质性作用,仍旧停留在规划展览会或一般的问卷式民意调查上,"公众参与"的概念多指"个人"的参与,而没有上升到协助建立社区组织,以社区组织为单位的参与,因而没有发挥公众参与规划对加强社区凝聚力、发展潜力的作用。公众缺乏主动参与的积极性,由于历史、体制等各种复杂的原因,压抑了公众参与的积极性及其个性的发扬和社会批判精神,对规划的公众参与的立法还很薄弱。

7) 城市管治(Urban Governance)

1989年世界银行在讨论当时非洲的情况时提出了管治危机一词(Crisis in Governance),引起了较大反响。20世纪90年代以来,管治频繁出现于联合国、多边和双边机构、学术团体及民间志愿组织的出版物上。在此背景下,威利·勃兰特于1992年创立了世界管治委员会,其成员包括雅克·德洛尔、绪方贞子等著名人士,1996年"有效的管治"成为法国—非洲最高级会议年会上的正式主题。目前,管治的影响虽然不如布伦特兰的可持续发展报告广泛,但其研究已引起学术界的普遍关注。

在总结了国家与市场两种调节机制的基础上,杰索普(1997)指出管治的兴起,是对过去由国家进行协调失败的事例(特别是20世纪70年代中期起应付刚出现的大西洋福特主义危机的企图失败)做出的简单的周期性反应,在更晚的时候则是对市场调节失败(与之相伴随的是公司治理的危机)做出周期性的反应。同时由于国家—市场—社会之间的关系发生了长期变化,出现了社会经济新情况和与之相伴随的问题,这些问题再也不能简单的借助自上而下的国家计划或凭借市场中介的无为而治寻求解决了。斯托克则从资源使用的角度提出,政府管治的时兴在一定程度上反映着人们寻找办法减少政府消耗的资源和经费。有人估计,仅在英国,管治对国民社会生产总值的贡献便达123亿英镑。罗斯诺在总结了管治的发展进程后指出,管治的概念最初起源于环境问题,是为了更好地解决地方上的问题的,在后来的几十年里,管治的模式渐渐由中央政府这一层次推而广之,以求解决国家之间的问题,即全球的管治。塞纳克伦斯认为全球管治的兴起和冷战的结束密切相关,国际政治结构的急剧变化及全球化进程的加速,使一些因素发生了变化,诸如在世界经济中跨国公司势力的增长、生产方式的变革、国际贸易的迅速扩大、信息与通信技术的进步以及金融与财政市场的失控,组织内部和组织之间、部门内部和部门之间以及国家内部和国家之间的互动日益频繁。面对诸如此类的变化,传统的政府因其垂直的上下关系、臃肿的管理体系以及事事都要横加干涉,而无法适应急速变化的经济、社会、文化环境。这种时代精神用丹尼尔·贝尔的话说就是:国家对解决小问题则显过大,对解决大问题则显过小。管治就是在这一背景下进入大到国际关系、城市政治,小到公司、房地产、医疗机构等领域的。

西方资本主义国家正由传统的福特主义(Fordism)和福利国家(Welfare State)转向后福特主义(Post – fordism)和"劳保"国家(Workfare State)。后工业社会的生产特征及全球化(Globalization)的进程,使得世界经济生产方式的空间性,既强调跨越边界、区际差异,也强调控制和协调(Davoudi,1995),这表现在全球、地区、国家、区域、城市等各个层面。另一方面,世界城市化的趋势正在加快,尤其发展中国家和地区的城市化更是如此。总之,城市经济正越来越成为世界经济的主宰。据此,构建一个既有公平、公开,又具竞争力的城市管治和协调系统,对保障区域、城市的可持续发展具有特别重要的意义。

但是由于信息、科技的发展,最佳的管理和控制往往不是集中的,而是多元、分散、网络型以及多样性的。城市管治是将经济、社会、生态等可持续发展和资本、土地、劳动力、技术、信息、知识等生产要素综合包融在内的整体管治概念。其既涉及中央元(AC)、又涉及地区元(LG)、也涉及非政府组织元(NGO)等多组织元的权力协调,其中政府、公司、社团、个人行为对资本、土地、劳动力、技术、信息、知识等生产要素的控制、分配、流通的影响起着十分关键的作用。

城市管治是西方学术界,尤其是城市地理学、城市社会学、城市管理学(Healy, 1995)最近几年的最新研究热点,并正在出现若干新兴学派。西方国家城市管治的研究正处于发展之中。较之于传统,其研究内容主要表现为如下新理念:① 探究全球经济背景下,各级政府所应扮演的角色,以争取发展策略的主动权。② 研究如何适应经济、社会发展的新特征,使非政府组织(NGO)在公共服务中担任关键的角色。③ 重新界定当地有关正式、非正式部门的权力和职能。

在中国开展城市管治研究的意义在于:① 用"机构学派"的理论建立城市管理的框架,提高城市政府的运行效益。② 有效地发挥非政府组织参与城市管理的作用。中国正在由计划经济体制向市场经济体制转变,但是城市管理的方式仍沿袭绝大部分计划经济体制的模式,导致管理效率不高。这种沿袭的计划经济管理模式长期存在的主要原因是:行政体制的不变,行政区等级的频繁变更,以及不同等级行政区管理权的膨胀与制约,极大地控制了城市及区域的资本、劳动力、技术、信息、土地等生产要素的流动及流动方向。

当然,管治并不是万能的,它根本性的短处在于它要通过市场式的决策排斥政治来治理社会,存在着某些领域同常规政治分离的倾向。卡赞西吉尔认为过分强调横向治理减少了中央政府在主要问题上推行长期自重的合法性和可能性。从操作层面上看,管治要排除中央集权的组织和控制思想,它主张的是多种组织、多个层次和决策当局的模式,这些多层多变动结构中的多个成分难以自发的连接起来,同样难以想象的是这样的结果就能产生协调的计划,达到人类各种群体所希望的各种目标。可见城市管治是在传统纵向的政府单元管理与分散的个体价值取向之间求得一种平衡,其不仅是一种理念、一种方式,更是一个复杂的调和、协调过程,正反映了城市规划的本质与发展趋势。

推荐阅读参考资料

1 鲍跃敏. 城市规划中的社会学问题. 北京规划建设,1992,(4)

2 北京大学社会学系. 社会学教程. 北京:北京大学出版社,1987

3 R. E. 帕克,E. N. 伯吉斯,R. D. 麦肯齐;宋俊岭,吴建华,王登斌译. 城市社会学——芝加哥学派城市研究文集. 北京:华夏出版社,1987

4 吴铎. 社会学. 北京:高等教育出版社,1992

5 吴增基. 现代社会学. 上海:上海人民出版社,1997

6 Bardo, J. W., Hartman, J, J. Urban Sociology: A Systematic Introduction. USA: F. E. Peacock Publishers lnc., chapter titled"The Chicago School and Its Critics", 1982

7 Castells, M. Is There an Urban Sociology? in Pickvance, C. G. (ed.). Urban Sociology: Critical Essays, London: Tavistock, 1976
8 Flanagan, Willian G. Contemporary Urban Sociology. USA: Cambridge University Press, chapter titled "Urban Ecology and Its Critics", 1993
9 Schwab, William A. The Sociology of Cities. N.J.: Prentice Hall, chapter titled "Theories of the City", 1992

复习思考题

1 概括社会学的学科特点。
2 论述社会控制的类型和方式。
3 比较社会变迁几种具有代表性的理论。
4 介绍城市生活方式具有哪些特点。
5 什么是城市社会问题？列出一种进行分析。
6 试述中国城市社会学发展的基础。
7 城市社会学主要有哪些应用领域？
8 名词解释：社会运行机制、社会控制、社会变迁、社会发展指标。

2 城市社会结构

社会中的个人通过个人之间的各种关系网络形成了社会的结构。“社会结构”这一概念是社会学研究社会的基本范畴。就其社会结构的基本组成以及各种特性,不同的研究者有着不同的解释。迪尔凯姆认为,社会结构是社会分工造成的社会结合的组织形式和功能。齐美尔则认为社会结构就是社会关系的形式。韦伯把社会结构归结为各种文化要素形成的不同形态。帕森斯与默顿则将其定义为一个社会中诸因素稳定的布局。马克思把社会基本结构划分为社会经济结构、社会政治结构和社会思想文化结构。社会结构的载体或基本单位就是个人、群体与组织、阶级、阶层、社区等。

2.1 个 人

“个人”这个词在许多学科都经常用到,且各自的含义不同。在哲学中,个人是作为与群众相对应的概念;在人类学、心理学中,个人是指人类中的一个个体。而在社会学中,个人是社会结构中的基本组成单位,是在社会关系中共性和特殊性统一基础上的个体差异。

2.1.1 个人

“个人”,作为人类一员的个体来说,总是和许多人共同生活在一定的社会中,必然具有个体和与之共时代的人们的一切共同的东西,即共性。同时每一个体又都存在差异。这种差异的总和,构成每一个人相互区别的独特特征。世界上有多少个人,就有多少这样的独特特征,绝对相同的人是没有的。因此,社会学研究个人必须以共性和特殊性统一为出发点。

1) 个人构成要素

个人的构成要素包括自然要素和社会要素两个方面。从自然要素角度看,它是由人的遗传基因决定的一系列生物、生理属性特征,包括体型、外貌、年龄、性别、种族等,智力和气质也在其中;从社会要素角度看,包括出身、社会地位、党派、职业、身份、思想情操、价值取向、社会观念、政治态度、生活方式、行为举止、科学文化素养等等。个人就是由自然的因素和社会的因素有机统一的结合体。

2）社会身份

社会身份是个人的社会存在形式。它是由个人所处社会关系的性质以及与人发生联系的具体情况决定的。个人有了某种身份，就取得了某种社会成员的资格，也就获取了相应的社会地位。一定社会身份标志相应的社会地位，所以社会学中把这种身份又称为由社会规定的位置。

社会关系的复杂性，使得个人总是与许多不同类的人发生多种不同的关系，这也决定了个人的社会身份和地位的多样性。一个人在社会中从事的职业活动愈广，发生的社会关系愈多，所具有的身份和地位也愈高，其享受的权利、承担的义务也就越多。许多人的身份、地位与他的种族、性别、年龄有关，并随着年龄的变化而变化。

个人的身份和地位及其获得方式包括先天赋予的（先赋身份与地位）和后天获取（自致地位）两方面。先天赋予是由家庭出身决定，后天获取是通过个人努力，促使社会地位和社会角色的变化。

3）社会角色

在实际的社会生活中，一定的身份地位并不仅显示个人的具体社会存在形式，而且也意味着一套由社会具体状况决定并由公众认定的行为模式和规范。这种由人们所处的特定社会地位和身份所决定的一整套的规范系列和行为模式，现代西方社会学一般用“角色”（Role）[1]这一概念来表示。

一个人所扮演的各种社会角色，对于社会来说希望是一种完美的行为模式，即理想角色。而由于个人要受到诸多因素的影响，使其在实际生活中所扮演的角色与理想角色存在着一定的差距，即社会角色差距。这种差距，不仅由于个人品质、才能的不足所造成，而且也会由于不同的个人对一定角色行为准则的不同理解而导致。

一个人处于什么样的社会地位，就要扮演什么样的社会角色。而个人获得角色的方式不同，使得社会角色又分为先赋角色和自致角色。先赋角色是由遗传、血缘等先天因素决定的角色，而自致角色是个人在社会生活中通过自己的努力争取到的角色。

由于一个人所扮演的各种角色并非在行动上一致，这样时常会相互矛盾，从而产生行动上的冲突和紧张，出现“角色冲突”和“角色紧张”。

---

[1] “角色”一词是由美国社会学家乔治·赫柏特·米德（1863—1931）提出。认为个人是各种角色的总和，它代表对占有一定社会地位的人所期望的行为。在现实生活中，个人的身份地位是多样的，因此他所扮演的角色也是多样的，是一个“角色丛”。

总之,对于个人社会角色的探讨,始终围绕着处于什么社会身份和社会地位的人应取得的权利和应承担的义务而进行。就个人来说,要取得一定的身份和地位,扮演好社会赋予他的角色,也就是要完善个人结构,必须通过学习、教育等,即要进行社会化。

2.1.2 个人社会化

所谓个人社会化是指个体通过学习和实践不断地适应、认识社会以达到改造社会的过程。人能够社会化,能够使他们创造的社会文化代代传递下去,这是因为人具有在不断进步的情况下,接受社会化的特殊条件,是人类长期进化的结果。

1) 个人社会化的条件

具体地说,个人社会化的条件主要有:① 人有较长的生活依赖期。人有一个较长的生理上不能独立生活的童年时期,这是人能够接受广泛而深入的社会化的重要条件。在这样长的时间里,就给个体提供了充分的学习机会,使个体能认识自己、认识环境,掌握各种知识和技能,完成自然人向社会人的转变过程,为继续社会化奠定基础。② 人有较强的学习能力。人的学习能力是由个人天赋、社会教导和个人努力三因素相互作用造成的,三者相互配合给人的社会化创造了良好的条件。因此,人能够被社会化,就在于人能够事先思考,能够理解活动的意义,有计划地规定自己的行为,并有所创新。③ 人有语言能力。人类具有很强的学习能力是与自己的语言能力及其第二信号系统密切关联的。语言是人类特有的现象,它是客观事物在人头脑中形成的表象、概念和思想的外部表现。人可以借助语言的表达信息、沟通思想、交流感情。正因为有了语言,才丰富了人的社会化的内容,扩大了社会化的范围,加速了社会化的进程。

2) 个人社会化的内容

人类在长期的劳动中有了语言,才能实现社会互动;有了社会互动,才有影响和认识,才有社会化。个人社会化的内容是多方面的,主要表现在:① 社会知识。社会知识就是对社会存在以及社会改造的种种知识,还包括作用于社会的具体方法与实际能力。人类个体要成为一个社会成员,首先要学习和掌握最基本的社会生活知识,即衣、食、住、行等自理生活的知识,然后是学习一定的职业性知识,以取得进入社会后谋生的手段,建立发展自己的智慧与才干的广阔场所。② 行为规范。就是指个人行动从社会获得规定性,获得与他人形成和谐关系的方法。个人行为规范化,是调整个人与社会之间相互关系的基本途径。社会对于个人行为的要求与约束凝结成一系列规范,其内容主要有四个层次。第一层次是一定社会的基本共同规范,即道德与法律。第二层次是社会组织与集体的章程、守则与纪律。第三层次是一定社会的一般公共活动规则,包括社会内部与社会之间的礼仪等若于共同规定。第四层次是社区习俗。社会通过奖励与惩罚个人或团体行为而达到一定的控制目的。③ 价值观念。价值是个人或团体在社会中存在的意义。价值观念就是个人或团体对这种存在意义的认识,具体表现为判断什么是美与丑、善与恶、是与非、好与坏、利与害、对与错等的思想观念。个人的价值包括两个方面:社会对个人的尊重与满足;个人对社会的责任与贡献。④ 理想目标。人都有理想,理想和希望是人生的目标与精神支柱,是社会生活的定向因素。理想目标的树立是社会各方面因素影响的结果。从总体上来看,个人社会化的过程是复杂的、长期的和不断发展变化的过程,它贯穿于人的一生。

2.1.3 关系网络

人与自然共同构成了社会的实体层面,在这个层面上,人与人之间结成一个纵横交错的关系网络。从人们在社会中发生关系的纽带看,存在4种主要社会网络,它们是:① 亲缘社会网络。亲缘关系是以血亲为联系纽带的关系,主要以家庭关系、亲属关系、婚姻关系为表现。亲缘关系是社会中十分重要的关系,尤其是家庭关系。② 地缘社会网络。地缘关系是以人们生存的地理空间为背景而形成的关系,主要表现为邻里关系、乡亲关系、社区关系等。由于人总是在一定的地理环境中生活的,在此范围内必然会发生各种接触、交往、互动而形成相对紧密的联系。地缘关系是社会关系中发生最早的关系之一。一般地讲,生产力越落后,交通工具越不发达,地缘关系就越牢固,其社会作用也越重要。在现代社会中,地缘关系的社会作用相对减弱,但也有朝新方式转变的趋势。③ 业缘社会网络。业缘关系指的是以人们所从事的工作、所在的行业,即以社会分工为基础的联系。业缘关系的表现形式十分广泛,被人们所熟知的有同事关系、同学关系、上下级关系、主客关系等等。由于现代社会交通、信息发达,业缘关系日显突出和重要,正成为人们一生中最为多姿多彩的关系层面。④ 泛缘社会网络。泛缘关系是在特定的时间和空间以及特殊的因素条件下建立起来的联系,如:朋友关系、路人关系、伙伴关系等。偶然性和不确定性是它的基本特征。

从总体上说,人类社会由上述社会网络进一步结成几种社会关系,它们是:① 人际关系。它是社会中个人与个人之间直接互动的关系,也是最基本的社会关系,其中同事关系、朋友关系、老乡关系、邻居关系、夫妻关系、父母与子女的关系等都是值得重视的人际关系。人际的关系是社会集体关系活动的前提与基础,其他任何社会关系都是通过个人的关系活动来得到实现的。② 公共关系。它是指社会中组织与集团相互之间的联系。在社会中,由于各种原因和需要形成了形形色色的组织与集团。这些组织和集团在各自的运行过程中,根据自身的需要不得不同其他组织、集团和公众发生交往与联系,以实现组织集团的目标,从而形成的关系。③ 民族关系。民族关系是指处在不同历史条件和经济生活条件下形成的传统、风俗、生活等各具特点的民族之间的交往关系。④ 国家关系。国家关系是指按地域来划分一定权力机关统治下的国民的国家之间的交往关系,又称国际关系。就世界范围内的宏观社会的和平与稳定而言,社会的发展也需要国家关系的协调与平衡。在经济全球化的时代,国际关系的处理显得愈来愈重要。

2.1.4 群体成员的互动

利益和情感驱动着社会群体成员的互动。这种互动构成社会结构关系的一个重要部分,这个过程也是一个非常复杂的过程。社会群体成员互动一般具有彼此相倚、反应相倚、非对称相倚和假相倚的特点。概括起来,社会群体成员互动大致要经历以下几个阶段:① 合众为一。指行动者加入群体接受群体目标的过程。行动者通过一定的方式与群体成员接触并被接纳后,随着彼此间互动的深入,使得对"我们意识"的赞同和认可,最后形成群体意识。在这个阶段,行动者与群体其他成员相互顺应、协调,充分表达自己的感情,建立个人间的友谊。② 整合凝聚。指群体成员之间高度团结稳定,成员对群体产生强烈的认同感和归属感。成员由第一阶段注重个人间感情联系向注重群体利益转移,为群体着想是成员们的共同意识。③ 内部冲突。指群体成员发生矛盾、产生冲突的阶段。随着社会互动的深入,一方面每个成员的人格特征暴露无遗,其中包括个人缺点;另一方面,随着群体利益的获得,由于群体目标基本实现,使成员转而注重个人之间的关系、个人的利益和个人的得失,从而忽视群体目标,当发展到一定程度时,成员的不满情绪、反抗和破坏群体的行为、成员间的矛盾就会集中暴露出来,于是出现了冲突、征服、打击等情况,此时群体内的互动往往是不满情绪的表达。④ 终结或重建。群体内部冲突的产生,可能导致两种结果。一是终结,内部冲突导致成员间的感情破裂,相互敌对,最后分裂,从而使群体解体。另一个是重建,群体内产生冲突后,使成员认识到,这样既不利于群体,也不利于个人,从而否定自己过去的行为,重新建立群体的和谐气氛。

2.2 社会群体

人的生活从根本上说是群体的生活,与他人没有任何联系的个人是无法生存的。个人都要通过加入各种群体才能参与社会生活,社会也总要通过群体才能对个人的社会化过程及其社会生活施加影响。所以,群体既是人们生活的基本单位,又是社会结构的重要组成部分。

2.2.1　社会群体概念

社会群体是指通过一定的社会关系结合起来进行共同活动的集体。例如,以血缘关系结合起来的集体是氏族、家庭群体;以地缘关系结合起来的集体是邻里群体;以业缘关系结合起来的则是各种职业群体。社会群体是由一定数量的个人所组成的。但不能说凡是有人的地方都可以称为社会群体。社会群体具有以下几个基本特征:① 群体成员必须是由某种纽带联系起来的。这种纽带是在人们的社会交往过程中形成的各种社会关系,是人们相互交往、相互影响的结果。社会关系又以不同的性质构成不同的社会群体。② 群体成员之间有着共同的目标和持续的相互交往活动。因一些偶然事件聚在一起的人群不能称之为社会群体。例如,公共汽车上的乘客、电影院里的观众等。③ 群体成员有共同的群体意识和规范。群体成员在交往过程中,通过心理与行为的相互影响或学习,会产生或遵守一些共同的观念、信仰、价值和态度。群体成员有共同的兴趣和利害关系,并遵循一些模糊的或者明确规定的行为规范。

1) 社会群体的类型

社会群体的类型是多种多样的。在实际研究中,我们可以根据不同的标准将社会群体划分成不同的类型。

(1) 血缘群体、地缘群体与业缘群体

这三种群体主要是根据维系群体成员的纽带的性质不同来划分的。血缘群体、地缘群体与业缘群体分别以血缘关系、地缘关系和业缘关系作为联系其群体成员的纽带。血缘群体包括家庭、家族、氏族、部落等具体形式。地缘群体包括邻里、老乡等。业缘群体包括各种各样的社会经济组织、政治组织和文化艺术组织等。现代社会是血缘群体、地缘群体、业缘群体并存和协同发挥作用的时代,同时又是业缘群体处于主导地位的时代。业缘群体处于主导地位是社会发展进步的表现。

(2) 正式群体与非正式群体

这两种群体主要是根据群体中社会关系的规范化程度来划分的。正式群体及其内部关系是按正式的社会规范建立起来并受正式规范所制约的。反之,非正式群体及其内部关系则具有非规范化的特点。家庭、学校、机关、工厂、公司等是正式群体。邻里、朋友、共同爱好者、老乡是非正式群体。一般说来,正式群体是社会稳定的基础,非正式群体则能增强社会活力。在社会管理中,既要发挥正式群体在社会生活中的主导地位,又要注意协调正式群体同非正式群体的关系,发挥非正式群体对于正式群体的补充作用。

(3) 所属群体和参照群体

这两种群体主要是根据群体成员的归属为标准来划分的。前者是指成员所在的群体;后者指的是被成员用来作为某种参照对象,并对成员的态度、认识发生重大影响的非归属群体。根据群体成员不同的需要,会形成不同的参照群体;而同一参照群体的意义在不同时期则可能发生变化。参照群体总是以所属群体相类同的群体作为参照对象,如某一家庭群体选择另一家庭群体作为消费水平的参照。有时候也有例外,如某个班组群体成员以感情融洽程度为参照目标时,他可能以同学为参照群体。

(4) 基本群体和社会组织

这两种群体是根据群体成员关系的密切程度来划分的。基本群体,亦称首属群体或初级群体。它是指成员间有着面对面的直接交往,具有密切的人际关系和较浓厚的感情色彩的群体。如家庭、邻里、同伴等就属于基本群体。它反映了人们最简单、最基本的社会关系。社会组织,亦称次属群体或次级群体。它是指人们为实现特定目标而建立的共同活动的群体。它的成员之间关系较间接,感情色彩较淡薄,公务性较强。从一个人的成长来看,一开始接触的是初级的社会关系,然后逐渐复杂,人也就从基本的群体逐渐进入复杂的群体。

2) 基本群体

人们参与社会生活,首先接触的是基本群体,如家庭、邻里、同伴、学习或工作的班组等。如前所述,基本群体是由经常面对面的直接交往所形成的具有紧密的人际关系的社会群体。基本群体的概念最早是由美国早期社会学家库利(C. H. Cooley)提出的,他解释基本群体是指具有亲密的、面对面交往与合作特征的初级群体。这里需要指出的是,我们所界定的基本群体的概念,与库利所说的初级群体的概念是不完全相同的。库利所指的初级群体概念主要是指人们在成长过程中最初加入的群体,它对于人的个性和个人理想的形成起到了最初的作用。属于这种性质的群体有家庭、邻里和儿童游戏群体等。后来的社会学家将这一概念扩大到人际关系紧密的其他群体,特别是将工作小组归入基本群体的范畴。我们认为,这两种理解都是可以的,都有其各自的研究价值和意义。

基本群体具有5方面的特征:① 规模较小。基本群体大多是小型群体,成员相对少是彼此能够有足够机会接触和交往的重要保证。但基本群体不能少于2人,少于2人就不可能成为群体。② 面对面的互动。由于基本群体规模小,人数少,成员之间就能面对面地直接接触。这样的接触能加深成员间的全面了解,促进关系亲密,逐渐形成面对面的互动。③ 群体成员难以替代。群体成员在基本群体里扮演多种角色,参加各种活动,表现其全部个性。这样人与人之间便形成一种不可替代的特殊关系,如有意外的缺员往往不能随意由另外一个人来代替。④ 非正式控制。由于基本群体成员间关系亲密,所以基本群体的维持往往不是靠正式控制维系的,而是通过习俗、道德、社会舆论等非正式控制手段来维系。⑤ 聚合力和持久性强。一方面,由于基本群体成员之间存在着生存依赖关系和归属感,这就决定了它的聚合力的持久性强,在关系到群体利益和荣誉的时候,群体行动上的聚合力作用就会充分表现出来。另一方面,从发展来看,它具有相对稳定性,如家庭是人类生命力最强的基本群体之一,在没有新的群体取代它之前,是不会消亡的。

基本群体在人们的社会生活中起着十分重要的作用。这主要在于:① 基本群体是人们赖以生存和发展的基本单位,如离开了家庭,个人的生活、情感等都会发生缺损;离开了工作单位,个人的物质生活就会没有来源。② 基本群体承担着社会化的任务。所有类型的基本群体对于人的社会化都有程度不同的作用。如家庭、邻里、儿童游戏群体对幼儿的早期社会化具有特别重要的意义。朋友群体和工作(学习)小组对于青年和成年人的社会化有着不可忽视的作用。基本群体是个人获得社会性的摇篮,人的个性的成长与他赖以生活的基本群体的状况有着极为密切的关系。③ 基本群体是社会的稳定力量。社会总是通过基本群体和社会组织将个人有机集合成各种社会结构,从而构成社会整体的。社会的稳定和发展是以基本群体的稳定和发展为基础的。基本群体的安定是维持整个社会稳定的重要条件。

基本群体的上述作用的发挥是有条件的。这些条件主要是指基本群体的目标、它的稳定性以及群体内人际关系的和谐程度。一个生产班组会由于它的目标与整个企业的目标相抵触而妨碍整个企业目标的实现;破碎家庭的增多会在一定程度上对社会的稳定与良性运行产生不利影响;家庭关系的不和谐会对儿童社会化产生极为不利的影响。这些都说明了,基本群体的正向作用的充分发挥有赖于它自身的状况。因此,我们必须高度重视基本群体的建设,重视基本群体中人际关系的调和。

3) 初级社会群体

初级群体(Primary Group)一词是美国早期社会学家库利首先提出来的。他在1900年后出版的《社会组织》(*Social Organization*)一书中,把家庭、邻里、儿童的游戏群体称为初级社会群体。他认为,初级社会群体"具有亲密的面对面交往和合作等特征。这些群体之所以是初级的,其意义是多方面的,但主要是指它们对于个人的社会性和个人理想的形成是基本的"。因为在库利看来,在一个人从一个生物个体成长为一个社会成员的过程中,"镜中我"的形成是一个关键性的步骤。而"镜中我"又主要是在初级社会群体中形成的,因此,初级群体对于人的社会化来说是基本的,它是"人性的养育所"。在库利之后,初级群体这个概念开始在社会学文献中被普遍使用。但在这时,人们已经不仅仅局限从研究人的社会化的角度来使用这个概念,而且也从研究社会组织结构的角度来使用这个概念。有些社会学家并进一步提出次级群体(Secondary Group)一词作为与初级群体相对应的概念。作为一种正式的社会组合形式的初级社会群体，是与诸如群众(Crowd)、暴众(Mobs)、观众(Audience)、公众(Public)和大众(Masses)这些简单的人类聚合(Aggregates)不同的。首先，在初级社会群体中，其成员之间进行互动并建立起相互之间的关系。其次，初级社会群体具有相对的稳定性，这就使它与聚众、暴众和观众一类社会结合形式相区别。再次，初级社会群体是有组织的、结构性的。

2.2.2 家　庭

"家庭是社会的细胞"，是人们社会生活的基本单位，是人一生中所处最长的基本群体，它可以满足个人多方面的需要，所以，家庭在整个社会结构中有着特殊的地位。

1) 家庭的概念

家庭是两性关系的一种组合形式。男女亲近是人与人之间直接、自然、必然的一种关系。男女亲近以及通过社会规范的力量承认与稳定这种亲近的价值及其相互关系是形成家庭的社会机制。两性之间既存在生物性关系，又具有社会性关系，当这两种关系结合在一起的时候，就形成了家庭。

家庭是以婚姻关系、血缘关系或收养关系为基础的人类生活的基本群体。婚姻关系是家庭的本质关系，血缘关系则是从婚姻关系派生出来的关系，是婚姻关系的延续。

家庭与户不是同一个概念。家庭强调的是婚姻关系、血缘关系；户强调的是地缘关系。户是指那些单独立门号或注册户口的个人或群体。尽管家和户在很大程度上是重合的，但是在有些情况下，家庭和户并不重合，既有一家人分开立户的，也有同一户的成员分属多个家庭的。

2) 家庭的起源及其演变

家庭不是从来就有的，它是人类社会一定历史阶段的产物，并随着社会的进化而逐步由较低级阶段演进到较高级的阶段。最早的原始人并没有家庭，也没有婚姻制度。整个一群男子和整个一群女子互为所有，是一种血亲杂交群体。学术界对家庭演化的形态有不同看法，通常认为它经历了血缘家庭、普那路亚家庭、对偶家庭、一夫一妻制家庭几种形态。

(1) 血缘家庭

血缘家庭是人类历史上第一种家庭形式。在原始社会的旧石器时代，人类原始群在进化与自然选择规律的作用下，经过长期经验的积累，认识到不同年龄人的生理差别，在内部逐渐地选择了按辈分划分的婚姻，即年龄相近的青壮年兄弟姊妹相互通婚，排斥了上辈之间的婚姻关系，这时姐妹是兄弟的共同妻子；兄弟是姐妹的共同丈夫，夫妻都有共同的血缘。

(2) 普那路亚家庭

普那路亚是夏威夷语,意为"亲密的伙伴"。这个名称是从最早发现实行这种家庭形式的夏威夷群岛的土著人那里得来的,由共妻的一群丈夫互称"普那路亚";共夫的一群妻子也互称"普那路亚"。这种家庭制度是群婚制发展的最典型的阶段。原始社会发展到旧石器中、晚期,由于人工火的发明和石器的不断改进,人类狩猎活动和原始农业的进一步发展,促使了生产力水平的提高,人类居住地相对地稳定下来。同时由于人口繁衍,一个血缘家族不得不分裂成几个族团。为了扩大物质资料生产,满足日益增长的人口的生活需要,族团之间必须保持一定的经济合作和社会联系,于是便产生了各族团之间的通婚。同时,人们逐渐认识到族外通婚对后代体质发育有益,并形成了同母所生子女间不应发生性关系的观念,于是在家庭内部开始排除亲兄弟姐妹间的婚姻关系,实行两个氏族之间的群婚。这就是普那路亚家庭形式。

(3) 对偶家庭

对偶家庭是原始社会母系氏族公社时期的一种家庭形式,由普那路亚家庭发展而来。这种家庭由一对配偶短暂结合而成,所生子女属母系所有。早期对偶婚是夫对妻暮合晨离。晚期对偶婚发展为夫居妻家,但不是长久的,随时可以离异。这种对偶家庭不是氏族公社的独立经济单位,社会的基本组织仍是母系氏族。家庭内男女平等,共同照料子女。对偶婚已从群婚时代单纯的性关系转变为一种广泛的社会联系。男子和女子一起劳动、消费,世袭仍按母系为基础。对偶婚实行的结果是给家庭增加了一个新的因素,即除了生母之外,已有可能确认生父。

(4) 一夫一妻制家庭

一夫一妻制家庭产生于原始社会末期。它诞生的动力是财富的增加和按父系继承财产的要求。随着两次社会大分工的实现和生产力的发展,男子在生产和财富的分配中逐渐占据主导地位。为把自己的财产转交给自己真正的后裔,必然要求妇女保证贞操,只能有一个丈夫。一夫一妻制家庭同对偶家庭相比,具有两个特点:① 夫权高于一切。由于丈夫在家中掌握了经济大权,从而形成了对妻子的愈来愈大的统治权。② 婚姻关系比较牢固。双方已不能任意解除婚姻关系,通常只有丈夫可以离异妻子,破坏夫妻忠诚是丈夫的权利,而妻子却必须严守贞操。尽管如此,一夫一妻制家庭形式自从产生以后也不是一成不变的,在社会发展的不同时期有着不同的表现形式。

综上所述,不难看出:① 家庭是一个历史范畴。各种家庭形式不是从来就有的,也不是一成不变的,而是随着人类社会的进步不断发展变化的。② 自然选择和生产方式的进步是家庭演化的根本动力。自然选择的力量在人类早期家庭形式的产生过程中发挥着巨大的作用。随着人类社会的发展,生产方式的进步则成了推动家庭制度演化的根本动力。

3) 家庭的结构

家庭结构是指家庭成员的代际与亲缘关系的组合状况。现代社会的家庭结构按照家庭的婚姻和血缘关系以及家庭人口要素等综合指标来划分。可以把家庭的结构划分为核心家庭、主干家庭、联合家庭和其他家庭等类型。

(1) 核心家庭

核心家庭是由一对夫妇及未婚子女组成的家庭。在这类家庭中,家庭成员已经减少到最小程度。只有夫妻关系和子女关系,即由一对夫妇和子(女)的基本三角关系所支撑的家庭。核心家庭是人类赖以生存和发展的最稳定的社会形式。用现代社会学中通用的符号图式:“△”表示男性,“○”表示女性,“══”表示夫妻关系,“——”表示兄弟姐妹关系,“……”表示收养关系。核心家庭表示如图 2.1 所示。

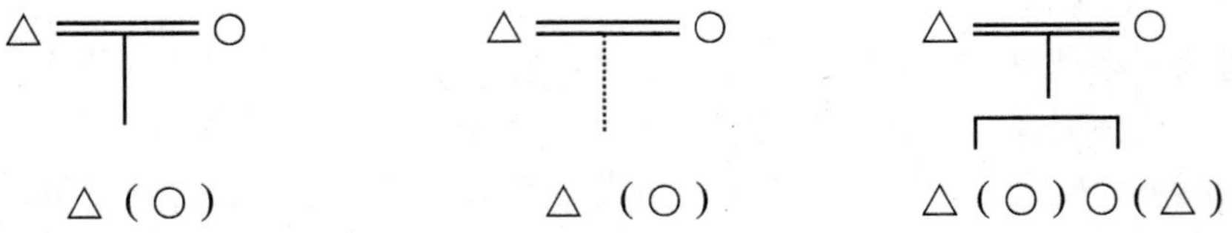

图 2.1　核心家庭结构图

除了这些标准的核心家庭之外,还有几种特殊或不完整的形式:① 配偶家庭。即只有一对夫妇而没有子女的家庭。其中,一类是未育配偶家庭,即尚未生育子女的一对夫妇所组成的家庭。另一类是空巢家庭,即子女均已成婚并单独生活,只剩下夫妇俩的家庭。还有一类是丁克家庭,即一对夫妇均有高薪工作但不希望生育子女的家庭。② 单亲家庭,即由于死亡或离婚而只剩下夫妇中一方与未婚子女组成的家庭。其中,一类是父单亲家庭,即只有父亲与未婚子女的家庭;另一类是母单亲家庭,即只有母亲与未婚子女的家庭。

(2) 主干家庭

主干家庭,又称扩大的核心家庭,是指由父母与一个已婚子女及未婚兄弟姐妹所组成的家庭。这种家庭有两对夫妻,这两对夫妻是两代人。家庭成员一般是两代人或三代人,也包括父母一方已去世的情况。因此,这种家庭结构比核心家庭要复杂得多,它除了基本三角外,还包括婆媳、祖孙、叔嫂或姑嫂等关系。其结构有以下两种基本形式(见图 2.2)。

同时主干家庭还有一些特殊和不完整的结构形式。它们是:① 配偶主干家庭,即只有两对以上异代夫妇而没有未婚青少年的家庭。② 单亲主干家庭。即夫妇或父母缺损一方的主干家庭。

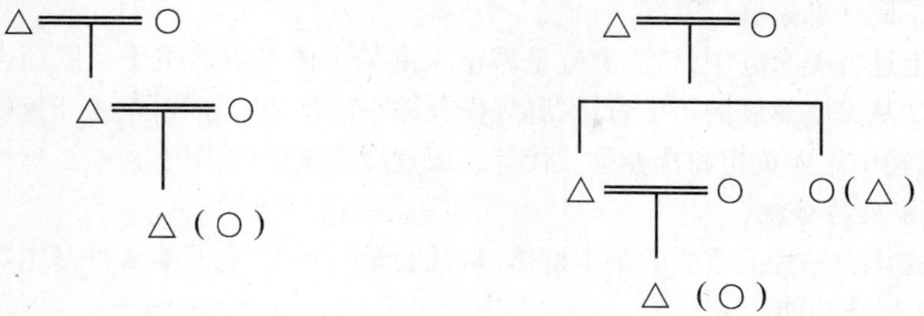

图 2.2 主干家庭结构图

(3) 联合家庭

联合家庭是指有两对或两对以上同代夫妇及其未婚子女所组成的家庭。这种类型是核心家庭同代横向扩展的结果,它突出表现为人口较多,关系较为复杂。由于每个基本三角都有自己的核心,相互之间具有较大的离心力,所以这种家庭形式只能在一定条件下共生,目前已经很少。联合家庭主要有两种结构形式:① 异代联合家庭,即两对以上的同代夫妇及其未婚子女与父母所组成的家庭。② 同代联合家庭,即两对或两对以上同代夫妇及其未婚子女所组成的家庭。可表示如下(见图 2.3)。

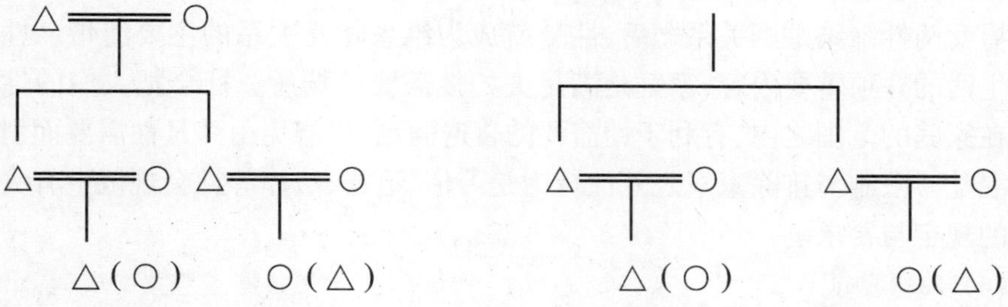

图 2.3 联合家庭结构图

联合家庭一般是兄弟们结婚后不分家而形成的,兄弟不分家大多是出于共同继承财产的需要。父母房屋多或经济宽裕,可以提供住房或补贴,婚后子女才可能在一起共同生活。另外,如果已婚子女缺少分开居住的住房条件,那么他们除了与父母共同生活外没有其他选择。也就是说,我国目前的联合家庭大多是由于经济上的原因而形成的,仅仅以感情为基础而形成的联合家庭是很少的。

(4) 其他家庭

其他家庭是指上述各种类型之外的其他类型的家庭,如由于收养关系或其他社会原因组合而成的家庭。这种家庭内部不存在婚姻关系。如:父母双亡未婚兄弟姐妹住在一起的家庭,祖孙两人住在一起的家庭,单身家庭等等。西方社会最近还出现了同性恋家庭。

在上述各类家庭中，核心家庭是城市家庭的主体。当然主干家庭还占有一定的比重。从家庭发展的历史看，家庭规模有缩小的趋势。在我国，主干家庭在赡养老人、减轻中年人负担和抚养第三代等方面发挥着重要的作用。

4) 家庭的功能

家庭作为一种最重要的基本群体，从社会学的角度看，具有6种基本功能。

(1) 经济功能

人类要生存就必须进行物质资料的生产。在自给自足的自然经济时期，家庭既是一个社会生活单位，也是一个生产单位。近代工业从家庭工业中脱胎出来而进入社会化大生产时期，家庭的生产功能首先在城市雇佣劳动者家庭中消失。有产者家庭一般只是生产资料的占有单位，经营管理越来越成为家庭以外人员的职能。在现代社会，城市家庭大多只保留了消费的经济功能。

(2) 人口再生产功能

从人类进入个体婚制以来，家庭一直承担着人类自身生产的功能。如果没有人类自身的生产，社会就无法延续下去，而家庭则满足了社会发展的这一基本要求。家庭是人类繁衍后代的惟一社会单位。

(3) 满足性需要的功能

男女两性缔结婚姻关系之后，性爱就成为维系相互关系的主要纽带。性爱是家庭生活的一项重要内容，家庭是满足夫妇性需要的场所。社会把人们的性生活限制在家庭的范围之内，有利于性需要的普遍满足，以避免由满足性需要而引起的社会混乱。限制与排除家庭之外性行为是习俗、道德、法律等社会规范中有关两性关系的规定与要求。

(4) 教育功能

家庭不仅承担人口再生产，而且还担当子女的家庭教育任务。父母亲的言行举止、习惯爱好、教养方式以及家庭气氛等都会对孩子产生潜移默化的影响。传统社会的家庭教育常常有明显的职业化特征，所谓"家传技艺"、"祖传秘方"等，都是在家庭之内世代相传，并往往使下一代获得与这些技能相应的职业。现代社会的家庭教育出现非职业化趋向，职业教育功能发生外移。这在城市家庭尤为显著，其下一代一般不再从家庭中获得传统性职业技能，而是从各类学校中获得专门性的职业技能。

(5) 赡养与抚养功能

抚养未成年的家庭成员和赡养老人及丧失劳动能力的家庭成员，这是人类繁衍的需要。尊老爱幼也是我国传统美德之一。

(6) 感情交流功能

家庭内的人际关系是最亲密的人际关系，家庭是思想感情交流最充分的场所。家庭成员除了在经济、文化生活中结合在一起以外，还有一种感情上的结合。这种感情是建立在家庭成员之间的互爱互助、温暖愉快的家庭生活中，是一个人生活幸福的很重要的一个方面。发挥好家庭精神生活的职能，人们在工作中遇到困难和遭受挫折时，能够从家庭方面得到鼓励和安慰。

5）*家庭的发展趋势*

家庭是一个历史范畴，它随着社会历史的发展变化而变化。无论是从家庭结构还是从家庭功能来看，家庭的发展从来就没有统一的模式，未来家庭的发展也将如此。

关于家庭的未来，国内外许多学者进行过探索，提出了诸如家庭消亡论、家庭复兴论、人工家庭论、家庭异化论、家庭趋同论以及家庭提高论等设想。目前在国外，特别是西方一些发达国家，家庭问题成为一个普遍关注的社会问题。从 20 世纪 60 ~ 70 年代的欧美等国的家庭状况来看，主要有“五多二少”现象，即：独身者多、离婚者多、无婚姻同居者多、私生子多、小家庭多和出生少、赡养老人少。所以，当时有些学者认为家庭正在解体、正在消亡。然而 20 世纪 80 年代以来，西方家庭不但没有消亡，而且获得了新的发展。更多人似乎越来越向往忠实的爱情和比较稳定的婚姻家庭生活。家庭生活中，两代人之间思想开始有所沟通，妇女的地位也在上升。但各种形式的家庭仍然存在，由独身主义者组成的独身家庭、由未婚同居者组成的同居家庭、由离婚者造成的单亲家庭、由同性恋者组成的同性恋家庭以及“家庭公社”等，仍然占有一定的比例。这样的家庭结构深深地影响了社会结构，以致使城市的空间结构发生变化。

20 世纪 80 年代以来，我国的改革开放使经济、政治、思想、文化等诸方面都发生了巨大变化，作为社会细胞的家庭更是如此。概括现阶段中国家庭的发展，主要有两个特征：① 家庭关系由家长制向男女平等的方向发展。② 家庭结构向核心家庭发展，家庭规模逐渐缩小。与此同时，家庭的某些功能进一步趋向社会化。我国家庭结构、功能及家庭关系的变化，主要表现在妇女经济地位的逐步提高和计划生育政策、社会保障制度、住房因素等等方面。此外，若从家庭的功能看，部分功能正在外移。受产业分工以及生活服务设施发展的影响，现代社会日益发达的工业、教育、福利、服务组织，把家庭的经济、教育、生育、赡养与抚养功能不断吸收过来，并把这些功能提高到新的水平。

2.2.3　邻　里

什么是邻里？住地毗连的人们形成密切的互动关系，有着显著的认同感和感情联系,由此构成相对独立的小群体,即形成邻里[1]。

邻里是地缘相邻并构成互动关系的基本社会群体。在人类社会的历史上,邻里是随着社会的发展而逐渐形成的。在家庭产生以前的原始氏族公社里,整个氏族是一个生活单位,而没有邻里。后来氏族公社解体,一夫一妻制家庭产生,由住处相邻的各个家族的成员所结成的邻里也就产生了。人类社会最初出现的是同姓邻里。同一血缘家庭的人们聚居在一起,以便生活上相互关照,生产上相互帮助,安全上相互护卫。当时的邻里,地缘和血缘是重合的。但随着社会生产的发展,特别是产品交换的发展而出现迁徙,曾经是不同氏族、不同姓氏的家庭迁居到了同一地域,导致了杂姓混居的邻里产生。杂姓邻里的出现是历史的进步。现代邻里关系呈现多样化、复杂化的趋势。

城市社会学认为,邻里是一个互动社会群体,它的特殊性表现在 3 个方面:① 地缘性。邻里是以地域关系为纽带的基本群体。邻里之间的互动,首先需要有住在左邻右舍的地缘条件。离开地域上的联系,不可能形成邻里的群体。② 情感性。邻里不是经济实体,也不是政治实体,而是以感情为基础结合起来的基本群体。没有相互之间的友好往来,没有在此基础上发展起来的富有人情味的情感交流,即使地域相近也形不成邻里。③ 非正式性。邻里不是按正式规范及要求建立起来的,而是受风俗习惯、伦理道德制约的,因而它具有一般非正式群体的特点。

邻里同其他基本群体一样,其社会功能是多方面的。中国社会历来重视邻里,尤其重视邻里的社会功能,有"远亲不如近邻"之说。邻里的社会功能概括起来主要表现在:① 相互支持的功能。主要指邻里之间相互提供保护和支持,使邻里间有安全感和信任感。具体表现在生产和生活上互相帮助,互通有无,共同解决生活难题,共同防御、共同保障社会治安等。② 社会化的功能。指邻里间能形成一种价值氛围,并以此教化邻里中的居民和儿童。生活在同一地域里的各个家庭、各个家庭的成员之间相互影响是很大的。现代教育强调要把家庭、学校和社会教育结合起来,而邻里就是社会教育的重要方面。③ 社会控制的功能。即通过有关活动与规范约束居民的行为,调整居民的关系,维持社区的一致性。有些个人和家庭间的纠纷,如婆媳争吵等,往往当事人无法解决,但又够不上通过正式的社会组织去解决,由邻里出面调解显得最合适。邻里间还能起到相互约束和监督的作用,这是一种无形的社会控制力量,违法犯罪行为往往很难躲过邻居的眼睛。④ 交流的功能。在邻里间,人们一般都能找到情感和思想交流的对象。人们业余时间有事无事走门串户,就是在自觉不自觉地实现着感情和思想的交流,从而带来精神上的平

〔1〕 邻里的概念,也为地理学、经济学、人种学、行政学所应用。但它们只注重地缘关系,忽视对邻里的社会互动的分析。

衡和满足,并起到相互影响的作用。

在现代社会中,邻里关系出现了淡化的趋势。其直接原因,无疑与邻里中社会交往的减少有关,而导致邻里交往减少的因素却是多方面的。主要有:① 邻里结构的变化。现代邻里打破了同一血缘、同一业缘的人居住在一起的传统结构,使得众多陌生的并无其他联系和关系的人住到了一起,如果他们能把交往发展起来,自然能起到互补的作用。但是由异质性所带来的心理隔阂却减少了邻里间的友好往来,甚至有时候有的情况下还要相互提防,保守秘密。② 现代高层住宅的兴起。在这种住宅里,各家设施完备、自成体系,缺乏相互交往的公共场所。住宅之间的封闭虽然减少了邻里间的矛盾,却也阻碍了邻里正常必要的交往。③ 社会流动和迁徙的频繁。社会流动和迁徙的频繁减少了邻里间发生交往的可能,更谈不上交往的深化。④ 家庭成员的高节奏、非群体化生活。现代城市居民工作时间大多离开家庭,回到家里又忙于家庭事务,节假日则要外出休假。高节奏的非群体化生活使人们无暇顾及邻里交往,并影响到家庭其他成员间的交往。

造成现代邻里关系淡化的原因,有的是社会发展不可避免地带来的,有的则是人为的和可以避免的。现代邻里一方面要顺应历史潮流,理解邻里关系的变化,另一方面则要积极地消除那些人为的障碍,改变那些应改变和可以改变的因素,发挥出邻里应有的社会功能。

2.2.4 工作群体

工作群体是现代社会组织的基层单位,是在一定的工作任务的基础上组织起来的,其成员经常是有面对面直接交往关系的社会基本群体。在我国目前的体制下,工作群体是大的社会组织的基层单位,如工厂企业中的班(组),教学单位的教研室(组),科研单位的课题组,以及机关团体中的科室等等。

工作群体也是一种特殊的基本群体。它的特殊性表现在:① 以业缘关系为纽带。工作群体具有业缘群体的一般特点,其中最突出的是它有完成组织目标所赋予的任务的功能。② 正式群体特征。工作群体是一种建立在正式规范基础上并受正式规范制约的正式群体,因而具有正式群体的一般特点。③ 兼具非正式群体特征。工作群体的数量不多的成员之间可以有经常的面对面的直接交往。这种交往使他们的相互关系容易超出工作范围之外,形成个人之间的情感联系,从而形成人际关系的非正式的一面。这样,工作群体中的人际关系又具有了非正式群体的某些特点。非正式的人际关系有可能成为冲击甚至取代正式关系的力量,削弱以至在实际上取代正式的工作群体。

由于工作群体的上述特点,决定了它的社会功能。概括起来,主要有:① 促进组织目标达成的功能。工作群体是社会组织的组成部分,其所以被建立起来,是为了有效地完成社会组织的目标。② 情感交流的功能。工作群体作为大的社会组织的基层单位，人数不多，尽管其成员是因工作任务汇集在一起的，但是由于有经常的面对面的直接的互动，自然也会形成基本群体所具有的其他功能。一个好的工作群体，能使其成员具有明显的认同感和安全感，在交流感情方面能发挥重要作用。在现代社会里，工作群体在交流感情方面的功能更加突出，越来越重要。③ 具有实现人的价值的功能。在实现人的价值方面，工作群体具有其他基本群体所不具备的优势。因为人的价值主要是在集体生活特别是在集体劳动过程中实现的。群体成员能够在工作群体中依靠集体的智慧和力量，发挥自己的才干，增强自己的能力，以得到社会的肯定评价，并且由此而激发出实现自身价值的更大愿望。

从工作群体的上述特征和社会功能来看，作为社会组织基层单位的工作群体，既具有正式群体的性质和特点，又具有非正式群体的某些性质和特点。因此，工作群体中的人际关系就具有其他基本群体所没有的二重性的特点，即它既有组织关系的一面，也有私人关系的一面。组织关系是一种正式制度化的关系，在工作群体中被称为工作关系。工作群体中的上下级关系、领导与被领导的关系和同事关系，都是组织关系。它首先要求按一定的规章和程序办事，受制度和规则的制约。私人关系，譬如工作群体中的熟人关系、友谊关系、同伴关系，则是一种非正式关系。这种关系带有比较浓厚的感情色彩，往往是以个人的意志、愿望和需要为转移的。组织关系和私人关系是两种不同性质的关系，这两种不同性质的关系既是对立的，又是统一的，同时又是可以转化的。处理得好有利于工作群体的稳定和发展，处理得不好就会削弱以至损害工作群体。现实社会中以感情代替规范，拉关系、走后门，组织关系血缘化、亲缘化、地缘化、趣缘化等倾向，都严重影响了社会组织的运行和工作效率，应予以克服和纠正。

西方社会学者对于工作群体的发展进行了不少实证研究。赞尔兹尼克在《工作群体理论》一书中认为，工作群体一方面要能达到企业所要求的作业目标的最低界限，另一方面要能满足职工社会需要的最低界限。能达到这两个最低界限的工作群体，才是有效的群体。对工作群体有效性影响较大的因素主要有：① 作业的生产技术组织条件。指影响工人正常工作的空间布置、噪音、疲劳、工作速度等等。② 管理人员的不正确的指挥行为。例如只知道迫使职工完成组织的任务，而严重违反工作群体中非正式的规范和成员的愿望；或粗心大意与主观武断而造成管理人员与一般工作者的紧张关系。③ 群体中有不太适应的成员的存在。例如能力不足，个性不正常，教育培训不足等。

人们在工作时非常需要亲切、友好、和睦与公平的集体微环境。有了这种微环境，在群体中就可以心情舒畅、轻松愉快地工作。这种微环境就是工作群体的社会氛围。工作群体的社会氛围是群体成员的相互关系以及对于整个群体的态度及其行为的总和。一般说来,工作态度是形成工作群体的社会氛围的重要因素。集体意识和士气是形成工作群体的社会氛围的另一个重要因素。因此培养基层班组的积极向上的集体意识和士气是现代企业管理必须高度重视的重要课题。

2.2.5 弱势群体

弱势群体又称非主流社会群体,例如城市中的妇女、儿童、老年人、残疾人、少数民族和流动人口等。这些社会群体在总体上说社会地位不高,可供分配的资源有限,与主流社会相比处在弱势。这里以北京女性流动人口的社会调查来反映这类群体的社会地位和群体特征。

家庭内部的劳动分工是男性和女性在家庭中角色和地位差异的集中表现。由于妇女在找工作、处理邻里关系、照顾小孩、料理家务等方面与男性扮演不同的社会角色,她们所起的社会作用也与男性有着很大的差别。同时,由于流动人口家庭间存在着很大差别,不同的女性在家庭中所起的作用也不尽相同。

1) 流动人口家庭类型

根据妇女在家庭劳动分工中扮演的社会角色,北京市的流动人口家庭[1]可分为以下4种类型:

(1) 传统型家庭

在这种类型的家庭中,男性工作是家庭收入的主要来源,妇女的社会角色是贤妻良母,其主要工作是料理家务和照顾小孩,没有其他有收入的工作。此类家庭男性工作主要以苦力性或技术性为主。妇女闲暇时间较多,而打发空闲时间的主要方式是到邻居家串门、聊天。此类家庭占调查总数的7.4%。

(2) 互助型家庭

男性和女性从事不同的工作,或者两人虽从事相同的工作但相对独立性较强,两人工作上的联系不大,但在生活上相互照顾,家务劳动共同承担。此类家庭占调查总数的33.3%。

(3) 依存型家庭

男女从事相同的工作,两人不仅在生活上,而且在工作上彼此依赖,既是夫妻,又是同事。需要说明的是此类家庭和互助型家庭虽然是两人共同承担家务,但不是两人均摊家务。其中32%的男性承认比女性承担较少的家务,而调查中没有发现男性承担家务比女性多的家庭。依存型家庭占调查总数的44.7%。

(4) 独立型家庭

---

[1] 由于本文以已婚女性流动人口为主要研究对象,且单身已婚女性流动人口也是以各类家庭方式进行生存,为了研究方便,文中分类的家庭包含了单身来京的已婚女性流动人口。

妇女一人在京进行生产生活活动，而男方在老家或外地工作。此类妇女占所调查已婚妇女总数的 14.4%。

2) 流动人口家庭中女性的地位

流动人口家庭中女性地位的形成有着多方面的原因。经济、历史、文化、制度在其中都起着各种各样的作用，而这些要素在妇女地位的形成过程中又是相互联系、相互影响的，我们可将这些要素综合成文化传统、家庭社会分工、职业类型、地缘差异等几个方面。

(1) 文化传统

“传统”这一概念是性别(Gender)、家庭、家庭和睦以及性(Sexuality)的代名词，并经常被认为是对家庭中权力分配的基础(Vic L,1998)。中华民族五千年的文化传统，特别是男耕女织的传统概念，还在影响着广大农村。这种传统对主要来自农村的流动人口家庭，尤其是对传统型家庭的形成起着很大作用。传统对家庭模式的影响主要是对家庭成员意识观念的影响。从访谈中了解到，传统型家庭有半数以上的女主人对家庭主妇的地位“很满意”，“未想过自找工作”，而男主人也认为“养家是男人的责任”。值得一提的是在此类家庭中，平均每个家庭拥有小孩数为 1.7 个，高于其他组的水平。可以明显地看出，这些家庭虽然在城市生活多年，但其思维模式还是传统农村的思维模式。而对于其他 3 类家庭，传统的作用则相对较小，依存型和互助型家庭中半数以上的男士认为“妻子不在时无法组织生产”，而且“做家务是男女双方共同的责任”，而他们的妻子也认为“在家中和丈夫有同等的经济和社会地位”。而多数独立型的妇女则认为“妻子和丈夫都有自己的事业”。

(2) 家庭社会分工

传统型流动人口家庭的形成并非仅仅由传统因素决定的，小孩的照料也是一重要因素。当然，由妇女带小孩而男性工作不能不说是传统因素仍然在起作用。但是在调查中有约 17%的传统型流动人口家庭中妇女“想工作但由于要照料小孩不能工作，等孩子大了就要找工作”的占很大比重。在调查中没有发现丈夫照看小孩而妻子工作的家庭。后 3 类家庭的小孩平均年龄明显高于传统型家庭，而半数以上此类家庭的小孩“在老家由爷爷奶奶照看”。

(3) 职业类型

北京的女性流动人口主要从事商业与服务性工作，其中商业工作占 23.1%，服务性工作占 31.7%，另有 34.3%的人直接从事工、农、运输业的生产(林富德，1995)。工作的性质对家庭劳动分工有着决定性作用。比如传统型家庭中男性从事的工作主要集中于技术和劳力型工作，而妇女由于受教育水平低于男性或由于体力不如男性，无法从事类似工作。后 3 种家庭则多从事服务业：互助型家庭中一般男女各有所长，所以独立从事服务性工作；依存型的家庭则多从事以男性进货、女性和男性共同售货的商业活动及两人共同经营商店、饭店等。独立型家庭则以从事简单的服务性行业和从事较大资本的商业活动为主。

(4) 地缘差异

北京市流动人口所从事的行业存在着明显的地缘差异性,而这种差异同时也对流动人口家庭的类型有一定的影响。在"河南村",家庭类型按多少依次排列为依存型、互助型、传统型和独立型。而浙江村则为互助型、依存型、独立型。从调查结果看传统型家庭全部分布在河南村。这种地缘差异形成的主要原因在于:① 京城流动人口在从事的行业上有地缘差异性。浙江村和河南村的流动人口虽然都以从事服务业和商业为主,但是浙江村主要从事资本型商业活动而河南村主要从事体力型服务业。② 流动人口按不同来源地聚居的特性。在大屯和洼里的流动人口主要是来自河南、安徽、河北的流动人口,而浙江村则以来自浙江的流动人口为主,不同省份的文化传统及经济背景不可避免地反映在京城流动人口的聚居区内。

2.3 社会组织与组织互动

所谓社会组织是指人们为了合理有效地达到特定目标而建立起来的一种共同活动的群体。社会组织的互动对社会结构具有巨大的创造力和破坏力。

2.3.1 社会组织的含义及要素

1) 社会组织的含义

对于社会组织的规定说法很多。国外有的学者认为社会组织是一个法人团体,是用规章制度限制外人进入的一个封闭团体。而有的学者则认为社会组织是两人或两人以上实现共同目标而组织起来的团体;有的学者还主张,社会组织是一种社会体系,有其明显的集体认同、正规成员名单、活动计划以及成员的更替程序等等。而以我国的研究来看,社会组织有广义和狭义之分。广义的社会组织是泛指人类共同活动的社会群体,狭义的社会组织是与初级社会群体相对的次级社会群体。这里所说的社会组织是指狭义的含义。因为这与前面所谈的家庭、邻里等初级群体相比,其关系更为复杂,是人们为了合理、有效地达到自己的目标,有计划、有组织地建立起来的一种社会机构,这种机构有组织、领导、分工、制度、目标等,因此称它为社会组织是表明与初级群体的区别。

2) 社会组织的要素

之所以称为社会组织,它必须具备以下几个要素:① 成员。社会组织是由一定的经过挑选的人员组成的,他们相互依赖、彼此合作,参加集体的成员,要经过一定的考核和审批,即组织成员资格的取得是有条件的。② 章程。任何社会组织都要有自己的章程,用以规定组织的性质、纲领、目标、任务、结构、活动原则,以及组织成员的地位与角色、权利与义务等。组织章程可以是成文的,也可以是不成文的,即约定俗成的,成员都必须遵守,这样才能保证组织活动的展开。此外,为了保证组织章程的贯彻实施,必须以奖惩制度作为后盾,遵守组织章程将受到奖励;违背组织章程将受到惩罚。③ 机构。任何社会组织都具有一个权威性的领导机构及执行系统,以便指导和领导成员向既定的目标努力。组织机构是组织活动的管理系统,它对组织的活动进行指导和协调,以便使成员齐心协力,实施组织特定的目标。④ 设备。任何社会组织都要有自己的设备,它是组织活动的物质基础和技术手段。没有设备,组织就无法进行工作和活动。

2.3.2 社会组织的分类

社会组织的种类很多,以不同的观点,用不同的标准来划分,就会得出不同的组织类型。目前,西方社会学家一般从组织成员关系角度将组织分为正式组织和非正式组织两大类。正式组织是指组织成员间的关系比较正规和确定,其活动有详细规定和严格要求的组织,例如军队组织即属这一类。所谓非正式组织,是指成员间的关系不像上述组织那样严格具体,而可以比较自由、随便,彼此之间是一种自动自变的关系,例如业余俱乐部即属这一类。此外,美国社会学家布劳(Peter M. Blau)和斯卡特(W. R. Scott)从组织受益类型出发,把组织分成互利组织、工商组织、服务组织、公益组织;美国社会学家帕森斯(T. Parsons)根据组织的功能和目标将组织划作生产组织、整合组织和政治组织;而爱桑尼(A. Etijoni)以权威的类型将组织分为强制性组织、功利组织、规范组织。我国对组织一般分为经济组织、政治组织、文化教育科学研究组织、群众组织、宗教组织等。

1) 经济组织

经济组织是人类社会最基本、最普遍的社会组织,它担负着为人们提供物质生活资料和文化生活资料的任务,履行社会的经济职能。在社会中,经济活动包括生产、分配、交换、消费等主要环节。因此,凡是参与这一部分的工作或以此为目的的组织都是经济组织。经济组织是随社会的发展而发展的。一个社会中经济组织的多少,其效率的高低,标志着该社会的发展水平。

2) 政治组织

政治组织是人类社会产生阶级以后而出现的国家政权机关、政党等组织。它比经济组织出现得要晚一些。自从人类社会有了阶级、阶级关系,阶级冲突和阶级斗争也就随之出现了,而为了处理阶级关系,进行阶级斗争,把阶级冲突限制在一定的范围之内,政党、政府机构、议会、军队、警察、法院、监狱等政治组织便应运而生了。由此可见,政治组织是一定阶级的利益和意志的体现。

3) 文化教育科学研究组织

文化教育科学研究组织是以满足人们的精神生活需要为目的,以从事文化活动为基本内容的各种社会团体,包括学校、图书馆、文化馆、影剧院、艺术团体、俱乐部、科研单位、学术团体、体育团体等等,是整个社会系统中不可缺少的组织部分,而且随着社会的进步、人类精神生活的丰富,这类组织将会不断增多,质量也会不断提高。

4) 群众组织

群众组织在我国主要是工会、共青团、妇联、老龄委员会等组织。这些群众组织的基本任务是代表工人、青年、妇女和老年人的切身利益,成为国家机器联系工人、青年、妇女和老年人群众的强大纽带。

5) 宗教组织

宗教组织的基本任务是协助政府贯彻执行宗教信仰自由的政策,帮助信教群众和宗教界人士不断提高爱国主义和社会主义的觉悟,代表宗教界的合法利益,组织正常的宗教活动,办好教务。我国主要有佛教协会、基督教会、天主教会、伊斯兰教协会、道教协会等。

经济组织、政治组织和文化教育科研组织是人类社会的基本组织。各类社会组织既相互区别同时也相互联系和相互渗透,并表现出日益加强的趋势。

2.3.3 社会组织的结构

社会组织的结构就是一个组织内各构成部分之间所确定的关系形式。它一般分为正式和非正式两种结构形式。

1) 正式社会组织结构

社会组织的正式结构是指组织内各个职务、各个部门之间正式确定的、比较稳定的关系形式。具体地说,各个组织内、各部门之间都有明确的分工,组织成员都有一定的地位和职务,被赋予了相应的权力和责任。组织的正式结构表现为两个方面:一方面是横向结构,即由职能分工造成的各部门的分工协作关系;另一方面是纵向结构,即由权力分层产生的等级地位关系。

社会组织是依据功能分化将组织目标分解出来的。它们分别承担不同的功能,然后联系起来形成一种固定组合,每一个部门都依赖于其他部门,它们只有协作才能进行自己的活动,发挥自己的功能。社会组织正是通过这种分工协作关系,才能产生出较高的整体效益,顺利地达到组织目标。

社会组织为了便于管理,设置了一系列的职务分层,每一个职位都需要一个具体的人去占据。职务的分层造成了职务的高低,权力的大小,形成了指挥与被指挥、领导与服从的关系,也就建立起了组织的管理系统,以便组织成员活动,向着组织目标努力。

同时,组织的结构与组织的规模密切相关。一般来说,组织结构的复杂程度与组织规模的大小成正比,组织规模较小,内部分工就少,往往只有简单的分层,而缺少明显的分解。社会学把这种结构形式称为“直线制”的组织机构,其特点是:结构简单,职权明确,然而,当组织规模较大时,内部分工就很细致,形成科层复杂化的结构体系。

这种复杂的结构体系主要有以下几种形式:① 直线职能制组织结构。它是在直线制基础上增加了职能参谋部制,其优点是分工严密、职责清楚,整个组织有较高的稳定性和工作效率。② 事业部制组织结构。它是直接按业务分类或按产品分类的,划分出一些事业部门,分别实行相互独立的经营。标准的事业部制组织由3个部门即高层管理、职能部门、事业部门等组成。这种组织结构的优点是:稳定性强,可使高层管理摆脱事务纠缠,专司决策之职;事业部可以发挥主动性和创造性,对组织有效控制的广度增加。③ 矩阵制组织结构。是一种超事业部制的新组织结构。它把组织中的垂直管理系统和横向的目标系统,集权和分权很好地结合起来。其特点是:将活动专业化,建立起协调计划、工程、产品等专门化部门的活动单位。

2) 非正式社会组织结构

非正式组织结构作为正式结构的补充是社会组织所不可缺少的。在任何一个社会组织内部,都存在着许多由非组织规定的相互作用,即存在着大量的自然的个人之间的互动,这些相互作用或互动排除在组织正式结构外。个人参加组织后,除了按照组织的规定进行形式化的互动外,还会按照自己的意愿、情感与他人交往,发生自发的相互作用。非正式结构的类型主要有以下几种:

(1) 纵的共栖结构

由不同地位层次的人结成的互相依赖的人际互动。在这种结构中,成员之间有高度的相互依赖性。

(2) 纵的寄生结构

由不同地位层次的人结成的非对称依赖的人际互动关系。在这种结构中,成员间彼此提供的相互协助是不平等的,上级虽然尽力维护下级的利益,但下级并不全力维护上级的利益,即下级寄生于上级主管,只想贪图享受,不想尽义务。

(3) 横的防守结构

由同一地位层次的人组成,为保护自己利益他们就会联合起来,借助非正式结构的力量以维护本身的利益或权力地位,但它的维护时间比较短,威胁一旦消除,非正式结构就消失了。

(4) 横的进取结构

由同一地位层次的人结成的谋求自身利益的人际互动关系。组织内一些人员怀才不遇,为了显示自己的才华,实现自己的目标,以谋求改变现行组织中选拔、晋升、奖惩、工资制度等不合理现象而结成的一种非组织力量。

(5) 横的感情交流结构

由同一地位层次的人组成,他们或由于共同兴趣、爱好,或由于共同价值观念和态度而结合在一起,彼此满足对方思想、感情交流的需要,相互帮助,相互照顾,友好相处。

非正式组织结构对正式组织结构有正向作用和负向作用。正向作用是能够减轻成员在组织中的心理压力,联络成员感情,使大家感受到友谊、忠诚,从而增强组织的内聚力,提高组织的稳定性。非正式结构对组织有促进作用,同时也有破坏作用,亦即负向作用。组织中的非正式结构对组织的作用是正向还是负向,取决于非正式结构中成员的目标是否与组织的目标相一致。目标一致,非正式结构就会对组织的工作效率和稳定起推动作用;目标不一致,就会影响组织的工作效率,破坏组织功能的正常发挥。

2.3.4　社会组织的管理系统

社会组织活动的效果和效率,除了受环境的影响之外,还依赖于对组织的管理。因为人的活动需要组织,只有正确、合理的管理,才能使成员进行有效的分工合作,顺利地完成组织任务。组织管理是指协调组织内部人力、物力、财力达成组织目标的过程,其中的关键是使组织成员的活动与组织目标相结合。自从有了社会组织,便产生了对组织的管理。社会组织的管理主要有以下几种方式:

1) 家长制管理方式

家长制管理方式是小农经济的产物,其特征是:① 组织的权力集中在最高领导者一人手中。② 分工不好,责任不清。③ 任人唯亲,因人设岗。④ 没有严格的管理程序,办事无章可循。⑤ 终身制。家长制的管理方式适合于组织规模不大、分工不发达的传统社会。

2) 科层制管理方式

随着社会生产力的发展,分工越来越细,逐渐出现了大规模的社会组织。这种社会组织分工细致,协作复杂,效率要求较高,因而完全依靠个人经验已无法对其进行管理,逐渐出现了科层制管理方式。科层制管理方式与组织的正式结构相联系。按照规划对组织实行管理,其特征是:① 有一套为组织成员共同认可和严格履行的活动规则。② 职能分工明确。③ 管理权力分层。④ 职务规则是专门性的。⑤ 科室之间以及职员之间的关系是一种制度化的工作关系。⑥ 组织的资源必须根据组织的需要分配使用,任何个人都不能垄断。⑦ 在组织中个人财产与组织财产严格划分，不能混淆。⑧ 管理权力来源于职务，而不依附于具体个人。这种方式的特点在于分工清楚，责任明确，任人唯才，能提高工作效率，保障组织活动开展。其不足是忽视人的主动性，只强调照章办事，行为受规则约束，不讲灵活性、应变性，容易导致官僚主义。

3) 系统管理方式

系统管理是20世纪70年代提出的，它把企业看成是一个由各种子系统构成的完整系统，它包括目标价值系统、组织结构系统、心理社会系统和管理系统等等。在一个组织中，各子系统之间是相互联系和相互影响的，从而构成一个整体系统。其中每个子系统的改变、调整，都会引起其他子系统的相应变化。作为一个系统的组织，并不是封闭的，而是开放的。它在不断地与其他企业和单位发生联系，接受社会的影响，即与组织外部环境发生相互作用。管理就在于协调各系统之间的关系，使各系统之间协调一致。系统管理在一定程度上克服了以往管理理论的片面性。传统组织管理理论只重视组织结构的设计，强调技术因素，忽视社会和心理因素，而社会行为学派则重视社会因素和心理因素，忽视技术因素、组织结构因素。系统管理则把各种因素结合起来。从总体上进行考察，具有综合性的特点。

2.3.5 社会组织之间的互动

社会组织互动是指不同社会组织之间的互动行为。任何一个社会组织都不可能孤立存在，而必然要和其他社会组织或更大的社会环境发生各种各样的互动，建立起社会联系，构成整个社会结构的重要部分。

1) 社会组织之间的互动形式

社会组织之间的互动，从主体角度看，有横向社会组织之间的互动，纵向社会组织之间的互动，以及横向纵向交织在一起的社会组织之间互动。

(1) 横向组织之间的互动

横向组织之间的互动是由地位相同或相似的社会组织之间发生的相互联系、相互作用的过程。其主体包括同一类型或性质相近发生各种业务联系的组织，也包括不同类型但又发生了相互依赖、相互补充关系的组织。如一所大学要与其他大学发生互动，也要同建筑部门、工商部门发生互动。地位大致相同的组织之间，构成了一种错综复杂的横向组织关系网，它要求组织之间的互动应以合作为重。因为社会分工的影响，使各组织的目标成为单一的目标或特殊的目标，要实现各自组织的目标，需要其他组织的支持与配合。

(2) 纵向组织之间的互动

纵向组织之间的互动是地位不同的社会组织之间的互动。其主体是上下属的等级关系。由于社会上存在着某一大类的目标，需要不同的社会组织分工协作来完成,而各个社会组织在该体系中所担负的任务不同,所起的作用不同,其地位也不同,从而形成等级关系。

组织间的互动过程,虽然具体的方式较为复杂,但在表现形式上无非是竞争与互惠、冲突与合作这样一些过程。从互动的结果来看,要么胜利,要么失败,要么握手言和。

2) 社会组织互动过程

归纳起来,社会组织互动是围绕以下几个过程展开的。

(1) 目标实现过程

任何社会组织都有自己的特定目标,社会生活中许多社会组织的目标可能是同向的,也可能是反向的,可能是同类的,也可能是异类的。这样就使每个组织在实现自己的目标过程中同目标相反或相向的组织发生合作式的互动,同目标相反的组织发生冲突式的互动,或者与同一个目标的社会组织进行竞争式的活动。社会组织目标并不是固定不变的,它随着环境、条件的变化而转移。社会组织目标一旦发生变化,与其他社会组织的互动方式也会随之发生变化。

(2) 组织界限确立过程

任何社会组织都有明显或不太明显的界限。社会组织界限包括有形界限和无形界限两部分。有形界限是指疆界、地域、范围等。社会组织间的互动,有一些就是围绕确立界限展开的,如边界纠纷,就是由于边界不明朗造成的,而纠纷的目的就在于使边界确立。

(3) 权力争夺过程

只要有等级存在,就有权力存在。权力是一个社会组织使其他社会组织接受其支配的能力。凭借权力,一个社会组织可以从被支配的社会组织那里接受其支配的能力;凭借权力,一个社会组织可以从被支配的社会组织那里获得能量。同权力相关联的是控制,控制意味着对另一个社会组织长期的统治,反之,则意味着服从与归顺。因此,权力一直是各社会组织争夺的对象,起义、战争、垄断、竞争等是为了争夺权力而展开的社会组织互动。权力是多方面的,有政治的、经济的、文化的等等,因而争夺权力的社会组织互动也是多种多样的。

(4) 资源获取过程

资源是社会组织生存和发展的能力,包括人、财、物等方面。一般来说,资源越多,能量越大,越有利于社会组织的发展壮大,越有利于同其他社会组织进行权力争夺。因此,许多社会组织的互动也是围绕获取资源展开的。社会组织之间也可以进行合作,进行能量交换,以获取必须的资源。社会组织还可以凭借武力掠夺资源。

2.3.6 初级群体与社会组织的差异

初级社会群体与正式的社会组织具有明显的差异性，主要表现在以下 6 个方面：

1) 初级群体往往是自然形成的

在初级群体中，无论是邻居、儿童游戏群体，还是朋友圈子，都是在地缘、业缘或共同兴趣、共同爱好的基础上，经过持续不断的交往自然而然地形成的。就是在家庭中，虽然配偶结婚组成家庭要经过法律的程序，是人为建立的，但自然的血缘关系和世代关系仍是维系家庭存在的一条重要纽带，作为新成员的子女加入到家庭这个初级群体中来，也是自然发生的。相反，工厂、商店、机关、学校一类正式的社会组织，则是基于某种社会需要，按照社会契约而人为地加以建立的。

2) 初级群体成员对其活动的全面参与性

在初级群体的活动中，个人将自己的个性全面投入进去，可以表现出自己全面的个性、深厚的感情、喜怒哀乐的复杂情绪。因此，在初级群体中，其成员是作为一个具有完整个性的人而存在的，而组织也很难考虑和照顾到每一个成员的个性特点。这样，在正式的社会组织中，其成员往往是作为一种承担某种任务的特定角色而存在的。

3) 初级群体成员互动的自觉性

在初级群体中，其成员的互动虽然也要遵循一定的行为规范，但这种规范并不是很严格的，活动的余地较大，而个人的自觉性起着更大的作用。相反，在正式的社会组织中，成员的互动是严格按照规章制度进行的，这些规章制度一般都很严格，并且往往是形成文字的。一个组织的规模越庞大、结构越复杂，规章制度的作用就越重要。

4) 以人或以事为中心的关系

初级群体中的人际关系是一种以人为中心的关系，而正式组织中的人际关系则是一种以事为中心的关系。

5) 初级群体把满足其成员的需求放在首位

正式的社会组织虽然也要满足其成员的需求，而在社会组织中更加强调的是个人对组织的贡献与责任，对其成员需求的满足只限于特定的形式和特定的范围。

6) 初级群体的功能是综合性的

在初级群体中，比较全面地反映着人们的社会需求。因此，每一种初级群体的功能往往是多方面的。比如，在传统社会中，家庭就兼有人类自身的再生产、物质生活资料的再生产及消费、促使儿童社会化、开展文化娱乐活动等多方面的社会功能。邻里除了在生产上的互助外，还具有在日常生活中守望相助、交流思想、联络感情等多方面的社会功能。而正式社会组织所具有的社会功能则往往是单一的,如工厂和矿山承担生产的功能,商店承担商品流通的功能,学校承担教育的功能等等。

2.4 社 区

人类的社会活动,不但在一定的社会关系和社会结构的框架内进行,而且离不开必需的地域条件。换句话说,人们总是在特定而具体的社区中从事自己的社会活动。

2.4.1 社 区

1) 社区的涵义

社区(Community)一词,最初的涵义是指在传统的自然感性一致的基础上紧密联系起来的社会有机体。它是由德国社会学家斐迪南·腾尼斯提出的。他在《乡社与社会》一书中,把人类共同生活的表现形态分为两种类型,一种是建立在亲密的、不分你我的私人关系基础上的社会共同体,另一种是建立在目的、利益、契约及以此为条件的人们相互间保持一定距离的基础上建立的社会共同体。他把前一种类型的共同体称之为"公社",把后一种类型的共同体称之为"社会"。腾尼斯的这一思想引起了一些西方社会学家的兴趣,特别是引起了美国社会学家的重视,他们在接受腾尼斯观点的同时,对其使用的"公社"一词进行了改造,用英文的"社区"一词取代它。从把腾尼斯的概念发展到社区的概念,人们对它的理解发生了很大的变化。有人统计,对社区的各种定义已达 100 种以上,但归纳起来就是两大类:一类是功能主义观点,认为社区是由有共同目标、共同利益关系的人们组成的社会共同体;另一类是地区性观点,认为社区是指在一个地区内共同生活的有机组织的人群。

2) 社区的构成要素

任何社区就其内部的构成来看都有以下几个要素。

(1) 地域

地域是社区存在和发展的基本条件,是社区居民从事生产、生活活动的依托。如第二次世界大战以前分散于世界各地的犹太人,由于他们没有共同的居住地区,因而这些民族只能构成共同体,而不能构成社区。如果有些人把这一民族称为"犹太人社区",也只是指具有共同语言、共同历史传统的精神社区。这种精神社区在社会学上被称为准社区。

(2) 人口

人口的数量、集散的疏密程度与人口素质等是社区形成和发展的重要因素。社区人口与社会人口不同，它以同质性为主，即社区的绝大多数人操基本相同的职业，形成该社区的人口特点。

(3) 文化制度和生活方式

每一个社区都有自己特有的历史传统和风俗习惯等，因而形成了不同风格的文化特点，以区别于其他社区甚至邻近社区。文化制度也是社区的主要构成因素之一，它主要在控制、调整、干预和指引社区人们行为方式中发挥着作用。在生活方式方面，不同社区的居民在人际交往、文化生活、闲暇时间的支配、生活习惯、生活节奏等方面，都有各自不同的特点，这是由各自社区现实经济、社会条件和历史传统所决定的。

(4) 地缘感

社区居民在情感或心理上具有共同的地域观念、乡土观念和认同感。这是同一地区的人们在长期的共同生活中，在同一行为规范、文化传统和生活方式氛围里形成的共同意识，它对维系社区成员间的关系起着重要作用。

3) 社区的类型

社区的具体形态是多种多样的，由于人们分类的标准和角度不同，分类的结果也就不同。常见的社区分类方法主要有：① 从历史发展的角度把社区划分成4种类型：流动性社区、村舍式社区、农村社区和城市社区。② 根据空间特征把社区划分成居住社区(又称生态社区)和精神社区。③ 根据社区结构和特点把社区分为农村社区和城市社区。我国普遍较倾向这种分类方法。农村社区是以各种农业生产为基本特征，由同质性劳动人口组成的，社会关系比较简单，地域社会的人口相对稀疏。城市社区是指大多数居民从事工商业及其他非农业劳动的社区。

城市社区的结构比农村社区复杂，因此，其功能也比农村社区复杂多样。但是，不管哪种社区，都有对外对内两种功能。对外功能是指一社区与外社区进行经济、政治、思想、文化的交流与联系；对内功能则包括组织社区内居民的生产、交换、分配、消费，组织各种社区社会活动，实现居民的社会参与，施加影响使居民接受社区的规范、传统和习惯，培养社区意识，协调社区成员之间的关系，解决社区成员之间的矛盾和冲突，维护社区生活秩序等等。

2.4.2 城市社区

在城市社会学中，城市社区是指大多数人从事工商业及其他非农业劳动的社区，它是人类住区的基本形式之一。城市社区在人类历史上要晚于农村社区，而其发展则更晚，一直到近代甚至最近几十年，才成为人类生活的主要场所。

1) 城市社区的概念

城市社区的概念,与城市的含义可以是一致的,也可以是不一致的。从广义上说,任何一个城市,同时也就是一个城市社区,但一个具体的城市社区,不一定就是一个城市。一个大城市可以划分成若干个城市社区。

2) 城市社区的类型

由于城市形成的原因、所处的环境和发挥的作用的不同,城市社区的类型也很多样。依据综合的特点,可以把城市社区划分成以下几个类型:

(1) 欧洲型

与其他地区的城市相比,欧洲的城市有着自己鲜明的特点。在中世纪的时候,欧洲城市是工商业市民的城堡,这是一种以工商业市民为主体的城市。从城市的建筑上看,是城墙包围着街市,在市中心有市民集会的广场、大教堂以及工商组合的事务所,城市是由工商市民管理。在产业革命以后,在欧洲的城市中兴起了许多规模宏大、工人众多的工厂。由于其功能上的多样性,欧洲城市的结构是极为复杂的。

(2) 美国型

与欧洲城市的复杂结构相比,美国的城市结构要简单得多,因为美国是一个年轻的国家,没有经历过中世纪的封建社会,它的城市从诞生之日起就是现代化的产业城市,形成非常合理整齐的布局。美国城市既没有欧洲城市中常见的城墙,也没有中心广场、大教堂和市政厅,代之而起的是摩天大楼和商业中心。而作为城市主宰的是大资本家、大金融家和大投机商等。特别是20世纪初以来,随着汽车交通的发展和高速公路的修建,居民区在不断扩大,居民日益分散,许多市中心区开始衰败,而空气新鲜、风景秀丽的郊区则成为人们乐于居住的场所。

(3) 亚洲型

与欧洲的城市相同,亚洲的城市也是在漫长的历史发展过程中形成的,政治上的统治者,如皇帝、国王和封建领主起了主要的作用,因此,这些城市具有极鲜明的政治色彩。从城市的结构上看,传统的亚洲城市的中心部分几乎全部为统治者的宫殿和住宅占据着,城市的设计标准是确保统治者安全,而没有或很少有欧洲城市中那种方便的商业和工业场所。

(4) 中东型

中东地区的城市具有与其他城市不同的特点。这个地区的城市是以伊斯兰教和游牧民族为主建立起来的。城里一般有伊斯兰教的大清真寺,以及为游牧民商队设置的集市和商场。迷宫式的道路是中东城市的一大特点,因为这些城市大多是在村落的基础上形成的,而这些村落则是一个部族的人成群结伙扎帐宿营的地方。

(5) 俄国型

从城市的空间格局来看,俄国的城市中很少有组合式建筑林立的中心商业区,引人注目的是宏大的广场和其他公共设施。有的西方社会学家认为,这实际上是计划经济和市场经济这两种不同的经济制度在城市空间格局上的反映。在城市建设上,俄国重视以小区作为空间单位的公寓式住宅建设,他们认为,以小区为单位便于建设和利用生活服务设施,而公寓式住宅则有利于扩大居住面积。在城市的规模上,俄国的城市规划重视发展中小城市,但由于客观的经济、社会因素的作用,实际上往往是大城市发展得更快。

3) 城市社区的特点

城市社区的外部特征和内在功能与农村相比都有很大的差异,这种差异就形成了城市社区的特点。

(1) 人口集中,人口密度大

一进城市给人的第一印象就是人来车往,房屋林立,街道纵横,大城市更是灯红酒绿、商贾云集。人们常用"繁华"来形容城市的景象,这反映了城市社区人口的集中,是城市不同于乡村的一个显著特点。城市本身就是人口密集聚居的产物,它的非农性质的社会及经济活动,既需要也能够容纳高密度的人口。城市规模越大,人口的密度也越高。2000年底,我国最大的城市上海,市区的人口密度为每平方公里4.6万人;北京为2.9万人,天津是2.0万人。

(2) 经济活动复杂,商品经济发达

城市经济的主体是工商业,它的运作过程和组织体系比农业生产要复杂许多。整个生产流通、分配、消费过程,都需要复杂的决策、管理、实施及反馈修正等;都需要对人、财、物进行复杂的配置与协调。进入经济活动过程的人力资源与物力资源,经济活动中所产生的矛盾与问题,都显得十分的集中与复杂,且变化多端。另外,工商业经济本身具有很强的商品性,大量的产品要进入流通领域进行交换,才能实现其价值。因此,无论是古代的小商品经济,还是工业革命后日趋发达的市场经济,它的主要舞台始终是在城市。城市社区中商品经济的程度相对较高,这更加强了城市经济结构与经济活动的复杂性。

(3) 社会结构复杂,社会流动性大

城市作为整个社会的政治、经济、文化中心,它的社区结构十分复杂。城市社会结构中一个非常明显的特征是,社会的正式组织在整个组织结构中占据着绝对的主导地位,社会的组织化程度高,社会的控制力度强。家庭和血缘关系在社会关系中的地位与作用远不如农村那么重要。人们之间的社会交往更具业缘性,社会的阶层与职业分化较为充分,社会的阶级与阶层结构都比农村复杂,社会的矛盾与冲突也比农村集中、激烈。同时,由于社会政治、经济、文化活动的集中,社会关系复杂,矛盾冲突激烈,所以社会成员之间的社会流动性也较大。特别是现代都市中,一个社会成员从一个社会集团流入另一个集团,从一个阶层流向另一个阶层的现象是十分普遍与频繁的。

(4) 社会生活设施完备,精神文化生活丰富

人口的密集,工商业的发达,要求社区的设施与之相适应。众多的住房、商店,完整的交通网络、供水系统、排污系统等社区基础设施都必不可少。这些设施的复杂性与完备性绝非农村社区可比。城市政治、文化运作所需的设施,包括庞大的国家机器的物质装备设施,更是复杂多样,且往往为城市所独有。文化教育设施和知识阶层大多集中在城市中,因而城市居民所能享受到的文化教育条件要优于农村,精神文化生活要比农村丰富,人们对精神生活的追求也比农村居民强烈。

(5) 社会生活的节奏快,社会文化的变迁速度快

城市生活节奏快,这是由城市的经济社会活动的特点决定的。工业生产是机器生产,它的连续性强,产品加工时间以分秒来计算,完全不同于农作物的生产节奏。其他的商贸、政治和文化活动也都要求效率高,节奏快,交互作用大,否则就可能丧失成功的机遇。因此城市中人们生活的紧张程度一般高于农村。但城市居民工作之余的闲暇时间又多于农村。城市作为社会的政治、经济、文化活动的中心,它一般都是社会新的生活方式的策源地,城市生活面貌变迁的速度与其日常生活节奏相一致,也是较快的。城市经常会流行各种新的时尚,新的思想观念也容易产生和传播。

4) 社区效率

研究社区的根本目的是为了认识社区演变发展的规律,进而更有效地增强社区的功能,促进社区的发展。要增强社区功能,就需对一个社区在单位时间与空间内所担负的功能,及这些功能实现的程度作出评价,即对社区效率作出评价。每个社区都有它一定的效率,它反映着社区的发达程度。

现代社区的效率,大体可从以下 4 个方面来考察:① 居住效率。是指社区内建成区的单位面积上居住人口数量的多少。建成区单位面积上可容纳的居民数量多,居住效率就高,反之居住效率就低。要提高社区的居住效率,就应使住宅和各种社区设施合理地向高空、地面、地下三层空间发展,形成高地面人口密度、低建筑密度和设施完善的居住区。充分利用有限的可居住土地。② 生态效率。这是指居民在活动过程中利用生态的状况,它包括对自然生态的利用、保持自然生态的平衡和对人文生态的利用,即对人们的劳动、休息需求的满足程度。③ 运行效率。是指社区承载和处理包括人流、物流、信息流等各种社区流的能力及单位时间内社区流的流动量。一个社区承载的各种社区流的流量越大、流动的速度越快,它的运行效率就越高。社区的运行效率既反映在它的人员、物资、信息的输入与输出上,

也反映在它的管理与服务上。如对社区内发生的各种问题的反映与处理的快慢、好坏；人们上下班所需花费的等车时间；一个邮件到了社区需要多少时间送达收件人手中等等，都从一定的侧面反映着社区运行效率。④ 积聚效率。是社区中因人口和资源的集中而产生的效率。

5) 社区发展

纵观人类社区的发展历史，可以发现社区发展的基本趋势，从某种意义上说，就是一个社区效率不断提高的过程。对各具体的社区来说，它的发展任务与发展途径可能是各不相同的，但从提高社区效率出发。就社区发展的一般要求而言，主要包括以下 3 个方面：

(1) 优化社区的区位结构

所谓区位结构，是指一个社区整体及其内部各构成系统在空间上的分布状况。区位结构是否合理，直接影响到社区的正常发展。以一个城市为例，如果它的住宅区、商业区、文化行政区位置不当；城市道路，输电网络，地下管线布置紊乱，那就会造成“城市病”，会严重地削弱城市功能的发挥，阻碍社区的发展。所以，无论是建设一个新社区，还是改造一个老社区，优化社区的区位结构，使之布局合理科学，这是首先应该考虑的一个问题。

(2) 提高社区的价值创造能力

一个社区有没有生命力，能不能有长远的发展前景，从根本上说就取决于它有没有创造价值的能力。这里的“价值”，既包括经济上的价值，更包含着社会学意义上的文化价值。一个社区如不具有创造经济价值和社会文化价值的能力，那么它就失去了自身存在的意义。如果它不能不断地提高这种创造能力，也就不会有发展的潜力。

(3) 社区管理的科学化

任何一个社区都需要管理。但社区越发达，它的管理也就越复杂，越要求科学化。满足社区运行的各种需要，实现社区资源的合理配置，提高社区成员的素质与生活福利，消除社区内犯罪、违反公共生活准则的消极现象等等，都离不开社区管理的科学化。社区管理的优质、科学是社区发展的强大杠杆。随着社会的进步，社区管理的科学化不仅要体现在管理机构与管理规范的完善上，而且还要体现在社区成员参与管理的程度上。社区成员广泛积极地参与管理，并与社区管理机构的活动有机地结合，就是防止管理失误和滥用管理权力的有效机制，管理的民主化是管理科学化的必要条件。

6) 社区服务

所谓社区服务，就是一个社区为满足其成员物质生活与精神生活需要而进行的社会性福利服务活动。社区服务不只是一些社会自发性和志愿性的服务活动，而是有指导,有组织,有系统的服务体系。一般都是在政府指导下,依托一定的基层社区,通过相应的机构、团体和志愿人员,有组织地来实施的。社区服务不是一般的社会服务业,它与经营社会服务业是有区别的。它是用服务设施和服务项目来提高社区生活质量,增进公共福利的社会性福利事业。它服务的对象既要面向全体社区成员,又要重点帮助那些老弱病残等需要特殊照顾的社区成员。它的不少项目与服务可以是免费的,即使是有偿的服务也不能以赢利为目的。社区服务不是仅由少数人参与的为其他人提供服务的社会活动,它是以社区全体居民的参与为基础,以自助与互助相结合的社会公益活动。社区居民的积极参与,他们的自助与互助精神的发扬,才是社区服务生命力的真正源泉。

社区服务作为一种社会福利性服务事业,它的内容十分广泛。在不同的社区条件下,它的具体内容和项目可以各不相同。目前在我国城镇中已形成了一些较为完整的社区服务体系,它大体上有10个服务系列:① 老年人服务系列。如敬老院、托老所、包护组、老人公寓、老人活动中心、老人婚姻介绍所等。② 残疾人服务系列。如福利企业、特殊教育机构、残疾儿童寄托所、残疾人康复中心等。③ 婴幼儿服务系列。如托儿所、幼儿园、学前班,幼托儿接送服务等。④ 青少年服务系列。如青少年宫、校外辅导站、失足青少年帮教组等。⑤ 精神卫生服务系列。如精神卫生医疗站、看护组、家访组、精神卫生康复活动等。⑥ 拥军优属服务系列。如拥军优属服务站、烈军属包护组等。⑦ 社会救助服务系列。如送温暖做好事、帮助穷困者勤劳致富、开展社会互助互济活动等。⑧ 文化娱乐服务系列。如社区文化站、图书馆、阅览室、报刊宣传栏、开展各种文化体育活动等。⑨ 便民生活服务系列。如组织家务劳动服务站,设立便民服务网点,开展家庭安全防范服务等。⑩ 民俗改革服务系列。如建立红白理事会或婚丧服务组,制定街规民约,推行民俗改革、倡导科学、健康的生活方式等。

社区服务对于社区的建设和发展有着重要的作用,它不仅是一项社会福利性事业,而且对社区物质文明与精神文明建设有着很大的推动作用。社区服务的积极开展,可以使社区成员拥有更多的公共服务、社会福利和闲暇时间,让人们从沉重的家务劳动中解放出来,提高人们的生活质量。社区服务的完善可以使人们更集中精力从事生产劳动和其他社会活动,从而创造出更多的社会财富。社区服务还可以通过广泛的群众参与,使自强、自助和互助、互爱的社区服务精神渗透到人们的日常生活中去,这会培养出一种高尚的社会道德与社会风气。社区服务的发展,还为人们提供了更多的精神文化活动及参与社会管理的机会,有利于增强人们的主体意识,协作意识,法纪意识和文化意识,有利于提高人的素质。总之,社区服务是社区发展的一个促进因素和稳定机制。

7) 城乡社区的交流

城市社区和农村社区作为两种不同的生活条件,对其居民的生活产生着重要影响,形成了各具特点的城市生活方式和农村生活方式。

就农村社区和城市社区来说,其特点是完全不同的。第一,农村人口密度低,流动小,而城市人口密度高,人口聚居规模大。第二,农村社会结构简单,而城市组织结构复杂,职业种类繁多。第三,农村文化水平低下,封建意识浓厚,城市人口的文化素质高,信息发达,生活节奏快,对公共事业和政治参与性强。第四,农村家庭作用重要,而城市家庭的规模与职业都不断缩小。第五,农村生活方式单一,人际关系密切,感情色彩浓厚,城市生活方式多样化,人际关系的感情色彩淡化。

正是由于城乡社会的不同特点,使得同一个社会中城乡分离开来形成各自相对独立的社会关系体系,而且在同一人口之中划分出一条界限:城里人和乡下人,表现在政治、经济、思想文化等各个方面,并且会反映到政府的行政、户籍等管理之中和影响政府的政策。它往往被法定化或法权化,形成城乡在生活方式、生活水平以及人民在国家中享受的权利(如福利待遇)等方面的差别。但是这种差别不是绝对的,而是因不同的社会制度和条件而不相同,并且会随着社会经济的发展而变化。一般说来,一个国家的经济、文化和社会发展程度越低,城乡分割的界限也愈明显,城乡差别愈大;反之,则愈不明显和愈小。从现代社会经济和文化发展来看,城乡距离变化的总趋势是向接近和融合的方向发展。

由于城乡社区在成员构成、在政治、经济、思想文化等方面存在着差别,使得城乡之间产生种种关系,即通常说的城乡关系。这种关系必然引起城乡之间的交往和交流。城乡交往和交流可以采取合作、协同、冲突、对抗或对立,也可以是统治与服从、领导与被领导等形式。它存在于社会的政治、经济和文化等各个领域。一般说来,城市处于统治、领导及支配的地位,农村处于被统治、被领导及被支配的地位。至于城乡之间到底采取合作、协同或是采取冲突、对抗或对立,则要依据城乡之间交流的具体内容、性质和各种外部条件而定。

推荐阅读参考资料

1 北京大学社会学系. 社会学教程. 北京:北京大学出版社,1987

2 R. E. 帕克,E. N. 伯吉斯, R. D. 麦肯齐;宋俊岭,吴建华,王登斌译. 城市社会学——芝加哥学派城市研究文集. 北京:华夏出版社,1987

3 Castells, M. Theory and Ideology in Urban Sociology, in Pinkvance C. G. (ed.). Urban Sociology: Critical Essays. London: Tavistock, 1976

4 Flanagan, Willian G. Contemporary Urban Sociology. USA: Cambridge University

Press, chapter titled "Urban Ecology and Its Critics", 1993
5 Giddens, A. The Class Structure of the Advanced Societies. London: Hutchinson, 1973
6 Gottdiener, Mark. The New Urban Sociology, USA: McGraw Hill Inc., chapters titled "The Rise of Urban Ecology and Its Critics", 1994
7 Schwab, William A. The Sociology of Cities. N.J.: Prentice Hall, chapter titled "Theories of the City", 1992

复习思考题

1 论述个人社会化的条件。
2 简述4种主要社会网络和社会关系。
3 论述社会群体成员互动经历的几个阶段。
4 论述家庭的功能。
5 论述邻里的社会功能。
6 论述社区的构成要素。
7 名词解释:社会结构、社会角色差距、社会群体、社会组织、基本群体、家庭、邻里、城市社区。

3 城市社会分层与流动

社会分层(Social Stratification)是对社会阶级和阶层结构的分析研究。“分层”(stratification)本来是地质学家用以研究地质结构的概念,是指地质结构的不同层面。城市社会学家在研究城市社会结构时,发现城市社会中人与人之间、群体与群体之间是不平等的,存在着类似地质结构中那种高低有序的梯级层次现象,因此,社会学家借用地质上的“分层”来说明城市社会的纵向结构,称之为“社会分层”。城市社会分层是一种城市社会现象,通过城市社会流动来实现。

3.1 社会分层

社会分层是指社会中的人们区分为高低有序不同等级、层次的现象。在城市社会中,每个人的社会地位之间存在着差别,这种差别造成了高低有序的等级现象。社会分层原因是由社会分化造成的。社会分化有两种基本形式:一种是水平分化,另一种是垂直分化。水平分化是处在同个地位群体中的人们在社会职能上的分化,这种分化不造成人们在社会地位上的高低有序的差别,如工人工种上的分化,资本家中各个资本家之间在职能上的分化等。垂直分化是指造成地位、群体之间高低顺序上的差别分化,如资本家和工人之间就是一种垂直分化。社会分层就是专指垂直分化造成的高低有序的地位群体的现象,以及造成这种现象的过程。从社会结构上看,由社会分化所造成的社会分层有三个层次,第一个层次是阶级,第二个层次是阶层,第三个层次是层界。

3.1.1 社会分层的一般理论

西方社会学关于社会分层的研究历史悠久,分层理论多种多样,这里主要介绍如下几种。

1) 收入源泉论

该理论的代表人物是亚当·斯密和大卫·李嘉图。这一理论认为“工资、利润和地租是一切收入的三个最初来源”,社会财富是由劳动、资本、土地共同创造的,因此工人、资本家、地主是三个自生自灭的阶级,谈不到谁是更高或更低的阶级。这一理论的缺陷在于抹煞了劳动关系中支配及雇佣的色彩，否认了社会分层中客观存在高低的现实。

2) 市场决定论

该理论的代表人物是德国社会学家马克斯·韦伯(Max Weber, 1864—1920)。他认为："当一些人在生活机遇方面有共同的、特定的因果构成时，只要这种构成完全是表现为占有财物的经济利益和获得收入的机会，而且是在商品或劳动市场的条件下表现出来的时候，那么，这些人就可以说是一个'阶级'。"按照韦伯的理论，社会阶层的划分取决于一个人在市场中的地位如何。

3) 社会职业论

这一理论在美国曾十分流行。1887 年，美国国情普查局的主任统计官威廉.C.享特把有收入的工人分为 4 个"阶级"：① 有产阶级。② 办事员阶级。③ 熟练工人。④ 劳动阶级。1938 年艾尔巴·爱德华兹对上述分类法作了修改，分为 6 种职业类别：① 专业人员。② 有产者、经理、官员、农民(农场主和佃农)、批发商和零售商、其他。③ 办事员及其他有关人员。④ 熟练工人和工头。⑤ 半熟练工人——制造业的半熟练工人及其他。⑥ 粗工——农业工人、建筑工人、其他壮工、服务业工人。这一理论反映了美国进入资本垄断阶段后职业与行业的部分分离和脑力劳动人口大幅度增长的现实，这一理论也为"中产阶级"(The Middle Class)理论提供了基础。它的局限性在于，它模糊了同一职业中存在的获得报酬的多寡、方式、机会等的差别。

4) 白领工人——中产阶级理论

根据这一理论，"所有不从事纯粹体力工作的雇员"都可算作白领，于是"白领"就成了"中产阶级"的代名词。但依据这一理论，随着科学技术的发展，白领势必成为大多数，他们与蓝领工人除了有脑力与体力的明显差别外，收入水平等方面的差距却未必扩大，而是日益缩小，所谓"中产阶级"已很难自圆其说。

5) 个别收入水平论

这一理论和市场决定论一样源出韦伯。其主要划分方法是将收入水平分几个等级，收入在中间水平的即为"中产阶级"。这种划分办法最难服人之处在于，划分多少等级、从第几到第几个等级算中产阶级很难有统一的标准，而且等级之间的差别将被掩盖。一些诚实的美国学者说：如果我们用儿童的积木来搭建一个收入的金字塔，每 1 000 美元作为一个等级，那么这个塔将比埃菲尔铁塔还要高，而我们中的大多数所处的位置离地面不超过一尺。

6) 社会流动论

这种理论的持有者认为，随着科学技术的进步，蓝领工人必然会向上流动为中产阶层。

3.1.2 韦伯社会层次划分标准

无论西方阶层理论从哪一个角度来分析阶层的诞生或划分阶层，都意味着社会中的人群存在着层次差别，这种层次差别可能是收入上的、社会地位上的、也可能是受教育程度上的、个人发展机会上的等等。西方国家在评价社会繁荣程度时，一个重要的考察标准，即中产阶层在社会中所占百分比，以及中产阶层的生活品质。在西方社会学中，最早提出社会分层理论的是马克斯·韦伯。韦伯社会分层理论的核心是所谓划分社会层次必须依据的三重标准：即财富（Wealth）——经济标准；威望（Prestige）——社会标准；权力（Power）——政治标准。这种对于社会层次结构的多元划分标准也是今天西方社会分层理论的一个最基本的特征。

1）经济标准

在韦伯看来，所谓经济标准即财富，是指社会成员在经济市场中的生活机遇（life chance）。那么，什么是在经济市场中的生活机遇呢？用韦伯的话来说，就是个人用其经济收入来交换商品或劳务的能力，即满足自己物质需求的能力。实际上，这是把收入作为划分社会阶级、阶层结构的经济标准。

2）社会标准

所谓社会标准是指个人在自己所处的社会声誉和被尊敬的程度。在西方社会分层理论中，就是按照这个标准把社会成员划分成不同的身份群体（Status Group）。所谓社会身份群体就是由那些有着相同或相似的生活方式，并能从他人那里得到等量的身份尊敬（Status Hornor）的人所组成的群体。韦伯认为，由经济标准所形成的阶级和由社会标准所形成的身份群体之间虽有非常密切的联系，但两者并不完全等同，比如，收入很高的妓女却并不拥有很高的社会尊敬。韦伯说："也许可以说，阶级是依据人们与商品的生产和获得的关系而划定的，而身份则是根据消费的原则来划定的，它以特定的生活方式为特征。"

3）政治标准

所谓政治标准就是指权力。什么是权力呢？韦伯认为，权力就是"处于社会之中的行动者即便在遇到反对的情况下也能实现自己的意志的可能性"。在韦伯看来，权力不仅取决于个人或群体对生产资料的所有关系，而且也取决于个人或群体在科层制度中的地位。

韦伯认为，这三条标准虽然有时是互相联系、甚至是互相行政管理重叠的，但他们之间并不能完全等同或互相代替。其中的任何一个标准都可以独立作为划分社会层次结构的一个原则，财产差别产生阶级，威望差别产生身份群体，权力判别产生政党。现在，西方更有一些社会学家认为，随着现代社会的发展，这三者的独立性更进一步地加强了。目前西方社会学对于社会层次结构的研究，基本是在韦伯所奠定的这个三重标准的基础上进行的。

3.1.3 阶级和阶层划分

在对西方社会层次结构进行描述的时候，由于各自立场的不同，出发点和目的的不同，以及所使用的标准的不同，所得出的结论也是大不一样的。

1) 阶级划分

由于使用的标准不同[1]，在这个层次上所进行的阶级划分曾出现了五花八门的阶级模式，其中影响比较大的是：

(1) 三个阶级理论

这是一种比较通俗、比较流行的阶级模式，即把人们分成上等阶级（Upper Class）、中等阶级（Middle Class）和下等阶级（Lower Class）。但由于在进行划分时所依据的具体标准不同，得出的结果也往往互相抵触。同时，由于这种划分依据多重标准，因此也就难以得到严格的结论。如有的人在其收入上属于上等阶级，在权力上则属于下等阶级，其阶级归属也就成了问题。

(2) 林德两个阶级模式

林德（K. Lynd）和 H. Lynd 在他们于 1929 年出版的《中镇》（*Middletown*）和 1937 年出版的《过渡中的中镇》（*Middletown in Transition*）两书中提出"企业家阶级"（Business Class）和"工人阶级"（Working Class）的模式。其中，所谓企业家阶级是由从事商业和工业管理的人，以及通常被称之为专家的人所组成。其他人则属于工人阶级。

(3) 白领和蓝领阶级模式

美国著名社会学家米尔斯（C. W. Mills）在其 1958 年出版的《权力精英》（*The Power Elite*）一书中，把工人分成白领（White Collar）和蓝领（Blue Collar）两个阶级。所谓白领，是指技术熟练的工人，包括管理者阶层，他们从事的是脑力劳动。所谓蓝领，则是指非常熟练的体力劳动工人。此外，在近些年来所开展的对"新中间阶级"的研究也属于这个层次。

---

[1] 目前，西方社会学分层理论的研究涉及的范围非常广泛，但就其基本研究课题来说，则主要集中在以下几个方面：第一，对社会或群体中的层次结构进行描述，如有多少个层次（strata），每个层次的规模，其成员在收入、职业、声望上有什么特点，他们在社会生活中处于什么地位等。第二，进行层次结构划分的标准是什么，是一元的还是多元的，如果是多重标准，那么这些标准的相互关系是什么，又如何根据这诸种标准的综合指标进行层次划分。同时，每一个标准又都有一个如何量度（measurement）的问题。第三，属于同一层次的人们在社会生活中有何共同特征，层次地位对于他们的政治态度、宗教态度以及娱乐兴趣方面有何影响。第四，社会分层对于社会秩序的稳定、社会变迁的进行有何影响。第五，不同社会的层次结构各有什么特点。第六，在社会发展的不同阶段会产生什么样特殊形式的层次结构。但引起社会学家们更多注意的，则是对于社会层次结构的描述。

(4) 马克思主义分层理论

在第二次世界大战以后，马克思主义阶级理论对于西方社会学的影响越来越大，因此，在西方社会学中，试图用马克思主义的阶级模式来分析研究西方资本主义社会层次结构的人也逐渐多了起来。与西方资产阶级社会分层理论相对应，马克思主义的社会分层理论认为，对社会的分层研究，首先是根据人们在一定的生产关系中的地位和作用不同将他们划分为不同阶级，其次是根据经济因素将人们划分为不同的经济人，然后再根据其他经济和非经济因素将人们划分为不同的层次等级。毛泽东在分析半殖民地半封建的旧中国的社会状况时首先进行阶级划分，即把旧中国的社会划分为资产阶级和无产阶级、地主阶级与农民阶级两大对抗的基本阶级。然后进行了阶层划分和非基本阶级的分析，把地主阶级划分为大中小三个阶层，把资产阶级划分为官僚买办资产阶级和民族资产阶级等，同时还分析了知识分子等社会阶层。

2) 阶层划分

这种划分方法既可以依据其中一个单项指标，也可以根据政治、经济、社会等综合指标进行划分，其所划分的阶层一般都具有相当的规模。20 世纪 40 年代的时候，沃纳(W. L. Warner)等人曾提出 6 个阶层的划分方法，实际是把上、中、下三个阶级各一分为二。现在，这种划分方法得到了普遍的应用。这 6 个阶层是：

(1) 上上层

这个阶层由世世代代富有的人们所组成，他们不但拥有大量的物质财富，而且有上流社会特有的生活方式。

(2) 下上层

这个阶层实际上是一些暴发户，他们虽然在其财产上并不逊色于上上层，但他们还没有学到上流社会的生活方式。

(3) 上中层

这个阶层基本上由那些居住在舒适而景色诱人的郊区的企业家和专业人员组成。

(4) 下中层

他们的生活条件不如上中层人们那样好，主要是包括一些小店主、神职员等。

(5) 上下层

与上中层、下中层的人们相比，他们的收入并不少，但他们从事的是体力劳动，如操作机器的工人，在装配线上工作的工人等。

(6) 下下层

这个阶层主要是指那些没有固定收入、领取救济金的人，失业者以及只能从事一些非熟练工作的人。

还有人认为,除此之外,还存在一些"阶层之外的人",包括精神分裂症患者、酒鬼、吸毒者、妓女等。

这种划分阶层的方法依据是标准。如沃纳所用的标准就达八项十九个:① 职业。② 收入多少。③ 收入的来源(是来自财产继承还是来自工作报酬)。④ 文化程度。⑤ 生活方式,包括:a. 住什么样的房子;b. 该住宅坐落在城市的哪一个地区、哪一条街上;c. 有几处房子;d. 闲暇时间干什么;e. 有哪些体育爱好;f. 去什么地方旅行;g. 朋友分布情况(本地、全国、还是世界各地);h. 消费情况;i. 穿着;j. 使用什么汽车;k. 看哪些书报杂志;l. 参加何种社团、俱乐部。⑥ 宗教信仰。⑦ 政治态度:政治主张是什么?参加什么政党?⑧ 价值观念。这些指标综合到一起,就构成一个人的社会经济身份(Socioeconomic Status),即他在社会层次结构中所处的位置。

3) 阶级与阶层关系

从上述层次上进行的研究,既不是把社会成员划分成几个大的阶级,也不是划分成若干具有相当规模的阶层,而是根据人们在职业分工、工资收入和身份声望等方面的具体而细微的差别,把社会成员划分成连续排列的多个小层,即续谱(Continum)。这种理论的特点在于,不承认在社会层次结构的续谱中存在一条客观明显的分界线,这样,将社会划分成若干阶级或阶层是不可能的。

由于续谱模式所依据的是具体而细小的差别,所划分的层数之多,往往可以达到几十个,甚至上百个。在这方面比较具有代表性的是 1964 年美国所搞的职业评分,这次评分的职业上至联邦最高法院的大法官、医生,下至清道夫、擦鞋童,共 87 种,所得的分数最高为 94 分,最低只有 34 分,共排成 40 多个层次。当然,在这种续谱理论中,也有人认为即使是进行这种微小层次的划分也是不可能的。

不言而喻,阶级分层与阶层分层既有区别,又有联系。阶级分层反映的是社会本质上的差别或不平等,因而是最重要、最基本的社会分层,在阶级社会中居主导地位。阶层分层总是反映的是一个社会多方面的非本质上的差别或不平等,处于次要地位。其联系主要有三:一是两者相互渗透或相互包含;二是两者相互作用,如权力分层、地位分层、收入分层、教育分层等等同阶级分层的彼此强化;三是非阶级分层总是从不同的方面和角度反映、补充或取决于阶级分层。

在阶级分层和阶层分层的实际进行过程中,还会产生主观分层、客观分层及理想分层的情况。主观分层是每个人对自己及他人处怎样的社会位置的认识及评价。客观分层是不依赖人的意识而客观存在的社会层次划分。理想分层是人们作出的符合社会发展规律和社会发展需要的社会层次划分。主观分层在反映客观分层时,由于认识水平等方面的原因,往往发生这样或那样的偏差,即主观分层与客观分层有差距。至于主观分层与理想分层之间的差距,也是显而易见的。

3.2 阶级与阶层

阶级是一个具有特定含义的历史范畴。它是随着生产力的发展,剩余产品的出现以及私有制的产生而产生的。

3.2.1 有关阶级与阶层的理论

1) 阶级的涵义

阶级,首先是一个经济范畴,是在一定的生产关系中处于不同地位的社会集团。阶级划分的根源是社会的经济结构,英国古典经济学家亚当·斯密和大卫·李嘉图力图从经济关系的分配方式中找到阶级划分的根源,他们认为工资、地租、利润3种收入方式是把人们划分成工人、土地所有者和资本家的经济根源。马克思指出:"阶级的存在仅仅同生产发展的一定历史阶段相联系[1];"即:阶级的根源不在分配过程,而在生产过程。列宁进一步阐明了阶级划分的标准[2],他指出:"所谓阶级,就是这样一些大的集团,这些集团在历史上一定社会生产体系中所处的地位不同,对生产资料的关系(这种关系大部分是在法律上明文规定了的)不同,在社会劳动组织中所起的作用不同,因而领得自己所支配的那份社会财富的方式和多寡也不同。所谓阶级,就是这样一些集团,由于他们在一定社会经济结构中所处的地位不同,其中一个集团能够占有另一个集团的劳动。"列宁关于阶级的定义,深刻地揭示了阶级的特征,指明了阶级的实质,为划分阶级提供了科学标准。

2) 阶级划分与类型

阶级的划分形成了社会的基本骨架,提示了社会纵向结构的基本轮廓和人们之间的根本差别,但它不能反映社会纵向结构和全部系统以及人们之间的具体差别。而阶层的划分,丰富了整个社会的结构。阶层是社会结构中比阶级更深入的一个社会层面。阶层划分的标准是一个综合性的指标,是根据人们在社会经济组织中的地位、作用、收入方式与收入多少的综合性,即多元化的标准,可以用职业、权力、教育程度等来衡量。具有职位、收入等多方面同一性的人们,构成同一个阶层。阶层之间在利益上的差别决定了它们社会政治作用的差别、生活条件与生活方式的差别、教育程度与社会心理的差别。

阶层有3种基本类型。① 阶级内部的社会阶层。这种社会阶层与社会阶级的关系是从属关系。同一阶级的人在他们占有特定的生产资料的关系这一点上

---

[1] 《马克思恩格斯选集》第4卷,第547页。

[2] 《列宁全集》第29卷,第382~383页。

说,是没有差别的,但在拥有财产的数量上则是有差别的,甚至是有很大的差别。由于经济上存在差别,在政治上、思想上、社会地位上也必然存在差别。这些差别使同一阶级的人呈现出若干阶层。阶层之间的斗争对社会发展要产生一定的影响,但它的作用不能与阶级斗争相提并论。阶层之间的对立和斗争从属于阶级之间的斗争,当一个阶级的利益受到另一个阶级威胁时,同一阶级的各阶层的人们就会联合起来一致对外。② 与社会阶级并列,其成员又分属于各个不同阶级的社会阶层。这种社会阶层与社会阶级是交叉关系,如旧中国的知识分子,一方面是由具有相同的劳动性质、收入来源、心理状态和生活方式的人们组成的社会集团,他们不是一个独立性的社会阶级,而是一个与社会阶级并列的并具有相对独立的社会阶层;另一方面,他们中每一分子都打上了阶级的烙印,分属于不同的阶级,他们中大多数属于资产阶级和小资产阶级,也有相当部分属于工人阶级的一部分,出现这种与社会阶级并列而其成员又分属于不同的社会阶级的社会阶层,是一种特定的历史现象。③ 与社会阶级相联系但又独立于社会阶级之外的社会阶层。这种社会阶层与社会阶级的关系是边缘(临界)式的并列关系。如我国社会主义新时期的个体劳动者,他们与工农两个基本阶级相联系而存在,但又不属于这两个基本阶级,是一个社会阶层。

社会层界是社会分层的最低层次,是按垂直方向或水平方向分化出来的一些较小的社会集团,大多数存在于阶层内部,有些也存在于阶层或阶级之间,是阶级、阶层之外的社会层面。社会层界与阶级、阶层的区别在于它划分的标准既不是生产资料的占有关系的同一性,也不是社会经济地位与作用等多方面的同一性,而是收入与收入源泉、劳动分工、教育程度、宗教、信仰等某一方面的同一性。如资本主义的土地所有者分成农场所有者、森林所有者、矿山所有者等等。社会层界是现实社会客观存在的最为普遍的社会现象,它最直观地反映了社会存在的差别。在阶级、阶层、层界 3 种差别中,层界差别是最基本、最先发生的。在人类社会发展过程中,首先出现的是层界差别,即随着生产领域的扩大与分工,生产活动需要组织与领导,从而逐步形成一个有号召力和一定组织功能的与众不同的层。一旦社会产品的分配同这个“层”所有的权力和地位联系在一起,这个“层”就会靠占有剩余产品为生,不劳而获,并拥有种种特权而成为最早社会不平等的统治者阶层。这个阶层经过漫长的过程,最终形成占有生产资料的剥削阶级,即奴隶主阶级。社会结构已经历了“层界差别→阶层差别→阶级差别”的演化过程,并且从社会主义社会开始了“阶级差别→阶层差别→层界差别”的另一个演变过程。无论在“向上”或“向下”的每一个阶段,较下层次的范畴都从属于较上层次的范畴。存在阶级差别的阶段,阶层和层界都受阶级差别的制约和影响,而到了阶级差别消失的阶段,层界又受到阶层差别的制约和影响。社会结构的两条线标志着社会发展的客观进程。

3) 阶级意识

在存在阶级对抗的社会中,阶级利益的对立是客观存在的。但是,一个阶级是否意识到本阶级的利益,是否自觉地为本阶级的利益而斗争,则会影响到阶级斗争的实际状态。一般来说,只有在形成明确的阶级意识的情况下,这个阶级的成员才会团结一致、目标明确地为本阶级的利益而斗争。

那么,什么是阶级意识呢?所谓阶级意识就是为一个阶级的成员所分享的、对于他们的共同利益和共同处境的认识。换句话说,是阶级成员之间的一种认同感、身份感。

明确的阶级意识的形成,一般取决于如下几个因素:① 阶级之间的界限是否清楚,阶级对立的程度如何。一般说来,阶级之间的界限越是清楚,社会成员的阶级归属就越是一目了然,明确的阶级意识就越是容易形成。② 阶级内部的同质性程度。阶级内部的状况也会影响到阶级意识的形成。阶级内部的同质性越强,也就是说,利益越是一致,特点越是相同,也就越是容易形成明确的阶级意识。同时,一个阶级的成员是否拥有相同的宗教信仰,是否有共同的生活方式,也会影响到阶级内部的同质性程度。③ 垂直社会流动的程度。社会流动的程度对阶级意识的形成会有一种负方向的影响,也就是说,垂直社会流动的量越大,阶级意识就越难以形成,而在垂直社会流动较小的社会中,阶级意识就比较容易形成。只要对照一下就可以发现,美国工人阶级的阶级意识要明显弱于西欧一些国家工人阶级的阶级意识,这是由于美国社会流动性大于西欧的原因。

4) 阶级结构

阶级产生后,社会就形成了一定的阶级结构。不同的社会形态,其阶级结构也不同,但都有共有的特征,即任何一个阶级社会都是由基本阶级和非基本阶级组成的,其决定因素是该社会中占统治地位的生产方式。

(1) 私有制社会的阶级结构

在奴隶社会和封建社会里,由于森严的等级掩盖了阶级界限,因此奴隶主阶级与奴隶阶级、地主阶级与农民阶级的对立并不那么明显。相反,资本主义社会消灭了封建的等级制度,使阶级对立简单化了,社会日益明显地分裂为两大对抗阶级。资产阶级是统治阶级,他们占有资本并指挥和监督生产,掌握国家政权。同时,私有制社会中还普遍存在着大量的非基本阶级,大致可以划分为三类:第一类是所谓的中间阶级,即处于两大对抗阶级之间的阶级;第二类是前一社会还未完全消灭或消失的残留者;第三类是新生的下一社会阶段的基本阶级的萌芽。

各个私有制社会都是以两大对抗的基本阶级为主,同时又有非基本阶级与其混杂共同构成具体的社会阶级结构。其中,占有生产资料的阶级是该社会居统治地位的阶级,而只有很少生产资料的阶级则处于被统治地位。两者在经济上是剥削与被剥削的关系。中间阶级或者依附于占统治地位的基本阶级,如中国封建社会的商贾依附于地主阶级;或者与被统治阶级处于同等的地位,如中国封建社会的手工业者与农民的地位相等,但不一定与统治阶级直接发生剥削与被剥削的关系。

(2) 公有制的社会主义阶级结构

我国目前的阶级结构是由基本阶级、特殊阶层和非基本的社会集团三部分构成的。基本阶级包括工人阶级和农民阶级两大劳动阶级,它们已经不是同资产阶级和地主阶级相对立的无产阶级和农民阶级,其经济地位已发生了根本的变化,成为生产资料的占有者,成为社会和国家的主人。工人和农民的根本利益是一致的,但由于对生产资料的关系不同,社会分工与分配关系不同,他们之间还存在一些差别和矛盾。这些差别不仅仅是职业差别,而且具有阶级差别的性质。这种阶级差别不是社会主义制度本身的产物,而是旧社会遗留下来的,新社会尚未来得及或者暂时还没有能力改变的一种社会结构状态。这种阶级差别,目前主要表现为三个不同:其一,对于生产资料具有不完全相同的占有与使用方式;其二,具有不同的分配方式与生活水平。从目前平均收入水平来看,工人高于农民,社会福利待遇也有不同;其三,社会作用与地位不完全相同。工人是领导阶级,农民是工人阶级的同盟军,是被领导阶级。因此,工人和农民是两个经济上处于不同地位的社会集团。社会主义知识分子在总体上是属于工人阶级的一部分,但是,由于其特殊的劳动方式和社会功能,又成为一个相对独立的特殊阶层。个体劳动者是与工农阶级相联系而存在但又不属于这两个基本阶级的非基本的社会集团,是同生产资料的个人占有相联系的社会主义的劳动者。

综上所述,公有制社会和私有制社会的阶级结构是根本不同的,主要表现在两个方面:一方面,阶级结构的性质根本不同。私有制社会的基本阶级,是基于经济利益根本对立而成为互相对抗的阶级,而社会主义社会的工农两个基本阶级是相互合作和相互支援的关系,不表现为阶级斗争,没有根本的利害冲突,其矛盾是在根本利益一致基础上的非对抗性矛盾;另一方面,阶级结构的发展趋势也根本不同。私有制社会基本阶级之间对立愈来愈深,矛盾达到顶点,必然要引起革命和阶级结构的根本变化。而公有制社会工农两个基本阶级之间的差别,随着社会生产力的发展和相同经济地位的获得,将逐步缩小,最终融为一体,这是历史发展的必然趋势。

3.2.2 社会阶层与阶层分析

在分析社会的层次结构的时候,除了阶级分析之外,还要进行阶层分析。那么,阶层分析与阶级分析的关系是怎样的呢?首先,阶层分析是阶级分析的深化。前面讲过阶级里面是分阶层的,各阶层的利益、欲望、态度、价值观念等都有其特点，这就决定了他们在社会生活中的作用及作用的性质是不同的。其次，阶层分析也是贯彻阶级观点的具体化。一个阶级中的各个阶层，虽然存在着差别，但它们的阶级本质是共同的。不管是大资产阶级还是中等资产阶级，都是剥削雇佣工人的资本家，不管是大地主还是中、小地主，都是剥削农民的土地所有者，他们之间只有大小之分，而没有本质的区别。因此在进行阶层分析时，不能忘记阶级分析。第三，目前我国已经消灭了剥削阶级，从而在消灭了阶级对立的情况下，更应该强调进行阶层分析。

3.2.3 社会主义条件下的社会分层

社会主义条件下社会分工的性质较之以往私有制社会发生了根本变化。社会主义时期的社会分工从整体上看消除了对抗性和不合理性，因为社会管理者——各级党政干部和作为社会生产者的劳动群众之间，是同志式的、权利平等的关系。但这只是一方面。另一方面，社会主义社会又因自身的某些不完善，不得不在一定的时期内继续存在或出现社会分工上的若干不合理因素。

有社会分工就有权力的分工、权力的差别。权力同社会分工一样，亦是一切社会共有的分层根源。权力与权利又是密切相联的。社会主义社会同样会因权力出现某种毛病或缺陷。如滥用职权、以权谋私等等，就不是个别和偶然的现象，甚至在一定的条件下还会发展到比较严重的程度。而任何滥用职权、以权谋私，都必然是对他人权利的侵犯。这种权利屈从于权力的结果，在相当大的程度上造成普通群众这一基本社会层次的不满，以及干部和群众这两大社会层次之间的隔阂与矛盾。

社会主义社会存在工农、城乡和体脑(体力劳动和脑力劳动)的三大差别。从总的趋势上看，旧制度遗留下来的三大差别必然随着社会主义社会的发展不断缩小，直至最后消失。但在这个过程中可能因种种难以避免的因素(如决策上的某些失误、政策上的不易配套等等)，而一时发生某种程度的扩大。例如，由于城市里无论经济、政治、文化、社会活动条件，还是生活服务设施等其他方面的条件，均优于农村；城市居民比起农村居民来，更有机会受到较好的教育，更有机会谋求职业，更有机会参与较高层次的各种社会管理，更有机会发展自己的潜能和充分发挥自己的才干，更有机会获得较高的社会声望和社会地位。

社会主义社会采取按劳分配的原则。这是社会主义社会的基本分配原则。但这一原则本身就包含着若干事实上的不平等，并且这种不平等还可能因按劳分配原则被扭曲而扩大加深。

社会主义条件下各社会层次之间和谐关系的形成和发展的障碍，不仅来自分层根源中的不合理因素和旧制度遗留下来的不合理分层根源，还更直接地来自不同社会层次之间的差异或矛盾，特别是利益、需要、心理、态度、意见、看法等方面的差异或矛盾。然而，所有这些差异或矛盾，从总体上说都属于人民内部矛盾，是非对抗性的，因此，有可能对各社会层次进行经常性的沟通与协调，使他们之间的差异或矛盾不断地缩小甚至消失。

3.2.4　中国城市社会阶层的划分

中国在20世纪50年代的划分阶层是从生产关系角度出发，社会阶层按职业划分为工农兵学商。那时工人阶级是领导阶级，20世纪80年代以前这是当时惟一的层次差异。1978年改革开放后，中国逐渐出现了私营企业和三资企业，新的雇佣关系和被雇佣关系产生。而且，由于社会分工的精细程度提高，社会收入的差距开始拉开，收入上的分层逐渐出现，随之而来的收入差别也带来了机会和社会地位上的差异。进入20世纪90年代，由于受教育程度的不同，个人发展机会和社会地位的差别进一步明显，社会不同阶层间的流动加大。一些原来是农村户口的乡村或小城镇居民可以通过上大学、经商而进入城市，在他们摆脱农民身份的同时，他们所属的社会阶层也发生了改变。城市居民也由于收入、职业、发展机遇等因素的变动，而开始形成不同层次的社会群体。

1995年，国家计委的经济专家曾将中国城镇家庭分为5种类型：① 贫困型家庭。家庭年收入在5 000元人民币以下，户均金融资产仅3 000元。这部分家庭主要是经济状况不好的企业职工、部分离退休职工、就业人口少而家庭人口多的居民，占全国家庭总户数的4%。② 温饱型家庭。家庭年收入在5 000～10 000元人民币，户均金融资产约1万元。这部分家庭主要由内地中小城市普通居民以及没有额外收入的工薪阶层组成，占家庭总户数的34%。③ 小康型家庭。家庭年收入在1万～3万元人民币，户均金融资产2.8万元。这部分家庭包括大中城市、沿海城市中的大部分居民，占家庭总户数的55%。④ 富裕型家庭。家庭年收入在3万～10万元人民币，户均金融资产8.7万元。这部分家庭主要由外企和合资企业的中方高级管理人员、出租车司机、部分涉外导游、律师、美容师、高级厨师等组成，占家庭总户数的6%。⑤ 富豪型家庭。家庭年收入在10万元人民币以上，户均金融资产28万元。这部分家庭主要由民间企业家、合资企业老板、著名演员和体育明星、名画家、名作家、包工头、证券经营中获高利者组成，占家庭总户数的1%。现在看来，收入划分的标准和人员构成较之1995年时又有了很大的改变。

根据中国社会阶层发展的历史和现状，我们可将城市社会划分成新富裕阶层、中产阶层和贫困阶层三个层次。

3.3 城市新富裕阶层

所谓城市新富裕阶层(New Rich),是指收入或家庭资产普遍高于城市小康阶层的那一部分家庭或个人,其界定的标准是财富。根据美国《商业周刊》1994年的报道,美国最穷的20%家庭占有全部家庭收入的4.4%,而最富有的20%家庭占有全部家庭收入44.6%。1994年中国最贫困的20%的家庭占有全部家庭收入的4.27%,而最富有的20%家庭占有全部家庭收入的50.24%。这个差距已经超过美国。如果以银行存款大体表示中国财富分配状况,那么中国的贫富差距与美国相比也毫不逊色。据美国官方1995年的统计,占美国1%的富人拥有全美国40%的财富。而在中国,以1995年末全国城乡居民存款总额3万亿元计算,仅占全国1‰的这部分人却占有全国居民存款的1/3。中国城市新富裕阶层确实已经形成。

3.3.1 群体组成

1) 组成

究竟什么样的资产或收入水平属于"新富",这部分人的数量比重究竟有多少,并没有一个精确的数量界限,而是根据地区的不同而有很大的差异。由于我国目前尚没有严格的家庭资产登记制度,家庭资产的透明度很低,而舆论的渲染和民众的猜测往往又误差很大。根据经验调查,收入或消费水平明显地超过"大众平均线"的主要有以下11类人(见表3.1),几乎涉及到社会的各个领域,他们的收入已经高出社会人均收入许多,成为新的富裕阶层。

表3.1 新富裕阶层的社会群体组成

领　域	估 计 收 入
(1) 私营企业主	中国城市的高收入群体应首推私营企业主。根据全国工商联1993年的抽样调查,中国私营企业主家庭与企业平均拥有的财产为52.7万元,其中企业资产平均为32.3万元,家庭财产平均为20.4万元,私营企业主平均年收入为5万元。他们的收入状况差别很大,低的如个体出租车司机,月收入在2 000~3 000元,高的如私营企业大老板,有的资产可达数百万、数千万元,甚至上亿元
(2) 部分个体工商户	部分新办公司负责人的收入透明度很差,年均收入数万元不等,高的已达几十万元。平均收入是全民所有制职工年均工资的3.5倍,个体工商户和私营企业主年收入大体在几万元到十几万元,少数年收入高达几十万元

续表 3.1

领　域	估 计 收 入
(3) 少数企业经营承包者	部分企业经营承包者和经济效益好的企业负责人的年均收入大约在 10 万元之内。上海市的公司经理、大厂厂长年均收入约 15 万元左右,高的约 20 万元。部分外资企业的中方管理人员,工资待遇由董事会或总经理确定,透明度很低,企业之间差别不大,年收入一般为 10 万元,高的约 20 万元左右,不包括不透明度的部分。据南京市劳动局对 101 家三资企业调查,中方高级管理人员(副经理、三总师)月均收入为 1.2 万元,最高的达数十万元。在国有制企业,由于企业自主权扩大,权力集中到厂长、经理身上,企业承包者与生产者的收入差距迅速扩大,有的高达十几倍、几十倍,个别公司总经理年薪高达 100 多万元
(4) 承包开发科技成果的科研人员	承包开发科技成果科研人员年平均收入要达十几万元至数十万元。上海市有机所的一名科技人员,因开发新产品成果显著,获奖金 25 万元,开发苗条霜的课题组人均得奖金 17.5 万元
(5) 三资企业的职工	三资企业和外国驻华机构的中方高级雇员,年平均收入已超过 6 600 美元,高的可达数万美元。外企(包括中外合资、合作和外方独资企业)的中方雇员一般都被视为第三大高收入者群,到 1997 年有 1 832.2万人,他们的人均年工资收入为 10 万元
(6) 某些紧缺人才(如律师、会计师、美容师、高级厨师、按摩师、运动员、演员、歌星、舞星、著名节目主持人、时装模特、经纪人、设计师、美术广告人员等)	有特殊专业技术的特殊职业的从业人员,年收入也相当可观,几万至几十万不等。在营业性组台、组团演出、文化娱乐场所演出和音像市场中,个体演员一般出场费约 1 500 元左右;名演员 1 万元左右;时装模特出场价格,一般名模一场为 400 元至 500 元,在国际比赛中获奖的名模一场 1 000 元。如此算来,出场费很高的歌星、影星、舞星年均收入至少为十几万元至几十万元,高者可达数百万元。律师、高级厨师的年均收入大约为 10 万元至几十万元。如一个大学刚毕业的律师,月收入一般就有 2 000 元至 3 000 元,高的可达 8 000 元。委托他们经办经济案件,可按 6% ~ 8%进行收费,一桩 50 万元的官司,可收入 3 万元至 4 万元。一般高级厨师月收入也在 1 万元以上
(7) 第二职业的人员	部分从事第二职业的人员,再就业的部分离退休人员。从事第二职业的人员,收入高的主要是“经营中介型”,如搞产、供、销牵线搭桥,按比例提取佣金,有些人年均收入已达十几万元。再就业的离退休人员中收入高的只占很小一部分。如上海市离退休者再就业的只占 36%,其中收入高的约占 2%
(8)房地产开发公司等行业的职员	房地产开发商,利用 “炒房地产”、“炒产权”成为暴富者,有的人年均收入十几万至几十万元

续表 3.1

领　　域	估 计 收 入
(9) 流通公司、非银行金融机构等行业的职员。	“炒批文”、“炒货款”、部分股票证券经营者,一些股票大户高达百万元、数百万元。股票证券经营中的获高利者一般年均收入为十几万元、几十万元,有的达到百万元以上
(10) 非法致富者	利用体制漏洞,通过以权谋私、贪污受贿、偷税漏税、走私欺诈、变相侵吞公有资产的非法致富者
(11) 其他	部分新办公司的负责人收入在几万元至数十万元之间
	家教,其中包括数理化、文史地、各类乐器师等,这部分人中兼职的居多,还包括一部分离退休教师,他们的收入完全是现金,而且不需签字或开发票,也可以说无须上税,完全是净收入。这部分人的月收入在万元左右,而且有的只是利用每周2天的休息时间
	演讲,经济学家、大学著名教授、管理部门等从事非工作范畴,继歌星等成为高收入阶层以后,一些吃开口饭的专职人员也开始走穴。现在中国某些管理部门办班,有的著名经济学家出场费也日见上涨,有时高达10 000元,赶上了歌星、舞星和球星

总之,我国确实涌现了一批高收入者,将我国收入差距拉大,甚至造成两极分化。他们遍及体制内外和各行各业,他们的年收入不但远高于当地居民的平均收入,而且其生活水平也高得多,不仅仅限于满足生存需求,而且能享受高档次的物质生活,不时地出入高档餐馆、时装店、商场、购买昂贵的商品。不过,应当说明的是,这里所定的界定标准仅仅是高收入的最低标准,上限不封顶,实际上我国已有人年收入在上千万元甚至数亿元。从这一点上看,我国的收入差距已拉得相当大了。

2) 规模

从人数上看,目前虽无准确的调查统计数据,但是新富裕阶层已初具一定的规模。估计约有240万个体户、230万私营企业主、120万外企中方雇员,其他方面(如在紧缺专门人才的职业任职者、“官倒”、演艺界和体育界明星、某些国有企业负责人等)的高收入者也很有限,经推算约100万人,总计估计为1 000多万人进入高收入行列。据调查,南京市税务登记的4万个体工商户中,1993年年收入1万元以上的有2万户,占50%;年收入10万元以上的有4 600户,占11.5%。上海市个体户年收入1万元以上的占89.5%;年收入6~12万元的,占8%;年收入12万元以上的占有1.5%。上海私营企业主年收入一般在3~5万元。

3.3.2 基本特征

1) 职业构成

根据问卷调查[1]结果分析,就北京市新富裕阶层的职业构成看,以三资企业、私人企业和各种性质的公司中的公司职员为主,占总数的1/3;列第二位的是企业负责人和公司经理,占16.34%;个体工商户和私营企业主、金融业者(包括银行工作人员和股票证券经营者)、专业技术人员及各种短线人才(包括律师、涉外导游、高级厨师和美容师)也占北京新富裕阶层相当的比例,同时还有1.32%的人兼有一个以上的职业身份。其中就职于三资企业(40.52%)、私营企业(19.61%)和国内公司(10.46%),其他就职于国家及政府机关、国营企业的也占了相当大的比重,均为9.15%,这部分人中的一半是机关或企事业单位负责人。然而在较高的收入水平上,公司职员的比例明显下降,而企业主和公司经理、个体工商户和私营企业主、金融业者和各种短线人才的比例则明显增加,形成了从事经营的有产阶层组成的最富的层次(表3.2)。

表 3.2 北京市新富裕阶层职业构成

职　业	占A组比例/%	占B组比例/%	占C组比例/%	占D组比例/%
公司职员	35.97	42.26	33.33	26.77
专业技术人员	11.88	10.04	7.19	8.66
企业负责人、公司经理	11.22	12.97	16.34	18.11
个体工商户、私营企业主	5.28	5.86	9.15	9.45
高校教师、科研人员	5.61	4.18	2.61	3.15
金融工作者	5.61	6.28	7.84	9.44
短线人才	2.97	3.36	5.24	6.28

注:A组:个人月收入1 000元以上。B组:个人月收入3 000元以上。C组:个人月收入5 000元以上。D组:家庭资产20万元以上或家庭有小汽车。

2) 收入水平及其分布

联合国粮农组织将恩格尔系数40%作为小康标准的上限,而1996年北京市

〔1〕 北京市新富裕阶层研究的原始资料来自于笔者1997年在北京的一些场所进行的实地问卷调查。调查地点集中在富裕阶层生活、工作、娱乐、购物及其他一些特殊活动的场所,它们是长安大厦办公楼区及餐厅、中国国际贸易中心办公楼区及展览馆(1997年北京市秋季房地产交易展示会)、北辰购物中心、北京康乐宫、亚运村汽车交易市场、4个驾校和一些花园别墅区。调查方式主要采用自填式的问卷调查,共发放标准问卷328份,全部当场收回,有效卷303份,有效率为92.4%。为了了解问卷以外更多的有关情况,笔者还对一些回答问卷的被调查者及新富裕阶层聚居的一些花园别墅的物业管理者进行了无结构式访问。

1 000户居民家庭中高收入户家庭每人年食品消费支出为 3 035.65 元，以家庭平均三口人计，则北京的小康标准上限为家庭年消费性支出 22 767 元。按国外富裕阶层收入的用途：1/3 用于消费性支出，1/3 存银行，1/3 购买股票债券，则北京富裕家庭的最低年收入约为 68 000 元，即最低个人平均月收入为 3 000 元左右（按一家两个收入来源计）。富裕的另一个定义标准是家庭或个人在很长的时期内（本文取 10 年）其生活能维持较高水平，即其至少有 20 万元的家庭资产或以一辆家庭轿车计。根据这一富裕标准，作者对调查样本进行了分类（表 3.3），可以看出属于富裕阶层的即 C 类有 153 份样本，约占总样本的 50.50%。

表 3.3　北京新富裕阶层调查样本分类

分类标准类别号	样本数	样本数占总数的百分比/%	其　他
A 类	303	100	个人月收入 1 000 元以上
B 类	239	78.88	个人月收入 3 000 元以上
C 类	153	50.50	个人月收入 5 000 元以上
D 类	127	41.91	家庭资产 20 万以上或家庭有小汽车

富裕阶层的生活消费水平是研究富裕阶层的重要内容之一。家庭资产和个人月收入作为物质财富的一种量化标准，最能准确地反映一个阶层的生活水平，住房、汽车、电话、电脑等拥有状态及生活开支、住房内的设施情况等指标也反映了一个阶层的生活水平。据北京市富裕阶层问卷调查结果分析，其个人月收入以 3 000 ~ 5 000 元一档为主，占全部人数的 31.37%，其次则为 5 000 元以上一档，占 30.72%，月收入 1 000 ~ 3 000 元的富人占据相当比重，达 29.41%。如果按一个家庭有两人工作，并且分别以 800 元、2 000 元、4 000 元、7 500 元和 1.5 万元作为 1 000 元以下、1 000 ~ 3 000 元、3 000 ~ 5 000 元、5 000 ~ 10 000 元、1 万元以上各等级的平均值，那么可以算出北京新富裕阶层平均家庭月收入为 7 000 元左右，即平均家庭年收入在 8.4 万元左右。与国家统计局城镇职业人均年工资与工资外收入的7 266 元相比，北京新富裕阶层的平均个人年收入约高出 5.78 倍。

就家庭资产而言，北京新富裕阶层以 20 ~ 50 万元的为主，占 39.22%；5 ~ 20 万元的占 23.53%；而 50 万元以上的则占了 23.53%。另外，还有 14%左右的富裕家庭资产在 5 万元以下，这部分家庭或者是刚迈入富裕层次，或者是早已迈入富裕行列崇尚享受的那一类。如果分别以 3.5 万元、12.5 万元、35 万元、75 万元和 200 万元作为 5 万元以下、5 ~ 20 万元、20 ~ 50 万元、50 ~ 100 万元和 100 万元以上各资产等级的平均值，则北京新富裕阶层的平均家庭资产约为 42 万元。随着收入指标的增加，高资产的家庭比例也在不断上升，在 D 类富裕阶层中，属于家庭资产 20 ~ 50

万元等级的富裕阶层已接近一半,表现了家庭资产与月收入在一定程度上的相关性。

3) 富裕度分析

我们在本次问卷调查资料的基础上,以7个指标作为变量,构建北京市富裕阶层富裕度的模型。这7个变量分别是:家庭资产(x_1)、月收入(x_2)、住房性质(x_3)、住房状态(x_4)、住房的居室数(x_5)、有无家庭轿车(x_6)、有无电脑(x_7)。以 rd(x)作为富裕度的衡量,构建数学模型:

$$\mathrm{rd}(x) = a_1 \times k_1 \times x_1 + a_2 \times k_2 \times x_2 + a_3 \times k_3 \times x_3 + a_4 \times k_4 \times x_4 + a_5 \times k_5 \times x_5 + a_6 \times k_6 \times x_6 + a_7 \times k_7 \times x_7$$

式中 $a_1, a_2, \cdots, a_7$ 是各个变量对 rd(x)的贡献值大小,$a_1 + a_2 + \cdots + a_7 = 1$,$k_1, k_2, \cdots, k_7$ 表示各个变量处于不同等级时的等级值,$k_1, k_2, \cdots, k_7[0,1]$。

随机选取303份样本中的50份进行因子分析,计算出各个变量对 rd(x)的贡献值及各个变量处于不同等级时的系数值。用数据库语言 FoxPro 编写相应程序,并将303个样本的记录代入程序中,分别计算出每个样本的富裕度 rd(x)。经过计算,北京新富裕阶层的富裕度在0.195~0.960之间,具体富裕阶层在各级富裕度的分布见表3.4。

表3.4 北京新富裕阶层的富裕度

富裕度	0.1~0.2	0.2~0.3	0.3~0.4	0.4~0.5	0.5~0.6	0.6~0.7	0.7~0.8	0.8~0.9	>0.9
人数	1	10	43	41	21	15	17	3	2

由表3.4中可见,在各级富裕度上分布的富裕阶层的数量呈底部缩小的金字塔型。分别有近2/7和1/4的富裕阶层的富裕度在0.3~0.4和0.4~0.5之间,而仅有8%的富裕阶层的富裕度在0.80以上。1/4富裕度(1/4以上的人富裕度在此数值以上)和中位富裕度分别为0.60和0.45,由此可见,北京新富裕阶层的总体富裕度不高。

3.3.3 分层与流动

1) 富裕分层

根据富裕度的大小,北京的新富裕阶层可分为3类:① 新富裕阶层的上层(rd(x)≥0.60)。这是新富裕阶层中最富的一个层次,占整个新富裕阶层人数的20%。他们主要是公司经理、个体工商户和私营企业主和部分公司职员,年龄主要在30~40岁之间,90%拥有20万元以上的资产和3 000元以上的月收入,1/2拥有50万元以上的资产和5 000元以上的月收入,100%拥有私车,80%拥有私房。

② 新富裕阶层的中层($0.45 < rd(x) < 0.6$)。新富裕阶层的中层占总人数的30%，是新富裕阶层较为特殊的一个群体，主要由公司职员和专业技术人员组成，年龄主要在40岁以下，其中60%拥有20万元以上的资产，这些人中36%拥有3 000元以上的月收入，另20%月收入在1 000～3 000元，60%拥有私车，40%拥有私房。③ 富裕阶层的下层($rd(x) < 0.33$)。新富裕阶层的下层占总人数的50%，其一半由公司职员和专业技术人员组成，年龄主要在40岁以下，一半家庭资产在20万元以下，60%的新富裕阶层月收入在3 000元以上，仅有20%的新富裕阶层拥有私房，8%有私车，可见这是刚迈入富裕层次的富人。

2）流动性分析

根据问卷调查结果分析，在北京新富裕阶层中，出生于北京的占2/3，外地流动人口占1/3。这类流动人口大部分是拥有较高学历者，其中男性略微多于女性。他们中的一部分人是由于户口制度的影响，大学毕业后没有获得留京名额且放弃国家统一分配指标，而擅自留京创业的小公司老板、“三资”企业中的中方管理人员、专业人才紧缺的某些职业和自由职业者(如专栏作家、专题写稿人等)；一部分人是外地事业有成者，但为了在国家层次有较大的发展而来京开拓发展空间者，如出场费很高的歌星、影星、舞星、明星等；还有一部分人是省、市、重要企业谋求发展开设的驻京办事机构的人员，他们来京后寻找信息、推销产品而迅速致富者(表3.5)。由于这一阶层的年轻化，因而已婚的比例只占71.90%。即使在已婚的富裕阶层中，也只有七成左右的人育有子女。这虽然与他们的年轻和创业艰难分不开，同时也与北京这样的大城市中单身贵族的生活方式和丁克型家庭的悄然兴起不无关系。

表3.5 北京新富裕阶层流动性分析

阶层	群体	流动性
1. 高收入阶层	(1) 股票证券经营中的获高利者	
	(2) 部分收入很高的个体工商户、部分私营企业主	√
	(3) 出场费很高的歌星、影星、舞星、明星	√
	(4) 部分新办公司的负责人	√
	(5) 部分企业经营承包者和经济效益好的企业负责人	√
	(6) 承包开发科技成果的科研人员	
	(7) 从事第二职业的人员等	

续表 3.5

阶　层	群　体	流动性
2. 工薪阶层	(1) 部分“三资”企业中的中方管理人员	√
	(2) 专业人才紧缺的某些职业，如律师、高级厨师	
	(3) 出租汽车司机	√
	(4) 再就业的部分离退休人员	
3. “丁克家庭”与“单身贵族”	(1) 城市未婚青年	
	(2) 合资企业人员	√
	(3) 文化教育人员	
	(4) 自由职业者	√
4. 有闲阶层	(1) 出国归来的淘金者	
	(2) 腰缠万贯的个体户	√
	(3) 近郊“消闲农民”群体	

3.3.4　地位与效应

1) 社会地位

尽管“新富阶层”已经得到了普遍的公认，但是他们致富后的人生追求却各不相同。主要有：① 事业型。这些人一般表现为生活简朴，家庭消费标准适中，主要时间、精力都投入到工作中。工作紧张、繁忙，没有时间与精力顾及个人的生活消费。多是一些有理想、有抱负的人，有成就事业的决心和毅力。② 地位型。这些人在取得一定的事业成功以后，转而追求社会地位的提高。如原来是经营饮食等起家的，当资产积累到一定的程度后，就转而追求社会地位比较高的行业投资。这些人的想法是，人不是流芳千古，就是遗臭万年。他们会根据政策形势的变化，不断地调整奋斗方向，使自己的名誉、地位始终立于不败之地。③ 利益型。这些人工作的惟一目的就是赚钱，不顾一切地赚钱。他们似乎有一种不安全感，普遍的想法是：抓紧捞钱，能捞多少就捞多少，说不定什么时候就不能捞了。这种人以一些特殊行业的从业人员为主体。公众认为，当今的新富普遍缺少文化味。据有关调查表明，高收入阶层对自身形象较为看重的是衣着。有 36.1% 的人认为衣着是“社会地位的标志，能让朋友和同行看得起”，而 38.8% 的业主则坦率地承认“钱多了，就该在衣着上多花点，这是生活水平提高的表现”。

收入的高低虽然是划分社会阶层的一个重要指标，但是仅仅只有这么一个指标，不足以说明社会阶层的基本特征或本质，也不能表明阶层的定型。首先，虽然我国高收入者收入相当高，具有一致性或相似性，但他们的职业分布是非常广泛和分散的。既有企业家、经营者（如一些国有企业承包者、私营企业主等），又有企业职工或雇员（如三资企业中方高级雇员）；既有小商贩（如个体工商者），又有大商人（公司经理和老板）；既有科技人员和专业人才，又有简单的体力劳动者等等。这一方面说明了我国致富机会多，分布在各行各业，另一方面说明我国职业的等级化程度不高，特别是职业高低与收入高低无固定的对应关系，也就是职业与收入的正相关程度不高。其次，我国高收入者不但在职业分布上相当离散，没有一致的职业认同意识，而且也不具有对社会地位的认同感，即没有形成一致的阶级认同感。第三，我国高收入者并不处在同一个社会声望等级序列层次上。他们中的一些人，其收入确实不正当和不合法，靠权力、行贿、欺诈等手段致富，而且其生活态度方式也没有值得社会赞赏之处。第四，我国中高收入者没有形成固定的地位象征。虽然一些高收入者经常出入普通人享受不起的舞厅、俱乐部、餐厅、饭店，购买高档商品，同时也出现了一批高收费的所谓“贵族”学校，但有一点应该明确的是，至少在目前，这些舞厅、俱乐部、饭店、学校等并没有象征化，也就是说并不是一定社会地位和身份的象征。第五，社会主义市场经济体制下国家的再分配功能具有遏制高收入者成层化的作用。我国社会仍处在快速的社会变迁过程中，各种社会关系也随之迅速分化、排列和组合，尚未形成稳定的社会格局，社会成层化正在进行之中，但没有完成，人们在不断地社会分化中尚未找到自己的阶层归属和认同。同样，高收入者还在分化中，其社会属性都没有定型。

2）社会效应

随着“新富阶层”人数规模的扩大和财富占有量比重的上升，总体财富增量中资本收益所占的比重也在明显地上升，他们的出现无疑会影响我国的社会关系格局，产生一定的社会结构效应。具体为：

（1）分化

一方面他们是从我国内部原来的各个群体中剥离出来的，是一定程度的分化产物，他们来自工人、农民、国家干部和知识分子，是我国社会中先富裕起来的那部分人；另一方面他们又推动了我国社会结构的分化，他们是冲破我国旧社会结构的先行者之一，使旧有的板块式结构趋于解组。可以这么说，高收入者的存在和发展既是我国社会分化的产物，又会进一步促进我国社会结构的分化进程。

（2）重组或重构

高收入者的出现并不仅仅意味着我国社会增添了新的社会结构因素，更重要的是增加了新的社会组合因素。

（3）离散和失范

高收入者的出现时间短促，一些旧规则和机制变得失效，但一些具有相应功能的替代物即新规则和新机制尚未建立起来。在这样的情况下,人们可能会做出两种消极反应:一是恋旧,对现实不满,特别是对高收入的收入规模和来源不满,表现为愤世嫉俗和玩世不恭,不信任任何规则和做法,社会离散力增强;一是建立各种非法或不合理的社会潜网,来处理新出现的社会关系,比如利用职权谋私利,或以钱行贿以窃取更多的社会资源(特别是国有资源),或采取欺诈、假冒乃至贩毒、抢劫、卖淫等手段,来达到高收入的目的。我国社会正处于社会变动的进程中,高收入者并没有形成一股强大的阶层力量,但是他们已经具有了成层化的趋势。

但在现阶段,"新富裕阶层"没有凝聚成在收入、职业、声望、社会地位等方面相同或相似并与其他人有着明显差别的阶层,相反他们彼此间的差别同他们与其他人之间的差别一样明显。他们除了在收入上有着相似性外,既没有一致的认同感、社会地位、共同的象征,又不存在相同或相似的价值观、生活方式和行为准则。从严格意义上讲,今天的"新富裕阶层"并没有形成一个统一的"阶级",他们只是中产阶级中极少的一部分人,他们甚至也不是一个具有共同社会地位和共同利益要求的"利益群体"或"压力集团",他们实际上还只是一个分散在不同社会阶层中的泛化群体,他们还从未出现过带有一致的政治要求或利益要求倾向的集体行动,他们的经济地位和社会地位吻合程度因其所属的职业阶层、"单位"以及所拥有的社会身份而有很大差异,这些都使得他们不可能形成独立的强大影响。

总之,"新富裕阶层"的出现以及"新富裕阶层"的成层化,向我们提出了一个严肃的城市社会学问题:在我国社会结构转型的同时,如何制定一套合理的社会流动机制,来避免阶层间的差别和分割僵化,从而使我国的社会演化成一个既有一定的社会阶层差别又有均等的流动机会和阶层间存在着合理流动的社会,这是一个值得认真研究探讨的问题。

3.3.5 空间分布

尽管北京进入富裕阶层的还主要是社会边缘群体,但从总体上看,这个新富裕阶层正在悄悄地改变着城市的空间结构,新出现的高级公寓和别墅区、高档写字楼、高档饭店、高级俱乐部、娱乐场所和高档购物中心等都与他们有关。

1992 年以后,由于许多外国公司与金融机构纷纷落户北京,设立其分公司、子公司或相应的代办机构,北京新富裕阶层的工作地点不仅在北京市的高级写字楼,而且延伸到各类高科技园区和经济技术开发区。目前,北京市的高级写字楼遍布于内城和近郊的 8 个区,尤其沿着建外大街和东二环、东三环,集聚了众多高级写字楼,其中最著名的有中国国际贸易中心、长安大厦办公楼区、京广中心、国际会议中心、万通新世界广场等。高科技园区和经济技术开发区相对较少,而且主要分布于近郊的 4 个区,其中主要有石景山八大处科技园区、海淀区上地信息产业基地、朝阳区望京工业城和电子城、丰台高科技园区等等。

尽管目前北京仍有相当一部分富裕阶层居住在城区内，随着建城区的不断扩大，尤其城区内环境、交通、居住等生活质量的不断下降，与西方20世纪60年代出现的郊区化相仿，北京的富裕阶层也正不断向郊区尤其是近郊的海淀、朝阳和丰台区迁移。海淀区集聚了最多的新富裕阶层，其约占整个富裕阶层的24.84%；其次为朝阳区，约聚集了22.88%；内城的西城区和东城区也聚集了相当多的富人，分别占北京整个富裕阶层的15.03%和11.11%。内城的崇文区和近郊的石景山区居住的富裕阶层较少，仅占3%～4%，仅及海淀区富人数的1/8左右。

北京市近几年建成和新建的由公寓和别墅组成的高级住宅区的分布在一定程度上反映了富裕阶层具体的居住地点。北京市的高级住宅区主要分布在京汤高速公路亚运村—小汤山、京昌高速公路马甸—昌平段、机场高速公路四元桥以外及丰台区西南四环附近的世界公园和丰台科学城一带，另外远郊的通州区、大兴县、顺义县和怀柔县也汇集了相当一部分的别墅区。

3.4 中产阶层

改革开放以来，影响中国城市社会结构变化的两个重要因素是所有制结构的变化和产业结构的变动，其结果是促进了中产阶层的产生。在所有制方面，确立了以公有制为主体、多种经济成分并存的新结构，个体经济发展很快并随之出现了私营经济，设立经济特区和开放沿海地区也使三资企业作为新的经济成分出现，公有制经济本身也出现了承包制、股份制、租赁制以及其他国有民营的经营形式。在产业结构的变动和升级方面，金融、保险、房地产、旅游、咨询、广播、电视以及各种服务业和公共事业等非物质生产部门的从业人员增加很快。所有制和产业结构的变动使那些与现代经济相联系的职业群体，无论在人数比重还是在社会影响力方面都大为增强，鲜明的职业分化出现了具有不同经济地位和利益特点的社会阶层，使原来相对重视的收入、地位、声望三个社会序列发生了分离。

3.4.1 阶层划分方法与标准

中产阶级(The Middle Class)的概念最早出现于西方社会分层理论中，划分阶层的方法可分为主观认定和客观评价两种。主观认定即个人自我评价自己属于哪个社会阶层，客观评价则标准、视角不一。

1）划分基础

要想用数字描述当代中国的中产阶层有相当大的困难，一是国内对全民职业及收入分布尚无准确而系统的社会调查；二是中国目前相当一部分人的收入是灰色收入，完全凭工资收入划分阶层有极大的不准确性；三是如果采用自我认定法，所得的结果也有极大的不准确性。零点调查公司在京、沪、穗等地做消费调查时，发现很多月收入 3 000 ~ 5 000 元的外企白领也认为自己是工薪阶层，这一概念和月收入只有几百元的普通工人自认的工薪阶层不是一回事，这就使“中产阶层”在中国的存在变成了一桩模糊不清的事。再加上历史的和文化的原因，害怕露富仍然是很多中国人的心理障碍。

2）划分方法

参照西方分层理论和中国的现状，我们认为，中产阶层的划分可以参照收入水平、社会地位、职业和受教育程度 4 方面进行评价。

首先，中产阶层一个显著的特征是他们的收入水平在社会收入层次分布中处于中间位置。如果以此为标准，那么中国的中产阶层应是指那些年收入在 8 ~ 24 万人民币（10 000 ~ 50 000 美元）之间的核心家庭（一对夫妇或一对夫妇带一个小孩）。之所以定这个标准，是因为从西方的许多研究对象来看，中产家庭的基本生活状态应是：除了有电话、电视、冰箱、电脑等一系列基本家电外，还拥有汽车，使用信用卡，拥有或租有带浴室的住房，人均住房面积超过社会平均水准，在解决了温饱、娱乐和精神产品的消费后，收入中有超过 10% 的部分用于储蓄或投资。而在中国，要达到这一层次的生活水准，年收入至少应在 10 000 ~ 30 000 美元之间。

其次，中产阶层另一个显著的特征是他们的社会地位在社会权力分布的层次中也是处于中间位置的。换言之，即使他们的收入高于 30 000 美元/年，但他们仍然是受雇佣者，或者他们仍然保持着中产阶层的生活方式，超出部分并没有为他们带来更多的机会和更大的权力（影响力）。

第三，中产阶层的另一个标志是他们都是非体力劳动者。他们主要是三资企业及小型私营企业的管理层，金融、贸易、演艺界、高科技、咨询服务业等行业的从业人员。有些人收入虽然达到中产阶层的标准，但其职业及社会地位低下则不能算中产阶层，如社会上的“三陪小姐”等。而有些公务员因享有住房、津贴和休假等福利，就家庭收入似乎低于上述标准，但就其生活水平已接近或超过一般中产阶层家庭水平，所以他们可以划入中产阶层。

第四，受教育程度问题。按西方的惯例，中产阶层的受教育程度应为高等教育，否则他们的职业、生活方式以及社会地位都很难跻身于中产阶层。但在中国现阶段，中产阶层中有相当一部分人的受教育程度不是高等教育，但他们的收入、社会地位甚至生活方式都与受过高等教育的这部分中产阶层无太大分别。所以，在具体划分时不必过分强调受教育程度在划分中产阶层时的重要性。

综合上述几大主要特征，我们大体可将中国城市的中产阶层群体做一个相对明确的划分，综上所述不难看出，符合上述几大特征的人并不是城市社会的大多数,但这类人群的生活水准却处于中间状态——他们衣食无忧,但并不能奢侈和强大到随心所欲。

3.4.2 家庭调查分析

1) 北京中产阶层家庭

案例 1:张家

张先生现年 33 岁,是令许多人羡慕的单身贵族。由于父母均有稳定的经济来源,张先生除了偶尔孝敬一回父母外,他的收入主要都花在自己身上。张先生月收入近万元,虽未成家却早已自立门户。按照西方人的标准,房租应占月收入的 1/3 才算有益于健康生活的居住环境。张先生依此原则,每月花 3 000 元租下两室一厅,确实是“够贵一族”。除了住房宽敞,在饮食方面他也从不吝啬。因为是一个人生活,他很少自己开伙,大多数时候,他愿意呼朋唤友共进晚餐。他请别人,别人也反请他,其乐也融融。由于工作压力很大,张先生对自身的健康格外重视。他买了一张健身卡,每月会去某饭店的健身中心定期做运动。每年的假期他是无论如何都不肯放弃的,这种时候,他会去自助旅行,以体会一种完全不同于都市生活的生活。

案例 2:马家

马先生现年 40 岁,离异后再婚,家有他们夫妇加上各人与原配偶所生子女,共 4 人,还养了一条“黑贝”犬。马先生和太太都属事业型,两人月收入加起来近 3 万元,由于很少有时间照顾孩子,他们便请了保姆和家教。家庭主要财政支出由马先生决定,但具体分配到细部,则由马太太安排。马先生一家一年前通过银行按揭购得三室一厅,装修花去了夫妇俩 20 多万,但他们认为家比什么都重要,在此方面多一些投入,对于紧张工作之后放松身心十分有益。现在夫妇俩仍陆续购置一些家具和各种装饰品,室内家具的价位都在中档以上。马先生穿衣不追求名牌,只要干净得体即可,他相信能力比外包装更靠得住。马太太也持同样观点,尽管身为公司副总,马太太却不购高档时装。但夫妇俩对于外出旅游和自身教育都十分重视。每年孩子们放暑假,他们都尽量安排举家去外地出游。与此同时,夫妇俩还分别就读在职 MBA 和自修电脑。

综观受访的北京中产之家,在餐饮及置装方面投入不多,但在自身教育、子女教育等方面则相对较多。家庭理财方向选择股票远不如上海那么普及,而是更倾向于风险较小的储蓄和购买保险。选择租房比选择买房更普遍,这和北京房产价格较高、取得按揭不太容易有一定关系。

2) 上海中产阶层家庭

案例 3:贺家

贺先生在一家外企上海分公司任总经理,一家四代同堂。家庭收入每月约三万余元,一家人住在祖屋里,于是省下了房租。贺先生一家在食品、服装及旅游方面的消费占家庭总支出的比例比较高。尽管家里有保姆做饭,但贺先生夫妇由于公务应酬和私人社交活动较多,很多时候是在外面餐馆吃饭。家人的饮食营养也被摆在重要的位置上,高蛋白食品、新鲜的水果及蔬菜都是必不可少的。由于注重食品的品质,很多时令菜和水果刚上市就买,消费自然就高,但他们认为这是必需的。由于身为总经理,在置装方面的投入不考虑省钱,西装、衬衫、领带、皮鞋几乎都是欧美名牌。贺太太对于名牌虽不那么执著,但家境既然殷实,加之贺太太又颇多社交活动,服装方面的总投入竟比通身名牌的丈夫还要高。贺家平均每月会举家驾车到上海周边出游一次,这两年贺氏夫妇每年还去东南亚国家旅行一次,接下来他们的旅游计划是欧洲。贺先生和太太都认为旅游是一项有益身心的活动,在此方面有所投资,就有收益。不过全家人在健身运动方面几乎无任何投资。此外夫妇俩在子女教育方面有一个长远的投资计划。他们现在安排儿子学英语、绘画,并开始为儿子将来上大学甚至出国留学储蓄。贺太太在国营单位工作,8 小时以外的时间是自己的。闲时她会炒炒股票,这是这个家庭里主要的投资行为。

案例 4:黄家

黄先生是一位医生,太太在一家外企做秘书,夫妇俩每月收入在 7 000 ~ 10 000 元之间。结婚虽然已有 4 年,但因两地分居,共同生活则只有 3 年。两年前,夫妇俩通过公积金贷款买下一室一厅,现在他们的收入中约 15%用于还贷。5 年之内,夫妇俩计划买一辆车。平时由于太太工作比较忙,家务主要由黄先生承担。夫妇俩很少开伙,吃饭问题主要在餐馆解决,有时候两人也会亲自下厨,做一些比较贵的海鲜类食品。平时则是去超市选购,为的是省时省力。他们会选择一些体育运动如球类,这也算是一笔健康投资吧,不过花费不是很多。夫妇俩虽然没有明确的财政计划,但仍会将收入的 20%用于储蓄,以实现五年内购车及改善居住环境的目标。夫妇俩还计划去国外旅游,至少去东南亚是近期的目标。女主人想出国读书,为此开始做储蓄计划。但黄先生表示不做此打算。女主人正准备跳槽,以期得到更高的收入和职位,虽然女主人已近 30 岁,男主人已 32 岁,夫妇俩仍决定两年之内不要小孩。

从此次访谈的结果看,上海的中产家庭除那些继承祖荫者,主要集中于外企、传播、金融、证券从业人员等群体中,他们的年龄主要在 30 ~ 45 岁,家庭月收入在 6 000 ~ 30 000 元,其收入有相当一部分来自兼职。社交活动频繁且多以夫妇同出同入为主,注重形象,舍得置装,有计划地在房产、旅游、购车等方面进行投入,家庭理财投资以储蓄和炒股为主,其次是保险或房产。男性的收入是家庭主要经济来源,男性也是家庭大项开支的决定者,不过夫妻双方仍信守互相尊敬、协商的相处原则。

3) 广州中产阶层家庭

案例 5:王家

王先生现就职于一家较大型的外资公司任主管,王太太是另一家外企的白领,小两口刚过而立之年,数月前为人父母。家庭固定月均收入大约一万多元。其家庭消费支出属实用型,把衣、食、住看得相当重要。王先生生活理想是到40岁的时候,有楼有车,银行里有一大笔钱,足够下半世无忧无虑地生活。

案例6:李家

李先生30岁上下,和太太是同事,在一家实力雄厚的外资企业搞营销。现已经在城郊买了一套价值数十万元的商品房,并拥有一部私家车,家用电器一应俱全。小两口月收入约2万元。家庭支出的构成中,旅游、娱乐、健身所占的比例高达55%。1997年李先生夫妇自费出国旅游,在加拿大、美国逗留了20多天,游玩购物花费10万元,仍意兴未尽,抱怨假期太短。玩电脑、玩球类运动是李先生的两大主要娱乐,他说前者是寓教于乐,后者是寓乐于动。至于说将来计划想得不多。这是一个精明幽默、懂得享受的小家庭,隐约透露出游戏人生的后现代主义味道。

在广州这个没有季节的城市里,活跃着像王家和李家这样南中国最具活力的家庭。和芸芸众生相比,他们年轻,有专业知识,能干而富有。他们追逐金钱,但并不视金钱为惟一,金钱对于他们来说,更像是一种手段,通过金钱达到生活理想。他们首先是物质享乐主义者,但又不仅仅如此,他们也勇于承担责任,更执著于追求人生更高境界:比如自由和快乐。

4) 中产阶层家庭支出

上述3座城市受访的中产之家,家庭基本建设(指基本生活用品如家电等)都已完成,主要消费趋势转向:房产、汽车、旅游等。由于大多数中国人热衷的交际方式仍是吃饭,所以餐饮支出在这一阶层中仍居高不下。在健身方面的投资在很多家庭中仍微乎其微,不过教育方面的投资在家庭支出中所占比例比普通工薪阶层的家庭明显要高,尤其是在成人教育方面(表3.6)。

表3.6　京沪穗3市中产阶层家庭支出*

支出项目	北京		上海		广州	
	张家	马家	贺家	黄家	王家	李家
食品(含餐饮)	30	30	50	30	20	15
服装	10	15	30	30	10	15
房租	25	10	0	15	40	0
旅游娱乐健身	15	10	5	3	12	55
交通	15	25	0	0	0	3
自身教育及其他	5	10	15	22	18	12

* 上月收入的百分比(%)。

3.4.3 现状特征

1) 社会地位

收入和财富占有的状况无疑是影响人们社会地位的重要因素,但决不是惟一的因素,而且在不同的社会制度和组织条件下,经济因素在决定人们社会地位上的重要性也是有很大差异的。根据20世纪80年代末一项对中国9大类社会群体的地位特征及相关因素的分析,在影响个人社会地位的声望、身份、权力、收入、教育程度等因素中,声望和身份是最具影响力的因素,可以解释个人的工作单位、他生活的地域以及他在行政序列中的位置,也就基本上知道了他所处的社会地位。近年来,由于中国处于快速的社会结构转型时期,在这方面出现的一个重要变化是,收入和财富占有状况对个人社会地位的影响显著增强。中产阶层正在形成社会结构的主体,以主人翁的态度参与社会活动,以负责任的心态参与政治活动,以关心自我的心境实现公众参与,不久的将来将是中国城市社会结构的中坚力量,城市的公共政策走向,主要处决于他们的态度。

2) 社会分布

现阶段,中国城市社会的阶层结构正处于由"金字塔型"向"橄榄型"转变的过程。中国目前还是一个低收入的发展中国家,体力劳动者还占全社会从业人员的一半以上,城市居民家庭收入结构仍然呈一种"金字塔型"结构,一部分人进入了富裕阶层,而约有62.4%的家庭居于下层和中下层水平上,中层收入层明显缺少。如果按经济收入划分,当代中国城市社会结构也有明显的差异。例如分析北京、上海和广州3大城市的社会结构可以发现:广州则是金字塔形结构,随收入递增而人数递减;上海是中产家庭占大多数,可以用枣核结构来形容;北京是富裕阶层一端和低收入阶层一端较为突出,中产家庭却相对较少,形成两头粗中间细的社会极化的棒槌形结构。这种中层偏少、高低两层明显的分层结构是不稳定的社会结构。

对于一个国家社会结构的相对稳定来说,保证合理的和普遍接受的社会地位序列是非常重要的。在现代社会,随着社会财富的积累、社会公平观念的普及、社会流动频率的加快以及权力与财富的分离,社会人群结构越来越呈现出"橄榄型",即在收入和财富占有方面,社会顶层的巨富者和社会底层的绝对贫困者都是极少数,出现了一个作为社会结构稳定基础的"中产阶级",他们的人数占人口的40%以上。随着社会主义经济体制改革不断深入发展,我国城市中的"中产阶层"数量应该会很快增加。

3) 收入状况

在中国,年收入在几十万元至数百万元不等的这一中产阶层群体数量已非常可观。《瞭望》周刊曾载文指出:1993年全国年收入超过5万元的家庭有530万户,估计全国已有 3 000 万人进入中产阶级。据统计，中国城镇居民中 10%的最高收入户与 10%的最低收入户人均收入的差距已由 1990 年的 2.9 倍扩大到 1995 年的 3.8 倍。全国约有 100 万人拥有 100 万元以上的财产。而拥有数十万元资产的人数则更为可观了。

3.4.4 中产阶级的组成

中产阶层在中国的出现并非偶然，目前中产阶级的力量已渐渐汇聚起来，并成为现代城市社会中一种新的社会力量。综观其组成主要有如下 3 类社会人群。

1) 私营企业主

20 世纪 80 年代以来，随着市场经济的发展，私营经济也进一步发展壮大，中国逐步形成和发展起一个新的社会群体——私营企业主。1992 年之后，私营企业的发展速度十分惊人。根据北京市政府研究室与劳动局 1987 年对市区 271 位私营企业老板的调查，在创业前其职业情况分别为：农民占 7.4%；离退休人员占 23.3%；停薪留职人员占 11%；辞职人员占 23.2%；无业人员占 18.8%；待业人员占 21%。而根据上述 1991 年的抽样调查，在 1 952 个城镇私营企业主中，1 853 人在创办企业前的职业构成情况为：农民占 30.92%，离退休人员占 7.66%，停薪留职人员占 15.38%，辞职人员占 14.63%，无业人员占 3.04%；待业人员占 8.69%。根据 1996 年 5 月中国人民大学“非公营企业研究课题组”对北京 184 家私营企业主的调查，在所调查的私营企业主中，博士、硕士、大学生学历均占到了一定的比重，分别为 2.2%、5.5%和 42.9%。而且，企业创立时间越晚，私营企业主的学历越高，将近 50%学历在大学毕业以上者是在 1993 年以后创办私营企业的。

2) 知识分子

第四次全国人口普查的结果表明：1995 年底中国具有中专以上学历和初级以上职称的人员 4 465 万人，约占总人口的 3%。由此可以看出，知识分子在全国总人口中的比例不大。可以说，知识分子在中国社会结构中，长期以来是知识上的富有和物质上的清贫共存。近年来，不少受到市场经济大潮强有力冲击的知识分子，放下几千年来儒家文化谆谆教导的自命清高，冲出固定的职业藩篱，选择了投入商海的道路。这些自谋职业的知识分子具有以下一些共同特点：① 他们都受过良好的高等教育，有的曾经在国外高等学府深造过。在他们所从事的领域中，大多数是出类拔萃的佼佼者。② 他们曾经拥有一份足以令一般消费者羡慕的稳定收入，其中有相当一部分人甚至曾经从事过高薪工作，他们的生活条件相对来说也是较为优越的，他们放弃自己的职业并不是为生活所迫。③ 他们都有自己的理想和追求，都想通过自己的自由职业的社会实践来证实自己的存在价值，实现自己的理想。虽然众多的知识分子自谋职业的方式各不相同，但所从事的几乎全都是高收入、高自由度、可以自主支配时间的职业。比如律师、自由撰稿人、策划人、电脑个体户以及文艺个体户等等。随着知识分子待遇的不断提高,他们将成为我国城市社会中产阶层最重要的发展基础。

3) 专业经营者

所谓专业经营者,主要是指被聘为企业总经理及其助理、部门经理等职业的企业管理者,他们不具有企业财产,只是代人经营企业或企业部门。经理[1],作为企业经营管理的决策者,方针策略的执行推广者,作为基层员工的领导模范者,作为站在市场最前沿的弄潮者,他们在短短的几年内不论是在数量上还是在素质上各个方面都得到了很大发展。他们或是在国有企业、集体企业工作,或是就职于合资企业、外商独资企业、私营企业的各种所有制经济形式中。作为专业经营者,经理不仅有一定的专业技术知识,还要有一种良好的协调能力和管理能力,有一种勇于创造、勇于开拓新局面的精神。这个群体一般 30 岁左右,受过一定的教育,有一些工作经验。他们生活在改革开放的多维空间内,思想活跃、行为空间大,他们能够摆脱一些传统思想的禁锢,很快接受新的经营管理思想,适应社会生活中的新现象。

我国经理人数最集中的是在北京、上海、广东、深圳等经济发达的大城市。东南沿海地区江浙一带经济发达,合资企业、外资企业、私营企业等都有很大的发展和一定的数量,也吸引了一大批优秀的管理人才。最近一项对企业经营者的年收入情况调查表明,国有企业为 15 518.07 元,城镇集体企业为 16 247.79 元,股份制企业为 32 393.93 元,中外合资企业为 38 762.25 元,民营企业为 26 142.86 元。而非生产型企业,比如商业流通企业的经理们,他们的收入又比生产型企业的要高。这些工资收入一般高于全社会平均收入的 2～3 倍。经理,作为市场经济下企业发展壮大的社会群体,作为企业调节市场中的实践者,其发展必须受到经济政策等各方面因素的影响。可以说,中国在今后相当长一段时间内,需要更多更好的专业经营者管理企业,才能在经济全球化的市场竞争中展开真正的较量。他们身为企业的核心力量,也就理所当然地根据自己的贡献大小,获得相应的报酬。因此,这一社会群体的数量也会急剧增长。也许在他们中间,有的会进入富豪阶层,但更多的人还是中产阶级。

3.5　城市贫困阶层

随着城市化的发展,在许多国家(尤其是发达国家),城市贫困问题都已经成为整个社会贫困问题的主要方面,城市中穷人的数量和他们贫困的程度已经超过了

[1] 有市场经理、销售经理、人事经理、公关经理、财务经理、代销经理等。

农村中的穷人。

3.5.1 贫困标准和规模

现阶段我国的城市贫困问题是在20世纪80年代后半期开始出现,并且为研究者和决策者们所注意。在此之前,从50年代中期到80年代后期,我国的理论研究和政府政策实践中,都只有城市"困难户"的概念,而没有"城市贫困问题"的概念,并且迄今为止在正式的政府文件中还很少看到"城市贫困人口"或"城市贫困群体"的概念。

1) 相关标准及统计数字

虽然迄今为止在政府正式的统计体系中没有"城市贫困标准"或"贫困线",因而难以有一个由官方确认的城市贫困者的统计数字。但是我们还是可以通过一些相关的标准和数字推测城市贫困的情况。

(1) 城市社会救济的标准

长期以来,我国城市社会救济系统的受益者范围只包括城市"三无对象"[1]和少量的其他特殊困难者。1995年,全国得到救济和补助的城镇困难户有374.9万人,其中得到政府定期定量救济的只有12.7万人。[2]其救济和补助的标准由各个城市决定,没有全国统一的标准。政府的定期定量救济不是按照特定的收入标准确定受益者的,因此无法通过其受益者确定标准来了解政府的贫困线标准。但我们仍然可以通过其给付标准,推测城市政府对贫困线标准的把握。

(2) 城市"最低生活保障线"

到1997年5月为止,全国已有206个城市建立了最低生活保障线制度。这一制度所规定的受益者标准实际上代表着政府的"贫困线"标准。因此,在研究城市的贫困测量和贫困线确定的问题时,可以参考各个城市的"最低生活保障线"标准。例如天津市从1998年1月开始实行的最低生活保障线是家庭人均月收入185元。

(3) 国家统计局关于城镇"困难户"数字

国家统计局每年都公布城镇住户调查的部分结果,其中将收入最低的5%看成是"困难户"。在1995年的这一组当中,人均年生活费收入为1 723.24元,人均年消费性支出为2 060.96元。但是用这种方法确定贫困线标准过于简单化,缺乏可靠的理论及实践依据[3]。

2) 研究者们的推算

从20世纪80年代后半期开始,我国一些经济学家、社会学家、社会福利研究

[1] 无工作单位、无收入、无子女。

[2] 中国统计年鉴. 北京:中国统计出版社,1996. 725

[3] 中国统计年鉴. 北京:中国统计出版社,1996. 284~285

者和社会经济统计者对我国城镇贫困线和贫困者规模作了一些研究和推测。

(1) 国家统计局推算

《中国城镇居民贫困问题研究》课题组1991年在对我国城市贫困问题的研究中,提出了"综合测算法"。认为应该在对贫困者家庭的消费项目进行仔细分析的基础上确定贫困标准和贫困线。该课题组对1989年住户调查的资料进行了比较详细的计算,通过对各个消费项目的分项目判断和总体调整,分析了5%最低收入组在食品、衣着和日用品等方面消费的情况,得出的结论是当年5%收入最低家庭的实际收入比课题组得出的贫困标准还低23.8%。但很遗憾的是,在该课题组的文章中没有找到贫困标准的准确数字(国家统计局课题组,1991)。

(2) 张问敏、李实推算

张问敏、李实在1988年10省市城镇居民收入调查数据的基础上,测算出城市贫困户的比例为6.83%(张问敏、李实,1992)。

(3) 王德发、章伟君推算

王德发、章伟君在1991年提出了一种测定城市居民最低生活费用和计算贫困率的方法。其主要思路是:在计算家庭基本生活消费标准时应该将不同年龄、性别和劳动性质的人分别计算。他们提出将一个从事体力劳动的成年男子的最低消费额作为一个标准单位,然后将其他不同性别、年龄和劳动性质的家庭成员的最低消费需求换算成一个标准单位的小数点倍数。例如,一个从事脑力劳动的老年女性在"主食"方面需要消费0.90个标准单位。他们认为,按照这种方法将所有家庭成员的基本消费需求进行计算后,就可以得出各种家庭的最低生活费标准。他们还用这种方法简单估算出1989年上海市的贫困率为5%(王德发、章伟君,1991)。

(4) 卓琪(Chack Kie Wong)推算

香港中文大学王卓琪按照"国际贫困线"标准,即"人均收入的一半为贫困线",根据1993年广州市家计调查的资料测算出该市的贫困户比例为13%(Chack Kie Wong,1995)。如果按这种方法计算1995年全国城镇居民家计调查资料,城镇居民中贫困者的比例会高于10%,也就是说贫困者的绝对数字会多于2 400万(1995年城镇居民的人均收入为3 892.94元/年。按这种方法推算,贫困线应该是家庭人均收入1 946.47元/年)。

(5) 国务院发展研究中心推算

国务院发展研究中心的研究人员葛延风根据国家统计局和其他一些研究者的结果,估计1996年我国城镇贫困阶层的人数在1 200万以上(葛延风,1997)。

(6) 中国社会科学院推算

中国社会科学院研究员朱庆芳根据全国总工会的调查资料、国家统计局城市抽样调查队的资料,以及城市最低生活保障线的补助标准,认为我国城镇贫困人口的总数约为 1 200 万～2 000 万人(朱庆芳,1997)。

上述研究者对我国城镇贫困者的估计数最低的在 5%,最高的达 10%以上,绝对数量最少在 1 200 万,最多的可达 2 400 万人以上。如果我们按照这些研究者的估计,再把“镇”一级的贫困者去掉,仅城市的贫困者人数,即:城市市区非农业人口中贫困者数量应该在 1 000 万到 2 000 万之间。

3.5.2 城市贫困的基本特征

在研究城市贫困问题时,当基本确定了贫困者的数量规模以后,紧接着就要回答“哪些人是贫困人口”的问题。从抽象的意义上讲,所有的人都可能成为穷人,但在特定的历史阶段和特定的社会经济背景中,总有一些人比其他人更容易陷入贫困。因此,比较深入地分析贫困者群体的构成,将有助于我们更进一步地理解我国当前城市贫困者的特征,以及导致贫困的各种制度性的、文化性的和政策性的因素。

1) 贫困者个人的基本情况

我们依据 1996 年天津市区千户抽样调查资料对天津市市区的贫困者进行描述。

(1) 致贫基本原因分析

表 3.7 列出了贫困者的一些基本情况。不难看出,贫困者群体的下岗人员和个人低收入者明显多于非贫困者群体的比例,而在失业者、提前退休者和家庭人口多等因素方面,贫困者和非贫困者则没有明显的差异。这可以初步说明:下岗和在职低收入是当前城市贫困的两个主要原因。

表 3.7 贫困者的基本情况(%)

	各类下岗人员	失业者	提前退休者	个人低收入者	家庭人口多者
在贫困者中	40.2	2.4	5.5	56.0	16.1
在非贫困者中	12.5	1.7	4.5	11.0	14.1

资料来源:1996 年天津市区千户抽样调查资料。

(2) 年龄和性别分布

从表 3.8 中可以看出,在年龄方面,与非贫困者相比,贫困者[1]群体中 36～45 岁的中年人和高龄老人(71 岁及以上)的比例明显较高。表明有某些经济或社会因素使两组人更容易陷入贫困。在性别方面,表 3.9 没有显示出贫困者群体在

〔1〕 这里的“贫困者”是指按家庭人均收入划分的贫困者,下同。

总体上有较明显的性别差异。这可能主要是由于我们对贫困的测量是以家庭人均收入为单位。

表 3.8 贫困者的年龄段分组(%)

	15~25岁	26~35岁	36~45岁	46~60岁	61~70岁	71岁及以上
贫困者	2.6	21.3	42.6	16.1	9.0	8.4
非贫困者	5.7	19.8	35.8	28.1	7.7	2.8

资料来源：1996年天津市区千户抽样调查。

表 3.9 贫困者的性别分布(%)

	男	女
在贫困者中	50.3	49.7
在非贫困者中	50.4	49.6

资料来源：1996年天津市区千户抽样调查。

(3) 贫困者的受教育程度

从表3.10的数字看,贫困者群体平均受教育程度偏低是很明显的。贫困者中有9%是文盲,有2/3左右的人文化程度在初中及初中以下;而非贫困者中文盲率只有3.3%,并且只有不到一半的人未能接受高中及以上教育。另外,在贫困者样本中没有一个是受过大学本科及以上教育的人。

表 3.10 贫困者的文化程度(%)

	未受过教育	小学	初中	高中	中专/中技/职高	大专	大学本科	研究生
在贫困者中	9.0	12.9	43.2	26.5	4.5	3.9	0	0
在非贫困者中	3.3	7.2	34.3	23.3	14.6	11.5	5.5	0.2

资料来源：1996年天津市区千户抽样调查。

2) 贫困者家庭的基本情况

(1) 家庭人口数和家庭结构

表3.11调查数据显示,贫困者家庭贫困人口数为3.35人,而非贫困者家庭为3.34人,没有什么差异。并且从家庭结构上看也没有明显的差异。贫困者群体中单亲家庭和单身家庭的比例稍高于非贫困者群体,但仍未有统计上的显著性,并且也不能说已具有实际意义上的差异。我国城市单亲家庭的比例还相当低(此次调查发现总的只占3.4%),因此可以说目前在发达国家很严重的单亲家庭贫困问题

还没有在我国城市发生。

表 3.11　贫困者的家庭结构模式(%)

	核心家庭	主干家庭	联合家庭	单亲家庭	单身家庭	其他
在贫困者中	63.4	20.9	4.6	4.6	3.3	0.7
在非贫困者中	69.3	20.6	2.1	3.2	1.8	1.5

资料来源:1996 年天津市区千户抽样调查。

(2) 家庭就业面

从表 3.12 可看出,贫困者和非贫困者家庭的就业面(就业者比例)差异较大,这说明家庭就业面低可能是导致家庭陷入贫困的重要原因。

表 3.12　贫困者家庭的就业比例(%)

	无就业者	≤33.3	33.4~66.6	≥66.7
在贫困者中	4.5	10.3	45.2	40.0
在非贫困者中	1.3	0.7	15.6	82.4

资料来源:1996 年天津市区抽样调查。

3) 贫困者家庭的住房情况

(1) 房屋档次类别

如表 3.13 所示,贫困者中有 2/3 的家庭居住在平房,而非贫困者家庭只有 41%住在平房。进一步看,贫困者家庭有 1/4 居住在“很差的平房”。这些很差的平房往往都是连片的,具有较明显的“棚户区”特征。

表 3.13　贫困者房屋的档次*(%)

	别墅式住宅	高层楼房	较好的低层楼房	一般的低层楼房	较差的低层楼房	较好的平房	一般的平房	很差的平房	等外房
在贫困者中	0.7	0	14.3	15.0	7.5	0.7	36.1	25.2	0.7
在非贫困者中	0.4	0.1	23.7	24.5	10.2	1.3	21.1	17.6	1.1

资料来源:1996 年天津市区千户抽样调查。

* 住房的档次在实际调查中由调查员按照统一的规定在现场判断。

(2) 贫困者住房的来源

表 3.14 的数据可以说明,贫困者住房的来源很大一部分仍然来自单位或政府主管部门的分房(分别占 33.1%和 20.5%)。但这两个比例都小于非贫困者群体(41.4%和 34.1%),显示出贫困者在获得公共住房资源方面能力的相对低下。另

外,贫困者样本中没有发现有自购商品房和集资建房的,显示出贫困者经济能力的低下,贫困者群体在住房来源方面最大的特点是他们当中很大一部分家庭(37.1%)住房是“家传私房”,即上代留下的房屋,而在非贫困者中这一比例只有15.5%。

表 3.14 贫困者住房的来源(%)

	单位分配	其他公房	家传私房	自购商品房	自购福利房	集资建房	租房	借房	其他
在贫困者中	33.1	20.5	37.1	0	1.3	0	2.6	1.3	4.0
在非贫困者中	41.4	34.1	15.5	1.7	0.2	0.1	4.1	1.3	1.7

资料来源:1996 年天津市区千户抽样调查。

(3) 贫困者住房设施状况

从表 3.15 可以看出,贫困者住房不仅面积低于非贫困者,而且住房内的设施也差于非贫困者,而且设施的落后可能还更突出。贫困者家庭的人均住房面积为非贫困者家庭的 77.1%,但他们当中有卫生间和暖气的比例均只有非贫困者家庭的一半左右,有管道煤气的家庭也只有非贫困者家庭的 57.4%。

表 3.15 贫困者的住房设施情况(%)

	平均面积/m^2	有卫生间	有暖气	有管道煤气
在贫困者中	6.69	18.7	7.7	37.4
在非贫困者中	8.68	38.3	14.3	65.2

资料来源:1996 年天津市区抽样调查。

4) 贫困者的职业活动情况

贫困者的职业活动情况是解释他们为什么会陷入贫困的重要原因,因此也是我们此次研究的基本问题之一。在这里,我们先就有关的数据作简单的描述。

(1) 贫困者的职业分布

从表 3.16 的数据分析,贫困者中除了“领导干部”、“企业工程技术人员”和“企业中层以上管理人员”三类职业以外,其他各类职业的人都有代表。其中工人的比例最高,达 72.3%,而非贫困者中这一比例只有 54.2%。另外代表性较强的职业是“商业工作者”,占 6.8%,而在非贫困者中只有 4.3%。再者,贫困者中无职业者的比例也高于非贫困者(分别为 6.1%和 2.4%)。

表 3.16　贫困者的职业分布(%)

	工人	农民	领导干部	一般干部	教师及科研人员	企业工程技术人员	其他专业技术人员	企业中层以上管理人员	企业一般管理人员	商业工作者	服务业工作者	其他	无正式职业
在贫困者中	72.3	1.4	0	2.7	3.4	0	0.7	0	0.7	6.8	2.0	4.1	6.1
在非贫困者中	54.2	0.6	1.9	5.0	6.6	4.0	4.0	6.9	6.0	4.3	2.5	1.6	2.4

资料来源:1996 年天津市区千户抽样调查。

(2) 贫困者的行业分布

如表 3.17 中,除了"党政机关"和"房地产业"以外,其他各行业的人都有。其中分布比例最高的是"工业"(57.7%,比非贫困者高出 4.8 个百分点)和"商饮/供销/仓储业"(13.4%,比非贫困者群体高出 4.1 个百分点)。

表 3.17　贫困者本人所属行业分布(%)

	农林牧渔水利	工业	地质普查勘探	建筑业	交通运输邮电通信	商饮供销仓储	公用居民服务	卫生体育	教育文化	科学研究技术服务	金融保险	党政机关	房地产业	其他
在贫困者中	2.8	57.7	0.7	4.2	5.6	13.4	2.8	4.2	4.2	1.4	0.7	0	0	2.1
在非贫困者中	2.7	52.9	1.5	4.6	5.4	9.3	4.0	4.0	7.2	1.8	1.2	2.8	1.0	1.3

资料来源:1996 年天津市区千户抽样调查。

(3) 贫困者所属单位的所有制性质

尽管调查数据显示,贫困者中只有 1/3 多点(37.0%)在调查时仍是正式职工(相比之下,非贫困者中这一比例接近 2/3,为 63.3%),但贫困者中许多人是有单位的。从表 3.18 可以看出,贫困者中最大的群体仍然是国有部门的劳动者,其次是集体所有制单位的劳动者,从相对的比例上看,贫困者中属于集体单位的比例高于非贫困者群体中的比例。另外,贫困者中有 9.7% 的人回答属于"其他"所有制类型。这些人一般是属于各种正式就业者。

表 3.18　贫困者所属的单位的所有制形式(%)

	完全国有	国有股份	集体	中外合资	外商独资	私营	乡镇企业	个体	其他
在贫困者中	66.5	0.6	20.0	1.3	0.6	0	0	1.3	9.7
在非贫困者中	78.0	1.9	12.5	1.8	0.8	0.2	0.2	0.8	3.8

资料来源:1996 年天津市区千户抽样调查。

(4) 贫困者所属单位的经济效益

从表 3.19 可以清楚看出,个人贫困与否和单位的经济效益之间有着较密切的相关。在贫困者群体中有近 3/4(72.2%)的所属单位经营亏损,而赢利的只有 5.3%。相比之下,非贫困者所属单位亏损的只有 39.2%,而赢利的有 27.4%。

表 3.19　贫困者所属单位的经济效益(%)

	赢利很多	有些赢利	基本持平	略有亏损	亏损严重
在贫困者中	2.3	3.0	20.3	29.3	42.9
在非贫困者中	7.6	19.8	33.1	22.4	16.8

资料来源:1996 年天津市区千户抽样调查。

3.5.3　城市贫困阶层的基本特征

通过以上分析,我们可以初步地看出现有的贫困者具有如下特征:① 36 ~ 45 岁的下岗者和低收入者;或 70 岁以上的高龄老人。② 家庭就业面可能较低。③ 文化程度较低,很可能是在工业、商业或服务业的普通工人,从事服务性的职业。④ 单位属于国有或集体企业,但单位的经济效益很差;或者是没有正式的就业单位,只靠临时性的工作谋生。⑤ 可能住在平房,并且住房的设施不齐。

3.6　社会流动

西方社会学家把个人社会从一个阶级向另一个阶级,从一个阶层向另一个阶层,从一种职业向另一种职业,从一个地区向另一个地区的位置移动现象叫做“社会流动”(social mobility)。它是社会分层和社会结构演变的动力所在。

3.6.1　社会流动的涵义

对社会流动的研究,以美国社会学家索罗金在 1927 年所著的《社会流动》(*Social Mobility*)一书为开创点,引起后来社会学界对社会流动研究的广泛兴趣。

所谓社会流动,是指社会成员在社会关系的空间中由某个社会位置向其他社会位置的移动，它既表现为个人社会地位的变更，也表现为个人社会角色的转换，实质上是个人社会关系的改变。

人口流动与社会流动的主要区别表现在：人口流动着重反映人口整体在空间位置上的变动以及这种变动对社会协调发展的作用或影响，而社会流动着重反映社会成员在社会位置上的变动以及这种变动对个人和社会的双重作用或影响。人口流动与社会流动的联系表现在两者之间存在着一种交叉关系。有些人口流动就是社会流动。人口流动既包括永久性的人口迁移，又包括暂时性的人口移动。而永久性的人口迁移一般属于社会流动。如农民进城当工人这一社会流动现象，既表明他们在空间位置上的变化(即从农村到城市)，又反映他们在社会位置上的变动(即由农民变为工人)。社会流动既有从上到下或从下到上的纵向流动，又有某一职业、单位或地区到另一职业、单位或地区的横向流动。大多数社会流动也同时属于人口流动，如乡村学子高考中榜而进城读书的向上社会流动，同时也是人口流动。

3.6.2 社会流动的特征

社会流动作为一种社会现象，它既具普遍性又有特殊性。社会流动的普遍性是指任何社会都存在着社会流动。它既存在于纵贯古今的各种社会中，也存在于当今的各种社会中，所不同的是在社会流动的流速、流量及频率方面，现代社会要比传统社会高一些，开放型社会要比封闭型社会高一些。社会流动的特殊性是指不同社会中的社会流动是不同的。首先，从历史发展的角度看，社会形态不同的社会，其社会流动的程度大不相同，在奴隶社会和封建社会，社会成员被严格限制和规定在不同的等级中，因而社会流动非常缺乏，印度的喀斯德(Caste)等级制便是一种典型。这种由印度教文化所形成的、特殊的、壁垒分明的等级制，从高至低，分成婆罗门或牧师阶级，刹地利或武士阶级，吠舍或农商阶级，首陀罗或贱民等阶级。在这种等级制下，各阶级成员的地位是先赋的，个人出生于某一阶级就一辈子属于某一阶级，社会成员在不 同的阶级间很少甚至没有流动。西方社会学者称这种社会流动渠道闭塞受阻的社会为典型的“封闭式社会”。到了资本主义社会，社会不再用法律条文来固定等级了，社会成员“向上”或者“向下”流动的可能性和现实性增强了。即所谓“布农可为卿相”、可“由木屋到白宫”。西方社会学者称这种社会流动渠道畅通无阻的社会为典型的“开放式社会”。其次，从现实状况来看，社会制度不同的社会，其社会流动的性质和状态也不大相同。

3.6.3 社会流动的类型

1) 纵向流动与横向流动

根据社会流动的向度，可以将社会流动划分为纵向流动和横向流动。也就是美国社会学家索罗金所说的垂直流动（vertical mobility）和水平流动（horizontal mobility）。

(1) 纵向流动

纵向流动，意指一个人或一个群体从一个社会位置移到另一个高低不同的社会位置上。如果移动后的社会位置高于移动前的社会位置，那么就是向上流动，即社会地位上升，如果移动后的社会位置低于移动前的社会位置，那么就是向下移动，即社会地位下降。纵向流动是最为普遍而又最为人们所关心的一种社会流动。一般来说，向上流动是人们所向往和追求的，向下流动是人们所不愿意并力图避免的。然而，人们是否能够实现向上流动和避免向下流动，不仅取决于个人品德才能等主观因素，而且还受 制于许多不以个人意志为转移的客观社会因素。

纵向流动不仅要受一定社会条件的制约，而且会对社会运行产生巨大的影响。这种影响作用主要表现为如下两点：① 合理的上下流动能保证和促进社会的各个层级工作正常而又高效地进行，从而有利于整个社会的协调发展。而各层级的工作正常而又高效运行又取决于担任其工作的人是否称职和尽职。因此，通过合理的上下流动，让不称职或失职者向下流动，让称职并尽职者向上流动，将保证和促进各个层级特别是较高层级工作的正常而又高效运行，从而有利于整个社会的正常运行。② 经常的上下流动能增进或加强各阶层社会成员之间的联系与了解，从而有利于整个社会的协调发展。社会系统的协调发展不仅依赖其内部各层级工作的正常而又高效地进行，而且在一定程度上取决于各阶层社会成员是否相互理解、和衷共济。而经常的上下流动则能达到这一效果。如当过农民的工人能够理解农民并容易与其合作，当过工人的干部能够理解工人并容易与其建立密切关系；反之亦然。总之，纵向流动是社会系统协调发展的重要社会机制。

(2) 横向流动

横向流动，意指一个人或一个群体从一个社会位置移到另一个同等或同一水平的社会位置上。所谓同一水平是指流动前后的社会位置在经济收入、政治地位、社会声望等方面基本相同。在我国，一个工厂的厂长改任某公司的经理，工程师去任大学讲师，纺织工人当印染工人等都是横向流动。横向流动无论是对个人还是对社会都具有重要意义。

对于个人来说，横向流动主要具有如下功能：① 能够满足个人的需要。人的需要具有多样性。一方面，不同的人有不同的追求，如有的人注重经济收入，有的人追求事业成功，有的人关心名誉地位，有的人注重健康保障等。因此，当一个注重经济收入的人从一个穷单位来到一个富单位，当一个追求事业的人从一个无所作为的地方来到一个大有可为的地方，那么，他们的个人需要就得到了满足。另一方面，同一个人的需要又是多方面的，人们多种需要得到满足，固守一隅是难以达到的,这就要求社会成员的横向流动。当然,一个人的横向流动要符合社会整体和人民大众的利益。② 有利于个人才能的发挥。与人的需要一样,人的能力也具有多样性,表现为两个方面:一方面不同的人有不同的能力,另一方面同一个人具有多方面的能力。不同的人有不同的能力,要求量才用人,把人放在最佳的社会位置,实现最佳的能级结合。如果一个人已有的社会位置不是最佳社会位置,那么就应该流向其最佳社会位置,以便其聪明才能的充分发挥。一个人能力的多样化,决定其发挥能力的复杂性,而最大限度地发挥人的能力必须首先找准可能结合的最佳点。但这个最佳点往往不是一找就准的。因此,只有给人们较高程度的流动机会,才能达到上述目的。

对于社会来说,横向流动也具有多方面的功能。第一,横向流动有利于形成一种自我完善的动态平衡机制,促进劳动力或人才的合理配置,使地区、行业、单位之间协调发展。在现实社会中,往往存在着一些不平衡或不协调的现象,如有的地区人口过分密集,有的地区人口又太稀少;有的行业劳动力过剩,有的行业劳动力又不足;有的单位专业人才拥挤,有的单位又专业人才奇缺。横向流动则可以在一定程度上解决这些矛盾,即达到"厚处往薄处赶"的效果,促进社会的协调或平衡发展。第二,横向流动会强化不同的地区、行业、单位之间的相互竞争,促使落后的地区、行业和单位追赶先进的地区、行业和单位。由于人往高处走、水往低处流的自然法规的作用和影响,实行和开展横向流动后,暂在某些方面落后的地区、行业或单位必然受到人走财空的巨大压力,这将迫使他们采取新的政策以改进自身的气候和条件,形成良好的人才工作与生长的环境,奋发图强、力争上游。总之,横向流动是社会系统协调发展的重要社会机制。

2) 代内流动与代际流动

代内流动探讨一个人一生中社会位置是否变动及变动规律。由于职业地位是个人地位结构中起主要作用的地位,因此,代内流动主要是一个人职业生涯的动态。代际流动意指上下代间社会位置的异同及变动。代内流动和代际流动都具有重要的社会意义。

(1) 代内流动

代内流动,也叫一个人的终身流动,孤立地看,研究这种流动好像没有多大的意义,因为它只是反映个人一生的升降沉浮。但从联系和发展的角度来考察许多人的代内流动则具有重要的社会意义。这是因为,代内流动的状况能够在一定程度上反映社会发展状况。首先,代内流动的发展趋势能够反映整个社会的发展趋势。一项对上海市就业人口职业和教育的代内和代际流动的研究报告表明(李建勇,1983),1949 年以来我国代内流动(主要指职业和教育的变动)的速度越来越快,幅度在代代增大。代内流动的速度之所以越来越快,是因为我国社会的经济实力在不断增强,社会产业在不断发展,因而为社会成员提供教育和就业的机会越来越多;代内流动的幅度之所以代代增大,是因为父辈代内流动的最佳年龄期正好在职业流动率和教育升学率较低的“文革”前和“文革”中;而1975年至1987年子辈代内流动的最佳年龄期在职业流动率和教育升学率超过以往两个时期(“文革”前和“文革”中)流动率之和。其次,代内流动的某些变化也能够反映其政策和社会价值观念的变化。该研究还表明:在代内流动中,与教育无关的职业升等率从“文革”前的33.3%上升到“文革”中的70.45%,然后又下降到“文革”后的39.87%,因教育升学所致的职业升等率从“文革”前的66.67%下降到“文革”中的29.55%,然后又上升到“文革”后的60.13%。可见,职业升等与教育升学的关系经历了“文革”前的强相关,“文革”中的弱相关,到“文革”后的强相关这三个阶段。代内流动的这一变化同时也反映了我国上述3个时期社会政策和价值观念的变化。

(2) 代际流动

代际流动与代内流动相比,代际流动具有更为明显、更为重要的社会意义。从静态的角度看,一个社会是否存在代际流动,反映了该社会的结构状况。如果农民的子孙永远是农民,工人的子孙永远是工人,法官的子孙永远是法官,那么,该社会必定是一种封闭式的传统社会;如果农民的子孙可以为工人,体力劳动者的子孙可以为脑力劳动者,那么,该社会必定是一种开放式的现代社会。从动态的角度看,代际流动中的世袭率、流动率及趋势等都直接反映社会发展的水平。如果代际世袭率低并越来越低,说明上辈对子辈的影响一代比一代小,子辈向上流动越来越取决于子辈自身的后天因素而非父辈因素,这也标志着社会结构正在从封闭走向开放;如果代际流动率高并越来越高,说明其流动的速度越来越大,流动的幅度越来越大,社会经济日益发展,社会分工日益发达,科技水平日渐提高;如果代际流动的总趋势是向上流动,说明随着社会生产力水平的提高,从事脑力型职业人数比例越来越高,而从事体力型职业人数越来越低。据研究,我国社会代际流动世袭率越来越低,总流动率越来越高,流动的总趋势是向上流动。这表明,我国社会正在从传统走向现代,即社会结构正在从封闭走向开放,社会经济发展水平正在从低级走向高级。

3) 结构性流动和非结构性流动

有些社会学家将横向流动与纵向流动、代内流动与代际流动通称为循环流动,它主要是假定社会结构无重大改变之下,探讨上述不同类型的社会流动的机会与社会意义是否有所不同。随着对社会流动研究的深入,又有社会学者提出了一种新的流动类型,即结构性社会流动。它研究的是由于整个社会结构的变迁所引起的社会流动。提出结构性流动实际上是把社会流动划分为结构性流动和非结构性流动。所谓非结构性流动就是结构性流动之外的一切社会流动,有些西方社会学者称其为“自由流动”。其实,个人流动的自由是相对的,因为任何社会中的任何个人的流动都要受社会环境及社会规范等因素的制约。

结构性社会流动有其不同的表现形式,归纳起来,大致可分为两种:一种形式是人们的空间位置发生明显变动的结构性流动。如我国农业合作化运动中许多个体农民变为集体农民;我国“文革”中,大批知识青年上山下乡;工业化和城市化所导致的大批农民变为工人,大批村民变为市民等等。这种结构性流动之所以表现得非常明显,是因为这种流动不仅只是人们社会地位的变化,而且伴随着人们职业地位、社会角色及空间位置的变化。另一种形式是人们的社会位置发生相对变动的结构性流动。例如,我们以实际收入来看社会流动,假如 1964 年第一代所得收入由 200 元到 1 000 元,共分 5 组,而到了 1984 年的所得收入由 400 元到 1 200 元。由此可以看出,虽然某一家庭的上下两代同在最低所得组,但 1984 年第二代最低所得组的收入显然比 1964 年第一代的最低所得组的收入高出 200 元。即两代的组别虽然没有改变,但第二代的生活水平却提高了。这种情形就是因国民平均所得的提高而引起的结构性社会流动。若就非结构性社会流动而言,虽然增加了 200 元,但他们仍属于最低所得组,因而并没有发生社会流动。因此,在探讨代际流动乃至其他类型的社会流动时,首先应该弄清楚究竟是非结构性的流动,还是结构性的流动,或者两者兼而有之。结构性社会流动发生的原因是多方面的,主要可分为经济因素和非经济因素。就经济因素而言,经济发展是导致社会流动的主因。经济发展不仅直接引起一部分社会成员生活水平和生活质量的相对提高,而且会直接导致一部分社会成员的地位和角色的变动,如在标志着经济发展的产业与分化的过程中,工业化使许多农民变成工人,知识化使许多体力劳动者变为脑力劳动者。就导致结构性社会流动的非经济因素而言,制度、政策、教育等都会影响结构性社会流动。制度对结构性社会流动的影响一般表现为促进和抑制结构性社会流动。如我国现有的户籍管理制度对其成批农民变为工人、村民成为市民的结构性社会流动具有抑制作用。当然,这种抑制主要是为了使结构性社会流动与社会经济发展状况相适应,与城乡发展水平相协调。政策对社会流动的影响则更为明显更为直接。在现代社会条件下,教育升学与职业升等密切相关。因此,全社会教育机会的增加和教育水平的提高,将使更多的社会成员向上流动的可能性增加。此外,地理环境、自然资源、人口构成、社会观念等也是影响结构性社会流动的非经济因素。

结构性社会流动不仅受各种社会因素的影响,而且会给社会带来不同的后果。合理的结构性社会流动将给社会带来良好的后果,而不合理的结构性社会流动将给社会带来不良甚至破坏性后果。所谓合理的结构性流动,是指由社会发展所引起的符合社会发展客观规律的结构性流动。新中国成立以来,我国像这样的结构性流动可大致归纳为4种:一是工业开发型结构性流动。主要是指国家和地区为建立工厂、开采矿山和修建道路而组织的迁移,其主要流向是从沿海到内地;二是农业开发型结构性流动。主要是指国家或地区为发展农业生产、修建水库、建设农场、支边垦荒而组织的人口迁移,其流向随具体的迁移目的而定;三是智力开发型结构性流动,如为边疆和内地建设而抽调的科学家、技术员、教师、干部等,其主要流向是从东到西;四是经济开发型结构性流动。主要是指在经济体制改革过程中,为促进经济开发区的建设而引起的人口迁移,其流向是以具体的经济开发区为中心。上述结构性流动都在不同程度上促进了我国社会的工业、农业、经济、科技的发展。所谓不合理的结构性流动就是由某些人为原因引起,并不符合甚至违反社会发展客观规律的结构性流动。

推荐阅读参考资料

1 葛延风. 城镇贫困问题报告. 见:载江流等. 1996—1997年中国社会形势分析与预测. 北京:中国社会科学出版社,1997,92
2 顾朝林. 北京社会极化与空间分异研究. 地理学报,1997,(5)
3 李建勇. 社会流动的实证研究. 社会学探索,1983,(5)
4 李培林. 新时期阶级阶层结构和利益格局的变化. 中国社会科学,1995a,(3)
5 李培林. 中国新时期阶级阶层报告. 沈阳:辽宁人民出版社,1995b
6 李强. 当代中国社会分层与流动. 北京:中国经济出版社,1993
7 Castells, M. Theory and Ideology in Urban Sociology. in Pinkvance C. G. (ed.). Urban Sociology: Critical Essays, London: Tavistock, 1976
8 Flanagan, Willian G. Contemporary Urban Sociology. USA: Cambridge University Press, chapter titled "Urban Ecology and Its Critics", 1993
9 Giddens, A. The Constitution of Society. Cambridge, U. K.: Polity Press, 1984
10 Giddens, A. The Class Structure of the Advanced Societies. London: Hutchinson, 1973
11 Reed, A. The Underclass as Myth and Symbol: The Poverty of Discourse about Poverty. Radical America 24, 1990. 21 ~ 40
12 Xie Jinyu, Yu Jing. Comparative Studies on the Planned Rural-urban Migrants and Spontaneous Rural-urban Migrants in China. China City Planning Review, 1992, 8(6): 25 ~ 40

复习思考题

1　论述韦伯社会分层理论的核心。
2　论述影响比较大的阶级划分理论。
3　简述沃纳(W. L. Warner)的6阶层划分法。
4　论述阶级与阶层关系。
5　为什么社会主义条件下也会出现社会分层?
6　简述中国城市社会阶层的划分。
7　论述新富裕阶层、中产阶层和贫困阶层在城市中的社会地位及其发展趋势。
8　名词解释:社会分层、阶级、阶层、社会流动、纵向社会流动、横向社会流动。

4 城市社会空间结构

城市空间由居民、政府、各种社会组织以及物质实体空间组成,它是人类的主要聚居场所,也是社会、经济与文化发展到一定阶段的产物和反映。城市生活中的人类行为和目的,赋予了城市空间丰富的含义,不同的人们行为场所构成了多样的城市空间。在这一空间中,邻里是城市社会的基本单位,是相同特征人群的汇集地,也是个人交往的主要空间,是外部力量和地方影响的冲突点。由若干个邻里单位构成了更为复杂的空间形态——城市社区。城市空间的社会学特性导致了城市社会空间结构的形成。

4.1 城市社会空间结构研究理论与方法

关于城市社会空间结构研究,无论在城市社会学界,还是城市地理学界,乃至城市规划学界,已形成多种学派。在城市地理学研究中主要是从城市土地利用方面来考察的,这方面的研究成果比较多。但这种从外观上研究城市的所谓景观论方法,虽然考察了作为人类活动的空间结果的城市社会空间结构,但没有涉及到作为城市社会空间结构形成机制的人类活动本身。因此,城市地域研究转向了以城市地域社会为对象、说明城市形成发展机制的社会生态学方法。但社会生态学方法由于把人过于机械化和一般化看待而受到批判,从而出现了注重人类主观行为的行为论方法。可是在行为论方法中,只强调了人类活动的主观因素,而忽视了制约人类活动的各种客观因素,因而最近的城市地域研究又发展到考虑产生人类活动各种社会制约的政治、经济制度的结构主义方法,以及考察各种制约条件,动态研究人类活动的时间地理学方法。

4.1.1 城市社会空间结构研究流派

1) 景观学派

景观学派(Landscape School)对城市地域的研究最初是通过外部观察开始的,这集中表现在城市建筑物、广场、道路、河流等的空间配置类型已成为理解城市地域的首要问题。城市的形成基础和发展阶段不同,其形态与土地利用结构也不同,通过比较研究可以认识不同城市之间的异同。另外,建筑高度和建筑材料、城市色彩、城市道路网形态也是分析城市景观的一些重要指标。

2) 社会生态学派

社会生态学派(Socio-ecological School)与景观学派相对,其代表为芝加哥学派,受达尔文进化论和古典经济理论的影响较大。该学派认为,不同的社会集团在各种人类活动的竞争中逐步出现了有空间特色的结构。社会生态学派提出了一些对城市理论体系有意义的概念,但是,社会生态学派把人看得过于机械化和一般化,忽视了人类活动背后的文化及传统的影响。

3) 区位论学派

屠能农业区位论是用接近性和地价负担能力等主要概念来说明同心圆土地利用模型的形成机制。克里斯泰勒的中心地理论的核心则认为:合理购物行为的消费者和追求利润最大化的企业家,这两者的合理化行为的结果表现为中心地等级体系。区位论学派(Location School)的快速发展是在 20 世纪 60 年代以后,这与计量地理学的兴起直接相关,即与当时数学模式、统计研究方法和计算机的普及有关。

4) 行为学派

行为学派(Behavioral School)注重行为的意识决定过程。在进行城市地域空间结构研究时,尤其注重购物和迁居行为。尽管中心地模式是以消费者利用最近的中心地为前提的,但事实上,除距离外决定购物地的因素有很多,其中行为因素就起决定性的作用。

5) 结构主义学派

结构主义学派(Structuralism Approach)又可分为制度论学派(Institutional School)和马克思主义学派(Marxism School)。制度论学派认为人类行为绝对不是自由的,受社会制度的制约,特别注重产生各种社会制度的政治、经济体制。马克思主义学派则注重社会各阶层之间的力量关系,研究重点在于城市中产生社会不公平等现象的政治、经济体制和城市空间结构的关系等。

6) 时间地理学派

20 世纪 60 年代后期瑞典地理学家哈格斯坦德提出,并由以他为首的伦德学派发展而成。时间地理学派(Time-geography Approach)注重围绕人们活动的各种制约条件的分析,在时空轴上动态地、连续地研究人类活动对城市空间结构的影响。

4.1.2 城市社会空间结构研究方法

1) 景观分析方法

一个小消费城市的内部地域结构可能只由交换流通功能的商业区和居住功能的居住区组成,比较简单;而城市规模越大,功能区分化就越明显,城市社会空间结构也就越复杂。对这些复杂的功能地域的配置组合状态进行研究,并进行模式化表示,是城市地理学研究的领域。迄今为止,这方面积累了许多研究成果,提出了许多模式。实际上,从区域的角度研究城市的形态、区位、功能、结构、配置等的城市地理学而言,城市社会空间结构及其模式研究最为重要。这主要在于:任何城市功能活动都要在一定的城市地域范围内进行,并形成一定的空间秩序,作为社会、经济、文化各种要素空间投影的内部地域结构的研究,又有助于理解整个城市社会的全貌。

2) 城市填图方法

城市土地利用结构是城市社会空间结构在城市地域上的综合反映,构成了城市内部空间结构的骨架。因此,一般从分析各种城市土地利用类型及其组合状况出发来说明城市内部社会空间结构的特征。城市土地利用现状图是城市土地利用研究中经常使用的资料,但因它是为城市规划所制,往往土地利用分类过细,各种用途土地的分布范围杂乱,也难以进行量化分析。在日本,城市土地利用研究中还经常使用建筑物用途表示图(1/3 000)、城市住宅地图及地籍图(1/600)等。城市土地利用图的最简单表示方法就是方格法,即每个方格内只填一种用途,其特点是简单明了但没有量化和混合土地利用的划分。比方格法较为精确的有分数(分子、分母)表示法和三分表示法。

三分表示法由日本地理学家正井泰夫于 1968 年在"东京 23 区的土地利用"一文中提出。其具体方法是:① 市区地图网格化。东京都用 1 平方公里的方格,所用资料为 1960 年的《东京都土地利用现状图》。② 每个网格分成 3 格,分 3 份的标准是 2/3 和 1/3 的点。每个方格内占 2/3 面积的用途为 A,占 1/3 到 2/3 面积的用途为 B,占 1/3 以下面积的用途为 C,则一个方格的用途可用 A/B/C 的形式来表示。另外,C 中又分占面积 1.0%以上和以下的两种,用"·"号分开,按所占面积大小依次排列出各种用途。三分表示法的最大特点是混合地区划分,也就是确定不同土地利用组合形式的方法:上段有某种用途、中段有 2 种用途(合计面积占 2/3 以上)者都不叫混合地区;出现多种用途的其他所有情况都为混合地区。又可一分为二:两种用途突出的为比较单纯的混合地区;没有突出用途的为极端混合地区。同时,根据单纯和极端的程度又可分成轻度、中度、高度、极度的 4 种混合地区。非混合地区是一种用途占 100%面积者。

此外,除三分表示法外,还有 1970 年由日本地理学家土井喜久一提出的修正韦沃法。其具体方法为:① 求出每个方格的各种土地利用占有率。② 使用修正韦伯法,决定每个方格的土地利用型。此时使用以下公式:

$$S_{K_j} = 1 - \left(\frac{100}{K} \cdot P_{j_2}\right)$$

其中，S：组合指数；K：组合构成数；P_j：占有率第 j 位的土地利用的占有比率。求使 S 最小的土地利用的组合，然后按照占有率的大小顺序表示出各种土地利用类型。

3) 社会区研究方法

美国社会学家史域奇(E. Shevky)和威廉斯(M. Williams)于 1949 年在《洛杉矶的社会区》一书中提出社会区研究，是城市内部人口统计小区(Census Tract)的一种类型化方法。1955 年，史域奇和贝尔(W. Bell)共著《社会区分析》，在方法论上更加精确化。社会区分析与古典城市结构模式的差异在于：古典模式是把现实的城市事例进行一般化后的归纳法模式，而社会区分析是从整个城市的社会变动中演绎推导出城市的地域分化。社会区分析的具体步骤为：第一步是指标的选取。选取反映现代产业社会变化的三种尺度，即各种关系深度和广度的变化、功能的分化、组织的复杂化，伴随这种变化的三个发展趋向是职业构成的变化、生活方式的变化和人口空间再分布的变化。因此，通过分析形成三个复合概念：社会阶层、城市化和社会隔离。第二步，对这样复合概念，以人口统计小区为单位，选取能用数字表示的指标。比如社会状况用白领工人比率，家庭状况用女性就业比率和家庭人数，社会隔离用人种、出身地、宗教、年龄等指标。第三步是分区计算上述三指标的得分。第四步，以这三项指标的组合情况决定各区的特性。其结果表明，美国城市的经济状况呈扇形结构，家庭状况(城市化)为同心圆，种族状况是分散块状。社会区分析的特点在于不是从单方面，而是从三个方面对城市进行比较研究。例如，家庭状况和社会地位是欧美、日本城市中的普遍因子；民族状况为北美特有，西欧和日本不明显；印度的加尔各答和埃及的开罗则是其他影响不同因子，如土地利用、家庭、宗教、文盲比率等。

4) 因子生态分析方法

因子生态分析(Factorial Ecology)法的前提条件是运用计算机能大量处理数据、多变量解析统计方法的开发以及城市内部小地区统计资料的整理。因子生态分析和社会区分析的不同在于，后者事先设定城市内部居住分化的主要因素，而前者则通过变数群的统计分析去抽出主要因子。中国城市中居民的迁居自由度低，社会区不像西方发达国家城市中的那样是自发形成的，而在很大程度上取决于规划决策部门。

4.2 城市社会空间结构模式

追溯城市社会空间结构研究，由来已久。胡尔德(R. M. Hurd)和加尔平(C. J. Galpin)曾分别于 1904 年和 1918 年就城市扩展的形状和方向提出过自城市中心向外呈同心圆状推进和沿主要交通线呈放射状推进的看法，但由于他们对如何产生这种推进形式的内部机制分析不深入,地域结构的模式不典型,所以没有构成一派学说。

4.2.1 城市社会空间结构划分经典模式

城市社会空间结构划分经典模式主要是同心圆模式、扇形模式和多核心模式。

1) 同心圆模式

美国芝加哥大学社会学教授伯吉斯(E. W. Burgess,1886—1966)于1925年最早提出同心圆(Concentric Zone Theory)城市地域结构模型。这一理论认为:城市以不同功能的用地围绕单一的核心,有规则地向外扩展形成同心圆结构。这一理论实质上将城市的地域结构划分为中央商务区(CBD)、居住区和通勤区三个同心圆地带。中央商务区主要由中心商业街、事务所、银行、股票市场、高级购物中心和零售商店组成城市的中心区。居住区分为三个层次,紧靠中心区的第一圈层为海外移民和贫民居住带;第二圈层为低收入工人居住带;第三圈层为中产阶级居住带。通勤区位于居住环境良好的郊区,分布着各种低层高级住宅和娱乐设施,高收入阶层往返于城郊间的通勤区。从本质上看,伯吉斯的同心圆城市地域结构为城—郊二分法,即中央商务区和居住区组成城区,通勤区组成郊区。该模型将社区间居民的流动划为4个阶段:① 流动初期阶段。少量移民来自不同的社会群体,会突破邻里关系而进入相邻社区,其特征依然表现出流动性,可能会继续向其他社会单元迁移。② 大规模入侵阶段。由于社区的种种诱惑因素(高收入、良好的住房条件、优美的生态环境等)促使大量的新群体取代原居民。③ 延续或稳固阶段。最初的少数族群逐渐积聚。④ 堆积阶段。新群体成为社区的主导人群(如图4.1)。

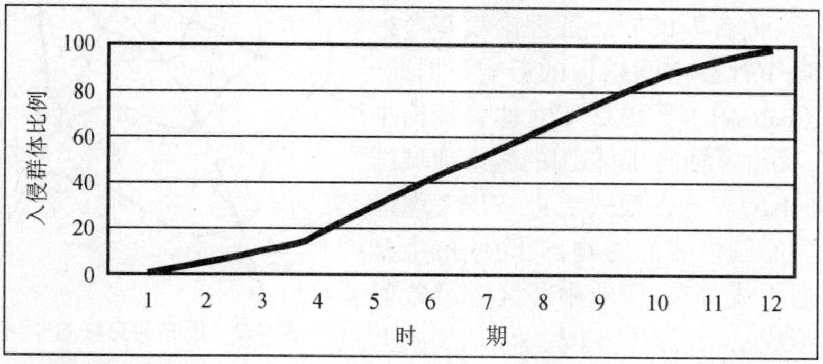

图4.1 人类群体入侵阶段

图 4.1 中，时期 1 ~ 3 为越界初期，增长比较缓慢。时期 3 ~ 5 为开始较大规模群体入侵阶段，增长速度加快。时期 5 ~ 10 为入侵过程延续、入侵群体稳固时期，增长速度剧增。时期 10 以后为堆积阶段，增长速度较为平缓，稳固时期较长，直至下一个入侵高潮的来临。

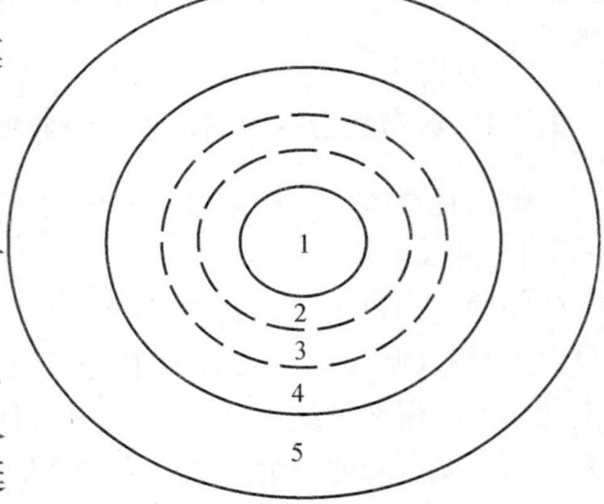

图 4.2　伯吉斯同心圆城市地域结构
1—中央商业事务区；2—海外移民和贫民居住带；3—低收入工人居住带；4—中产阶级居住带；5—通勤区

将这种理论应用到城市中(图 4.2)，可解释为：① 由于城市发展的需要以及人口的增长需求，城市边界扩张，表现为外延的特征。② 城市的发展初期只有一个核心，各区围绕中心安置。在城市边缘区富人建了新住宅，穷富之间有了隔离区。③ 必须拥有高效的运输系统，以满足城市边缘的富裕阶层。④ 城市人口强烈分异，由于职业、人种和种群特征的差异，城市内部产生不同的社区。对此，一些批评家持两方面论点，首先，生物关系同人类世界不完全相符，生物关系由自然界调控，人类世界由习俗、法律和制度所限制。其次，忽视了感情方面，人为夸大了竞争程度。

很显然，伯吉斯的同心圆理论没有考虑交通线对城市社会空间结构的影响。据此，巴布科克(Babcock)于 1932 年对这一理论进行了修正，提出了轴向-同心圆的城市地域结构模式(图 4.3)。这一模式更进一步考虑运输轴线对同心圆模式的影响，认为城市主要活动沿交通干线分布，商业中心区有沿放射干线延伸形成星状形态的趋势。但从实质上看，轴向-同心圆结构仍然只是同心圆结构随交通干线扭曲变形而已。

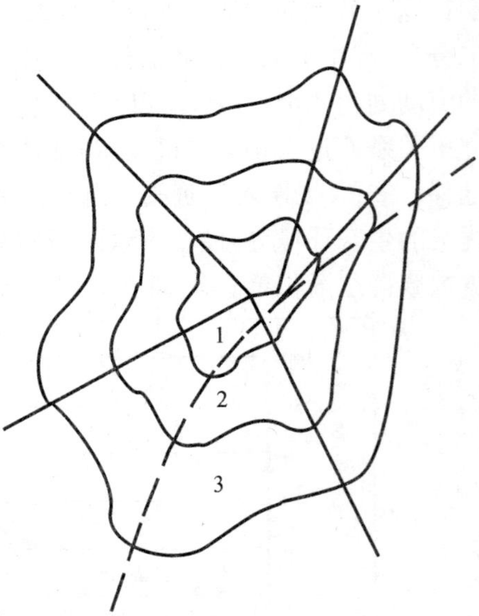

图 4.3　巴布科克轴向-同心圆的城市地域结构
1—商业中心区；2—低收入住宅区；3—中等收入住宅区

同心圆理论的中心观点在于城市人口迁入及其移动导致了城市地域分化，展现动态地研究城市、实证研究方法、注重社会调查等方法论，在对城市社会的认识上不仅仅只停留在城市物质环境上，而且深入到精神领域和生活环境方面。

2）扇形模式

美国土地经济学家霍依特(H. Hoyt)通过对142个北美城市房租和地价分布的考察发现,高地价地区位于城市一侧的一个或两个以上的扇形区内,并且从市中心向外呈放射状延伸,在一定的扇形区域内又成锲状发展;其低地价地区也在某一侧或一定扇面内从中心向外延伸,扇形内部的地价不随离市中心的距离而变动,据此得出了与巴布科克类似的结论,即城市的发展总是从市中心向外沿主要交通干线或沿阻碍最小的路线向外延伸。也就是说,城市地域的某一扇形方向的性质一旦决定,随城市成长和扇形向外扩大以后也不会发生很大变化。霍依特认为:城市地域的这种扩展,与其说是同心圆形,还不如说是扇形。于是他于1939年提出了城市地域结构的扇形理论(Sector Theory)(图4.4)。

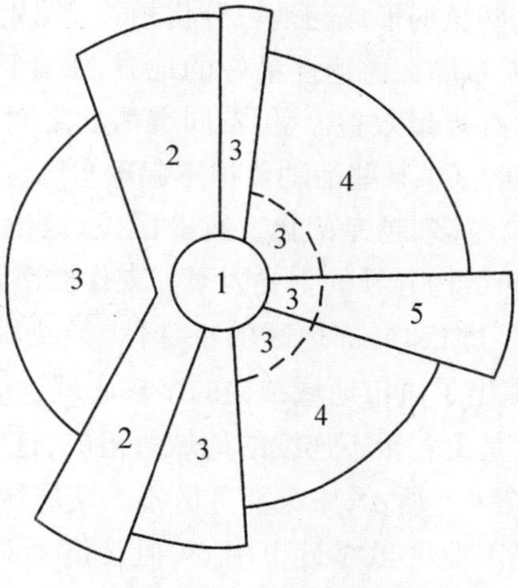

图4.4 霍依特扇形城市地域结构

1—中心商业区；2—批发商业、轻工业区；
3—低级住宅区；4—中等住宅区；
5—高级住宅区

霍依特通过研究得出如下结论:城市社会经济结构主要依扇形形式而变化,因地租的差异形成分布格局。具体表现为:① 最高价的居住区从城市中心向外扇形排列;② 中产阶级在高租金区的两边;③ 低租金部门位于高租金区相悖的地方;④ 形成高租金区的原因是富裕阶层沿主要道路向外扩展,或为躲避洪灾向高地迁移,或倾向于靠近领导阶层的住所。按照霍依特的扇形理论,城市社会空间结构被描述为:中央商务区位居中心区,批发和轻工业区沿交通线从市中心向外呈楔状延伸，由于中心区、批发和轻工业区对居住环境的影响导致居住区呈现为由低租金向中租金区的过渡，高房租区沿一条或几条城市交通干道从低房租区开始向郊区呈楔状延伸。

霍依特的扇形理论虽然强调了交通干线对城市地域结构的影响，但它仅仅分析了城区结构形态，而忽略了城区以外广大地域的描述。扇形模式与同心圆模式的最大差异在于扇形模式是针对居住用地，而同心圆模式描述的是城市全境，两者具有相互补充的关系。对此，有关的批评也集中在两方面，首先，扇形的定义模糊；其次，社会领导者成为吸引高社会经济地位的人的原因不明。

3）多核心模式

美国地理学家哈里斯（C. D. Harris）和乌尔曼（E. L. Ullman）在研究不同类型城市的地域结构时发现，除 CBD 为大城市的中心外，还有支配一定地域的其他副中心的存在（图 4.5）。这些核的形成与地域分化相关，原因是：① 某些活动需要专门性的便利。如零售业需布局在通达性最好的地方，工业区需要广阔的土地和便利的交通。② 同类活动有集聚效益。③ 不同类活动之间可能产生利益冲突，如工业区和高级住宅区之间。④ 某些活动负担不起理想区位的高地价。因此，他们认为越是大城市其核心就越多、越专门化。行业区位、地价房租、集聚效益和扩散效益是导致城市社会空间结构分异的主要因素。现代城市正是由于这 4 种因素的相互作用，以及历史遗留习惯和局部地区的特殊性，导致城市地域多极核心的产生，于是他们于 1945 年提出了城市地域结构的多核心理论（Multiple-nuclei Theory）。

这一理论认为：城市是由若干不连续的地域所组成，这些地域分别围绕不同的核心而形成和发展。如图 4.5 所示，中央商务区不一定居城市几何中心，但是是市区交通的焦点；批发和轻工业区虽靠近市中心，但又位于对外交通联系方便的地方；居住区仍分为三类：低级住宅区靠近中央商务区和批发、轻工业区，中级住宅区和高级住宅区为了寻求好的居住环境常常偏向城市一侧发展，而且它们具有相应的城市次中心；重工业区和卫星城镇则布置在城市的郊区。

多核心模式与前两个模式相比更具现实性。城市地域里集聚与扩散两种力量相互作用的最后结果通常是复合核心结构。这对现代大城市研究与规划很有启示，因为当今大城市的发展趋势是多核化，城市地域规划的倾向是分散多核型。多核心城市地域结构虽然比较准确地反映了按功能区组织城市地域结构和城市向郊区发展的趋势，比同心圆结构和扇形结构也更接近实际，但这种模式仍偏重于城区内部结构的描述，忽略了城区外围的深入研究。

在城市社会空间结构的三大经典模式中，同心圆模式注重城市化原因，其基本原理是流入城市的移民集团的同化过程；扇形模式注重社会经济地位，焦点是不同地价住宅地区的发展；多核心模式强调各种不同社会集团经济活动的次地区发展。因此，这三者的关系并不对立，扇形和多核心以同心圆为基础。另外，同心圆、扇形和多核心又是社会区分析和因子生态研究中的一个方面，城市因子生态结构分解后即是同心圆、扇形和局部集中的三种成分，所以说，这三种空间成分是城市地域结构组合的基本因素。

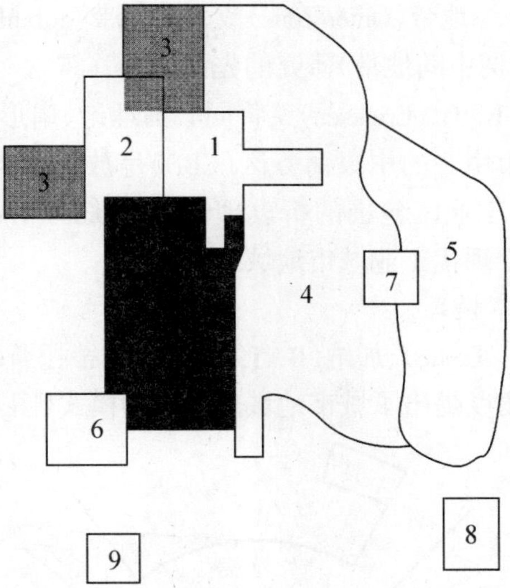

图 4.5 哈里斯-乌尔曼的多核心理论

1—中央商务区；2—批发商业、轻工业区；
3—低级住宅区；4—中等住宅区；
5—高级住宅区；6—重工业区；
7—外用商业区；8—近郊住宅区；
9—近郊工业区

4.2.2 现代城市社会空间结构模式

第二次世界大战以后，城市经济得到迅速发展，城区对其周围地区越来越保持着一种非常深刻的相互依存关系。一方面，城区从其周围地区获得食品和工业所需的原料；另一方面，它又向其周围地区提供工业产品，以及娱乐和购物场所。它们之间已经不限于城郊的依附关系，而是构成了一个统一的地域。这种“城区周围地区”，从某种意义上来说已形成一种特定的社会空间结构实体。按上述简单的城—郊二分法，城市地域结构划分，只能将这一地区作为城市或郊区的一个组成部分，不能恰如其分、准确地描述它的具体特征。为了更准确地进行城市地域结构的划分,城市学家们开始了城区—边缘区—影响区三分法的探索。

1) 迪肯森三地带模式

1947年迪肯森(R. E. Dikinson)从许多研究城市的论著中,将历史的发展与地带的结构加以综合,推崇伯吉斯的同心圆理论,进一步提出三地带理论(Three Zones Theory),即城市地域结构从市中心向外发展按中央地带(Central Zone)、中间地带(Middle Zone)和外缘地带(Outer Zone)或郊区地带(Suburban Zone)顺序排列,开创了城市边缘区(即所谓中间地带)研究的先河。

1954年埃瑞克森(E. G. Ericksen)又将同心圆理论、扇形理论和多核心理论综合为城市地域结构从市中心的中央商务区(CBD)呈放射状伸展,居住区充填于放射线之间,市区外缘由工业区包围的折衷理论(Combined Theory)。这一城市地域结构模式似乎更接近于现代工业城市地域结构。

2) 塔弗的理想城市模式

1963年塔弗(E. J. Taaffe)、加纳(B. J. Garner)和蒂托斯(M. H. Teatos)根据城市发展从城市社会学角度提出了城市地域理想结构模式(图4.6)。

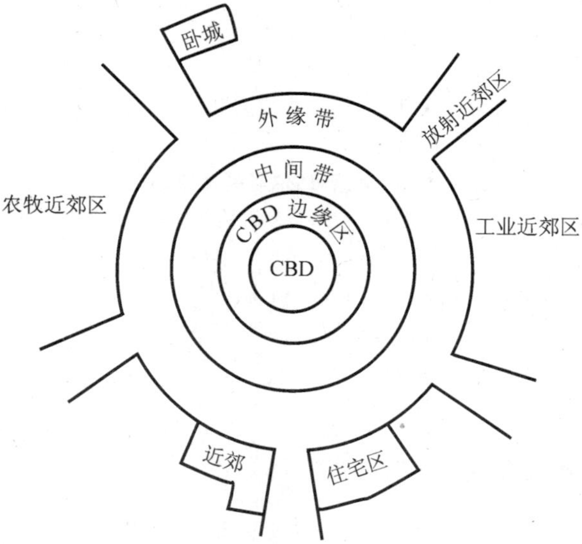

图4.6 塔弗城市地域理想结构模式

从图4.6可以看出,塔弗等的城市地域理想结构模式主要由下述5个部分组成:① 中央商务区。本区由集中的摩天大楼、银行、保险公司的总办事机构、股票交易市场、百货商店和大量的文化娱乐场所组成。② 中心边缘区。本区由中央商务区向四周延伸,往往由若干扇面组合而成,商业地段、工业小区和住宅区分布其间。③ 中间带。本区具有混合型社会经济活动特征，由高级单元住宅区、中级单元住宅区和低级单元住宅区组成，且高密度住宅区距中央商务区较近，低密度住宅区分布在其外围。④ 外缘带。本区为城市新区，轻工业特别是大耗电和需要大量空间的食品、服装、纺织、日用化工在该地带逐渐发展；中等收入者多在此拥有独户住宅，形成连片的住宅区；同时，由于环城道路和区域性干道枢纽大多位于这一地带，使之既与市中心保持密切的联系，又具有广阔的用地空间，所以各种中级旅馆、大面积停车场、大型购物中心（超级市场）均分布于此区。⑤ 近郊区。本区由于城市对外高速公路向外围的辐射，便利的交通条件，逐步形成近郊住宅区、近郊工业区和近郊农牧区等。

3）麦吉的殖民化城市模式

麦吉（T. G. McGee）通过大量的殖民化城市地域结构研究发现，现代城市是由前工业社会城市和工业社会城市两种文化相互作用而发展起来的，从他 1967 年提出的东南亚港口城市空间结构模式（图 4.7）可以看出，东南亚的城市在已西方化了的中央商务区和外围商业区之间存在明显的差异，边缘地带的工业区和内城的家庭手工业之间也存在明显的差异，即使在高密度拥挤的商店、街道和舒适的中产阶级居住区之间也仍保留着乡村特点。

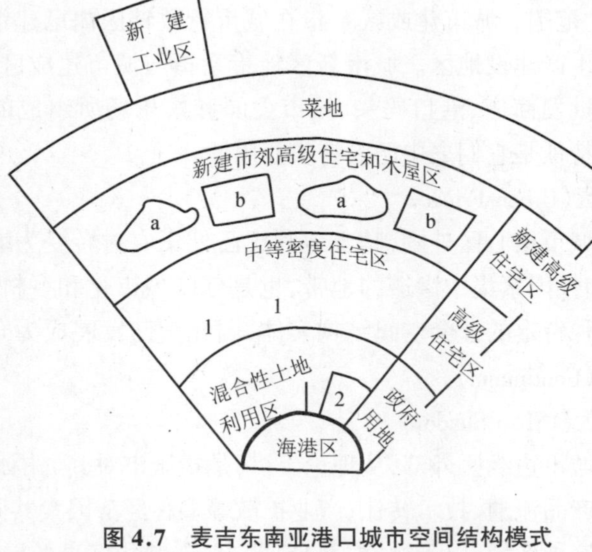

图 4.7 麦吉东南亚港口城市空间结构模式

4）洛斯乌姆的区域城市结构

1975 年洛斯乌姆（L. H. Russwurm）在研究了城市地区和乡村腹地以后发现，在城市地区和乡村腹地之间存在着一个连续的统一体，他在“城市边缘区和城市影响区”一文中描述了现代城市社会的空间结构(图 4.8)。

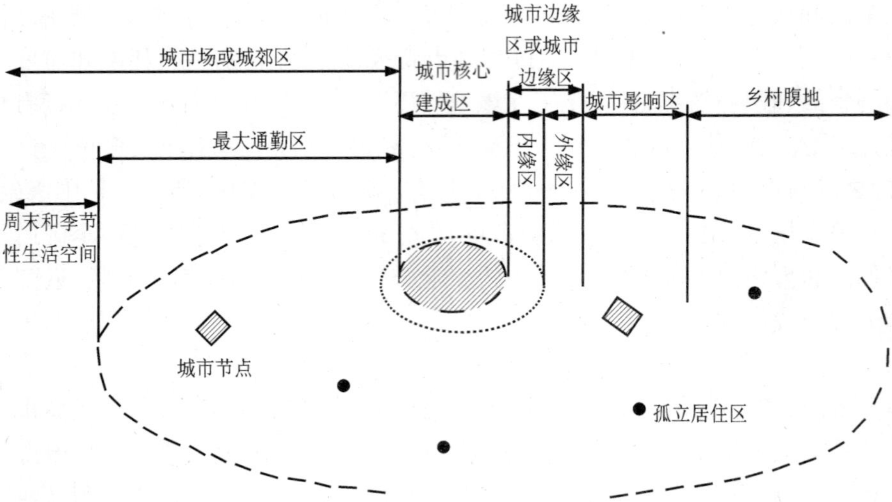

图 4.8　洛斯乌姆区域城市结构

(1) 城市核心区(Core Built-up Area)

这一地区大致包含了相当于城市建成区(Urban Built-up Area)和城市新区地带(Urban New Tract)的范围。城市建成区系指在城市行政辖区内已建设发展起来的集中连片的非农业生产建设地区。城市新区地带系指与城市建成区相连,由一系列居住新区、工厂、批发商店、港口码头、城市公园和娱乐场所组成的楔状连片地区。这一地区的总特征是它们之中已没有农业用地。

(2) 城市边缘区(Urban Fringe)

这一地区位于城市核心区外围,其土地利用已处于农村转变为城市的高级阶段,是城市发展指向性因素集中渗透的地带,也是郊区城市化和乡村城市化地区。由于这一地区是一种特定的社会空间结构实体,因此它已发展成为介于城市和乡村间的连续统一体(Continuum)。

(3) 城市影响区(Urban Shadow)

这一地区位于城市边缘区外部,从理论上讲,是指城市对其周围地区的投资区位选择、市场分配、产品流通、技术转让、产业扩散等多种经济因素共同作用所波及的最大地域范围。这种区域,由于物资、商品、劳力、金融和信息的向心吸引,从而构成结节区整体,表现为距离城市中心愈近,影响力愈大;距离愈远,影响力愈小,并逐渐过渡到另一个城市影响区的空间结构特征。

(4) 乡村腹地(Rural Hinterland)

这一地区位于城市影响区的外围,由一系列乡村组成,它们受周围多个城市中心的作用,与城市没有明显的内在联系。

5）穆勒的大都市结构模式

1981 年穆勒(Muller)在研究了日益郊区化的大都市地区后,提出了郊区小城市(Suburban Minicity)是一种新因素,代表了郊区范围内的主要核心。他运用范斯(Vance)1977 年提出的城市地域(Urban Realm)概念,对哈里斯和乌尔曼的多核心理论作了进一步的扩展,建立了一种新的大都市空间结构模式(图 4.9)。

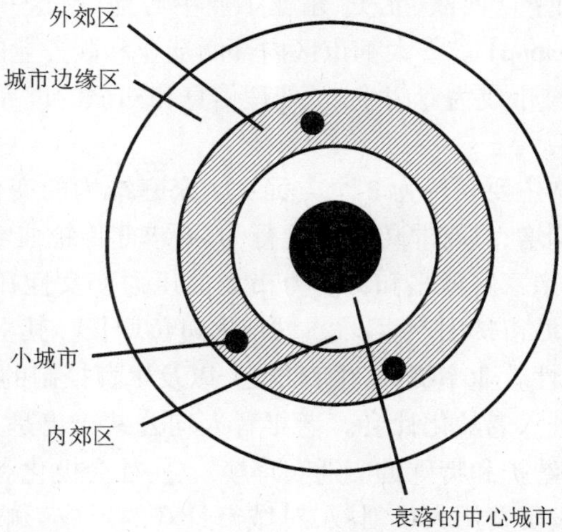

图 4.9　穆勒大都市地域结构模式

从图 4.9 可见,穆勒的大都市地域结构模式由 4 部分组成:① 衰落的中心城市(Declining Central Dity)。② 内郊区(Inner Suburbs)。③ 外郊区(Outer Suburbs)。④ 城市边缘区(Urban Fringe)。这一模式与哈里斯-乌尔曼多核心模式相比,简单地说,可称为多中心城市模式(Polycentric City)。在大都市地区,除衰落中的中心城市外,在外郊区正在形成若干个小城市(Mini Cities),它们依据自然环境、区域交通网络、经济活动的内部区域化(Internal Regionalization),形成各自特定的城市地域(Urban Realm),再由这些特定的城市地域组合成大都市地区(Metropolitan Area)。

4.2.3　城市社会空间结构的变化因素与趋势

城市的经济、人口、社会、文化、政治等方面的变化将对城市地域结构的变化产生很大影响,导致 21 世纪初期城市发展的可能方向。

1）变化因素分析

(1) 经济因素

当今最重要的经济变化将成为新的劳动地域分工(New Spatial Division of Labor),这就是国际性或国家尺度的新劳动分工、全球产业结构重构与转移以及经济全球化等。其典型表现类型是,高附加值的大公司总部等职能集中于几个世界城市的中心区,办公职能和研究开发职能集中在世界城市的郊区,而生产部门和市场则广泛分布在发展中国家。第二个最重要的变化为经济结构的转化,即第一、第二产业向第三产业乃至第四产业(信息产业)的转化。其他的变化还有信息化、社会阶层的两极化、市场垄断化和企业经营多元化等。世界经济变化的主要空间结果表现为依托 3 个方面:① 西欧、北美、东亚工业中心地带,这一地区许多城市的脱工业化(De-industrilization)。② 大都市区内部制造业和服务业的离心化(De-centralization)。③ 几个大城市成为专门生产、处理信息和知识的世界城市。

(2) 社会因素

人口因素的影响主要表现为 3 个方面:① 家庭结构的变化。单亲家庭、单身家庭等非传统家庭剧增,具有非传统居住行为,要求非传统住宅和非传统的城市服务,并且由于母子单亲家庭增多和劳动力市场的压力使女性在城市社会空间结构中地位突显出来,新城市贫困产生。② 城市人口负增长。其主要原因是家庭主义向消费主义转变,女性就业率提高,生育推迟,以及生育控制的有效性。③ 老龄化社会。大城市全面进入老龄化社会。老年者人均公共支出是儿童的 2 倍,需要特殊的健康设施、家庭看护和特殊的交通及环境。④ 社会极化和进一步分层。经济不景气中公共部门投资费用大量削减,对城市景观的形成影响巨大。人们的勤劳和储蓄意识下降,出现生产率低下且傲慢的城市底层社会(Underclass)。

2) 变化趋势

综上所述,影响城市社会空间结构变化的主要因素有经济和社会两部分,对城市发展形成分散力与集中力。

(1) 分散因素

分散的因素包括:① 远距离通信技术的增加和高度化。② 影响所有经济活动的区位制约因素在下降,自由配置城市功能区的可能性增加。③ 办公区和白领工作岗位的郊区化。④ 低密度农村生活环境偏好的增大。⑤ 旧公共交通的混杂和运输费用的增加。⑥ 经济活动的全球化。

(2) 集中因素

集中的因素则有:① 特定经济活动面对面接触的必要性依然继续存在。② 能源费用的上涨和能源供给的不确定性。③ 反技术态度的出现。④ 贫困化城市下层居民的残留。⑤ 绅士化现象(年轻中产阶级的一部分迁居到内城)出现。⑥ 高度远距离通信技术对不富裕阶层来说难以利用,或者十分昂贵。

由于分散与集中这两种力量的相互作用,加上经济和历史的因素,就形成了当代城市社会空间结构的发展基础。城市社会空间结构的变化似乎已使单核城市的向心化与离心化理论不再适合,从而需要复杂的多核心的大都市区概念。而大都市区的将来,可能是在相对多核化的同时,进一步成为有统一结节中心地的星座状大城市连绵区城市群空间结构。它将比现在的大都市区范围更广,大都市区内部具有高度的统一化和集中化,并且大都市区居民将生活在不同的空间尺度中,如大部分工作岗位、购物、娱乐活动依然集中在比较小范围的社区内,高层次的工作岗位、服务、娱乐活动则形成大城市的职能中心,它们两者之间的连续将是通信而不再是交通的移动。

4.3　转变中的中国城市社会空间结构

20 世纪国际经验表明,发展中国家的经济现代化通常与快速的城市化相伴随。西方学者曾公认,在社会主义国家社会空间结构差距已经逐步缩小(French and Hamilton,1979)。然而,自从 1978 年中国经济改革与开放政策实施以来,一个新的城市发展阶段已经出现,尤其是 1984 年以来的城市改革后:① 开放了城市农副产品市场和实行厂长、经理负责制。② 取消城市粮食配给制度、实施城市土地有偿使用和住房私有化。这些改革措施极大地冲击了城市人口迁移控制的基石,如就业制度、户口制度、粮食配给制度和城市住房制度等。大量的流动人口开始由农村地区向城市地区迁移。由于在中国专门的户籍管理制度下城市居民和农村人口之间事实上存在的巨大的福利制度差距,原先社会主义平等的城市无阶级社会受到极大的冲击。作为一种结果,大都市区社会空间结构发生转变,尤其在首都北京其变化的深度和广度都远远超过了其他的城市。

近 30 年来,西方许多城市研究工作者通过城市社会空间结构研究发现了一些新的理论和方法(Rowthin, 1974; Gregory, 1978; Johnston, 1983; Saunder, 1986)。这些新的研究尤其集中在两个主要的领域:① 城市社会分异(urban social segregation) 和城市贫困(urban poverty) (Pahl, 1975; Castells, 1976a, 1976b)。② 城市社会极化与城市社会结构之间的关系(Russwurm, 1975; Bourne, 1982; Carter, 1982; Cook, 1988; Gregory and Urry, 1985)。尽管如此,事实上西方发达国家传统的城市社会极化现象并没有缓和,正相反,传统的理论和方法却一次又一次被突破。这主要在于:① 第二次世界大战以后福特主义和后福特主义的发展(Albertsen, 1988; Gertler, 1988, 1922)。② 新国际劳动地域分工(NIDL)的出现和城市社会集团的变化(Friedman and Wolff, 1982; Lash and Urry, 1994)。③ 新全球经济系统重建和世界城市体系的发展(Sassen, 1991, 1994)。由于这些发展和变化,一些发展国家中的城市也开始面临新的城市社会空间结构的转变。

Soothill (1951), Mote(1977),章生道 (Zhang,1977)和侯仁之(Hou,1986)都曾经描述过传统的中国城市模式。薛凤旋(Sit,1995)和 Gaubatz(1995)最近试图通过历史和 1949 年以来的北京的研究,揭示社会主义的中国城市社会空间模式。然而,1984 年后是北京发展过程中最快的增长时期,我们试图通过北京城市的社会极化与空间分异,揭示 1984 年以来由于最近的政治、经济转变形成的转变中的中国城市社会空间结构。

4.3.1 城市社会空间结构的影响因素

在最近几十年来,许多因素影响北京的社会空间结构,如历史的、经济的、社会的和文化的要素等等。我们能通过下述 5 个方面概括这些影响:

1) 薄弱的社会经济基础与便宜的工业化模式

新中国是建立在一个具有二元社会经济结构系统、半殖民地半封建国家的基础上的。一方面,几乎所有主要城市与世界市场相连接的现代工业均毁于战争;另一方面,占 95%以上的农村人口生活在饥饿和贫困的边缘。在三年的战后重建后,由于众所周知的"冷战"使新中国陷入国际孤立的境地。然而,解放和发展生产力是新中国的基本目标。如果中国要实现从贫穷的大农业国向现代化的国家转变,快速的工业化是惟一的出路。中国在 1957 年实施了社会主义改造,变"消费性城市"为"生产性城市",这是前 30 年社会主义城市重建的主要特征。由于资本、技术、熟练劳动力和世界市场的缺乏,中国曾经把它的重点放在便宜的工业化上,即集中几乎所有的资本投资在生产上,尤其在第二产业上,其结果是中国城市几乎都成为能源工业(如煤炭、石油和水力)、原材料和低水平制造业的生产基地。在最早的两个五年计划期内(1953—1965),北京布局了它的工业基地。从此,电力、纺织、机械和建材成为主要的生产部门,而在第三产业(如住房、学校、医院、道路、公共设施和污水处理系统等)的投资却保持在绝对低的水平。在这个时期,12 个工业—居住区,如酒仙桥、东坝、定福庄、垡头、南苑、丰台、石景山、西苑、清河、沙河、黄村和良乡,被布局在城市的近郊区(图 4.10)。通过这些新工业—居住区、公共交通网建设和通勤活动,北京的社会空间结构被从内城区扩大到近郊区。

2) 社会主义平等意识形态与控制人口迁移的城市化道路

社会主义城市化曾经被表述为在社会平等意识形态指导下的消灭人类社会的三大差别,即:城乡差别、工农差别、脑力劳动与体力劳动差别。然而,在社会主义短缺经济系统中,现实世界客观存在农产品与工业品的"剪刀差"和城乡居民福利制度的不平等,最终城乡差距和工农差距事实上被进一步扩大。在这样一个城乡高位势社会经济系统中,农村人口向城市的迁移压力必然变得愈益强大。中国作为世界上最大的社会主义农业国家,一方面,在一个有限的商品粮食增长条件下,

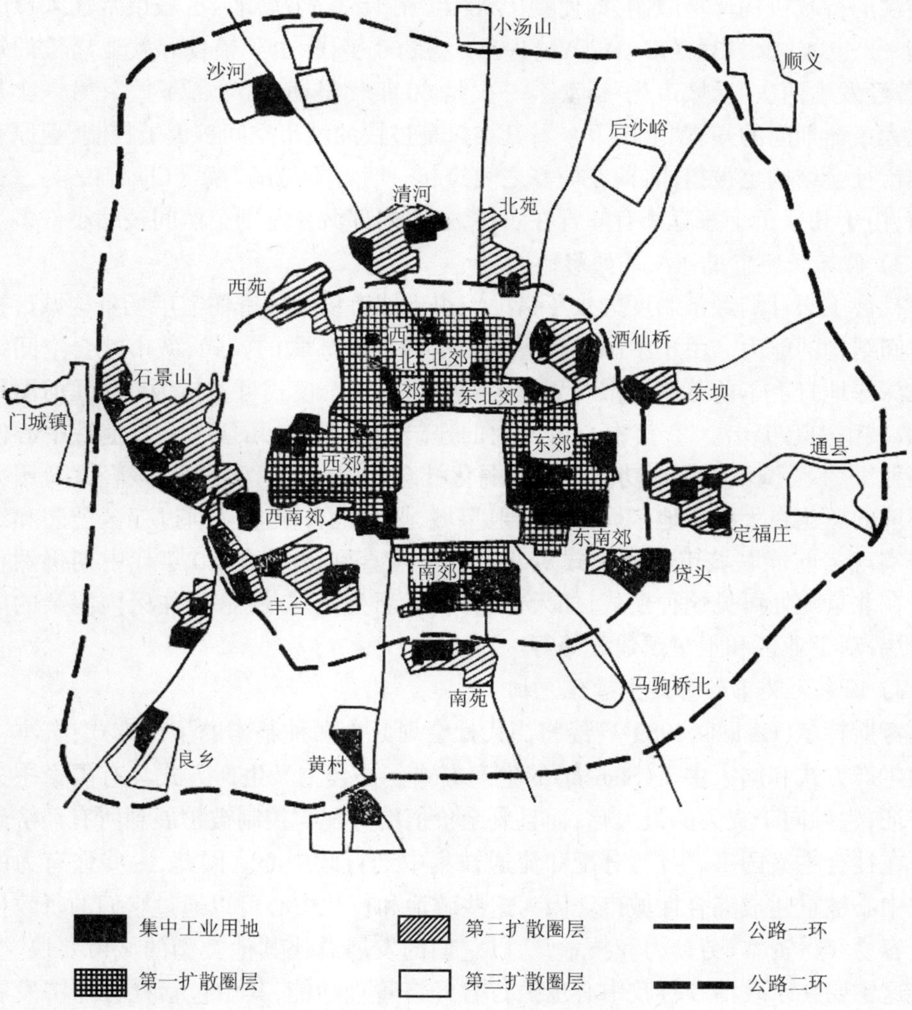

图 4.10 北京 20 世纪 50～60 年代新工业—居住区

为了消灭人类社会的三大差别和养活已有的非农业人口，必须对城市化速度有一个比较强的控制；另一方面，为了发展生产力，必须保持城市化水平和城市非农业人口有一个稳定增长率。结果作为权宜之计，城市社会空间结构通过强有力的城乡迁移控制来维系。从 20 世纪 60 年代起中国城市政府就采取强有力的措施限制城市人口迁移，这些措施包括城市居民户籍管理制度，城镇居民粮食配给制度和城市就业制度等[1]。在北京,每年“调干”或“农转非”的数目总是被公安局和其他不同层次的行政机构严格限制,即使到1990年“调干”和“农转非”占城市常住人口的比例[2]也才达6.13%(Xie and Yu,1992)。在60年代,由于粮食和就业岗位的短缺,曾经发生两次“反城市化”运动。一次是60年代早期的“干部下放”,另一次是文化大革命期间的知青“上山下乡”,其结果是过快的城市空间扩展被控制,但原有的城市社会结构也被扭曲,即在城乡之间筑起一堵看不见的“墙”(Chan,1994)。在城市,由于几乎每个家庭都有知青在农村,家庭内部城乡差别突然间被缩小许多。

3) 前苏联城市规划模式的影响

社会主义计划经济制度失去了借助城市土地市场和城市住宅市场重构城市社会空间结构的能力。由于中国经济管理制度仿效前苏联的模式,城市社会空间结构被深深地打上了前苏联城市规划模式的烙印。这个模式可概括为:① 几何图形堆积,城市中心突出。② 市中心由巨大的建筑围成广场,几条主要大道从中心向外辐射。③ 强调城市土地功能分区与弱化社会空间分异。④ 为了减轻人口压力和环境的恶化在大城市地区周围建设卫星城,城市的开敞空间通过郊区公园和绿带来实现。前苏联城市规划模式对北京的影响直到20世纪80年代中期仍然很强。在北京随处可见这种模式,如天安门广场,新生活居住区,居住区内混杂的居民阶层,新工业区和卫星镇建设等等。

4) 国家主义下的行政中心优先权

考斯特尔(Castells,1989)曾经将当代社会划分为两种基本的生产方式:资本主义的生产方式和国家主义(Statism)的生产方式。社会主义生产方式具有国家主义的特征,它倾向于权力的最大化,而且剩余价值的分配与控制被扩展到所有经济部门。在社会主义国家,生产、分配和流通被集中到行政中心。因此,一些强有力的行政中心被重建成综合性城市。因为这些政治和行政中心可以通过它们的行政权力更容易获得资本、劳动力和技术,所以它们的发展总比其他类型的城市要快、要好。这主要在于政治和行政中心也执行着经济管理功能,其中包括社会经济发展计划和财政分配权。北京,作为社会主义国家的首都,它的首都功能具有城市发展的优先权。此外,中央各部委的示范效应也对北京的工业、住房和基础设施给予了

〔1〕1958年1月9日,我国第一部户籍管理法规——《中华人民共和国户口登记条例》颁布实施。《中华人民共和国户口登记条例》中对农民进入城镇做出了约整性限制的明确规定:“公民由农村迁往城市,必须持有城市劳动部门的录用证明、学校的录取证明或城市户口登记机关准予迁入的证明,并向常住地户口登记机关申请迁出手续。”

〔2〕《北京市“十五”期间城市发展规划》提出北京“要加快户籍管理制度改革步伐,实行按居住地划分城乡人口的户籍登记制度,用不同城镇有区的准入条件取代‘农转非’的计划指标”。这将意味着“农转非”被取消。

重要的支持。所有这些导致了北京成为中国发展最快的城市。

5) 一些其他相关政策

一些其他的相关政策也为北京的城市空间扩展提供了专门的环境。例如,城市政府财政主要依赖于工商利税,这就迫使所有的城市尽力发展它们的制造业和商业。这些产业部门进一步吸引越来越多的就业机会、机构、公司和"农转非",反过来又进一步扩展它的空间结构。这也就是为什么北京作为国家的首都却十分重视发展它的钢铁工业、石化工业、电子工业、汽车工业和庞大的商业区,而轻视服务业、科学技术和文化中心功能的原因所在。此外,许多公共设施的布局,如银行、火车站、通信枢纽、邮件分检中心以及城市建设维护税制度都是依据国家城市体系的城市行政等级系统而制定的。

4.3.2 北京:转变中的城市社会空间结构

通过上述的讨论,我们能概括北京社会空间结构及其转变过程。大致分为如下 3 个时期和类型。

1) 传统的社会空间结构(1271—1949)

北京传统的城市社会空间结构不同于西方国家的城市。它基于 2500 年前所写的《考工记》中理想的城市规划原理(Hou,1986a,1988b)。这个原理定义城市空间形式为规则的、具有等级体系、由城墙环绕的矩形空间形态。典型的中国传统城市的社会空间结构被描述成:城市空间被九经九纬大道分隔,中央为皇宫,前朝后市、左祖右社,居住区围绕市中心布局。老北京城就是按照这个规则建设并且在元代(1271—1368AD)成为比较著名的大都市,称为元大都。它的空间布局形成一个中心点和南北中央轴。皇城位于城中央,居住区被分成 50 个街区围绕着皇城分布。社会和种族的空间分异是一个非常明显的特征,皇室家庭总是更接近于皇宫居住。北京曾保持这种社会空间结构长达 700 年,直到清末(1911AD)。

北京受欧洲工业化和技术革命的影响较晚。在 1840 年鸦片战争以后,由于资本和技术的流入,西方文明和城市文化开始侵入中国城市。从此,一些沿海城市传统的社会空间结构被扭曲,中国城市的发展模式被从它的传统的轨道中拉出,并被推入西方城市发展模式的轨道中。然而,有关影响中国城市传统的社会空间结构的重要因素并没有转变太多。这主要在于具有商业掠夺性资本为特征的外国资本被高强度地投入在沿海为数不多的贸易港口城市,尤其集中在贸易、房地产和制造业部门,而位于中西部的城市、县城和小城镇仍然保持了中国传统的城市社会空间结构。与此同时,频繁的战争也中断了这种城市转变过程,尤其抗日战争期间中国的城市经济遭到了巨大的破坏。即使 1945 年抗日战争胜利,又由于人民解放战争的爆发而中断。总之,在 1911—1949 年,中国城市社会空间结构的传统被完整地保留了下来。在北京仅有两个可见变化:① 天安门广场东南方向出现外国大使馆、银行、写字楼、俱乐部、医院、饭店和驻军、外国人居住区。② 一些教堂、学校和医院在城区建设。

老北京城是一个拥有 63.2 平方公里的围墙城区,被分成两个部分——老的内城和老的外城。老的内城为皇城,由宫城、湖泊、公园、神殿、藏书楼、主考堂及其他公共建筑和富人居住区(四合院和胡同)组成。宫城位于皇城的中央,主要建筑形成一条南北向轴线。皇城的道路系统呈棋盘状。老北京城曾经是一个具有明显的社会和种族分异的城市:① 社会分异。宫城被称为紫禁城,围以高墙,仅有 4 个城门与整个皇城相联。② 种族分异。位于皇城南部的老外城建于清代,主要用于种族分异目的。在清代推翻明代时,所有的汉族居民曾被逐出皇城迁到老的外城。到晚清时,老的外城实际上已沦为由穷人居住区和拥挤的商业中心组成的城区。直到 1949 年,北京的社会空间结构仍然保留了明、清时代的特征(图 4.11)。

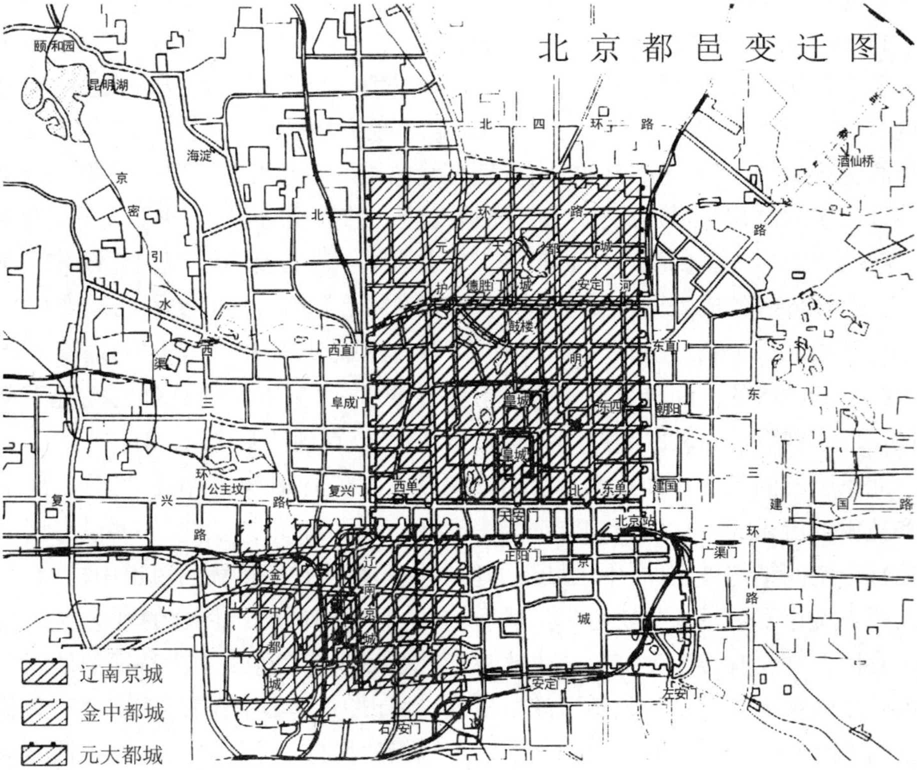

图 4.11　北京市传统社会空间结构示意图

2）社会主义过渡时期的社会空间结构(1949—1978)

在这一时期,北京作为新兴的社会主义国家的首都,一方面,为了体现蒸蒸日上的社会主义制度的巨大成就,在老的内城区进行一些旧城改造;另一方面,由于生产力的解放,城市向边缘区迅速扩展。在老的内城区天安门广场被扩建,人民大会堂等十大建筑沿长安街布局形成新的东西向城市轴线,与原有的南北向皇城轴线形成鲜明的对照。很显然,这一新轴线的形成是内城区社会空间结构最重要的变化之一。此外,在这一期间,北京也开始进行其他的城市改造。在最初的 20 年,城市改造主要集中在开敞空间方面,而棋盘式道路系统,胡同、花园和水系改变不大。"文革"期间,为了解决住房短缺问题,一些简单的一层临时住房被允许在四合院中建设。从总体上说,直到 1978 年,老的内城区社会空间结构并没有太大的变

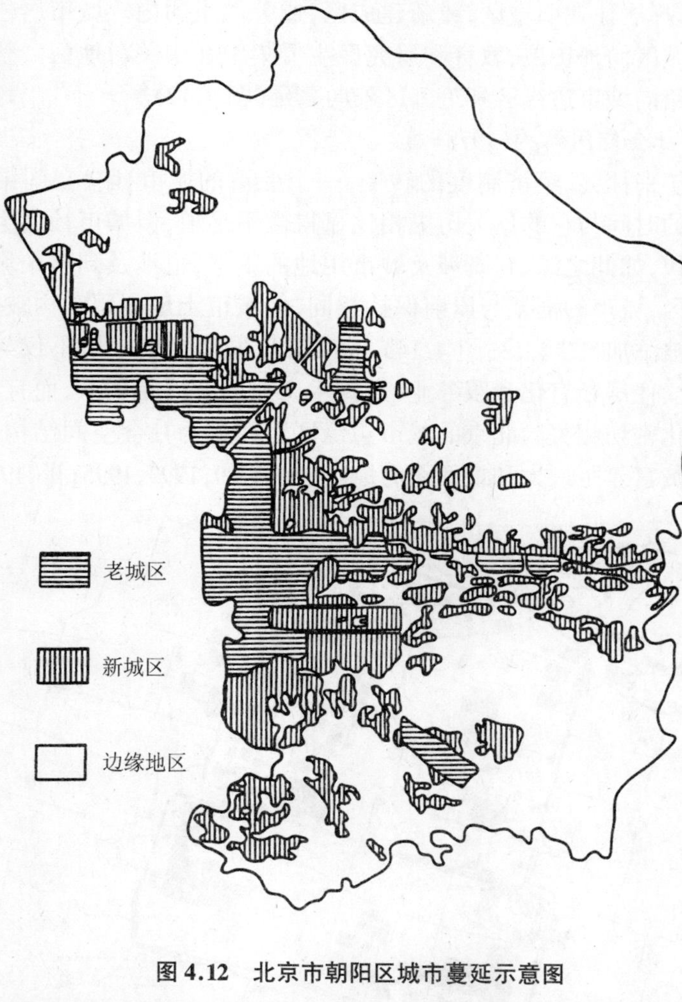

图 4.12 北京市朝阳区城市蔓延示意图

化。由于新工作岗位总是与工业发展相辅相成，新的分散组团空间结构也导致了新的社会结构的出现。这种新的社会结构可以用老城区和新的近郊区的工业—居住区来概括。多数“老北京人”仍然居住在老的内城区，“新北京人”由于单位自管房的建设倾向于居住在老城区外围的新建成区。另一些工作在 12 个分散组团的城市居民，或选择居住在旧城区，或新建成区，或分散组团内。城市居住用地和工业用地围绕老城区向外扩展，教育和研究区主要集中在中关村地区。整个城市沿辐射状主要道路向城市边缘区和近郊区外向蔓延(图 4.12)。

3) 变革的社会空间结构(1978—)

由于近十年来社会、经济制度的转变，一个变革的城市社会空间结构已经出现。尽管改革的时间与它的悠久历史相比显得微不足道，但城市社会空间结构的转变是如此之快，如此之深，它既涉及城市用地的重组，也涉及到整个城市社会的变化。在内城区，城市的框架与以前保持相同，但城市土地利用结构被重构，一些新的城市功能被添加(图 4.13、图 4.14)。在郊区，城市空间扩展不仅与房地产市场、住房商品化、住房私有化和服务业、高技术产业的发展相联系，而且与贫、富两极人口的郊区化密切相关。北京的城市边缘区正在成为社会空间结构变化最快、城市问题最多贫富差距最大和最活跃的地区(顾，1989，1993，1995；崔，1990)。

图 4.13　北京老城改造区(1980—1996)

图 4.14　对北京老城改造的无奈

4) 形成中的新社会空间结构

由于快速的城市经济增长和城市功能重组,一个新的社会空间结构正在北京形成。这种新社会空间结构的特征可概括如下:

(1) 中央商务区(CBD)和国际商务区(IBD)

这将是北京社会空间结构的最重要转变,由三部分组成:a. 天安门广场周围政治、文化中心区。b. 王府井—东单和西单将发展为购物中心区。c. 朝阳门、建国门外商务与金融管理中心区,老城区也将适当发展一些商务、写字楼、饭店等以服务业为主体的建筑。

(2) 外国人居住区

为了适应变化中的国际地位和外交需要,除东直门、三里屯、建国门外三个使馆区外,将在沿机场高速公路的酒仙桥附近分散组团,开发第四个外国使馆、国际机构和外国人居住区。

(3) 研究与开发基地以及高质量的居住区

在城市建成区北部的分散组团将逐步发展成为研究与开发基地、高技术园区、科研教学区和高质量的生活居住区。

(4) 新制造业区

位于北京东南方向京津高速公路沿线有许多交通便利、限制因素少的用地可用于制造业布局,它将是新建制造业区和老城区制造业搬迁的主要地区。

概括起来,北京的空间结构将从同心圆结构向沿高速公路发展的带形走廊结构转变。社会结构将表达成同心圆—扇形模式,即:① 在老城区,相对贫困的老北京人和新的移民(流动人口)将集中居住在不太多的受保护的老居住区(胡同)。② 在城市边缘区,一些接受过专门训练、高工资雇员,生意人和暴发户将趋向于居住在城市的东北方向,形成北京最富的一个扇形;而一些无技术、低工资的人将选择居住在东南角,形成北京最穷的一个扇形;大多数中等收入的知识分子家庭将集中居住在西北角,而中等收入的技术工人则集中居住在西南角。总之,城西将成为中等收入家庭集中区,城东北为高收入家庭集中区,城东南为低收入家庭集中区。③ 在城市近郊区,又将形成低收入郊区农民家庭和新流动人口家庭集中居住的环带。

4.3.3 结 语

中国城市社会空间结构正在发生转变,一方面制造业向廉价的劳动力和土地区位转移,尤其城市边缘地带;另一方面大规模的服务业在中心集中导致内城区城市更新的速度加快。中国城市改革促进了社会进步与发展,但是由于目前不完善的社会保障制度,例如失业救济金、养老保险、医疗保险和供流动人口居住的公共住房制度等。由于城市空间演化的动态过程与社会结构密切相关,因此无论政府、社区或个人都应该关注城市的社会极化现象,尤其新城市贫困和棚户区的控制。中央和地方政府应该强调城市增长的可持续性,通过在住房、供水、卫生和城市交通低价投资项目来改善新城市贫困问题。服务网点和棚户区翻建也是利于消除贫困的有效方法。此外,工资、物价和公共服务设施也是缓和城市贫困现象的重要措施。城市空间结构主要依赖于成功的宏观经济政策。总之,转变中的中国城市正面临着重建它们的社会空间结构。

推荐阅读参考资料

1 崔功豪等. 中国城市边缘区空间结构及演化. 地理学报, 1990, 45(4):399 ~410

2 顾朝林. 北京社会极化与空间分异研究. 地理学报,1997, (5): 385~393

3 顾朝林. 北京社会空间结构影响因素分析. 城市规划,1997,2(4)

4 顾朝林等. 转变中的北京城市社会空间结构. 城市规划,1997,(4)

5 朱文一. 建筑、空间和人. 北京:中国建筑工业出版社, 1993

6 Bourne, Larry S. Urban Spatial Structure: An Introduction Essay on Concepts and Criteria. Internal Structure of the City. Second Edition, New York: OUP, 1982.

28 ~ 45
7 CHAN, Kam Wing. Cities with Invisible Walls: Reinterpreting Urbanization in Post-1949 China. Hong Kong: Oxford University Press, 1994
8 Chang, Sen-dou. The Morphology of Walled Capitals. in Skinner, G.W. (ed.). The City in Late Imperial China. California: Stanford University Press, 1977
9 Choldin, Harvey M. Cities and Suburbs: An Introduction to Urban Sociology. USA: McGraw Hill lnc., chapters titled "The Beginnings of Urban Sociology" and "An Overview of the Field", 1985
10 Clark, W.A.V., M. Cadwallader. Residential Preferences: An Alternate View of Intra-urban Space. Environment and Planning A, 1975, 5: 693 ~ 703
11 Cook, P. Flexible Integration, Scope Economics, and Strategic Alliances: Social and Spatial Redication. Environment and Planning D. 1988. 281 ~ 300
12 Gu Chaolin, Chris Kestelot. Peasant Immigrants and Their Concentration Areas in Beijing. Belgische Vereniging Voor Aardrijksundige Studies, 1997, (1): 107 ~ 119
13 Gu Chaolin. China's Urban Housing System in Transition. Journal of Chinese Geography, 1995, 6(2): 16 ~ 38
14 Hou Renzhi. Evolution of the City Plan of Beijing. Third World Planning Review, Liverpool University Press, 1986, 8: 5 ~ 17
15 Hou Renzhi. The Transformation of the Old City of Beijing. Harris, C. D. (ed.). World Patterns of Modern Urban Change. Chicago: The University of Chicago, 1986. 217 ~ 239
16 Jordan, B., Redley, M. Polarization, Underclass and the Welfare State. Work, Employment and Society, 1994, 8: 153 ~ 176
17 Kempen, E. T. The Dual City and the Poor: Social Polarization, Social Segregation and Life Chances. Urban Studies, 1994, 31(7): 995 ~ 1015
18 Kesteloot, C. Three Levels of Socio-spatial Polarization in Brussels. Built Environment, 1995, 20(3): 204 ~ 217
19 Knox, P. Urban Social Geography: An Introduction. Longman Scientific and Technical, Third Edition, 1995
20 Lee, Y. Urban Spatial Cognition: A Chinese Experience. Regional Conference on Asian Pacific Countries. International Geographical Union, 1990
21 Lee, Y., C G Schmidt. Evolution of Urban Spatial Cognition: Patterns of Change in Guangzhou, China. Environment and Planning A, 1988, 20: 339 ~ 351
22 Room, G. New Poverty in the European Community. London: Macmillan, 1990

23 Russwurm, L. H. Urban Fringe and Urban Shadow. In Bryfogle, R. C. and Krueger, R. R. (eds.). Urban Problems (rev. ed.). Holt Rinehart and Winston, Toronto, 1975. 148 ~ 164

24 Walker, R. A. Two Sources of Uneven Development under Advanced Capitalism: Spatial Differentiation and Capital Mobility. Review of Radical Political Economics, 1978, 10: 28 ~ 38

复习思考题

1 简述城市社会空间结构研究理论。
2 简述城市社会空间结构研究方法。
3 如何用三分表示法编制城市土地利用图？
4 社会区研究方法与因子生态分析方法有哪些异同点？
5 论述城市社会空间结构的变化因素与趋势。
6 论述社会主义城市社会空间结构的影响因素。
7 名词解释：社会极化、新城市贫困。

5 城市社会学基本理论体系

城市社会学的基本理论是建立在社会学的基础之上的,但严格地说,城市社会学本身也派生出一套理论体系。

5.1 城市社会学理论基础

5.1.1 战后社会学的发展

1) 美国战后社会学的发展

美国战后社会学研究发展特别迅速。1905 年美国社会学协会大约有 3 000 多人,而到 60 ~ 70 年代每 10 年增加约 1 倍。与此同时,获得学士、硕士、博士学位的社会学者的人数也成倍增长。大量社会学研究机构,除了在大学设置外,同时也遍布企业、政府机构、医院、教会团体、慈善团体以及其他组织。社会学图书、期刊增长速度也特别快。美国社会学协会出版的专门评论社会学图书的期刊《近代社会学》(*Contemporary Sociology*),一年就发表近 400 篇书评。美国社会学协会的《美国社会学评论》(*The American Sociological Review*)、《美国社会学家》(*The American Sociologists*)、芝加哥大学的《美国社会学杂志》(*American Journal of Sociology*)、美国社会问题研究会的《社会问题》(*Sociology Problem*)、南加州大学的《社会学与社会研究》(*Sociology and Social Research*)都是较重要的社会学杂志。

2) 日本战后社会学的发展

日本战后社会学也取得顺利发展,过去压制一般社会科学发展的天皇制障碍基本扫除,战争期间被禁忌的社会学事业又重新获得发展。日本战后从小学、中学和大学普遍开设社会学课程,讲授社会学的教师迅速增加。社会学研究机构,除了全国性的日本社会学会和西部社会学会外,战后又相继建立关西、关东、东北、北海道社会学会,社会学者编写出版了一大批社会学著作。

3) 前苏联战后社会学的发展

前苏联,战后社会学研究发展也很迅速。1958 年建立苏联社会学协会,20 世纪 60 ~ 70 年代社会学个人会员和团体会员成倍增长,20 世纪 70 年代末个人会员增加到3 000多人,团体会员600多个。社会学协会已有10多个分会。苏联科学院还建立了社会学研究所,科学院系统内设立了40多个研究机构,高等院校设置了200多个研究机构,出版了《社会学研究》、《社会保障》等刊物以及大批有影响的社会学著作。

4) 亚非拉发展中国家战后社会学的发展

战后广大亚洲、非洲、拉丁美洲发展中国家的社会学研究都获得不同程度的发展。这些国家的社会学研究受到美国的影响较大,许多从事教学和研究的社会学者多在美国接受社会学教育,理论和方法也多借鉴美国社会学。同时,各国也开始重视结合本国的社会实际,探索社会学本土化问题的经验研究,社会调查被普遍采用,土地问题、农民问题、民族问题、种族问题、宗教问题、社会平等问题、民主问题、工业化和现代化道路问题、南北关系问题等成为重大的研究课题。社会学教育也有一定进展,出版了一些社会学刊物和研究本土社会的书籍,有的国家还在高等学校开设了社会学课程。

5) 战后应用社会学发展

战后社会学的应用研究成为一种世界趋势,即使在具有理论研究传统的德国,应用研究也成为一种潮流。应用研究的著作数量巨大,每年进行的研究课题近万项,在非营利性机构的每年4 000个左右的项目中,大多数属于应用研究。在德国,社会学应用研究已经成为一种制度。其他发达国家社会学的应用研究所占比重也很大,并且处于增长状态。发展中国家的应用研究,突出标志是对本土社会的调查。在亚洲,中国、朝鲜、日本、印度、印度尼西亚、泰国、巴基斯坦、伊朗、土耳其、新加坡等国,都进行过比较大规模的社会调查。非洲的埃及、突尼斯,南美的典型调查为本土社会的发展和制定相应的社会政策提供服务。

5.1.2 当代社会学主要理论流派

社会学把整个社会作为研究范围,应用的领域越来越多,分科也越来越细。据此,社会学理论流派繁多,层出不穷,这里简略地介绍当代西方社会学主要流派。从某种意义上来讲,对社会学的理论观点的认识,就是去认识在社会学发展过程中所产生的种种关于人与社会的假设。回顾社会学一百多年的发展,其中以结构功能主义、冲突理论、交换理论、互动理论较为成熟。

1) 结构功能主义

结构功能主义根植于19世纪初期的有机论,直到近几十年前,它都是社会学中历史最长的重要的理论方法。孔德、斯宾塞、迪尔凯姆等社会学家关于社会的有机体论对人类学家马林诺斯基的功能主义思想产生了巨大影响。而后,马林诺斯基与迪尔凯姆的分析研究,又进一步地推动了现代结构功能主义的形成。

现代结构功能主义的主要代表人物是美国著名社会学家塔尔科特·帕森斯(T. Parsous 1902—1979)。他几乎是他那个时代最重要的理论家,所创立的这种现代结构功能主义的理论方法在社会学发展的历史过程中的地位无与伦比。但他的观点也是社会学理论发展过程中一直争论的焦点,他个人所承受的批判也最多。这主要在于:一方面他为社会学构建了一个宏大的理论框架。在此框架中,他试图为社会学的研究提供对于社会行为、组织及变迁诸方面的现象的先定位置。他通过对社会功能系统的假定以及人们行为系统(AGIL)和控制人们行动的系统(CHOC)分析,为整个社会达到均衡、稳定规划了一个模式[1];另一方面,正是这一模式,表现了他强调社会整合与平衡的认识分析上的片面性,以及无所不包的概念体系的抽象性,从而遭到他的继承者和对立者的强烈批判。

作为结构功能主义的继承人和改造者,帕森斯的学生罗伯特·默顿(R. K. Merfon 1910),一方面对帕森斯关于社会系统统一性、功能普遍性以及不可缺少性等三个假设,以及关于社会的宏观构架进行批判,另一方面对其进行修正、改造与补充,进一步将功能主义的假设改变成一种对社会系统进行功能分析的方式,同时把宏观分析转入中层研究。在默顿的功能分析模式中,包含着这样的思路:① 社会学关心的不是动机而是客观结果,结果即功能。② 社会系统所具有的某种功能是有条件的,但其功能的项目能够被另一个项目所替代,其系统的需要仍将得到满足。③ 功能的效果既可以是外显的(显功能),也可以是潜在的(潜功能),既有正面积极的(正功能),也有反面消极的(负功能)。因此,社会系统将会因为功能的非统一性出现社会变迁以及不完全整合性。

2) 冲突理论

结构功能主义在20世纪60年代,受到了西方社会现实所出现的各种矛盾与冲突的严峻的挑战、质疑与批判。在这一过程中,冲突理论成为急先锋,其代表人物有源于结构功能主义内部的列维斯·科塞尔(L. A. Coser 1913—)和兰德尔·库林斯,还有自称受到马克思主义启发的拉尔夫·达伦道夫(R. G. Dahrendorf 1929)和怀特·米尔斯(C. W. Mills,1916—1962)。

冲突论者认为,社会不可能仅仅是平衡与和谐,而是一个处于不断变化的状态。同时,长期存在着并非对社会只产生破坏作用的冲突,这是社会运行中的持续的必然现象。冲突并不一定指公开的暴力,也包括紧张、敌意、竞争和在目标与价值标准上的分歧。冲突的产生是因为资源的稀缺使其社会关于它的分配充满着不平等现象。这种不平等给社会造成利益冲突,而利益的冲突引发资源占有者与非

〔1〕 关于这些论述主要体现在塔尔科特·帕森斯的著作《现代社会结构过程》、《社会行动的结构》和《社会系统》等。

占有者之间的对立。社会也就在这样的冲突和对立中产生变化、再组织乃至再分配，并为进一步的不平等与社会变迁创造条件。“冲突理论”只是描述了社会的现象，从思想体系来看，它和结构功能主义并没有实质性的矛盾。

3）交换理论

在批判结构功能主义过程中，另一种效法功利主义、注重心理学行为主义的交换理论得到发展。交换理论的主要代表人物是美国社会学家乔治·霍曼斯（G. C. Homans，1910）和彼得·布劳（P. Blau，1918）。

霍曼斯的交换理论创建于20世纪60年代，是一种从个人、心理出发的微观社会学理论，中心论点是将人的社会行为视为相互酬劳的交换行为，包括物质的、权力的、精神的交换，其思想实质是个人主义和功利主义，反映了资本主义社会中人际关系的商品化倾向。该理论的假设是：人们所作出的行为，要么是为了获得报酬，要么是为了逃避惩罚。这种为了报酬的行为交换，不仅仅是经济的行为，而且也包括所有的社会行为。

这种社会行为的交换过程，霍曼斯给出了五个假设。① 成功假设。对于人们的所有行动来说，一个人的某种行动得到的报酬越经常，这个人就越愿意从事这种行为。② 刺激假设。“如果在过去一种特殊刺激或一组刺激的出现，曾经成为一个人世间行为得到报酬的原因，那么，现在的刺激越是与过去的相同，人就越可能发生这种行为或是一些相似的行为”。③ 价值假设。“对一个人来讲，他的行动结果对他越有价值，他就越可能去执行这个行动”。④ 剥夺——饱满假设。“一个人在最近越是常得到一种特殊的报酬，那么任何一个未来的这种报酬对他来说都会变得越来越没有价值”。⑤ 侵略——认可假设。“在一个人的行动没有得到他预料的报酬时，或得到他没预料的惩罚时，他将感到气愤，他便可能去从事侵略性行为，这种行为的结果变得对他更有价值，……在一个人的行动得到他预料的报酬，尤其是得到的报酬比他预料的报酬大时，或者没有得到他预料的惩罚时，他会感到高兴，他更可能去从事这种行为，这种行为的结果也变得对他更有价值。”此外，霍曼斯还认为，在这些交换过程中，贯穿着“对等原则”的社会交换是公平的交易。

布劳批评霍曼斯理论的心理还原倾向，认为是一种“忽视社会和结构性质”的危险，它妨碍社会学家充分处理像权力和分层这样的重要现象。布劳在他的名著《社会生活中的交换与权力》一书中，利用霍曼斯的微观社会学中的交换概念，将它与权力概念相结合，以填补微观与宏观的鸿沟。他进一步指出，交换并非都是平等的。例如强制性的大国关系就是一种存在不平等的交换关系，它代表了一种不能用交换的心理过程充分加以解释的“整体效应”现象。另一方面，作为交换论者，布劳也发展了霍曼斯关于社会行为的交换原则，进一步考察了使行为变成交换必备的两个条件，这种行为的“倾向必须是只有通过与他人的互动才能实现的目标”，以及这种行为“必须采取获得这些目标的手段”。其中关于目标的认识,布劳把他们设计成可以是“外在的报酬”(比如钱、商品等),也可以是“内在的报酬”(包括爱、荣誉、职务、美的追求等)。

4) *社会互动理论*

社会互动理论以库恩(M. Kuhn)、布卢默(H. G. Blumer,1900—)和特纳(R. H. Turner,1863—1931)的学说和著作为代表。布卢默和库恩提出符号互动论,认为在社会过程中的人与人的交往会产生一种精神或自我观念。也就是说,精神和自我观念是人们相互交往或社会进程的内在化的产物,它存在于意象和符号之中。只要研究这些符号和它们的相互关系,就能说明社会现象和社会行为。特纳则运用和拓展了米德关于心智、角色的理论,用角色扮演、角色创造、角色互动说明社会行动的本质,这是对社会行为的一个唯心的解释。

关于社会过程中更微观的方面是由互动理论来体现的。互动理论观点庞杂,代表人物众多,作为早期互动理论的创立人物有美国社会学家查尔斯·霍顿·库利关于“自我概念”的完善,并把个人对自我的认识描述为一个互动过程,指出在这一过程中,个体将自己连同他人看做是社会环境中的客体,并在与别人的交往过程中产生的。个体之间互相作用、互相解释对方的姿态,并根据别人的看法认识自己,根据他人对自己的评价来摄取自己的形象、自我感情与态度。关于“自我”概念的形成过程的描述是库利在社会学理论中一个相当著名的“镜中自我”的假设。对于互动理论综合的描述是美国社会学家乔治·赫伯特·米德。在米德的假设中,通过“心智”、“自我”、“社会”的研究勾画出符号互动的基本轮廓,为现代符号互动论奠定了基础。现代符号互动主义的重要代表人物是美国的赫伯特·布卢默与曼德福·库恩,虽然这两人分别被划为芝加哥派和爱荷华派,但作为符号互动论代表,他们也有着共同的论点。他们认为,人类和人所创造的社会最本质的特征来源于人类用符号表示彼此、客体、思想和生活中各种体验的能力。如果没有这种创造和运用符号的能力,人类社会的组织模式就不能产生、持续和变化。在这些过程中,人类运用大家彼此间理解的表达共同意义的符号沟通,并通过解释与运用符号来设想自己处在他人位置的基础,从而形成互动产生的最基本途径“角色扮演”。社会互动的结果使人类成为独特的物种,并使每一个体都具有鲜明的特点。同时,社会的存在又依赖于人们在成长和成熟过程中掌握各种符号的能力,人类这些能力的产生使互动成为社会的基础。除符号互动主义以外,还有戈夫曼的拟剧理论,舒茨的现象互动论,加芬克尔的本土方理论等。

5.1.3 城市社会学的复兴

第二次世界大战以后,城市社会学,重新被认定为一门社会学来从事研究,始于雷斯和摩尔(Rex and Moore)对住房关系(House Tenure)及住房阶级(House Class)的研究。1967年雷斯和摩尔在英国伯明翰城(Birmingham)内的一个地区研究各社会群体之间争夺住房资源的过程,其结果是不同社会群体在争取城市有限的住房资源时会分化成不同的社会阶层,便发展出一套住房阶级的理论。他们首先提出住房关系会建构出不同的住房阶级,即按各人不同的住房类别,会形成不同的住房阶级争夺住房资源。自此,住房研究便围绕着探索拥有住房是否会改变一个人的阶级位置而展开。而这两位由于运用了韦伯社会学的一些概念,后被称为新韦伯学派(Neo - Weberian)的社会学者的研究,除吸引了其他韦伯学派的研究者如彼得桑德斯(Peter Saunders)的加入外,更掀起了其他非韦伯学派,特别是马克思主义者的争相讨论。

城市社会学作为社会学的重要分支学科得到快速的发展,这与马克思主义和韦伯学派对传统城市社会学理论提出了挑战分不开的。20世纪60年代之前,大部分马克思主义者都集中分析生产领域内的矛盾,他们的关注焦点是工厂里的斗争或中央政府的议会政治,而社区矛盾与住房行为往往被忽视,或被视为不重要。20世纪60年代末至70年代初,世界各地纷纷爆发严重的社区冲突和城市运动,促使马克思主义者开始关注城市与住房问题。卡斯特尔(Castells,1979)发展出一套马克思主义对城市问题的分析,指出城市里的集体消费(Collective Consumption)如住房、交通等服务,对维持资本主义的运作有着重要的作用。哈维(Harvey,1973,1978)也采用马克思主义分析方法,指出资本主义借城市的发展而得以拓展投资市场。这些讨论使更多的马克思主义者加入关注城市问题研究的行列。20世纪70年代帕尔(Pahl,1975)等以韦伯理论为基础,提出“城市经理”的概念,认为处于中介位置的城市经理,在分配城市资源时起着重要的作用。这些研究直指城市资源分配不平等的问题,使沉寂了一段时间的城市社会学再次复兴。

进入20世纪80~90年代,社会发展问题越来越多,社会的矛盾日趋激化和多元化,其中一个新课题就是性别平等与城市发展,传统马克思主义学派和韦伯学派对性别平等问题都不太重视。80年代之后女性主义的分析方法迅速兴起,认为城市与住房的发展是强化性别不平等的机制(Little et al,1988;Watson,1988)。例如郊区与新市镇的发展强化了性别分工,使女性被局限于家居生活之内,并且更加孤立无援。另外,在住房资源的分配方面,住房被视为男性的财产,从而强化了女性对男性的依赖。另一个在80~90年代的重要课题是全球化(Globalization)或国际化对城市发展的影响(Sassen,1996),以往进行大规模生产线作业的福特生产模式已缺乏竞争力。西方经济强国逐渐面对更多来自亚洲、太平洋地区及其他新兴工业化国家的挑战,采取以弹性生产模式取代“福特生产模式”。在新国际分工条件下,资本主义的生产方式可以化整为零,进入全球的任何角落,这个趋势使全球不少城市都面临经济转型、空间重组,对城市与住房发展产生了重大冲击(吕,1992)。甚至有人认为,城市未来的发展再不会按照过去的规律,我们已经进入后现代城市的时代(Watson and Gibson,1995)。

5.2 人类生态学派

生态学(Ecology)与人类生态学(Human Ecology)相比,人们比较熟悉生态学,对人类生态学,除非选修社会科学,特别是社会学或城市规划与管理专业,一般人知之甚少。那么,人类生态学主要研究什么呢?

5.2.1 生态学与人类生态学的关系

生态学是生物学范畴的学科,专门研究生物之间以及生物与自然环境间的关系[1]。人类生态学是城市社会学(Urban Sociology)的一个分支,它试图运用生态学在生物世界所归纳出来的规律去分析人类社会。举例来说,近年来在不少大城市都有一种现象,就是中产阶层人士放弃居住郊区,搬回市区内重新发展的住宅区。这样一来,经过整治的市中心区就发生一系列的演变,经济条件好的阶层替代了经济条件较差的阶层。

美国社会学家帕克(Robert E. Park,1864—1944)是人类生态学的创始人。帕克本是一名记者,后到德国研究社会学,1913 年受芝加哥大学社会学系聘任,出任教职。1915 年他在美国社会学学报发表了“城市:城市环境下人类行为的探讨”一文,奠定了人类生态学派的基础。二三十年代是人类生态学派的全盛时期,除帕克外,伯吉斯(W. Burgess)及牟健时(R .D. McKenzie)等学者都努力将生态学的原理应用在美国社会学研究中。当时他们的学术观点受到许多挑战,最普遍的质疑是他们将人类社会与生物世界相比是否恰当。故 20 世纪 40 年代当人类生态学派加以重整时,哈利(A. Hawley)、邓肯(O. D. Ducan)、费利(W. Firey)等都将生态学自然定律运用于人类社会,并在此基础上提出社会—文化新观点,即一个社会的独特社会文化背景也对土地利用产生影响。

人类生态学派创立至今已有 80 多年,一般来说,20 世纪 30 年代之前称为古典

---

[1] 举例来说,三文鱼于每年春天由太平洋逆流游回加拿大卑诗省亚当诗河(Adam's River)上游,在其出生地繁衍下一代。而出生后的三文鱼苗又沿亚当诗河游到太平洋生活,经过一段时间后又逆流游回出生地繁衍下一代。对于这个生态现象,生态学家研究发现,只有最强壮的三文鱼才能逆流而上游回出生地,这是三文鱼汰弱留强的一种自然生态规律。而当它们交配后便会死亡,三文鱼的尸体又会成为附近森林动物及河中其他鱼类的食物,是生物链中的重要一环。三文鱼的生与死这种自然生态现象,在自然界循环往复地进行。但由于人类过度捕捞三文鱼,最后游回出生地的三文鱼越来越少,使整个生态系统受到影响。

人类生态学派时期,40年代后称为现代人类生态学派时期。而介于两个时期之间的是现代人类生态学派的孕育期,韦思(Louis Wirth)可以说是这时期的代表人。他将生态学原则用于人类社会,并加入文化因素,对城市形态进行探索。

5.2.2 帕克的人类生态学

人类生态学派崛起于美国,但其思想根源却来自欧洲。欧洲社会自工业化开展后起了重大变化,原来的郊区人口被吸引到市区工作,与此同时,市区也不断地向郊区扩展,城市的发展对人类生活的影响得到社会思想家们的关注,这些社会思想家包括韦伯(Max Weber)、杜克黑姆(Emile Durkheim)、马克思(Karl Marx)、托尼士(Ferdinund Tonnies)、齐美尔(Georg Simmel)及史宝格勒(Herbert Spencer)等等,他们就城市的起源、发展、分类、社会分工、等级体系及城市心理等方面加以深入研究。帕克在留学德国期间,无可避免地受到他们这些思潮的影响。但回到美国后,帕克并没有像欧洲社会思想家们一样,把城市发展看成是“一种有关整个资本主义发展所带来的社会关系变迁基础”(叶肃科,1993)。正相反,帕克将芝加哥这个城市作为一个实验场,进行了一系列的城市研究,他的这个做法与其曾任职记者有很大关系。也正是在这个时期,芝加哥城市人口急速增加,居住环境恶化、城市设施紧张,新移民融入社会困难等问题相继出现,无疑营造了进行这些实验的一次次机会。

1) 人类生态学基础

帕克在“城市:城市环境下人类行为的探讨”一文中提出了城市布局、职业分类及文化是人类生态学的基础。

(1) 城市布局

城市的初步布局是以自然地理环境为基础的,此后,当城市人口不断增加时,由于个人兴趣、职业及经济利益等因素作用使人口分布于城市的不同位置。这些地域的分隔形成了许多具有独特文化、传统、历史的社区。由于这些社区由种族、职业等因素形成,其独特性并非一成不变的,相反,它会随各种内外因素变化而变化。例如香港,城市布局受自然地理环境所支配,维多利亚港是一个天然良港,于是香港开埠初期以渔港和转口贸易来发展经济,城市顺理成章就在维多利亚港旁的中环、上环及尖沙咀形成。作为市中心的中环,除集结经济活动外,也成为政治中心所在。重要的政治、经济人士,特别是殖民统治者英国人便在环境较好的半山区居住,逐渐形成一个以英国人为主的邻里。随着人口的增加和政治、经济形势转变,半山区已不再是英国人为主的邻里了,但是作为社会经济地位较高者的聚居场所这一特征一直没有改变。

(2) 职业分类

城市化之前,社区的社会经济制度建立在家庭关系、文化传统、社会地位等基础之上。到城市化以后,原先的社会经济制度遭到破坏,其中一个明确的现象就是社会的分工,将城市中的居民重新划入各种不同的行业内,于是职业界别利益取代了以宗族利益为基础的社会制度。城市化促使人口不断增加和流动,人口的流动又将人与人之间的关系变得非人化,大家共同住在一处,可以老死不相往来,日常生活所需也由社区内不同的机构得到满足。

(3) 文化

城市人有较大的流动机会,无论在居住及工作方面都是如此。在职业方面,城市人可以在不同时期选择不同行业,于是城市人有更多的机会发挥个人的潜能及才干。相反,在未城市化地区,若搬离乡下到其他地方居住会有离乡背井的感觉,他们的职业选择也会受家族所困。人与生俱来有各种的本能和情感,由于教育压抑了一些野性,各个邻里也兼具"道德地区"(Moral Zone)的功能。"道德地区"的"道德"在这里没有道德与非道德的判断,这是让人性的好、坏两面都能同时得以表现或发泄的地域。例如西方多数城市都有一些红灯区,可以让人释放坏的一面的压抑。

2) 帕克的人类生态学

从上述城市布局、职业分类及文化三方面引申出许多城市人类行为研究课题,例如人口流动、社区组成、城市犯罪、媒体功能等研究。帕克按照"城市:城市环境下人类行为探讨"一文的研究大纲进行了21年的实验,于1936年发表一篇名为"人类生态学"的论文,阐释了人类生态学的具体理论,该理论是建立在生态学的生命网(The Web of Life)和大自然平衡定理(The Balance of Nature)基础上的。

(1) 人类社会生命网

大自然中的动物、植物在一个既定的自然环境下,以物竞天择、适者生存的原则进行进化。人们在一个地域建立社会生活时,他们一方面互相依靠,以求共存;另一方面又互相竞争社会中的稀少资源。这群人生活于这个社会中,各司其职,使整个社会机制得以运作,人的需要得以满足。人与人之间这种互相依靠、以求共存的关系,帕克把它看做是一种共生关系(Symbiotic Relationship)。在城市这样的社区,不单单是人与人之间竞争,相同背景的个体所组成的社会群体间也互相竞争,例如我们经常看到的房地产开发商、中产阶层及基层团体各自集结力量争夺城市住房资源。帕克用社会关系(Societial Relationship)来形容相同背景的个体相互合作的关系。

(2) 社会生态平衡

帕克的人类生态学理论试图将大自然平衡定理于应用于人类社会。人类社会在互相竞争的过程中导致不断的改变,社会平衡受到影响,在更剧烈的竞争后,新的社会分工又重新建立。随着外来人口的不断增加,城市土地运用的重新划分,社区资源的竞争方法发生了改变,例如通过市场机制决定谁可占有最好位置的商铺等。起初,当原有的社会平衡产生变化时,原居民与新居民间各自组织力量争取主导权,期间曾发生矛盾和冲突,最后当成立城市级议会,社区权力分配及平衡便得以稳定下来。

总之,帕克认为,人类社会是由生态(Biotic)及文化(Culture)两个层次组织起来的,竞争是共生层次的基础,而沟通及共识是文化层次的基础,两个层次是整个社会的两面。人类社会秩序是科层式的,由下而上分别是生态、经济、政治和道德层。在生态层,竞争是不受限制的,而到道德层竞争受到最大限制。帕克认为,人类生态学主要是研究人口、科技、习俗与信念及天然资源之间如何不断保持生态平衡和社会平衡的科学。

5.2.3 牟健时的生态过程论

牟健时1913年入读芝加哥大学社会学博士课程,完成博士学位后曾任教华盛顿大学并兼任健根大学社会学系主任。他在芝加哥大学时期,与帕克是师生关系,在俄亥俄州大学任助教时是伯吉斯的同事,可以说这几位人类生态学家的学术关系与他们的生活轨迹密切相关。

牟健时最为人所熟悉的是他的生态过程论(Ecological Processes)。他在帕克所创立的人类生态学基础上进一步展示城市社会变迁的各种过程。在“从生态学角度研究人类社会群体”和“人类生态学的范畴”两篇论文中,他指出人类社会群体和建筑群按生态学原理分布于城市的不同区位,这些区位并非一成不变的,相反,地理、经济、文化及技术、政治及行政措施等因素均会促使人类社会群体以及建筑群的区位移动。这种社会群体及建筑群在城市位置的转变称为空间移动(Spatial Movement)。移动的速度没有固定的标准,主要由7种生态过程确定。这7种生态过程是集结(Concentration)、分散(Dispersion)、中心化(Centralization)、非中心化(Decentralization)、分隔(Segregation)、侵占(Invasion)和继承(Succession)。

1)集结及分散

集结是指人口结集于一个地方或地区。为什么人口会结集于一个地方呢?导致人口集结的一个重要原因是工业化。工业化促进一个地方资本引入并设厂生产,这样就提供很多就业机会,于是人们便会从四面八方迁移过来,因此,这个地方的人口密度便会迅速增加。以江苏省昆山市为例,由于经济技术开发区吸引了大量外资,尤其是台资,食品、机械、电子和计算机等制造业在此设厂,以至拥有从事该行业条件的人,如不同年龄组别、性别、国籍及拥有某技能者,便被吸引到该地区工作、居住,这就是结集过程。地区生产专门化不仅增强一个地区的竞争力,而且使地区与地区间经济上互相依赖,进一步在更大范围内创造这种结集环境和过程。

与集结相反的是分散,导致分散的原因包括工业不能承受高昂的生产成本,例如租金等,于是它们需要分散到生产成本比较低廉的地方继续经营。同样道理,若市区人口选择比较宁静的郊区生活,他们可以分散到郊区居住。无论是集结过程还是分散过程,必须具备两个条件:一是现代化的交通工具,例如公共交通或家庭轿车,促进人的流动能力大大增加;二是通信设备,如电话,通信设备加强了人与人、地域与地域间的联系。

2) 中心化与非中心化

中心化是指人群集结于某一个地点去完成一些事,例如工作、娱乐,故此我们有购物中心点、商业中心点等。这些中心点的中心化程度,是以计算其在当前文化及经济状况下能吸引到的人数而定的。城市中的中心点并非永恒不变,当原先的中心点吸引力减弱时,新的中心点便开始形成,牟健时称它为非中心化。当然,原来的中心点在某些因素促使下也可以重新中心化。

3) 分隔

城市社会的另一个生态过程是分隔。分隔是指在一个城市中,因经济、语言、种族、文化等因素不同,不同社会群体逐渐集聚在不同地方的现象。例如,城市中的富人区和穷人区的分隔,散布全球各大城市的唐人街[1]等。

4) 侵占

侵占这个生态过程,是一个分隔群体取代另一个分隔群体原先所拥有位置的过程。如温哥华烈治文区(Richmond)原先为白人聚居的地方,自20世纪80年代起,香港及台湾新移民迁入该区。一方面,新移民迁入速度快、数量大,白人因此在邻里内变为少数民族;另一方面,由于住房价格上升,白人在出卖原有住房后所得利润丰厚,不仅可以在其他区域购回住房,还可以有一笔余款可用,于是便逐渐迁离该区。在这种此消彼长的情况下,烈治文区现在已演变为华人社区。

5) 继承

最后一个生态过程是继承。牟健时认为,人类或动物、植物群的变化按一定的循环方式进行。城市内的不同区域会经历不同的阶段。所谓继承就是指一个从第一到最后阶段完全改变了的人口类型或土地运用的过程。例如,原先由高收入家庭居住的住房,最后当城区重建或土地改变用途后,高收入家庭逐渐离开,中、低收入家庭便会出现,如巴黎的犹太人居住区等。再如香港的油麻地、尖沙咀及旺角一带,过去曾经是高收入的私人新楼集中之地,但到今天,这些楼宇已变得残旧和破落,较多经济条件差的人栖身其中,当这些旧区重建后,又可能会再被经济条件好的社会阶层所继承。

---

[1] 唐人街标志着中国文化的聚落。

牟健时还认为，上述的生态过程是在一个大致既定的地理环境中不断运行的。假如说牟健时是研究城市面貌改变的因素，而使他在人类生态学中为人所尊崇的话，那么，伯吉斯具体地运用生态学理论分析城市扩展的过程，使他在人类生态学乃至城市规划学领域都具有重要的学术地位。

5.2.4 伯吉斯的同心圆理论

伯吉斯在“城市发展：一个研究计划导引”一文中介绍了他的同心圆假设（Hypothesis of Concentric Circle）。伯吉斯认为，城市发展从城市规划来看是一种物体群的不断扩展，这些物体群是我们肉眼可以见到的建筑物、道路、设施等等。而城市扩展是一个过程，这个过程若以一个原型（Prototype）来看，那么城市的扩展是由中央开始，一圈一圈地向外伸展。其实，伯吉斯心目中的原型就是芝加哥，按同心圆假设，芝加哥这个城市共有五圈，即中央商务区（Zone Ⅰ：central business district）、过渡性区域（Zone Ⅱ：zone in transition）、工人住宅区（Zone Ⅲ：zone of working - men’s homes）、优质住宅区（Zone Ⅳ：zone of better residence）及通勤者区（Zone Ⅴ：commuters zone）。

1）中央商务区

第一圈是中央商务区。这个中央商务区由于是整个城市的中心点，占有最佳的地理位置，是人们竞争之地，因此使地价抬升，最终这个中心点只能由拥有资源或能创造资源的工商业所占用。

2）过渡性区域

第二圈是过渡性区域。这个区是城市犯罪、贫穷者的集聚点。该区分布在地价最贵的中央商务区旁使人难以理解，但仔细分析，不无道理。这个区的土地基本上为商人所拥有，由于他们知道中央商业区有朝一日会扩展到这圈，故此他们并不会投入太多金钱维修物业，但将物业抽空也并不划算，所以出租给那些愿意受居住环境差之苦的阶层及行业，这对拥有物业者是最划算的做法。

3）工人住宅区

第三圈是工人住宅区。这个住所住的是一些从残破过渡性区域迁移到来的工人阶级。他们由于已具有能在城市站稳脚根的经济能力，故此选择了就近工作地点的区域居住。对一些新移民来说，由第二圈迁到第三圈生活，可以说是一种社会地位的提升。

4）优质住宅区

第四圈是优质住宅区。这个区是高级住宅及高级独立住房的集中地，居住在此的是白领、专业人士及小商人等。

5) 通勤者区

第五圈是通勤者区。这个郊区是中上层及上层人士居住的区域,他们每天须用较长时间往返于中心商务区工作。

伯吉斯基于这个同心圆城市发展模式,提出社会建构(Social Organization)和社会解构(Social Disorganization)为一个新陈代谢的过程。他认为,流动量是衡量城市发展和影响城市新陈代谢的指标。

伯吉斯的同心圆假设提出后受到许多质疑,许多学者认为城市发展并非如伯吉斯所说的呈同心圆地发展,其中以霍依特(H. Hoyt)提出扇形发展假设(Sector Hypothesis)和哈里斯(C. D. Harris)、乌尔曼(E. L. Ullman)的多核心理论(Multiple Nuclei Theory)最具代表性。

5.2.5 韦思的城市形态论

帕克、牟健时和伯吉斯三位古典人类生态学家,试图将生态学的原理应用到人类社会中,他们的努力到20世纪30年代中期结束。承先启后者是芝加哥大学的韦思,他融会了古典人类生态学派的精髓,进而又从文化层面研究城市,其经典文章"城市形态作为一种生活方式"于1938年发表,开拓了现代人类生态学研究的新起点。韦思认为,城市形态是一系列人类行为的特性表达。这些特性组成所有城市的独特生活方式。究竟这些特性是怎样形成的呢?

1) 人口数量

由于大量人口结集于城市,人的背景变得多元化,而有类似背景的人在城市不同地域分隔而居,人与人之间的关系是表面化、无名化、过渡性、世故及理性的。这种分割及功利的人际关系,更进一步地在社会专业化、分工化以及通过代表去表达利益而制度化起来。议会选举中议员名额分配就是按选区人口数量(Numbers of Population)所决定。

2) 居住密度

另一个构成城市形态的因素是居住密度(Density of Settlement)。当大量人口集中在有限的土地上,其分工化程度便会加大,而社会构成也变得非常复杂。尽管人与人之间的物理距离接近了,但人际关系却变得疏离。这也就是说,尽管人们居住、工作在一起,但却缺乏情感维系。在这种情况下,一种竞争、互相剥削、扩充权势和财富的气氛便易于形成,人也变得异常的寂寞和精神紧张。

3) 异质性

最后一个构成城市形态的因素是个人和群体生活的异质性(Heterogeneity of Inhabitants and Group Life)。由于城市人口自由流动及其社会位置可以不断转变,其所属社会群体不断增加,导致城市社会分层网络化和多样化。一个城市人,基于其不同兴趣与需要,会属于不同的社会组织,每个成员身份代表着他性格的其中一面。社会分层在大生产模式和市场机制下更加巩固,人的需要不会再被个别地满足,人被分类,被非人化,其需要也以首先满足其所属社会群体的一般需要为标准。

总的来说,韦思认为,上述的人口数量、居住密度及差异化程度等三个变量,可用来解释城市生活的特色,分析比较各种不同类型、不同规模的城市。

5.2.6 现代人类生态学家的社会—文化新观点

自韦思以后,现代人类生态学的团体发展趋向是要超越古典人类生态学家将人类社会与动物、植物世界相提并论的框框,注入经济、文化和社会等因素对城市土地利用的影响。一般认为,现代人类生态学的发展可归纳为两个分支,一个是新正统(Neo-orthodox)派,另一个是社会—文化(Sociocultural)派。

新正统派现代人类生态学的主要代表人物有哈利及邓肯。哈利于 1950 年出版《人类生态学》一书,给人类生态学重新定位。他认为:空间分布只是人类生态学所关注的一个要素,人类生态学更重要的是研究城市人类怎样集体地适应环境,这是一个独特的过程,其中互相信任、主体功能、分化和分配是研究的 4 项原则。而邓肯更进一步指出,人类生态系统(Ecosystem)是不断自我变化与调节适应的。要了解这些变化,可以从生态组合 (Ecological Complex)的人口、组织、环境和科技 4 个元素入手研究。

社会—文化派现代人类生态学认为:社会文化因素对城市土地利用模式有着重要影响。费利在研究波士顿三个地区,以及乔森(Jonassen)研究纽约挪威人社区后,都发现城市土地利用并非仅仅受经济竞争因素影响,感情及文化象征的因素也是非常重要的。正如费利指出,波士顿北端的意大利贫民区,一些已发迹的意大利移民不肯搬离该区,主要因为那里有他们的文化传统、风俗习惯及熟悉的人与事物。

5.2.7 对人类生态学派的评价

总的来说,古典人类生态学试图将生物学的规律应用到人类社会中,但其论说受到不少学者的批评,而现代人类生态学则试图在前人的基础上注入新的社会文化观点,使人类生态学说能继续生存。究竟我们怎样来评价人类生态学呢? 这实在是一个难题。

帕克引用生态学原理,即:“物竞天择、适者生存”和大自然平衡定律去解释城市中人的行为,城市好像一个大自然环境,人类按不同特性聚集而居。为了生存,这类人、动物或植物要与另一类人、动物或植物争夺最佳的位置及稀有资源。牟健时便将这个人类社区互相侵占的各种过程具体描述出来,称为生态过程。而伯吉斯则具体地将城市规划看做是一种群体的不断扩展,人类按其经济能力栖身于不同的区域内。这种将人类社会与动、植物世界相比,运用生物世界规律进行城市研究的做法,忽视了人的主观能动性——思辨能力、创造本能和品德情操,能在某种程度上超越竞争本性。

虽然,现代人类生态学家试图加入文化—社会的新观点去弥补缺陷,但无论如何,他们的新观点仍无法解答以下三点质疑:① 人类生态学派并没有处理权力的问题,动、植物世界中强者生存而弱者就被淘汰,这个强与弱的情况建立在体质基础上。可是,在人类社会中,强与弱在某种角度看来是由权力的多少来划分的,不同的社会阶层拥有不同程度的权力,这些权力差异又是怎样影响城市资源分配的呢?人类生态学派的理论并未涉及这一点。② 现代人类生态学派也没有处理男女性别在城市资源分配方面存在不平等的现象。③ 在信息技术高速发展的年代,现代人类生态学派并未能预见到城市发展对全球化的推动。然而,尽管人类生态学派在社会学界的辉煌已成过去,但其对城市研究所产生的影响是巨大的。

5.3 马克思主义学派

马克思主义学派,在城市研究中,通过对资本主义社会的特性分析,对资本主义制度的探讨,就资本主义的城市与住房问题研究作出了贡献。

5.3.1 资本主义社会的特性

随着人类社会日趋复杂,资本主义制度也变得多样化。从崇尚自由放任原则的资本主义制度到重视社会福利的资本主义制度,从独裁的资本主义制度到民主的资本主义制度,都各具特点。然而,差异归差异,资本主义社会基本上仍然具有大部分共同特征。

1) 工厂制度

在资本主义的制度内,工人可自由与雇主达成契约以出卖劳动力换取报酬,工人与雇主的关系只是契约性关系。雇主只能按契约的具体细节在某一时段内指挥工人工作,而不能完全控制工人。此外,没有人可以合法地使用武力迫使工人出卖劳动力(Offe,1984)。

2) 高度分工

资本主义制度日趋发达,社会中劳动分工也更加精细。工人只能参与生产过程的一小部分以换取工资,而他们再使用工资换取所需要的物品(Room,1979)。因此,一般市民不仅仅参与劳动市场的买卖活动,也参与商品市场的买卖活动。在协调这些市场活动的过程中,资本主义社会出现了"劳动力商品化"[1]的现象。而工人在劳动力市场所得到的报酬,又直接影响到他们在商品市场的地位。无庸置疑,假如工人可争取较高的薪酬,其在商品市场也会具有高一些的购买力,并取得较多数量及较高质量的商品。

劳动力商品化对社会制度造成深远的影响。首先,一些非商品化关系可能被商品化关系所替代。如在香港,一向由家庭主妇所承担的家务劳动已转向由被聘用的菲律宾女佣所替代。其次,社会中的个人可以商品价值的标准来衡量彼此地位的高低:收入越高所受尊重会越大,一些商品价值较低的人士,如老人及失业者,则被轻视和边缘化。第三,一些不可以在市场获取回报的工作会受到忽视,例如义务性工作,对很多市民来说,都是毫无吸引力的工作。另外值得注意的是交换买卖的支援性价值观将会不断膨胀,这些包括看重竞争、自利及功利等。

3) 效率优先

效率优先,就是在做出任何决策之前,必须首先考虑有关决定所引起的投资与回报,付出与收藏之间的关系。为确保所有决定都能以最少投入得到最大回报,标准化(Standardization)、精密化(Specialisation)及分析量化(Quantitative Analysis)的管理技巧便应运而生。而一些凭感情、直觉所做的决定往往会被视为缺乏可靠性。而在分析量化、精密化及标准化的大趋势下,个人的独特性受到轻视,再加上社会分工过程越趋细致,每个人所负责的工作部分对于整个生产过程的重要性相对地越来越低,而每个人扮演的角色也容易受到替代。结果,个人既难于表现自我,也缺乏对工作及生活的安全感。

4) 个人主义

资本主义社会十分重视个人主义,将个人假设为社会的基本单位。无论在商品市场还是工人市场,有关被交换商品和劳力的价格都会被假设为是由无数的个别买卖所决定。由于个人都是以自己利益作为处事的出发点,个人也为自己所做的一切事情负责。因此,在资本主义社会中,大部分社会问题都被视为个人问题,每个人都应自行寻找解决的方法。此外,资本主义社会崇尚个人流动(Individual Mobility),而不是群体流动(Group Mobility),对于政府干预市民生活的运作更被视为妨碍资本主义制度的运作。例如一些学者认为,政府提供社会服务帮助市民处理生活需要,会使市民过分依赖政府,不事生产,也会产生非商品化效应,对商品化关系造成负面影响,这样一来,市民也再不会积极地出卖劳动力以换取回报。

---

〔1〕 所谓劳动力商品化(commodification of labour power)的现象,就是劳工的劳动能力被视为一种商品,其价值的高低,并不依据本身的内在素质,而是决定于市场的价格:市场价格越高,其价值也被视为越大。

5）非人事化

由于效率优先是资本主义社会的原则，其组织结构也慢慢变得非人事化。资本主义越趋发达，传统社会的初级群体（Primary Groups）便渐渐由次级群体（Secondary Groups）所替代。家庭的作用削弱，工作单位和学校的重要度增加。成员可选择自由加入及脱离有关组织，而各成员互相认识的程度，很多时候也只限于所扮演的角色，其在组织的价值也是建立在其所发挥的作用上，这并不一定涉及到私人感情或工作环境以外的联系。因此，个人的地位高低，权力关系，接触及沟通的程序，往往按组织的需要而决定，并不一定与个人关系相关。

6）结构性需要

资本主义制度有两项结构性需要，第一是开拓资本累积的环境，即资本家享有投资权利的机会；第二是确保资本主义制度的认同性，即市民接受处理生产、消费及交易活动的各项原则，并接受这些活动所引起的结果。假如这两项结构性需要得不到满足，资本主义制度便可能出现危机。

5.3.2 马克思主义学派对资本主义制度的分析

马克思主义学派对资本主义制度的分析及批评多是负面的，即认为资本主义制度并不切合人类社会的需要，并预言该制度必然为社会主义制度所代替。这些分析是基于如下要点：

1）生产关系

马克思主义学派认为，资本主义制度的生产关系充满着矛盾和冲突。这些矛盾及冲突的来源，主要来自于从事生产活动的工人所获得的报酬与其付出的劳动并不相称。马克思主义学派假设，一切商品的价值是由工人所创造的，工人付出多少劳动时间，直接影响商品价值的多寡。因此，在理论上说，工人应该得到绝大部分的生产成果（Ginsburg，1979）。然而，工人在劳动力市场上处于不利的位置。由于他们缺乏生产工具和资本，工人只能出租劳动能力维生。而资本家利用在劳动市场的优势不断降低工资，致使工人所得只能维持生活。因此，马克思主义学派认为：资本主义的生产过程就是剥削过程，工人被剥削了的报酬称为剩余价值（surplus value）。该价值代表着工人的贡献与所收取工资的差额。

2）阶级斗争

马克思主义学派认为，人类历史的进步是与阶级斗争有着密切的关系。如在封建社会，阶级斗争来自地主与农民之间的冲突；在资本主义社会，则不断表现为资本家与工人的阶级斗争。资本家除了拥有生产工具，在经济制度上占着上风外，在其他制度上（如司法制度、社会制度）有压倒性的影响力（Gough，1979）。因此，资本主义的各种制度都是维护资本家的利益，从而使工人处于不利的位置。事实上，工人除了在经济上受剥削外，在其他方面也受到不公平的待遇，如工人参政的机会少于资本家，在享用一些公共服务方面，如教育及司法服务，也难与资本家相比。

3）经济危机

马克思主义学派预言，资本主义制度必然会因为经济危机而走向灭亡（Gough，1979）。资本家在高度竞争的环境下需要不断寻求资本积累。达到这一目的的方法是不断扩大生产规模，增加经济效率，降低整体生产成本。但这种方法却会导致生产过量，有货无市，致使部分资本家因生意失败而破产。至于另一种方法，则是加强剥削工人。资本家除了不断降低工资外，也可减少雇用工人，或是以机器替代。这些使资本家获取短期利益的方法却对资本主义制度造成伤害。推行这些方法的结果将使资本家的数量日渐减少，工人数目日渐增多，而工人终日饱受着工资降低、失业、生活水平下降的威胁，总会有一天忍受不住而联合起来推翻资本主义制度。由于资本家与工人的数目悬殊，资本家难于抵抗工人所发起的革命，而工人也将随之建立起社会主义制度。

4）共产主义

马克思本人推测共产主义制度有许多基本特色（Rodee，Anderson，Christol and Greene，1976）。首先，阶级将会消失，而且没有各种形式的阶级剥削。其次，生产过程由私有转为公有，人类社会各尽其能，按需分配。第三，国家消亡，各国将联合成为一体，没有国界，也不强调主权。第四，国家的角色将消亡，个人可将其私人利益与公共利益联成一体，并处处为公共利益着想。但这种近乎乌托邦的境界，并不一定可随革命及时出现，各社会主义国家可能先要经过无产阶级专政的阶段（The Dictatorship of Proletariat），推行组织性的改革，才可慢慢实现共产主义的理想。在无产阶级专政阶段，国家由工人所控制，而各私有财产制度也慢慢被打破，致使不仅资本家会绝迹于社会主义国家内，个人的意识也慢慢转变，越来越倾向于接受共产主义制度。

5）政府角色

马克思学者认为，资本家在面对资本主义制度危机时，并不是完全被动的，也常常试图缓解甚至去除有关的危机，其中最为研究者重视的是资本主义政府所扮演的角色（Offe，1984）。虽然资本主义政府在一些个别性的政策上可能按部分资本家的意愿决定，但从长远来说，则主要致力于维持资本主义制度的存在和繁荣，资本主义政府扮演了十分重要的角色。资本主义政府要达到这一目的，政府构成必须考虑三方面的要素。第一，政府高层官员尽可能是来自资本家同一阶级，双方关系密切。第二，资本家比工人享有较多资源，参与政府运作的影响力大，从而影响政府的决策。第三，由于跨国集团不断增多，资本流动速度加快，幅度又持续扩大，政府难以牵制资本家，他们更要面对资本家撤走投资的风险。为了防止资本家调走资本的危机，政府只有尽力照顾资本家的利益。

政府在维持资本主义制度的贡献主要在于创造资本积累条件，协助劳动力再生产和强化社会稳定性三方面（Saunders，1986）。在创造资本积累条件方面，政府所做的工作包括推行较低及较慢的基建工程（如建桥、修路），进行人力投资（如推行九年免费教育计划，举行人力再培训计划），直接向私人机构购买服务等。为求协助劳动力再生产，政府提供廉价的医疗及住房服务，致使工人可在其负担能力以内选购有关服务，协助其恢复劳动能力。在维持社会秩序及稳定方面，政府采取多项方法，包括通过警方及军队使用武力以镇压或是阻止企图挑战既有制度的人士及组织，政府也有可能通过一些服务性的行业人士，如教师及社会工作者，通过推行教育及协助受助者的工作，游说市民接受主流的价值观，接受现状及现有制度。同时注意提高中产阶级的数量和社会地位。

虽然不少资本主义政府努力强化资本主义制度，但马克思主义学派却质疑其工作成效。奉信马克思主义的学者认为，资本主义制度的经济及政治危机是必然出现的，没有办法去除，政府的干预只会使问题更为复杂化。学者奥干拿（O' Connor，1973）指出：争取政治上的合法性与创造资本积累机会是两个互为矛盾的目标。政府的财源多来自税收，若政府推行庞大的计划以实现其政治或经济目标，必然要加强对税收的依赖，从而间接增加投资者的压力，影响他们的投资前景，结果资本积累的机会非但没有增多，反有可能受到削弱。与此同时，政府干预经济和社会事务越多，市民对其期望可能越大，久而久之，政府可能要面对政治上负担过重的危机。一旦政府的表现与市民的愿望出现距离，政府便要面对市民的批评及攻势。因此，政府干预处理资本主义制度的政治及经济危机，不仅成效有限，而且很可能引来更多的财政及政治问题。

6) 社会服务

马克思主义学派对资本主义制度社会服务的评价好坏参半。一方面，社会服务可以作为资本家改善投资前景、控制工人阶级的工具，例如，社会服务可确保劳动力再生产，增加投资者的市场，部分缓解工人的不满，甚至将问题个人化，这样的社会服务有利于强化资本主义制度；另一方面，社会服务确实又给工人一些直接的利益，如给予工人一些金钱和生活的援助，使他们的生活维持在一定的水平，况且社会服务事实上也不都是为资本家服务的，如全社会的老人、妇女、儿童等都会获得一定程度的照顾。一些马克思学者认为，社会服务的发展并不是全由资本家所控制的，它也是阶级斗争的成果，因此，也具有正面的意义（Wajker，1984）。

5.3.3 马克思主义的城市消费观

马克思主义学派对城市社会学的发展有着深远的影响。卡斯泰尔（Castells，

1977)早在20世纪70年代就提出城市消费冲突的概念(urban consumption conflicts)。他认为政府在城市中所提供的集体消费性服务(如住房、医疗卫生等),虽然可解决某些社会问题,但却成为市民争取改善服务的内容。在政府未做出干预之前,一些社会问题可能被认为客观存在或不可避免,但自政府开始提供服务后,市民便认定提供服务是政府的责任。此外,市民在使用集体服务的过程中,由于处境相若,容易产生共鸣,久而久之,便形成利益团体和一股政治力量。他们可利用自身的力量向政府施压,争取更多的利益。因此,城市常出现矛盾的现象,即政府提供越多的社会服务,所产生的社会冲突越多,政府更加成为不同利益团体批评的主要对象。

邓缔维(Dundeavy,1985)依据集体消费的概念,发展出政治倾向与使用私人市场或公众服务有密切关系的见解。他认为:市民依赖公营或是私营服务的具体形态会影响他们的政治信仰和政治行为。因此,虽然在生产过程中属于同一阶级的市民,倘若消费模式不同,他们的阶级意识和团结性便可能受到削弱。

桑德斯(Saunders,1986)进一步研究发现,由于使用市场服务的消费者的地位远较依赖政府或集体消费的市民为低,长期依赖公共服务便可能陷于边缘性的位置,最终导致社会再分层化(Social Restratification)现象产生。

另一位马克思主义学派的学者哈维(Harvey)则认为,生产活动与消费活动是没有明显界线的,因为阶级斗争同时会存在于工作环境和居住环境。这一观念使有关城市社会学的研究者,不再仅仅关注劳资冲突与社会冲突的关系,更启发他们对"工作环境"与"社区环境"的"人工"分界线所出现的成因及特性进行研究。

5.3.4 马克思主义的城市制度价值

马克思主义学派对城市制度的研究也具有重要价值。第一,马克思主义学派使我们了解到城市社会服务本质的复杂性。如前所述,社会服务具有多项功能,其发展形态也受多项因素影响。例如,一般人经常假设公共住房服务是为低下阶层而设的,然而公共住房服务对投资者和政府也极具价值。如公共住房的兴建有利于政府推行多项行政工作,清拆棚户区、收回土地、兴建新城以及增加市民的归属感。第二,通过了解后马克思主义学派的分析方法,就知道政府在提供社会服务时常常陷入是继续扩展规模还是做出收缩的两难处境。社会服务具体多项的财政和政治代价,如香港的城市住房问题,由于政府愿意做出的承担与市民的期望存在一段差距,结果不少市民便不满政府的住房政策,从而给政府一定程度的政治压力。也正因为如此,政府自20世纪80年代开始便推行一系列的公共住房服务私营化活动,除了鼓励市民使用质量较高、资助额较低的住房服务外,并试图减少财政开支。再如,中国近年来的城市住房制度改革,城市政府希望借此将市民的消费模式由集体消费转变为个人消费,将原来政府、企业处理住房问题的责任转移到市民自己身上。从上文分析可以看出,马克思主义学派是从宏观角度研究城市制度的,而在解释城市问题的成因时则倾向于批判资本主义制度这一根本问题。

5.4 韦伯学派

韦伯(Weber)学派对城市问题的研究注重在“住房阶级”(Housing Class)和“城市经理”(Urban Manager)两个方面。

5.4.1 韦伯学派的基本概念

人类生态学派(Human Ecology)忽视城市的冲突,将权力和城市资源的不公平分配看做为社会自然进化的结果。马克思主义学派则认为城市冲突应该是城市研究的重点,它将城市的不公平归咎为资本主义制度形成的恶果。韦伯学派非常关注城市资源分配不平等、社会冲突与权力分配等问题,但它反对马克思主义学派将资源的不公平分配完全归咎于社会结构。

1) 强调个人行为

韦伯学派虽然并不否定个人在社会结构的存在,但却认为个人的行为在社会结构中是相对自主的。例如社会虽然分化为不同的阶级,但低下层市民的行为可以多样化,他们可以认命,默默忍受艰苦的生活;也可以力争上游,向上爬,甚至可以铤而走险,以求发达。这些行为都取决于个人的选择,而不是由社会结构所决定的。因此,韦伯理论的关注重点可以说是社会结构中的个人行为。韦伯的社会行为理论(Theory of Social Action)对解释人类的社会行为具有重要的贡献。这个理论牵引出韦伯对官僚体系(Bureaucracy)的经典研究,及其后被引申到“城市经理”(Urban Manager)在分配资源方面扮演的角色等有关讨论。

另外,韦伯学派也反对马克思主义的阶级分析方法。它认为马克思将社会分为资产阶级和无产阶级实在是太简单化了。社会分层未必一定源于经济因素,社会地位与政治权力都可以形成不同的社会分层。这个理论带出了“住房阶级”的争论。

2) 社会行为理论

韦伯认为,人的社会行为可以分为感性行为(Affevtive Action)、传统行为(Traditional Action)和理性行为(Rational Action)三种。感性行为是基于情感因子而非理性计算的结果,例如有些人可以因为崇拜宗教或因追随某个精神领袖而牺牲自己的生命。传统行为是基于传统的社会文化而衍生的,例如中国社会强调尊师重教、孝顺父母等,都是传统的行为。另外一个例子是,在封建社会中结婚生孩子很多时候都不是基于感情因素,而是因为传统习俗的作用。至于现代社会,人的行为很多时候都是建立在理性思考基础上的,例如我们变换工作或购买房屋时,都会先清楚地计算一下得失才会采取行动。

韦伯对科层制度或官僚体系(Bureaucracy)的经典研究,深入地揭示了现代社会基于理性行为的特性。在现代社会中,大部分公共服务、私营服务、工商业机构都采取科层制作为管理的模式。在这个体制下,所有雇员都是非人格化的,所有决策都是理性的行为,尽量不涉及个人的感情。

其实在现代城市里,有很多资源都是通过政府的官僚体系分配的。公共住房便是一个很明显的例子,低收入的家庭可以通过申请公共住房而获得住房资源。在官僚体系内负责分配资源的"经理人"究竟有多大的影响力呢?这个问题在城市社会学中曾一度引起很大的争论。

3) 阶级理论

韦伯与马克思的另一个基本分歧是对社会分层的分析。马克思按照资本主义的生产关系将人分为两个阶级:资产阶级和无产阶级,但韦伯学派认为这种分类过分简化,社会分层可以分为三大类:阶级(Class)、社会地位(Status)和权力(Power)。

对韦伯学派而言,"阶级"是基于经济因素的社会分层,其着眼点并不是马克思所强调的是否拥有生产资料(即是老板还是工人),最重要的是"市场价值"。简而言之,只要在劳动市场中,两个人有同等的市场价值,他们便可算是有同等的阶级地位。

经济因素并不是惟一导致社会分层的因素,有些社会分层是基于社会地位(Status)的。例如在农村社会中,乡亲父老有一定的社会地位,但他们并不一定很富有。在香港,太平绅士享有一定的社会地位,很多专业人士如医生、律师、教师等都受到尊重,他们的地位并非建立在经济地位之上。当然,不可否认,有钱人较易取得社会地位,但韦伯学派认为经济与社会地位不是完全等同的,不能混为一谈。

权力(Power)是另一个造成社会分层的因素。政治权力并不一定来自经济能力,例如工人可通过组织工会而加强政治影响力,获市民大众支持的民选议员有较大的影响力。这些都与经济收入没有太大关系。

另外,韦伯也提出"财产阶级"(Property Class)与"后致阶级"(Acquisition Class)的概念。前者是基于拥有土地、住房或其他财产而形成的阶级,后者是因为个人的技术或在市场中赚取报酬而获得的阶级地位。换言之,阶级的分化并不仅仅是源于劳动市场,是否拥有住房、土地也是一个重要因素。传统上对社会不公平的讨论只着眼于工作岗位或劳动力市场所衍生的不平等,而韦伯的分析有助于将讨论扩展到住房和城市资源分配的问题上。

5.4.2 城市经理学说

城市经理学说是韦伯学派的一个重要贡献(Saunsers,1986: Williams,1978;Bassett and Short,1980)。韦伯的社会行动理论认为,人并非完全受制于社会结构,而是享有某种程度的自主性的。在现代社会中,人的行为以“理性行为”为主导,最明显的是现代社会的科层制度。这引申出两个重要的问题:① 现代政府的科层制度对住房和城市资源分配有什么影响? ② 负责推行这些服务的官僚或“经理人”对城市资源分配有什么影响?

1) 城市经理学说

帕尔(Pahl)认为,在城市空间有限及资源短缺的情况下,资源分配必然会导致很多冲突和不公平问题。城市空间是重要的社会资源,在传统的社会学中注视不多。很明显,居住高尚住宅区的中上层人士享有良好的居住环境,完善的社区设施,他们得到的社区资源要比居住在贫民窟的低下层市民为多。这样会使社会不平等或贫富悬殊问题进一步恶化。

城市资源分配的不公平与一个人在工作岗位中面对的收入不公平有所不同。帕尔认为,城市资源的分布可能与个人在劳动力市场的位置没有直接关系,当然,一个人在劳动市场的赚钱能力可以影响他的居住环境。例如,有两个工人,一个居于偏远的新市镇,一个居于市中心,虽然同为工人阶级,但居于偏远新市镇的工人会比居于市中心的工人花费更多资源在交通往返之上,包括金钱、时间和精神。因此,居住在不同的地区,可能享用不同程度的城市资源。

同时,帕尔也借用韦伯理论指出,城市资源的分配并非完全取决于自由市场,部分资源是通过政府的科层制架构,如住房署、福利署等去分配的。最明显的例子是公共住房,入住公房并不与你在私人市场中的价值高低来决定,而是通过住房署这个科层系统,分配给低收入或最需要的住户。

在这个分配的过程中,有很多城市关员(Urban Gatekeepers)或城市经理(Urban Managers)——例如:住房事务经理、城市设计师、建筑师、地产从业员、开发商、社区工作者、教育工作者等做为影响资源分配的因素。正如韦伯指出的个人的行为并非完全受制于社会结构,帕尔认为这些科层制度内的经理人,也不像机器中的一颗螺丝钉般完全听命于中央。这些经理人有价值倾向和意识形态,他们各自争取推出自已的计划,或常常试图达到自已的目标,并对城市资源分配造成一定影响,可能会强化或减弱现存的社会不平等。

住房经理人在处理公共住房申请时,具有一定的影响力。假如在一个多种族的社会中,大部分住房经理都有种族歧视的倾向,则可能会导致少数民族很难被分派到公共住房,而多数族群则获得优质的公屋。如果私人房地产市场的地产经纪人也住在白人区,这样便容易形成社会分隔,或将黑人排挤在享用某些城市资源的门外。尽管我国不存在明显的种族差别,但"城市经理"对少数社会群体,如流动人口、单亲家庭,是否有一致的看法呢?假如,他们认为这一类人不值得享用城市资源,而这些社会群体又缺乏讨价还价的条件,被派往环境最差或偏远的住房居住。这些问题都值得我们研究和关注。

2)"城市经理学说"的局限

城市经理的学说提供了一个新的视点去观察城市资源的分配问题,使我们意识到中介的经理人也可以影响城市资源分配的公平性。但这个分析也有一定的局限性。

首先,对"经理人"的界定存在很多争议。经理人可以泛指负责执行政策者。在科层制度内,几乎从最高级到最低级的员工都可以被看做是"经理人"。但很明显,住房事务经理与一个公屋管理员的影响力相差甚远,他们发挥影响力的方式也不尽相同。另外,私人机构与公共服务的从业人员所扮演的角色也有很大差异。

第二,这些作为中间人的"经理"是否有自主性?或者只是一个政策的执行者?有人认为一个房屋署的经理在分配公屋资源时,是执行上级的政策,并不存在个人的价值与理念。而一个私人市场的住房经纪人或地产商的代表,只是负责执行资本家的赚钱策略,并不存在个人的意向。因此,这些经理人不是自主的,只不过是存在着政府政策或商家的市场政策不同而已。假如我们认为城市经理人对城市资源分配有其独特的影响力,那么,我们必须证明他们具有共同的价值观,例如歧视少数社会群体,并有系统地推行有关政策。很明显,这并不容易证实,就算我们发觉个别城市经理人有某些价值判断,也未必等于该行业内所有从业人员都有这个观念。

第三,过分强调经理人影响力其实也有一定的危险。这样会将城市资源分配不公平的问题归咎于少数经理人,而忽视了一些政治家、议员在资源分配上所扮演的角色。

3)"经理学说"的修正

"城市经理人"的学说因此遭到种种批评。帕尔自己也认为这个概念要做出重大修改(Pahl,1975)。首先,"城市经理人"清楚地界定为公共服务体系中负责执行政策的人,私人服务的雇员或在政府科层制度以外者不应包括在内。另外,经理人主要是指高级官员或握有实权者,而不是一般低级职工。第二,"城市经理人"理论的应用范围只局限在地区资源的分配上。在个别地区或个别房屋,我们可能见到个别城市经理人对资源分配发挥着重要作用,但在中央政策的层面经理人却只能按照既定的政策办事。第三,"城市经理人"并不是一个独立的影响元素,他们可能是介于政府与市民之间的中介人,只发挥着局部的影响力。

虽然城市经理人的论说已逐渐淡出,但这并不意味着中介的经理人在城市资源分配的角色中越来越不重要。事实也并非如此,假如我们留意一下各类城市服务,如住房、医疗、教育、社会福利等的发展,不难发现这些服务都不约而同地强调了行政主导与“科学化”的管理,强调质量管制(Clarke, Cochrane and Mclaughlin, 1994)。这种趋势对社会服务的发展并不一定有利,很多数量化的管理方法并不能有效地反映服务质量。但另一方面,这套“新经理学说”(New Managerialism),却为高层经理人员带来更大的权力,更多高职厚薪。这意味着经理人的角色会日渐重要。

5.4.3 住房阶级研究

韦伯学派的另一个重要贡献是引发对住房阶级的讨论。传统的马克思主义的阶级分析过分强调劳动力市场对生产领域的影响,因此,在分析住房及城市问题时遇到不少钳制。相反,以韦伯学派的阶级分析有助于在住房与城市资源分配时对社会平等的重要性进行讨论。韦伯学派对住房阶级的论述引发了很多具有争议性的议题,例如,一个人的房屋状况是否会改变他的阶级位置?住房资源的分配是否加强而不是减弱现存的社会不公现象?

1) 雷斯与摩尔的经典研究

雷斯与摩尔(Rex and Moore, 1967)的研究可以说是住房阶级讨论的经典,他们试图用人类生态学和韦伯的阶级理论去分析一个城市中各个社会群体争取有限资源的情况。他们发现,城市中大部分市民对住房资源的要求都有一个共同的价值倾向,即:人人都希望入住环境清静,远离烦恼的高尚住宅区或郊区。但是城市资源是有限的,因此,便形成了剧烈的竞争。各个社会群体会因不同的背景而争取到不同的资源。在美国城市,白人的中产阶级因为经济和政治权力较优,可以通过自由市场购买郊区的优质住宅;白人的工人阶级虽然没有足够财力买房,但他们仍然可通过国家的官僚制度,如住房部、福利署等获得居住环境较好的优质公屋;其余的“边缘住户”如黑人、失业者、单亲家庭等便没有那么幸运,他们被迫居于一些贫民区。正如伯吉斯(Burgess)的同心圆理论表达的那样,在竞争中会形成一个特定的人口分布形式。大致说来,较富裕者会居于环境清静的郊区,贫困者不能支付昂贵的交通费及楼价,只能留在市中心附近的贫民区。

雷斯与摩尔认为,这个城市资源的竞争过程,就像社会领域内的阶级斗争一样,会形成不同的阶级。这个“住房阶级”的划分有别于生产领域内的阶级。他们认为按各人的住房处境不同可以分为6种住房阶级,由最好的处境至最差的顺序为:① 拥有私房者。② 银行按揭购房者。③ 租住公共住房者(其中又分为不需要清拆的房屋和将要清拆的房屋两种)。④ 租住全套私人住房者。⑤ 有私房但需出租房间付银行按揭者。⑥ 租住一个房间者。

住房阶级虽然可以从另一个角度来观察社会分层的状况,但这个概念也有多方面的局限。首先,根据住房状况划分的阶级可以有无限个。因为住房状况是多样化的,例如雷斯与摩尔的研究将住房阶级划分为6个,但是为什么划分这6个,而不是10个或20个呢? 同时,每个阶级之间的界线与定义并不清楚。例如,拥有私房者未必优于有私房但需出租房间付银行按揭者,这要看楼价和住房按揭的负债情况而定。当然,这个局限也反映出韦伯学派以市场状况划分阶级的问题。其次,当我们谈阶级时,似乎假设有高低之分,但在住房处境中,很多时候并不存在一套统一的价值观。例如,有人习惯住在闹市中心,有人则情愿搬到远郊。另外,居于公屋者也并非一定是穷人,拥有私房者也并不一定是同一阶层,因为物业的价值可以相差很大。很多时候,我们根本就不能以某些居住形式来判断和划分不同的住房阶层。

2) 住房阶级划分的意义

桑德斯(Saunders,1978,1984;Sullivan,1989)将住房阶级的讨论又向前推进一步。他认为,现代社会的分层,并不是像马克思主义者所说的那样简单地分为资产阶级与无产阶级,而是像韦伯所说的基于人的市场状况、是否拥有住房、土地等划分为不同的阶级。在现代社会中,可以按各人的住房状况不同而划分为不同的住房阶级。

桑德斯认为,在现代社会中,住房阶级越来越重要,甚至比基于职业划分更能准确地划出现代社会的分层状况。换句话说,在这个情况下,观察一个人的住屋状况比留意他的工作更为重要。这个论说可以进一步引申到住房阶级比社会阶级更有效地估计一个人的政治倾向。英国的议会选举,住房阶级地位对其投票倾向就具有影响力。租住公共住房的市民倾向投工党一票,而拥有私房者则将票投向保守党。

住房阶级影响个人政治行为的论说,也可进一步引申到拥有私房者会倾向支持保持资本主义的私有制,相反,租住公共住房的阶层却不会安于现状。因此,有人认为,应该尽量鼓励市民拥有私房,这样便可以稳定资本主义社会。

另外,桑德斯还发现,推广拥有私房计划对劳动阶层一样有利(Saunders,1990),因为劳动阶层可以通过买楼而增加资产。这样,工人阶级便可以分享到一些经济发展的成果。换言之,推进拥有私房计划可以降低社会的贫富悬殊。马克思主义者则有完全不同的看法。

3) 马克思主义者对住房阶级的回应

马克思主义者反对住房阶级的论说,他们认为社会阶级是基于生产关系的,简而言之,分为拥有生产资料的资产阶级和出卖劳动力的无产阶级。住房处境不是生产关系,因此不会形成阶级。

拥有物业只不过是住屋消费的模式之一。就如一个人拥有电视机、汽车等消费品,却不会因为消费模式改变而改变一个人的阶层位置。拥有私房是消费品,并不是商品,业主并不可以从中图利。就算楼价上升,因为业主需要自住,根本不可以从中套取利润。当然,假如你是以炒卖楼花为主,则另当别论。在这种情况下,你已经不是一个普通的消费者了。作为一个消费者,拥有自己的住房根本不会改变你的阶级位置。

但也有人指出,住房价格不断上升,拥有物业与没有私房的家庭可能在初期大家的收入相当,但经过一段时间后,两者的经济地位便会越拉越远。但马克思主义者认为,一个工作稳定的工人较工作不稳定的工人容易购买住房,有些家庭因为有亲友或父母的资助也可以买房。换言之,是否拥有住房,往往是劳动力市场位置不同或家庭财富差异的结果。拥有物业后,它提供了一个机会给这些家庭获益。住房往往强化了社会阶级的分化,而并非拉近贫富的距离。

马克思主义者的另一个批评是尽管拥有私房但并没有真正改变社会阶级的关系。住房阶级学说,一方面,拥有私房与租住公共住房将劳动阶层一分为二,降低了无产阶级结合力量反对资产阶级的可能性;另一方面,拥有私房者也自以为有所得益,安于现状,努力维持资本主义的私有制,而且也要不断努力赚钱供楼,无暇顾及对社会的不满做出反应。

概括起来,马克思主义者认为住房的形式——无论是租屋或买楼——都只不过是消费的模式,并不会改变一个人的阶级位置。作为一个消费者,无论是租或买,都是被大地产商、大房产商等资本家所剥削的。

4) 消费社会学的兴起

近年来对住房阶级的研究更进一步发展出"消费社会学"(Sociology of Consumption)。桑德斯认为,过去的社会学研究过分集中在生产领域,而忽视了消费领域,如住房、社会服务等对社会的影响,因此需要发展消费社会学(Saunders, 1986)。他进一步提出"双层政治论"(Dual Politics Thesis)的想法,即在现代政治学中,可以将它划分为生产和消费两个不同的层面(Saunders, 1986)。"生产政治学"关注阶级利益,与中央政府、资本家、大财团等有直接关系;"消费政治学"主要在消费和社会服务中出现,局限在某个地区,而不牵涉到整个中央政府。

5.4.4 结 语

韦伯对阶级及科层制度的讨论给城市研究带来了新的课题,引发了有关住房阶级及城市经理学说的讨论。传统马克思主义对阶级的分析注重劳动力市场和生产关系,而忽视了消费模式对社会分层的影响,韦伯学派正好填补了这个空间,提出住房模式是可以构成阶级分化的因素之一。传统马克思主义者强调社会结构对人的影响，而忽略了在结构中个人行为的自主性。城市经理学说正好有所补充，认为执行政策的中介者可以有相对独立的价值倾向，进而影响城市资源的分配。

5.5 女性主义学派

传统社会学对社会不公平的研究大多只集中于一些经济性的问题，如阶级分化、贫富不均等。其实除了经济因素外，还有其他因素，如性别、年龄、种族等对城市和住房资源的分布都有重要的影响。例如，在很多西方国家以白人为主的社会中，黑人、亚裔及其他有色人种会分享到较少城市资源，很多少数民族都聚居于贫民区。就算有部分有色人种可以有钱购买昂贵的住房，有时也会被排拒在白人社区之外。因此，仅仅集中研究经济因素，而忽视其他因素研究，并不能起到原先的作用。

不少女性主义者认为，在社会科学领域内，一向都由男性主导，忽略了女性的地位，甚至将女性的问题边缘化（Oakley，1989；AbbOtt and Wallace，1990：ch1；Westkott，1979）。最明显的例子是高霍（Goldthorpe）的阶级研究，在这些研究中女性被视为从属于丈夫。当然，这些“性别盲”的例子在城市及住房研究中比比皆是。不少女性主义者认为城市与住房的发展加剧了男女不平等（Birch，1985；Gilroy，1994；Massey，1994；Rose，1993；陈，1993a）。

5.5.1 住房制度中的性别不平等

性别问题在住房研究中可算是较为新的课题，很多学者、政治家和政策制定者以至一般市民，都怀疑性别是不是影响了住房资源的分配。这些疑问可以归纳为以下三大论点。

1）自然分工论

第一类论点认为，社会并不存在性别不平等，“男主外、女主内”是自然的分工。这个论点对现代社会的男女不平等现象视而不见。事实上，我们不能说妇女从事繁重的家务，受困于家庭或居所之内，这是她们的自愿选择。其实，已有大量的资料和研究显示，妇女在就业、教育、政治参与、家务分工等方面确实存在诸多不平等的待遇（新妇女协进会，1990，1993；Chan Ng，1994；Abbott Wallace，1990）。但仍然有人认为这些数据并不重要，因为女性是自愿选择作为家庭主妇的，这是“自然”的分工，对男女都有利。

这个“自然分工论”忽略了性别角色是后天培养的这一前提。女性并非天生就会照顾家庭，煮饭、洗衣服等都是后天学习的技巧，而非“天生”的本能。在性别分工之下，女性被视为被“照顾者”，被局限在家庭中照顾丈夫和子女，缺乏个人发展的机会。在长期的社会教育和种种社会压力之下，女性被迫选择了以操持家务为主的角色。

近年来，桑德斯的一个研究发现，女性与男性一样享受家庭生活，家居生活并不会对女性构成压迫（Saunders，1990）。这个论点引发了不少有关的讨论（Saunders，1989；Somerville，1989；Madigan et al，1990）。虽然，桑德斯并非以自然分工为依据，但他同样忽视了社会结构和社会规范对个人行为的影响。

简而言之，“自然分工论”是对大量反映男女不平等的数据视而不见的论点。就算面对这些数据，他们也只会推说这是自然分工，是女性的自由选择，完全忽视了在长期社会教育以及在各种社会交往、社会结构中女性根本没有“自由选择”的权利的事实。

2）个人不幸论

第二类论点认为，一些妇女遇到住屋困难是个人的不幸，与男女不平等无关。虽然这一派人士有时会承认女性在特殊的情况下会遇到一定的困难，但很多时候他们会认为这些只是个别事件，是个人的不幸或意外，是男女都有可能遇到的，与性别平等无关。例如很多单亲母亲在寻找住房时常常遇到困难。甚至被歧视和排斥（Chan，1995）。这一派人士会推说这只是个别女性的不幸而已，大部分的离婚妇女都会得到丈夫的赡养费或接受社会福利的照顾，很少单亲母亲会面对这些困难。甚至有人会指责个别女性过分依赖社会福利，是她们自己不争气，不自力更生，只要她们努力工作赚钱，居住问题不难解决。

这一观点的谬误在于将社会问题“个人化”。其实很多女性面对的住房问题都是直接或间接地因为社会重男轻女而衍生的。为什么在大多数的情况下，离婚后都要女性负责照顾子女以及解决子女居住、教育等问题？为什么有些年老的妇女会将住房或其他家庭财产交予子女，以致自己晚年居无定所？这些都并非是个别的不幸，而是由传统的性别分工与重男轻女的社会制度所造成的社会问题。

因此，不少女性主义者认为，“个人就是政治”（Personal Is Political）。意思是指个别妇女遇到的困境并不完全是“个人”的责任，是社会现存的政治、经济制度所形成的，因此，个人问题同样是政治问题。

3）社会制度分割论

第三种观点认为，性别不平等是传统文化的问题，与住房制度无关。这一派人士承认存在男女不平等现象，但这是文化系统衍生出来的问题，与住房制度无关。他们认为：住房是商品，它只不过是要解决各个家庭的居住需要，并不会偏袒男性或女性。在使用时男性会享有更多住房资源，例如在现代社会中大部分的住房财产都是留给儿子的，这个情况是源于传统文化制度，与住房制度没有直接的关系。

根据这一派的言论，要改变男女不平等的现象，最重要的是改善文化制度。一旦文化制度改变，住房设计与资源的分配就会随之改变。总之，住房制度内男女不平等现象不应成为住房研究的重点之一。

持这一观点人士的问题在于将住房制度与文化制度或其他的社会制度分割开来看，忽视了各个社会制度之间互为影响、互相牵制的关系。在男女不平等问题上，各个社会制度是互相强化的。例如，教育制度限制了女性个人发展机会，职业制度限制了女性独立自主的经济能力，家庭更进一步局限了女性只能作为被照顾者去操持家务，而限制了她们参与社会的机会。所有社会制度都是在强化男女不平等的基础上发挥一定的作用，住房制度也不例外。

5.5.2 女性主义住房研究的切入点

女性主义者当然反对上述论点。虽然她们一致认为住房对性别平等有一定影响，但她们的研究方向却有所不同。我们可以将性别与住房的研究简单地分为以下三个方面（Watson，1988）。

1）环境决定论

这一研究方向源于 20 世纪初期，在城市设计研究中比较普遍，其重点在于研究住房与城市设计是如何制造和强化男女不平等的。其论点主要认为：住房及城市设计直接影响、甚至决定人的行为，所以称为环境决定论（Environmental Determinism）。女性主义者希望通过改善房屋和城市设计来促使男女平等。在住房研究方面，环境决定论以纽文及高文的研究最为代表（Newman，1972；Coleman，1990），她们引用大量数据指出居住环境的好坏会影响居民的行为。例如居住环境较差就有较多破坏公物的行为和较高的犯罪率。这些分析显示出居住环境会影响人的行为，至少是影响人的行为的一个极重要的决定因素。

倾向环境决定论的女性主义者同样认为，现代家居的设计会导致男女不平等。例如现在每个居所都设有厨房，在性别分工之下主要由女性担任煮食等家务，这样无形中强化了现存的性别分工。因此，在 20 世纪 80 年代曾有一些女性主义者倡导“无厨房”的家居设计（Hayden，1981），她们希望通过集体化的家务和新的家居设计而改变性别分工，可惜这些试验并不成功。

环境决定论者主要的问题在于过分强调环境对人类行为的影响。当然，住房的设计，包括厨房、客厅、睡房的设置都反映出我们日常的生活模式与性别关系，但这并不是说改变了住房设计就会改变原有的社会关系。我们不能将住房与城市设计视为一套简单的工具，完全由男性控制，用以压制女性。现实的社会关系比这种简单的描述要绘声绘色复杂得多。

2）附加方法论

另一类女性主义者的性别与住房研究方向可以称为“附加方法论”（Add-On Approach）。这一方面常见于一些社会福利和社会政策的讨论，研究者会集中在某些类型的妇女，如单亲母亲、年老妇女、单身女性等的住房情况进行研究，以提供大量的数据证明现行的住房制度遗漏了这一群妇女，导致这些妇女缺乏必要的资源（Brion and Tinker，1980；陈，1993）。因此，要求政府在制定政策及推行服务时要对这些对象重点加以考虑。这个研究方向的优点在于能提供具体数据说明各类妇女遇到的困境，研究数据对讨论性别平等与住房问题有极大的帮助

但是“附加方法论”也有其局限性。它并没能挑战有关政策及服务制度背后的理论，似乎这只是住房政策的一时疏忽，只要我们提出足够的数据，政策制定者便会将这些妇女的需要加以考虑，妇女的住房问题就能解决。有人认为这并不是最彻底的解决方法，为什么女性的住房需要会被忽视了呢？这并不是一时疏忽的问题，而是整个住房制度、住房政策制定、住房服务的推行都缺乏性别意识。所以我们不应只将妇女的需要作为附加的议程，而是要彻底地反省住房政策与服务的方向（Watson，1986b）。

如果我们过分强调妇女作为一些缺乏住房资源的不幸社会群体，从而替她们争取更多资源，会引来适得其反的效果。因为这样强化了“女性是弱者”，或使人们觉得妇女的住房需要是一些特殊社会群体、不幸人士的个别需要，并非是结构性的男女不平等问题（Clapham Smith，1990 Marcuse，1989）。因此，有些女性主义者认为应更彻底地揭示当代住房政策与服务源于男权意识的本质。这样一来，解构主义或结构主义方向就应运而生了。

3）解构主义

这一流派源于后结构主义（Post Structuralism）或后现代主义（Post Modernism）的分析，它不满意“环境决定论”将人视为完全受环境支配，完全受制于社会结构；同时，它也不满足于“附加方法论”，认为缺乏对住房制度理念的批判，将妇女面对的困境简单地视为资源缺乏问题。

解构主义者（Deconstructionist）认为：住房政策与住房服务是建立在一套男权意识之上的资源分配体系，无论在居住形式和住房资源的分配上都充满着传统的意念。男权的体现最主要的并不是通过一个既定的架构进行压迫，最有效的方法是在日常交往中进行。当重男轻女的意识在我们的社会还根深蒂固时，所有人都觉得现存的资源分配情况是理所当然的，这便是最有效的社会控制。例如，现在大部分住房财富都是留传给男性的。社会人士并不会觉得这是一个问题，甚至有些人会认为男性是传宗接代，续继香火的人，因此承继住房、土地理所当然。这样一个明显的性别不平等便被界定为不是社会问题。

据此，解构主义的分析重点是要挑战现在一般社会交往中隐藏的男权权威，揭示当代不少城市和住房设计、城市资源分配的不合理性（McGregor，1995），寻求改变现存的社会运作方式，以达到一个更公平合理的结果。

概括起来，上述三个研究方向各有特点，“环境决定论”指出城市与住房设计如何体现男权意识，“附加方法论”提供大量数据以协助妇女争取住房资源，而“解构主义”则进一步批判住房政策与服务背后的理念。我们可以取长补短，根据不同的社会形势、不同的社会问题而采取有效的分析方法。

5.5.3 住房的意识形态分析

住房与城市的设计并不是没有社会价值倾向，它们是建立在现有的主流社会意识形态基础之上的。很明显，住房设计与资源分配会不自觉地反映重男轻女的男权意识，并强化了男女不平等的状况。住房设计和资源分配基本上贯穿以下两大意识。

1）家居理想

很多学者认为现代的城市和住房设计建立在一套“家居理想”（Domestic Ideal）之上（Davidoff et al 1976；Grow，1989）。最理想的居住地点是家居清静，户户独立，远离喧嚣。因此，假如环境许可，很多人都会搬到郊区居住，取其清静。在推销房屋的广告中，也不时会见到以环境优美、恬静舒适作为吸引房主购买的广告词。对男性而言，恬静的家居生活可谓是逃避工作压力的避难所；但对女性而言，家居正是她们的工作间。家居越远离喧嚣，越户户独立，女性所得到的支援便越少。以往社会建立在大家庭制度之上，女性在育儿、照顾家庭方面都比较容易得到母亲、姊妹或其他亲属的帮助。现代家居生活使这些支援网络失效，女性只有孤单地面对照顾家庭的压力。建立在“家居理想”的现代住房设计，使更多女性要独立地面对困境。而独立及谋求高度私密的家居生活，也使女性更难参与公众事务。

2）家庭意识

另一个影响住房发展的意识形态是家庭意识（Familial Ideology）。住房的设计和资源分配都是建立在家庭作为一个单位之上的。例如申请公共住房是以全家人计算，个人不能脱离家庭单独申请。另外，一个单位住房的设计，从厨房、客厅到睡房都是建立在一个家庭的日常生活模式之上。而所有这些假设都是以传统家庭模式为基础的。当我们强调以家庭作为一个单位申请公共住房时，我们也假设了家庭是一个和谐的单位，家庭成员间互相帮助，没有权力不平等，没有冲突。事实上，男性与女性的权力在现代社会家庭中很不平等，冲突时有发生。当男性不顾家但又不正式离婚时，女性仍然不可以独立地申请住房。换言之，女性必须尽力保持家庭和谐，否则她们在解决住房问题时便会遇到很大的困难。有人认为这无形中强化了女性必须依赖丈夫和家庭的思想。而这个“家庭”必须是传统的家庭形式,即夫妇俩加上一个或一个以上的子女,在这个“传统家庭”模式以外的妇女,如单亲母亲、单身女性、独身老年妇女等,往往受到歧视或排斥(Watson,1986a;Chan,1995)。另外,我们也假设了家庭内部有完美的分工和合作,男性负责外出赚钱,女性负责照顾子女、操持家务,一切居住形式或设施都根据这一蓝图而设计。但时至今天,社会的分工已经有很大转变,例如随着资本主义发展和经济全球化(Watson,1991;McDowell,1991),很多女性都已外出工作。假如我们仍然沿用传统的概念设计居住形式,这会反过来强化女性的传统角色。由此可见,现行的住房与城市制度在强化男女不平等方面所扮演的重要角色。

5.5.4 居住环境对妇女的影响

在了解上述住房与城市发展的意识形态之后,我们再看居住环境对妇女的影响。

1) 社区设施

现在的城市设计都非常重视社区设施,很多居住小区或社区都声称设施齐全。但细心观察,你会发觉所谓社区设施完善主要是指购物商场、街市、学校、诊所、医院或其他文化娱乐场所等。在发展这些设施的背后,“家庭意识”很明显地反映出来。因为我们假设了传统的家庭分工,认为每个家庭一定有一个主妇照顾家务,所以有关照顾子女与家务工作便不会被视为社区设施或社区服务了。在很多社区中都缺乏幼儿服务、课外托管、幼儿暂托服务等,似乎假设每家都有一个长时间留在家中照顾子女的家庭主妇。另外,社区中也不积极发展家居清洁、买食煮饭等服务,因为同样地已假设了这是家庭主妇的职责。事实上,在现代社会生活中,这些家务助理服务越来越重要。近年来,一些新开发的居住区纷纷成立了物业管理中心、家居服务中心等。由此可见,家庭服务的需求已越来越大。现在的城市与住房设计的概念,仍然远远落后于社会发展,而且反过来强化了女性照顾家庭的角色。

另外,在城市设计中往往忽视妇女的特殊情况,最明显的例子就是新区的发展。较早以前,这些新区都是按照“家居理想”的意识选址设计,虽然个个都改善了居住环境,但因城市设计忽视了妇女的需要,也加重了妇女照顾家庭的压力。当她们迁入新区以后,妇女便失去了在市区的社会网络,当有需要时很难找到朋友协助。随着现代家庭逐渐趋向核心家庭发展,家庭主妇所得到的支援已大为减少,加上迁入新区之后,她们更是孤立无援。

城市新区或新城的设计也很少照顾到妇女的就业,当然这里男性一样受到就业机会不足的影响,但男性却不会因此而放弃长途外出工作,而很多女性却因此被迫回到家庭,当全职的家庭主妇。新区或新城的交通设计也有类似的问题,尤其是在开发早期,交通极为不便。对男性而言,固然会增加上下班的时间,但无论如何这样不会切断他们的对外接触;可是对女性而言,这却可能严重地局限了她们的社会活动,使她们完全受困于家居生活之中。

从上述的讨论看,社区设施对妇女有重要的影响,有些直接有些间接地强化了传统的性别分工。对居住新区的妇女而言,这个情况更为明显,很多妇女被迫进一步局限在家庭之内,同时又缺乏其他支持,导致新区的家庭问题日趋严重。

2) 住房设计

在现代社会,住宅和居住区的设计方面也很明显地忽视了女性的需要,其中一个例子就是厨房的设计。在香港,地价昂贵,居住单位的面积都很小,但在室内空间分隔时,厨房极为狭窄,而客厅却尽量宽敞。这其实是反映了一个传统的假设,即厨房只由一个家庭主妇占用,所以不需要太大。如此一来,就算有其他家庭成员愿意协助煮饭,也因空间所限而被拒之门外。

其次,居住区内部通达性设计差、灯光不足、暗角多,同样会间接地限制女性的社会活动,因为妇女和儿童较易成为罪案的受害人。在管理差、治安恶劣的情况下,很多女性都只有减少在晚上或清静时外出,就算要外出都要有丈夫、父亲、兄长或家中男性成员陪同。这样一方面限制了女性的社会活动范围,另一方面也强化了女性依赖男性的角色。在公共空间的运用方面,也缺乏培养妇女互助网络的意识。其实,很多居住小区都有不少公共的空地可用,公共住房每层楼都有十多个单位以上,假如在每层楼腾出一些空间作为"公共客厅",可以有助居民之间建立社会网络,妇女之间也可互相支持照顾幼儿。但碍于我们对"家庭意识"的迷信,以为由个别家庭主妇照顾自己的子女是最理想的模式,加上"家居理想"强调家庭生活私密性而忽视社区支援,而对妇女的基本需要却视而不见。另外,有些家庭主妇也反映现在一些居住小区的设计极不方便她们的日常活动。例如很多地方只有梯级而没有斜道,对使用婴儿车的女性造成很大的困难。因此,很多要照顾幼儿的妇女都尽量减少外出,这样便进一步将她们局限在家居之内。

总之,很多社区与住房的设计都是源于传统性别分工的概念。这样,会反过来强化女性对男性的依赖,将女性局限在家居生活之内,减低了她们参与公众事务的机会。

5.5.5 住房资源分配

住房资源的分配也很明显地反映出男女不平等。无论在公共住宅或是私房,这个情况都存在。

1) 公共住宅

表面上,申请租用公共住宅或购买住房并没有偏袒男性或女性,但正如我们前面所述，公共住房的分配是建立在家庭作为一个单位之上的。假如女性并不是在传统的核心家庭之内，相对男性而言，女性一般较缺乏解决住屋问题的经济能力，在这个歧视性的住房政策下，女性较男性面对更大的困难。单亲母亲就是一个明显的例子。她们在离婚后，大多数的情况下都是由女性负责照顾子女，但她们未必一定可以得到入居公共住宅的照顾。而在面对家庭暴力的情况下，就算她们原本居于公共住宅，很多是要单亲母亲携同子女自行解决居住问题（陈，1993c）。至于居住私房者，在离婚后申请公共住宅一样困难。这些单亲母亲的家庭不仅仅收入低，政府提供给她们的都是居于极为恶劣环境的住房，事实上即使这样，获得住房的单亲家庭比例仍极低。老龄妇女也会遇到很多居住困难。一般而言女性因长期缺乏独立的经济能力，到年老时便很难解决居住问题，加上现代社会两代同住的家庭越来越少，老年妇女更加需要依赖公共住宅资源。但长期以来，政府都不大重视照顾老人或单人家庭的住房问题（莫，1993），仿佛这类家庭并非"正统"，不是社会的主流，就可以把住房问题暂且搁置一边。在歧视"非正统"家庭的政策下，单身的女性也很难申请到公共住宅。这个政策似乎假设了女性结婚前会依赖父亲，结婚后会依赖丈夫，"正常"的情况下不应独身居住。在缺乏住房资源压力之下，很多女性都只有通过成立家庭、结婚生仔、依赖丈夫，才可以解决居住困难。

2）*私房*

私房虽然大致上是按市场供求规律运作，但同时也反映出传统文化对女性的歧视。例如刚才指出单亲母亲的困境，在私人市场也有类似情况。不少单亲母亲都表示在私人市场里备受歧视，很多业主不愿意出租住房或房间给她们，因为一般社会人士会认为离婚的妇女必定有问题，否则她们的丈夫也不会遗弃她们。同样地，单身女性也不容易在私房市场解决住屋需要，除非她们有较高的经济能力。一般人认为，单身女性没有受男性"保护"，容易成为罪案的受害人，所以她们在选择居所时要考虑较好的居住环境。但是事与愿违，由于她们的经济能力较男性为低，因此要在私房市场解决居住问题更是雪上加霜。

私房作为一种财富，在影响男女平等所发挥的作用是很明显的。在国外已经有很多研究发现，住房财富的流动对社会不平等有重要的影响（Forrest and Murie，1988；Hamnett，1991；Smith，1990）。现时大部分住房、土地财富都是留传给男性居多。我们可以设想，一层楼房动辄数百万元，继承这笔遗产的男性其社会经济地位与一无所有的女性可谓是天壤之别。就算不是通过继承遗产，很多时候住房财富也会从女性那儿流向男性手上。例如，近年来很多家庭成员会合资购买住房共住，合力供楼。但当女儿结婚时，她们便顺理成章地迁出，不会分享厘毫。反之，当儿子结婚时，这便成为他的新居，或迟或早，他的姐妹都要搬离将房子留给他。这样无形中使大量的住房财富由女性流向了男性。

概括起来,用女性主义的观点看,当今社会,无论公共住房还是私房的资源分配都是在重男轻女的背景下进行的,而且很多住房政策和服务以及日常的社会交往都在歧视“正统”家庭以外的女性,或忽视了她们的住房需求。

5.5.6 结 语

从上述的讨论我们可以看到,住房和城市并不是一个“中立”、无价值倾向的制度,它们的发展是建立在社会的主流意识和社会关系之上的。当今社会仍然重男轻女,男权当道,住房与城市制度充分反映了这一点。因此,研究城市问题,仅仅关注经济不平等是不够的,性别、种族、年龄等都会对社会的不公平现象产生影响。

5.6 “鼓励拥有私房运动”策略

“鼓励拥有私房运动”(Homeownership),无论作为一种住房享有关系(housing tenure)还是作为一种社会公共政策,都越来越受政治家和学术界的关注。事实上,“鼓励拥有私房运动”对全球来说,无论是在美国、加拿大,还是在英国、欧洲大陆,乃至澳大利亚、新西兰等,在过去20年都经历着不同程度的增长,近10年更是如此(Tosics,1987;Castells,etal,1990;Plutie and Plusterd,1996)。这可以被看成是一种经济现象,是一种消费的选择和文化的呈现。然而,引起城市社会学者以及社会政策学者关注的是“鼓励拥有私房运动”的发展过程。这一过程对反映、延续、巩固或改变现有社会关系的影响,它是如何通过社会分隔(Social Segregation)、边缘化(Marginalization)、排斥(Exclusion)、过滤(Filtering)、潜移默化、财富再分配以及剥削等方式来进行的。鼓励拥有私房运动,一方面意味着不同形式的城市面貌(Urban Scene)的改变,另一方面也意味着城市过程、城市政治、权力和社会结构的演变。在过去相当长的时间内,关注的焦点主要在于“鼓励拥有私房运动”会不会营造出新的社会阶层。

5.6.1 住房的性质、住房关系和形态

住房在商品社会下具有不同的性质。一方面是作为一种货物(Goods)或服务(Service),人们可以通过不同的途径获得,并使用其功能。例如有些人会把它作为一个家庭的生活基地,这是其使用价值(Use Value)的一方面;但同时,它也如同其他商品一样,有其交换价值(Exchange Value)的另一面。更进一步说,购买者或拥有者都期许通过它交易或再交易从而获利。这也使住房具有消费财和资本财的二重性。这种特性和对这种特性体现出来的期望深切地影响着“鼓励拥有私房运动”的发展。

当然，上述消费财和资本财二重性的讨论属于概念性的，并非所有现实世界的住房都是这样，但我们可以通过在不同社会、不同的制度和住房政策下构成的住房形态引申出不同的住房关系[1]。当然，在这两个基础上可再按其处境分成为不同的类别、部门(Sector)推衍出不同的住房阶级(Housing Class)。李健正尝试以不同国家/地方的住房政策形态为对象，分析各种住房关系和住房性质，从而得出四种不同形态(李健正，1993)的住房关系。

住房关系(Tenure Type)

	鼓励拥有私房运动	租住	
使用价值	1 例：新加坡	2 例：瑞典、芬兰	倾向稳定 (公屋主导模式)
交换价值	3 例：中国香港、英国	4 例：一些东欧国家—捷克	倾向不稳定 (私屋主导模式)

5.6.2　“鼓励拥有私房运动”的社会学含义

雷斯和摩尔提出的住房阶级概念早于 20 世纪 70 年代就已经带来了很多挑战。其中，赫顿便提出他们的阶级概念其实只是“住房地位团体阶梯”(Ladder of Housing Status Groups)而已。而桑德斯则认同，这些批评来自他们误读甚至误用韦伯学派的阶级概念(Haddon，1970)。可是，当桑德斯似乎认同了“阶级是与生产关系和货财的获取有关”观点时，他却于 1978 年提出了家庭物业阶级(Domestic Property Class)的概念，认为“鼓励拥有私房运动”和租住者分别从属两个阶级，从而可由其属于公营市场还是私营市场来划分彼此不同的区别。原因是鼓励拥有私房运动者在可以运用操作、弃置的权利以及体现潜在的交换价值方面比其他类别优越。这种用体现住房的潜在交换价值作为划分住房阶级的准则，明显地与雷斯和摩尔的“获得不同条件的住房”为准则有所不同。而共同的地方是大家皆认为人们会因住房带出的特质和关系而形成不同的阶级。但是桑德斯很快(1979)便自我批评了“家庭物业阶级”这一概念。

桑德斯认为，“家庭物业阶级”这一概念本身并不是一种“关系性概念”(Relational Concept)，也不能指出关系中的剥削性元素(Expoitation)，也不见得“家庭物业阶级”概念所衍生的阶级存在矛盾。后来，桑德斯使用“消费部门”(Consumption

[1] 在这里可以粗分为拥有私房或租住住房，也即是说住房的拥有权是属于还是不属于住房使用者所有。

Sector)这一概念来取代和超越住房阶级的概念。他从消费行为着眼,而不是生产关系,认为“拥有住房”和“鼓励拥有私房运动”能使部分人很快地积聚财富并获得更多的生活机会,从而导致消费部门的分化(Consumption Sector Cleavage)(李,1993)。各种按生活机会而形成的社区,不仅在意识形态上存在差别,而且在物质上也存在差别。由于拥有优质城市和住房资源的社区会进一步发展成为一个有影响的利益集团,因此,“鼓励拥有私房运动”作为一种住房关系,便不再只是一种消费行为那么简单,它能够促成具有相同意识形态及利益的社会群体聚合到一起,并反过来影响城市社会的住房关系,甚至城市政治和社会结构的转变。其实,无论是概念化为住房阶级、还是住房地位社区,乃至住宅物业阶级(Domestic Property Class)以及消费利益集团,都认为“鼓励拥有私房运动”其实是一种社会群体(Social Group)形成的基础,只是准则各异而已。

温达(Winter,1995)称这种倾向为集体主义倾向(Collectivist Approach),相对这个方面的探讨,得到反集体主义的回应,使其在城市社会学中迸发出异彩。反集体主义者认为,上述从消费着眼的分析,基本上跟阶级讨论沾不上边,因为住房关系的分层本身不是客观阶级形成的准则,这点似乎也得到非马克思主义学者的同意(Pratt,1982)。住房关系也根本不能改变从生产关系而来的客观阶级关系。换言之,即使看门的阿伯自置物业,但也不能改变他是一名工人、属于工人阶级这一事实。

很多时候,住房不平等只是阶级不平等的反映而已。事实上,并非所有业主都会因其拥有物业而改善他们的经济处境。住房关系更不是住房不平等的全部,而仅是部分而已。而克拉克和金斯伯格(Clarke and Ginsberg,1975)认为,“鼓励拥有私房运动”不但会改变生产关系,甚至会引来意识形态的分裂和混乱(Ideological Fragmentation)。“鼓励拥有私房运动”被视为一种正当的稳定剂(Stake-in-the-system),并在分化工人阶级上发挥着重要的作用。

5.6.3 “鼓励拥有私房运动”的政治效果

首先,“鼓励拥有私房运动”的人被引导相信由于他拥有物业,他们便在这个强调私人产业的资本主义系统中有了既得利益,他们可以通过转卖或分租方式获取利润,尝到资本主义自由市场的甜头。更重要的是并不需要人人都实际从中获利(实际上并不可能),而是只要他相信并希望会如此这般时,他便会拥护资本主义制度,拥护市场经济体系和目前的既有安排。

第二,卡斯泰尔(Castells,1975)提出,在生产关系中作为无产者的共通性(Homogeneity)会因住房关系的分化而被抵消。正如前面所言,一些工人阶级会因拥有物业的“甜头”而逐渐接受资本主义的意识形态,这会使工人阶级内部产生矛盾和分化。

第三,拥有住宅物业是鼓励人们把生活重点放在住房内,把更多的时间和心思放在家居建设和布置上,而忽略了社区问题、政治参与或社会整体的问题。从某种程度上说,这是社会不平等的补偿剂,淡化了低下阶层和中产阶级投入社会改革的动机。

第四,由于要进入"鼓励拥有私房运动"行列或要继续供楼的人,每月为了确保有一定的收入或储蓄以偿还借贷(Mortgage),他们会花更多时间在经济活动上,藉此确保有一份固定职业和稳定的收入。这样,他们便自然地害怕社会变动,在政治上会显得更保守,对参与挑战现存的劳资关系、追求更合理的权力和经济分配的活动顾虑重重,甚至反对。这种因"鼓励拥有私房运动"而来的借贷偿还(Mortgage)成了一种有效的社会控制手段(Gray,1976)。

第五,随着越来越多的人在"鼓励拥有私房运动"中置办了房产,它们大多由私人发展商提供或由市场进行分配,有关住房的争论便失去了一个集中的争取目标。例如过去会有较多住房冲突的矛头直指政府,但现在以商业交易为基础的私营住房,政府完全没有必要干预,这就大大降低了住房政治化的程度,政府被责问的机会和受到压力的程度也大大降低。

总的来说,"鼓励拥有私房运动"的扩展,在政治上分化了工人阶级,把工人阶级的革命性降低了,使他们更能接受资本主义市场的运作,有利维持资本主义和社会稳定。

上述这些观点,也被不少人批评为带有功能主义(Functionalist)的倾向。罗斯(Rose,1980)认为,"鼓励拥有私房运动"其实在不同的历史时期和社会中有不同的意义,而不能一概而论,而且这种意义是在不断改变之中。他以19世纪的英国为例,工人阶级的抗争正是为了争取拥有自己的住房,尽管这种抗争空间看来由于工作上的剥削被遗忘,但工人的政治意识和抗争却没有被淡化或停顿下来。

温达(1995)强调对"鼓励拥有私房运动"的分析,必须重视个人对此类住房的主观感受,并且不能脱离当时的社会、政治、经济背景进行分析。他提出了住房关系的主观理解(Subjective Understanding of Housing Tenure)和处境理解(Contextualized Understanding)两个方面,"居者有其屋"也可能是社会矛盾的泉源、社会行动的温床。英国的研究人员早已提出"负资产"(Negative Equities)的概念(Forrest, etal, 1994),即:拥有住房并不一定是拥有财富,房价可以下降到比银行的借贷额还要低,如此一来,拥有住房便是一项负债而不是财富。

5.6.4 结 语

从财富再分配的角度去看,通过促进"鼓励拥有私房运动",我们看到财富流向一些早已肥得冒油的上层人士之中。事实上,低收入人士愈来愈难获得出租公屋的服务,或他所获得的公屋质量愈来愈差,公屋服务逐步被边缘化。对“鼓励拥有私房运动”置办房产的中层及中下层而言,情况也不甚乐观。他要负的供楼担子也愈来愈重。不可否认,部分人在此过程中获得了物业增值的好处,改善了自己的生活,提升了自己的阶层。但对后来者来说,他们满足住房需要的选择却越来越狭窄,要不然他们便要付上沉重的代价。在整个推进“鼓励拥有私房运动”的过程中,谁得到最大的好处?谁又付出代价呢?肯定还是中下阶层。而政府在这个过程中,通过意识形态(Ideological)和强制(Coercive)的手法,这对不同住房关系里的市民来说也是不公平的。

5.7 参与全球化策略

前面我们从人类生态学、马克思主义、韦伯理论、女性主义和“鼓励拥有私房运动”政策等方面来观察城市的发展,但都缺少国际的视野。每个城市发展的历程都与国际形势的转变有着密切的关系。随着科技、电信、交通运输业的发展,全球各城市的关系也越来越密切,越来越互相依赖,这个全球化(Globalization)的倾向对城市发展也具有深远的影响。

5.7.1 现代化理论

现代化理论以自由经济学派为基础,支持资本主义在世界各地的扩展。最著名的代表人物是罗斯托夫,他在经典著作《经济增长的阶段:非共产主义宣言》(*The Stages of Economic Growth: A Non-communists Manifesto*)(W. W. Rostow,1960)中,提出了一个国家的发展是按阶段性逐步演进的。他认为一个国家或者城市,从经济落后到经济发达,必须经过5个阶段,包括:① 传统阶段。② 经济起飞前奏。③ 经济起飞。④ 趋向成熟期。⑤ 高消费期。

罗斯托夫认为,在二百多年前,当资本主义仍未发展时,所有国家都处于传统阶段。时至今天,有些已发展成发达国家,但仍有不少国家停留在传统时期,例如现在的第三世界国家。罗斯托夫认为,传统的社会民智未开,思想保守,不接受现代科技,以务农为主,所以经济比较落后。随着思想逐步开放,并接受外资之后,落后国家会逐渐进入第二阶段——经济起飞前奏。这个时候本土工业成型,逐步引进外国科技,社会、政治也起了根本的变化,政治上逐渐形成一个精英集团,经济上发展出一批以不断再投资为倾向的资本家。随后进入第三阶段——经济起飞期。经济全面发展,本地及外国投资增加,部分工业及制造业迅速发展,国民收入急剧增加,人口增长放缓。在第四阶段——趋向成熟期。这个国家或城市已可算是脱离了第三世界或落后国家的行列，经济进一步稳固，本地及外国投资进一步上升，发展在不同领域内同时展开。经济发展成熟，使这个国家或城市跻身于国际城市的行列。政治制度也随着经济发展进一步改革。在最后一个阶段，这个社会将变为一个高消费的社会。经济基础稳固、发展成熟，在国际上可与英国、美国等国家相伯仲。这就是所谓的现代化进程。

概括起来，现代化理论认为，发达国家在落后国家的投资有助于它们发展经济，这些落后国家会逐步从传统的思想中解放出来，接受现代科技，逐步发展本土经济，脱离贫困阶段。至于为什么一些落后国家或发展中国家会面对各种城市问题，例如城市资源分配不平等，犯罪率上升，居住环境恶化，贫穷、失业、城市人口过剩等，他们认为这是“黎明前的黑暗”，只是过渡时期有问题，是经济发展中无可避免的现象。当经济趋向成熟之后，这些问题便会自行消失。当然，一些发展过速的情况可以通过一些政策暂时得到缓和，例如限制农村人口流入城市，以现代科技控制生育等。此外，通过建筑技术的改进，可以改善城市居住环境等。总而言之，城市问题可通过经济与科技发展而得以解决。

事实上，现代化理论也有多方面的缺陷。首先，单向或片面地强调了外资的重要性，仿佛发达国家正在“拯救”第三世界国家，而对它们源源不断地提供的资源和市场却视而不见，或避而不谈。其次，现代化理论假设社会是自然进化的，与人类生态学的迷信进化论异曲同工。按照这一理论，会将城市间的不平均发展归结为“自然”的结果，或正常的分工模式，而忽略了国家与国家之间，或城市与城市之间有政治、经济权力不平等的存在。再者，假如我们留心一下一些国家的发展经验，不难发现，很多国家的发展历程并不是因循上述5个阶段。由此可见，现代化理论的阶段发展论实在是将问题过分简化。一个国家、区域或城市的发展除了外在因素之外，每个国家的内在因素，如工人运动的强弱、本地文化的发展等都有一定的影响力。总之，现代化理论太重视经济投资，而忽略了公平和经济——权力间的平衡问题。

5.7.2　依附理论

马克思主义者对于以自由经济学派和进化论为基础的现代化理论不以为然。他们提出了一套背道而驰的依附理论（Dependency Theory）。马克思主义者认为，由于政治、经济权力的不平等，经济强国对第三世界进行剥削，掠夺它们的资源，最后贫穷国家只有依附经济强国才可生存，而经济强国的发达也需依附第三世界才得以延续。

最明确的例子是帝国主义者的殖民地政策。19世纪中叶，资本主义的经济强国纷纷崛起，它们在世界各地占领了不少殖民地，掠夺这些地方的资源，如南美的咖啡、印度的茶叶、马来西亚的橡胶等，或以这些殖民地作桥头堡进行不平等贸易。19世纪之前的帝国主义者更赤裸裸地贩卖黑奴，夺取人力资源。依附理论认为，这些强国的入侵不会带来经济发展，帝国主义者的目的只是在夺取当地的人力资源和天然资源，并不是要发展当地的经济。因此，很多第三世界国家，如印度、菲律宾、马来西亚等，虽然长期对外开放，但国民经济状况仍然处于较低水平，外国投资并未带来经济起飞。相反，因国内不少天然资源和人力资源被殖民者掠夺，殖民地只能变为经济强国的附庸，要通过强国的"经济援助"才能维持生存。

由此可见，城市发展的问题，如贫穷、犯罪、资源分配不均、居住环境恶劣等，并不会随着外国投资增加而得以解决。反之，这些问题正是资本主义强国经济入侵所导致的恶果。越南是一个例子，本来越南农产品资源丰富，是鱼米之乡，但在法国及美国入侵之后，战争连绵不断，以致民不聊生。

依附理论的重要性在于指出国际间政治、经济权力的不平衡可以严重地影响一个地区的发展，外国的投资并不一定有利于本地居民，相反，可能导致资源流失、过分依赖外国及持续贫穷。

当然，依附理论也有不少缺点。第一，它将复杂的国际关系过分简化，仿佛所有国家都按简单的二分法归为经济强国或落后国家，中间好像是一个真空。但在现实世界里，一些新工业化国家和地区并不能简单地被列入其中哪一类。第二，由上一点引申出另一个问题，就是外国的经济投资是否只有负面作用？如何解释出现亚洲四小龙等急剧发展的国家和地区？这些国家和地区似乎都是在大量外国投资之下发展起来的。换言之，依附理论对资本主义运作的分析，尤其是在落后国家的发展似乎太简化了。第三，依附理论与现代化理论有一个共同的弱点，就是过分强调外在因素，尤其经济因素（Slater，1986，1987），如国际权力关系、外国投资对社会发展的影响等。依附理论受到现代化理论的攻击在所难免，就算在马克思主义者之中，对依附理论的观点也颇多争议，其中最为突出的是华伦的论说（Warren，1973）。

华伦基本上是从马克思主义出发，他赞成依附理论，指出帝国主义对第三世界进行着剥削。但他认为，依附理论者忽视了外国的投资可以促使本地资本家崛起，只要本地资本主义兴起，帝国主义者的影响力便相对缩小。如此一来，华伦似乎认为，帝国主义者的投资是好事，因为有助本地资本家的兴起，取代了落后的传统思想或民族主义，进而促使社会改革。

很明显，这些论点都值得商榷，似乎脱离不了结构功能学派的阴影，就算在马克思主义者之间也引起很多争辩。传统依附理论不能有效地解释20世纪中期之后的国际秩序重整，因此，世界系统分析、新国际劳动分工理论和后福特主义等理论便应运而生。

5.7.3 世界系统的重组

依附理论虽然能提醒我们关注全球性城市发展的不平等,并指出这是源于国际间的政治经济权力不平等。但它过分简化的分析,并不能有效地解释现在复杂的国际形势。

1) 世界系统分析

20 世纪 70 年代以来,面对复杂的全球形势变化,有些学者提出世界系统分析(World System Analysis)的理论,其中一个代表性人物是沃乐斯坦(Wallerstein,1974)。他认为依附理论将世界分为经济强国与落后国家两种,实在过分简化。20 世纪中叶以后,国际形势不断发展,过去传统的殖民地与宗主国的关系很难维持不变,国际间的城市互相连结,全球正成为一个紧密的、互相依存的世界体系。

沃乐斯坦提出一套较为细致的划分方法。类似依附理论的观点,他认为有些国家(城市)在这个体系里占居核心(Core)位置,有些国家(城市)则处在边缘(Peripheral)地位,还有一些处于中间位置的半边缘(Semi - peripheral)[1]。

这些半边缘国家(城市),一方面受到经济核心强国的剥削,另一方面也剥削邻近第三世界的国家,吸取落后国家的资源。例如香港,输入廉价外劳(菲佣),成为核心强国的桥头堡,设置跨国公司的地区总部,方便对邻近第三世界国家进行剥削。这就解释了为什么外国的经济投资在进行剥削本地工人之时,也会带来工商业发展的原因。

沃乐斯坦的国际体系分析比依附理论更细致地划分全球各国的角色和地位,但他着重在商品流通的层面,如不平等贸易等,去分析核心的经济强国与边缘国家之间的关系。

2) 新国际劳动分工论

有人认为,要解释国际间不平等发展的问题,必须从资本主义的生产过程和生产方式的转变入手。新国际劳动分工论(New International Division of Labour)可以说是这一方面的代表作(Frobel et al, 1980; Henderson, 1986, 1991: ch. 2; Cohen, 1991)。要了解新国际劳动分工,必须首先要从旧国际劳动分工说起。19 世纪之前,传统的国际劳动分工非常简单,经济强国依靠枪炮和战船,直接到第三世界国家掠夺资源,如矿产和农产品,甚至抢夺人力资源,如贩卖黑奴等。一切的生产程序都是为了将资源运回本国生产。19 世纪至 20 世纪中期,这种直接掠夺的模式逐渐消失,核心强国逐步迈向工业化,而边缘的第三世界国家仍以小型农业生产、采矿、小型消费品生产为主,核心强国通过不平等的贸易进行剥削,例如帝国主义者通过控制

---

[1] 例如中国香港、新加坡等,它们的经济较发展中国家好,但也不可跻身于经济强国(城市)之列。

殖民地，以低价买入原材料，以高价将制成品售予殖民地，或迫使殖民地使用其产品，从中获利。一个明确的例子就是英资机构在香港取得的优越地位。20 世纪初期至中期，核心强国的经济生产模式以集体、大规模生产减低成本，增加效益，加上有大量的本地及第三世界消费市场支持，当时资本家的利润颇为丰厚。例如美国福特汽车的生产线以大规模、分工精细见称，成为当时生产模式的典范。但这种生产方式后来因缺乏弹性，厂房不能随便搬迁，产品不易改动，难以追赶潮流，加上核心国的工资和地价上升，利润便开始下降。

因此，20 世纪中期之后，很多跨国公司都采取一个较有弹性的策略，形成了一个“新国际劳动分工”的模式。随着科技发展，通信设施现代化，交通运输方便，生产可以精细分工，部分非技术性的工序可以在边缘或半边缘的国家进行。这样，跨国公司的总部、研究与开发可以留在核心地区如伦敦、纽约等，半技术的生产可以转移到半边缘地区，而非技术性的生产则设到边缘地区。跨国公司利用在发展中国家或落后地区设厂吸取当地廉价劳动力，利用当地的低税率、廉价土地、缺乏环保条例、缺乏工人保障等得以降低成本，增加利润。

3) 后福特主义城市

如上所述，传统的大规模生产的福特模式已经过时，那么后福特模式的生产又是什么样呢？直到目前为止，后福特主义仍然是个颇具争议性的课题。有人认为，后福特模式的生产以“弹性专门化”(Flexible Specialization)为特色，即：资本主义的生产过程可以拆散为不同的步骤，在不同的地区进行。这种分散的生产方式逐渐取代传统的大规模生产。

另一方面，也有学者认为，问题的本质是研究资本主义如何可以调节或控制这个分散的生产模式？如何可以使资本主义继续运作并使资本家可以继续赚钱？这就是所谓的“调节学派”(Regulation School)。简言之，经济强国的资本家可与落后国家或发展中国家的统治阶层及本土资本家合作，发展出一套生产方式，如利用临时工、合同工、兼职以及其他非正式的经济生产方式剥削工人，加上利用缺乏工会组织、缺乏工人保障等原则以增加生产利润。

在全球经济转型及空间重组(Spatial Restructuring)的条件下，不同城市占据着不同位置。一方面，经济落后地区成为出卖廉价劳动力的生产基地；另一方面，发展中国家逐渐成为半技术生产或行政管理的基地，发挥着桥头堡或中途站的作用；而经济强国则与其他城市一样，都面对经济与空间重组的冲击(Sassen, 1991; Smith and Feagin, 1989)。那么，这种经济转型与空间重组对城市资源的分配和消除不公平又有什么影响呢？

5.7.4 全球经济重构对城市发展的影响

概括起来，全球经济重构对城市发展具有如下两大方面的影响。

1）对劳动力市场的影响

首先我们要解答的问题是在资本主义发展全球化的背景下，落后国家是否可以从中获益？劳动阶层是否会因经济发展而增加就业机会？情况似乎并不乐观。虽然在新的国际劳动分工条件下，跨国公司会在落后地区设厂，但大部分都是非技术性的生产，不会转移较高的技术，也不会使本土的工业生产变得稳固。当一个地区发展到某个阶段之后，或跨国资本开拓了其他更廉价的劳动市场与工地之后，资本便会撤离，本土的工业将很难继续生存。香港在20世纪的60～70年代以非技术性为主的生产曾经蓬勃发展，但到20世纪的80～90年代经济转型之后，本地工业便难以生存，逐渐转移到珠江三角洲，最近的新趋势是进一步北上向长江三角洲大规模转移。

当然这些劳动密集的工业会聘请大量的廉价工人，至少有些本土的劳动阶层可以因此而获得就业机会。但有人认为，这些工业所提供的就业机会是畸形发展的。例如香港在20世纪的60～70年代需要大量劳动力时，工厂需要的都是一些女工，尤其是一些年轻、手快的女工，并非所有劳动阶层都会得益。另一个例子就是中国大陆的经济特区，虽然外国投资刺激经济发展，但主要都是需要一些非技术性的廉价工人从事生产线上的工作。

当资本主义全球化的趋势继续发展下去，经济不断转型，这些廉价劳动力也终有一天被淘汰。在20世纪的60～70年代不少女工为家庭牺牲，放弃学业到工厂工作(Salaff，1981)，但今天当她们的廉价劳动力不再重要时，却被劳动力市场拒之门外，面对年龄和性别歧视以及家庭责任的歧视处境艰难(Chiu et al，1996)。

另一方面，在全球化的趋势下，一切都强调“弹性”，生产方式要有弹性，可随时修改以至调迁；受聘的工人要有弹性，于是很多雇主都聘用兼职、临时工或短期合同工以增加弹性，提高竞争力。但这也意味着这些城市中的劳动阶层将面对更严重的剥削，缺乏工人保障，退休保障等，工资也会因此下降，甚至会面对更多开工不足、失业等问题。

2）对城市规划的影响

在经济的不断转型之下，城市的规划及住房的模式也在转变。在这个转变中，受害人往往也是低下阶层。在经济转型时有些城市逐渐成为商业决策及行政中心，因此市区中心的商业用地渐趋短缺，以致要制定进行大规模的市区重建、旧城改造的计划。这些虽然可以拓展市中心的商业用地，但往往会牺牲低下层市民的利益(赵，1995；Lai，1986)。居于市中心边缘的多是低下层市民，在市区重建收回地权时他们往往是失败者,政府或土地开发公司以城市发展为名,收回土地,而他们被迫接受极低的补偿,或要迁到偏远的新区、新镇,或以更高的价钱买回公寓居住。而收回的土地却给资本家、开发商赚得大钱,或发展成为中产阶级的住宅,这就是所谓城市绅士化(Gentrification)运动。香港在20世纪60~70年代有大量低下阶层被迁往新市镇,但到现在新市镇的设施仍未发展完善,城市发展却又将重点转移回市区,这样极有可能将大量的低下层市民遗弃在偏远的新市镇,给未来的城市遗留下更多的社会问题。

5.7.5 分裂的城市

不同的理论对于城市之间或地区之间发展不平衡的现象有不同的解释。传统的现代化理论认为强国通过经济投资协助落后国家发展经济,落后国家面对的城市问题会逐步改善。依附理论却认为帝国主义和资本主义的扩展,并不会解决第三世界国家的城市问题,正相反,这正是第三世界经济落后、城市问题成堆的根源。资本主义掠夺落后国家的资源,使它们要依附经济强国而生存,这样发展下去,世界肯定会越来越不平衡。

1) 城市社会空间的破碎

但这个简单的二分法,不能有效地分析20世纪下半叶十分复杂的国际形势。世界体系分析更细致地划分不同国家扮演的角色,有助于对发展有更全面的了解。但这套分析方法着重从商品流通与不平等交易的角度入手,缺乏对资本主义生产过程的了解。新国际劳动分工论则从资本主义生产方式入手,解释各国在全球性资本主义发展下所扮演的角色。一连串的新国际劳动分工、产业转型、空间重组等,已经引发起对后福特主义、弹性专门化生产、国际城市等的讨论。

综上所述,无论采取哪一种观点分析,无可置疑,城市的发展渐趋全球化。我们关心的是这个趋势会不会给国家与国家、城市与城市之间带来新的不平等呢?答案似乎是肯定的。有人认为,城市的发展会渐趋分裂,人们生活在同一个城市里,但却会出现截然不同的处境。掌握资本、权力或专业知识的人可以在经济转型中获得好处,相反,低下阶层、妇女、新移民、缺乏专业技术、受教育水平低者,却成为经济转型的受害者。

也有学者(Mellonkopf and Castells,1991)认为,现代城市是一个两极分化的城市(dual city),随着是否拥有财富与权力,市民渐趋两极化,贫者越贫,富者越富。也有学者(Marcuse,1989,1993)认为,城市的分化比两极化更可怕,是一个四分五裂的城市(Quartered City)。甚至有人提出,后现代城市(Postmodern City)的概念,即:城市发展已没有既定的模式,以前由工业化所衍生,互相紧扣、层次分明、分工精细的城市布局已不复存在,随之而起的是分散、割裂、弹性、互不相关的后现代城市生活方式。

虽然“分裂的城市”的讨论仍在进行之中，但无论结局如何，这个讨论对城市研究具有十分重要的意义。就是随着经济重构、产业转型与新国际劳动分工的发展，城市社会的分化越来越快，也越来越大。这个分化不仅仅是建立在经济地位，如贫穷或富裕，也会随着个人的背景如阶级、性别、年龄、种族、移民等因素而导致不同的分化。这些趋势对研究城市资源分配不平等具有重要的意义。

2）城市社会不平等

城市社会学家经过近一个世纪的探索，向社会不平等挑战，而留给我们的事实上是一个什么样的城市呢？不言而喻，仍然是一个更加不平等的城市。人类生态学认为，社会资源分配是自由竞争、“物竞天择、适者生存”的结果，是自然现象，汰弱留强，无所谓公平与不公平。虽然，现代人类生态学者也强调文化在这个竞争过程中的重要性，但大致而言，这一学派缺乏从政治、经济等权力关系来研究城市的发展。现代城市规划很多理念都源于这个传统：将城市规划视为人口、工商业不断的膨胀，由内向外、由中心向周边的不断扩张，通过数量化、电脑模拟等计算出将来的发展。似乎假设了通过科技发展，建筑技术的改良，城市设计的改进等，便可解决城市问题，回避了很多城市问题其实是源于政治与经济权力的不平等。

与之相反，马克思主义者将资本主义的城市问题视为政治、经济权力分配不均的结果。有部分马克思主义者，如早年的卡斯泰尔（Castells，1979）认为城市的发展，如公共住房的建设就是一种集体消费（Collective Consumption）行为，为了协助资本主义再生产和劳动力再生产，同时也配合政府的经济发展政策，如收回市区土地，将人口迁移到新区等。哈维（Harvey，1979）也认为，城市与住房建设是资本家需要不断扩展市场，最终得益者并非一般小市民，而是财雄势大的资本家。不可否认，在资本主义社会里，政治和经济权力的分配确实很不平等，但马克思主义者却将问题过分集中在资本家与工人的矛盾之上，将所有社会不平等都归结为经济领域的问题，这样就忽视了除经济矛盾以外，性别、种族、阶层的形式、居住地区等，都可以体现城市资源分配的不平等问题。

韦伯理论对社会分层的分析较为多元化，他认为社会阶层并非简单地分为资本家与工人阶级，而是按其市场价值或市场位置来划分的。这样一来，便开拓了住房阶级的讨论。雷斯与摩尔（Rex and Moore，1981）将讨论更推进一步，发展出一套“消费社会学”（Sociology of Consumption），将过去社会学家过分集中于生产领域的矛盾，转而关注消费等所导致的社会分化问题。另外，韦伯关注的科层制度问题及个人行为的自主性也导出帕尔（Pahl，1975）的“城市经理”研究。究竟处于中介位置的专业人士，如住房经理、城市规划师、房地产经纪人、社会工作者等对城市资源的分配有多大影响力成为争论的焦点。时至今日，传统的城市经理争论虽然已算是尘埃落定,但近年来在不少城市服务中,如住房、社会福利、医疗,教育等,又再次掀起了一股“新经理学说”,即强调所谓“科学化”的管理,以数量化取代质量,管理阶层权力不断膨胀等,这是值得我们关注的问题。

马克思主义和韦伯学派虽然能超越传统人类生态学的局限,提出政治、经济权力不平衡的问题,但他们因过于集中于经济领域的讨论,而忽略了其他因素,如性别、年龄、种族、居住地区等。女性主义者尝试突破传统的局限,认为女性在城市和住房资源分配上处于不利位置,例如妇女在迁往新区后缺乏支援,单亲母亲、老年妇女在解决居住问题时所遇到的困难特别多。这些问题迟迟未能解决或根本不被认为是住房问题,并不是因为资源不足或一时的遗漏,而是因为传统的住房政策与服务是“性别盲”的,是建立在传统的男权社会意识之上的,忽视了女性的需要。因此,现行的城市与住房开发问题必须加入妇女角度才可以真正得以解决。女性主义者对住房问题的讨论,又引申出现行的住房和城市发展忽略了其他范畴的不平等,例如新移民的问题等。

随着通信、运输科技日益发达,近年来城市发展全球化成了一个热门的话题。长期以来,不同的国家在世界体系里都占据不同的位置,有些经济强国如英国、美国等,通过殖民地制度、不公平交易等获取不少利益。在城市发展全球化趋势下,这些不平等的关系正在转变。虽然,直接掠夺资源的情况已较前为少,但国家与国家之间,城市与城市之间的不平等并没有完全消失,只不过是在新的国际劳动分工之下变得更为隐蔽而已。

同时,在全球经济和城市空间重组的过程中,对不同社会群体也有不同的影响。一方面,部分资本家可通过经济转型而扩大本地或海外的投资,专业及技术人员能从经济重组中获取更高的工资;另一方面,非技术工人、家庭主妇等会因经济转型而失业,或转向一些低收入、不稳定的工种。居于城市中心的低收入家庭也会因空间重组或“绅士化”(Gentification)而丧失家园,而居于偏远新区的低收入住户的需求也会被主流社会所遗忘。

3) 城市政策不适应

综上所述,我们深入地了解到城市资源分配不平等的表现形式及其本质。城市及住房资源不平等并不是“自然”现象,而是有关政策决策不当的恶果。长期以来,很多人都相信,城市及住房政策是从“社会大众”的利益出发的。我们也常常听到政府在清拆市区、收回土地、将居民迁往新区时,都在标榜是配合社会整体的发展。鼓吹“鼓励拥有私房运动”是为了满足市民的需要、解决市民的居住问题。根据传统的分析,在资本主义制度下,受影响的市民,包括低收入住户、边缘居民、老年人、妇女、新移民等的问题,都是源于个人问题,总是他们缺乏谋生技能,或缺乏市场需要的技术,所以才找不到工作以至陷入经济困境。而政府也宣称会提供有关福利,如廉价的公共住房、为低收入住户减收房租,提供拆迁补偿以协助这些“不幸”的人士解决困难。

事实上,通过上述讨论不难看出,城市和住房问题并非源自个别人的“不幸”,而是受社会结构的影响。马克思主义者认为资本主义结构会衍生出不公平的城市及住房资源分配,韦伯学派强调在日常的社会交往中会形成不平等的分配模式,女性主义者指出男权制度使女性的居住需要受到忽视,而城市全球化的分析更指出经济转型及空间重组会扩大社会的不公平。

如何有效地解决城市与住房资源的不平等问题,我们必须首先对现行政策进行检讨,我们必须了解到这些城市及住房问题并非个人问题,而是源于社会结构与社会政策的不公平。换言之,城市及住房政策本身可能是制造不公平的根源之一。我们应该重新建立一套公平合理的城市及住房发展政策,这样才能促进社会公平和满足市民的需要。

推荐阅读参考资料

1 蔡肃科著. 芝加哥学派. 香港:三联书店(香港)有限公司,1993

2 陈锦华等著. 香港城市与房屋:城市社会学初探. 香港:三联书店(香港)有限公司,1997

3 丹尼尔·贝尔(美);高铦等译. 后工业社会的来临:对社会预测的一项探索. 北京:商务印书馆, 1984

4 Albertsen, N. Postmodernism, Post-Fordism, and Critical Social Theory, Environment and Planning D, 1988,6:339 ~ 365

5 Castells, M. The Informational City: Information Technology, Economic Restructuring, and the Urban-regional Process. Basil Blackwell, Padstow,1989

6 Cook, P. Flexible Integration, Scope Economics, and Strategic Alliances: Social and Spatial Redication. Environment and Planning D. 1988.281 ~ 300

7 Domosh, M. Feminism and Urban Imaginery. Urban Geography, 1995,16(7)

8 French, R.A.,Hamilton, F.E.I. Is there a Socialist City. In French, R.A. and Hamilton, F.E.I. (eds.). The Socialist City. Chichester:John Wiley and Sons, 1979.1 ~ 22

9 Friedmann, J., Goetz Wolff. World City Formation: An Agenda for Research and Action. International Journal of Urban and Regional Research, 1982,6:309 ~ 343

10 Gertler M. S. The Limits to Flexibility: Comments on the Post-Fordist Vision of Production and Its Geography, Trans. Inst. Br. Geogr. N.S. 13,1988. 419 ~ 432

11 Golledge, R., G. Zannaras. Cognitive Approaches to the Analysis of Human Spatial Behavior. In W.H. Ittelson,(ed.). Environment Cognition. New York: Seminar Press,1973
12 Lowenthal, D. Experience and Imagination: Towards A Geographical Epistemology Annals of the Association of American Geographers, 1961,51(3)
13 Mckenzie, R. D. "The Ecological Approach to the Study of the Human Community", in Pard, R. E. and Emest eds. The city: Suggestions for Investigation of Human Behavior in the Urban Environment. Chicago: University of Chicago Press,1925
14 Rex, J. Race Relations in Sociological Theory. London: Routledge and Kegan Paul,1983
15 Rowthrn, R. E. Neo-classicism, Neo-ricardianism and Marxism. New Left Review, 86,1974. 63～87
16 Sassen, S. The Global City: New York, London, Tokyo. Princeton, N. J.: Princeton University Press,1991
17 Tuan, Yifu. Space And Place: The Perspective of Experience. University of Minnesota Press, 1989

复习思考题

1 概述战后西方社会学的发展过程。
2 概述当代社会学主要理论流派。
3 论述城市社会学的复兴。
4 帕克在人类生态学的基础是什么?
5 概述现代人类生态学家的社会—文化新观点。
6 对人类生态学派进行评价。
7 论述资本主义社会的特性。
8 马克思主义学派是怎样分析资本主义制度的?
9 论述马克思主义的城市消费观。
10 论述马克思主义的城市制度价值。
11 韦伯学派与马克思主义学派的根本分歧是什么?
12 论述住房制度中的性别不平等。
13 女性主义住房研究是从哪里切入的?
14 论述“鼓励拥有私房运动”的社会学含义。

15 论述“鼓励拥有私房运动”的政治效果。

16 论述现代化理论与依附理论的不同点。

17 简述全球经济重构对城市发展的影响。

18 名词解释:集结(concentration)、散开(dispersion)、中心化(centralization)、非中心化(decentralization)、分隔(segregation)、侵占(invasion)、继承(succession)、“城市经理”(urban manager)、住房阶级、“鼓励拥有私房运动”(home-ownership)、新国际劳动分工论(New International Division of Labour)、后福特主义、“弹性专门化”(flexible specialization)、“绅士化”(gentification)。

6 城市社会地理学理论与方法

社会地理学作为科学名词已被使用一个多世纪了,但在人文地理学的发展过程中,却一直处在被轻视的地位,例如在 Hartshorne(1939,1959)的经典论著以及 James 和 Jones(1954)对整个地理学科的回顾里,社会地理学都是被忽略的(Johnston,1986a)。近年来,城市社会问题成为城市地理学关注的重要议题,城市社会地理学也日益受到重视。

6.1 城市社会地理学的理论与方法

为了讨论城市社会地理学的理论与方法,首先必须定义社会地理学的范畴。英国社会地理学者久尼斯(Emrys Jones)在 1975 年出版社会地理学读本中指出:社会地理学者以社会结构的观点去描述和解释社会的空间要素。无论是整体的还是区域的,或是零碎的还是系统的,其研究都有一个共同点,即:它们的出发点是社会群体(Jones,1975)。社会地理学包括了解社会群体如何使用空间的形态,以及构建与改变这种形态的社会过程。然而,久尼斯又认为,对社会群体下一个确切的定义是有困难的。同时在社会地理学的研究中也很难定义"社会"本身。大部分的社会地理学课程都将一些时间安排在社会群体的研究上。在久尼斯的实证研究中包括:① 社会群体的分布形态及其行为。② 空间概念。③ 社会和环境间的作用过程三大部分,但缺乏任何哲学或方法论的思考。

1977 年出版 Jones 和 Eyles 合著的《社会地理学》表现了对折衷主义的推崇,极度依赖社会学的理论。这一时期,在社会地理学的许多研究中,主要侧重于形态(Pattern)和过程(Process)的讨论,并且其焦点又再度放在"空间、形态及过程"上。Jones 和 Eyles 认为:社会地理学不仅仅研究"人",而且把焦点放在群体的空间形态、群体的行为以及创造这些行为的过程。① 群体内的个体为何结合在一起。② 群体之间如何相互影响。③ 群体如何与变动的社会产生互动成为社会地理学三个研究方向。Jones(1980)认为:所谓的社会地理学研究,以社会群体为研究单位,以归纳法呈现其过程,通常探究有关社会过程的空间涵义。Knox 在 1982 年出版的《城市社会地理学》就强调形态和经验分析。White(1984)在他的著作《西欧城市:社会地理学》(*The West European City: A Social Geography*)中指出:我很遗憾,在这样一本书中,却无法传达前面提到并讨论过的城市的真实地方风味与地方感……要传达西欧各个邻近都市生活实际的气氛,需要 Richard Cobb 或 Geofges Simenon 式的散文风格,其描述的技巧与细腻的观察力,是大多数的地理学者们所缺乏的。这就是所谓的"局内人观点(Insiders' View)",从"社会生活如何被构成"的观点来研究城市的社会地理学(Jackson and Smith,1984);而"局外人观点(Outsiders' View)"只聚焦于社会生活的结果。Ley(1977)认为,社会地理学要研究的"不是我们所学的地理学,而是要回归到我们每天经历的世界……,即我们决策及所有行为范畴运行的基础"。在他的《城市社会地理学》(*A Social Geography of the City*)(1983)一书中,他用局内人观点使得"城市日常居民生活的地理学,以及文化和价值的角色扮演都包含在内。其结果不只是定义我们在城市环境里的经验,也是在塑造土地利用的形态"。

综上所述,社会地理学包含了分析社会生活的空间形态与社会群体成员的个别行为,及其其空间的组成与意义。第一种所指涉的分析者为局外人,乃是从一个远离现场的观察者的角度来描述社会地理学。另一种方法则将分析者放在局内人的角度,以当事人的观点来呈现社会地理学。每一种都有自己的一套方法论,各自架构在相关资料的理论基础上。

6.1.1 "局外人"的研究方法

1) 哲学基础

Jones 和 Eyles 在对"社会地理学"进行定义时处在 20 世纪 50 ~ 60 年代,即地理学"理论化和计量革命"的时期,其哲学基础是实证论,深信以经验性的自然科学方法可以精确地针对空间形态和过程做出定量化的描述,并从中发展出形态和行为的一般法则。这种论点将空间行为视为机制或是集体化行为的同义词。

在 Jones 和 Eyles(1977)看来,假如一开始就存在可识别的行为、产生于群体互动、对刺激的反应等的空间形态,那么,无论个人如何感觉这一行为有其独特性,但其行为在大多数的情况之下仍旧符合一般可接受的价值体系。在科学实证主义者看来,法则产生于归纳,借助于对所有案例进行结构、有效的验证得出结论,而不是经由近似随机性的观察结果的累积得到,哈维(Harvey)称之为培根式(Baconian)的思考路线。近似随机性的观察刺激了一般理论的形成,并衍生出假说,但惟有透过严谨的验证(确认),假说才能成立。一般理论的建构是一个缓慢的过程,需要一连串的观察、推论与验证,这正是社会地理学者所面临的难题。

社会地理学者多半聚焦于城市地区。一般说来,城市地区的人群组织比较复杂,不同社会群体彼此交叠形成大型群体,使得居住地错综复杂,若要加以分析,则需要第三者提供完整的资料。这些资料来源主要是由普查单位提供的有关个人、家庭与住所等调查资料。美国人口普查局在 20 世纪 30 年代就开始发表这些资料,其中既包括城市聚集群(Urban Agglomerations),也包括较小的人口普查区(Census Tract)。有些人试图把这些普查区(即平均人口只有数千人的区域),视为(自然区),但实质上他们只是单位而已。其他国家的普查机构则加以仿效,如英国在 1951 年的普查中,开始计算人口统计地区 (Enumeration Districts),即以人口平均数少于 1 000 人作为收集资料的单位(Dewdney and Rhind,1986)。

但这些资料在使用上出现许多问题。例如,第一,分析者必须接受普查当局的分类资料,但被研究的社会群体往往在许多普查时并没有收集,如宗教方面的资料等。再如族群的资料通常不易获得。分析者本身是一位局外人,又依赖其他局外人提供的资料,如 Timms(1971)所说的通常必须接受在研究概念上不太相关的普查指标。社会群体通常研究的课题是"阶级",但在普查中关于社会经济地位未必可成为有效指标。第二,二手资料似乎仅能使用于固定的空间单位,各单位的资料只能合并成为大区域的资料,但却不能切割成更小单位的资料,而且无法获得个人的原始资料。

这类研究所产生的空间形态是要靠二手资料才能进行,然而普查是不经常进行的。若按时进行,也不过是提供某一种横断面的印象,如有关人们在特定的日期,所在的地方或通常是在某一天的晚上,在所居住地的状况。故 Claval(1985)说:"社会地理学太偏向于众人沉睡时的社会地理空间形态",以至于无法研究其中一日间与季节间的变化,除非是模拟资料(Parkes 和 Taylor,1975)。

2) 社会地理学的研究类型

由于使用这些资料,也使得社会地理学家沦为社会学家的追随者。实际上,在大多数社会学者对此失去兴趣以后,社会地理学家仍旧接收普查资料用以分析空间形态,仍继续将其研究方法细致化,提出新的描述发现,并发展为两种研究类型。

(1) 非空间性社会地理学

非空间性的社会地理学(Aspatial Social Geography)基于不同社会群体是相互共存,而非独立存在这样的理论基础。例如,邓肯(Duncan)在 1955 年使用差异性指数与隔离性(index of dissimilarity and segregation)的指标来研究不同的社会群体间分散的程度。该项研究用指标来估算居住者在各普查区的隔离程度,虽然看起来精致化了许多,但却忽视了各区之间是否彼此相关(Taeuber,1965;Lieberson,1981;Morgan,1980,1982)。但是以后除了少数的研究例外,如皮其(Peach,1975)、皮其等(Peach,Robinson and Smith,1981),社会地理学者逐渐被多变量统计分析方法所吸引,以普查资料来辨认社会群体居住差异的主要成分。

最早从事此项研究的舍夫基和贝尔(Eshref Shevky and Wendell Bell,1955)就洛

杉矶和旧金山进行分析。他们提出一套城市社会结构变迁的三个主因子——包括以职业技术变迁分布、生产活动的社会组织变化以及人口组成变化——分别代表居住差异的三个方面,即:经济地位、家庭地位和种族地位。该项研究受到批判指出:巨型变迁(Macro - changes),即舍夫基和贝尔所称为递增尺度及居住差异难以验证(Timms,1971),而且这三个方面是从普查资料分析中依靠经验研究而获得结果的,并非源于理论基础(Johnston,1971)。

尽管有这些批判,社会区分析(Social Area Analysis)仍受到关注。因为由此可知如何应用小区域普查资料使城市的不同地方别具特色。借助计算机技术的发展,较为粗糙的方法被淘汰,而多元统计方法使普查资料得以归纳使用。

这些发展即是后来众所周知的"因子生态学方法",透过因子主成分分析的过程来确认居住差异,并且根据人口特性来划分区域(Berry,1997;Johnston,1976;Davies,1984)。这是地理性(Geograaphical)的研究(Johnston,1973;Johnston and Newton,1976),但却是无空间性(Aspatial)的,原因是这些现象与社会群体在城市内的绝对区位无关。多数学者延续舍夫基和贝尔对区域差异性的研究,认为用居民的社会经济地位(职业、收入)、房屋状况、人口年龄、家庭形态和种族特征可以呈现出区域的特性,尽管这些不过是表现城市社会地理的人为资料而已。然而极少数人愿意用归纳出来的结果来建立更明确的检验,以验证这个演化出来的理论。

(2) 空间性社会地理学

空间社会地理学(Spatial Social Geography)研究关心的不只是区域内不同的社会角色,也研究在城市体系中特定角色的区域分布。这种方法源于北美社会学家发表的著作,尤其是伯基斯(Ernest Burgess)的研究工作。他对芝加哥地区进行详细调查,归纳出一套美国城市的空间结构模型,即:同心圆模型。这套模型无疑也遭受批评及修正(Johnston,1971),但还是被不同时期、不同城市广泛应用(Johnston,1972)。该研究成果之所以吸引社会地理学家,主要在于它提供了一套研究"谁居住在何处(who lives where)"的空间结构(Murdie,1976),进而贝利等(Berry and Rees,1969)使用此方法建立了因子生态分析的空间矩阵。

3) 问题及改良

以上两种研究均是强调资料的定量化研究,以相对复杂的方法描述出城市居住的形态。这是实证主义的原始形态,以方法为主轴,遭到许多地理学家的反对,但同时因为其特殊目的,地理学家又接受其描述的价值。由于该项研究结果完全依赖普查机构提供的资料,可以说资料收集者决定了社会地理学的内容。以Smith(1973)的研究为例,他认为,普查无法对社会福利和生活品质空间变化的地理学提出足够的证据,而只是利用各类型资料来描绘出"谁?在哪里?得到了什么?"的地理学,至多可以提供诸如医疗照顾、教育服务的一些线索。也有人认为普查资料过于粗略及涵盖面狭隘，不能满足社会福利和行为方面的深入研究，如犯罪和偏差行为的地理学研究等。

为了进一步改良社会区研究方法，社会化过程研究，即后来熟知的行为地理学得到引进和发展。这个论点也在理论上倾向实证主义，在应用上采用归纳法，特别强调城市内的移动，尤其是迁徙和居住地的选择，也研究各种社会互动关系的变化。所需资料并不像经由普查或其他机构般容易取得，而是要社会地理学家自行发展资料收集及分析的技术。于是问卷调查成为一项基本的工具，需要费尽心思去设计、执行、编码并加以分析。

行为社会地理学[1]，如同"空间形态社会地理学"，其方法都是实证主义的，理论基础为：即使社会群体看起来各有不同，但仍有可能建立其共通性。如同 Rushton(1969)的研究表明，所谓"空间行为"——实际人群移动的决策，未必能导出"空间行为"的共通性——即替代(地点的评估及最终决策的规则)。因为人群决定移动，往往基于不同的情况，很难建立通则。找出这些"规则"需要谨慎的设计试验及分析方法(Golledge and Rushton, 1984)。

4) *方法特点*

以局外人观点(主要在城市)的社会地理学研究具有两个特点：① 依赖为其他目的而收集得来的资料，也就是说很多研究是由资料所主导(data - led)，而且在资料内容的收集方面受限于他人(也是局外人)的观点。② 普遍接受实证研究方法即使相信空间形态和行为的一般性原则有效，大部分的调查仍属个案研究，而不是特别设计来验证某一族群的理论。总而言之，实质性的研究(Knox, 1982)为过度盛行的经验主义做了最好的总结(Rampant Empiricism)。我们有很多关于社会形态及社会过程的信息，但我们却不了解这些信息想要描述和解释的这个社会。

6.1.2 "局内人"的研究方法

1) *哲学基础*

对于社会地理学的"局外人"方法主要有两种批评。其一是他们只呈现了社会生活的一小部分图像，这些结果是得自问卷所搜集来的特定资料中所问的客观性问题，如你年纪多大？你在哪里出生？但却无法了解个人的内心世界，特别因为这些资料是由许多个人问卷累积，由因子生态学方法叙述，无法了解人们在什么地

---

〔1〕 行为地理学的主要原动力是从了解行为的产生乃至信息如何被评价开始的(Golledge, Brown and Williamson, 1972)。从其他地理学的领域看，人类可以做出完美的决定的理论还没有形成(Pred, 1967)，想要了解行为的产生需要考察人们如何获得及使用信息，于是研究环境的学习 (Golledge and Rushton, 1984)，地方氛围对社会化产生的冲击，投票行为的前后因素(Taylor and Johnston, 1979)等等提供给教科书较多的实证材料，却没有清楚地验证一般行为的理论。

方、用什么方法回答这些问题,也无法从中了解生活细节,反而看到了经过过滤的、数据性的说明资料。其二是实证主义方法将人看作机械性的、如同既定的刺激回应者,否定了人的个体性和选择的自由。人们被"局外人"方法强迫加以分类——阶级、家庭生命周期阶段等等,但却不管人们是否接受这样的分类。因此所描述的,不论其研究是如何精致,但都是采用局外人的语汇描述的社会形态和过程,是以局外人由外观看,而不是居住当地的局内人的观点(The Insider's View)[1]。

当社会地理学者在寻求了解邻里环境、意像和场所时,其目标就是为了要了解人们如何生活在他们所创造和支持的环境之中。赖(Ley,1983)曾说:如果我们想认真地发展出一个真正的社会地理学,那么,了解隐藏的非正式群体在正式组织中结构、基础和运作的社会过程是非常必要的。因为这些信息提供我们日常生活的真正情形,而不是局外人所强加的分类。因此,一个完整的社会地理学应该是研究一个地区的局内人及局外人以及他们如何互动的科学。

2) *研究方法*

一般来说,局内人的研究方法是人本主义的方法,这类研究又可分成几个分支(Jackson and Smith,1986)。杰克森和思密斯赞成采纳被研究者的个人观点,而使研究者产生同情心的方法,其中包括解释主观且有意义的社会行动脉络过程的分析。这种了解不能借由分析与主题相关的资料而取得,它需与被研究者长期接触,了解他们如何学习、行动和反应,了解他们如何获得、处理与传送信息,了解他们如何赋予人与地方的意义,以及他们如何连接当地的、原始世界的到"外在世界"的力量。在整个研究过程中,完全不要去影响被观察者的行为,更不要透过研究去改变被观察者的行为。

有趣的是,杰克森和思密斯(Jackson and Smith,1984)认为,这个研究方法与社会学芝加哥学派有一个相似的地方,即都产生了局外人很喜爱的同心圆城市模型。同心圆城市模型展现了芝加哥学派了解的社会环境和芝加哥快速成长的居民行为,特别是偏差行为,他们想要去除这些行为的成因,而不是要对付这些社会的病态(Jackson,1984)。同心圆城市模型则是这项研究的副产品。

伯杰斯(Burgessn and Bogue,1967)等认为,一个完整的自然区(或邻里)研究计划,需有两个构成要素:① 研究他们的空间形式。② 研究他们的文化生活。前者用来确认所要研究的地区和群体,后者的统计资料和绘图会告诉我们很多,但无法告诉我们全部。Cooley 认为这需要以所谓的同情心进行研究。如果你和我试图想像游民的感受,而我们却从未是无家可归的人,我们也从未骑在栏杆扶手上,我们

---

〔1〕 局外人所指的社会区域(social areas)和局内人所指的邻里(neighborhoods)未必相同,每个人心中和行动中的城市,以及那些引领局内人行为的图像和制图学者所了解的城市并没有必然的关系。

的意象图和游民心中所想的差别很大，我们就不可能将这类文化生活完全展现出来。所以较佳的方法是沟通，到处搜集个人记录，通过这些个人记录获知城市生活的各种主观面貌。

3) 城市民族志

城市民族志（Jackson, 1985）便是由个人文献所做的研究，其中很细致地展现特定社会族群的生活方式，而且是基于野外调查和其他文件所做的研究。民族志学者愿意使用各项社会科学家的特殊技巧，如样本调查、访谈、人口普查、历史文件、直接参与、第一手观察、叙述语言学、心理实验等等，无所保留的折衷主义（Shameless Eclecticism）和方法论上的机会主义（Methodological Opportunism）被认为是民族志学者的方法论的哲学基础。

在芝加哥大学，这种折衷主义和机会主义导致一系列经典研究，如 Zorbaugh 的《黄金海岸和贫民窟》（*The Gold Coast and the Slum*），Wirth 的《少数民族居住区》（*The Ghetto*）和 Thrasher 的《帮派》（*The Gang*）[1]。

4) 参与观察法

为获得局内人的观点，在民族志中主导的研究方式是参与观察法（Jackson, 1983），该方法没有太多限制，目的是要成为被研究群体的一员 ，所以研究者是非介入的（Unobtrusive），即使被研究者知道正在被观察，也不会去影响被研究者的行为，连观察记录也需不留痕迹地进行。赖（Ley, 1974）曾在费城 Monroe 区进行研究，他一开始透过与当地社区组织的接触，同意雇佣他（无薪），并准许他的研究，这样，他的研究最后才得以完成。在 6 个月的居住期间，赖在街上行走，参加集会，加入教会，与邻居们非正式的交谈。在邻居家中、在工作中、在商店里、在街头、在游戏场等各种活动中，从帮做家庭作业到贩卖烘焙食品，从保龄球馆的社交活动到非正式的闲聊，通过参与式观察法获得第一手资料。

然而，实证研究通常有一个标准格式的研究报告，即：文献综述、建立假设、建构“实验”、检定假设、评估发现，这样严谨而紧凑的程序明显不适用于参与式调查法的研究。直接的报导将使我们对地方和人的熟识更为生动，但赖也曾表示，如果没有外加的结构，研究的结果也将只是一些零散的“学术窥视”而已。

杰克森和思密斯（Jackson and Smith, 1984）认为：参与观察是一种研究方法，不应该将它单独使用或与数量技术隔开，如同访问报导人或使用结构性问卷一样。参与观察法虽然不像结构性问卷，可以在问题的广泛性及代表性方面取胜，可是由于它是非正式的，而增加了对问题的了解及解释的深度。这在赖的研究中表现出来了，为了解 Monroe 区居民对不安全感的感受，他采取一项问卷调查，设计为“经

---

〔1〕 Thrasher 的研究费时 7 年，共考察了 1 313 个帮派。

验取向的，要求受访者根据他们每日的经验，提出与相识者相关的问题，及发生在他们街廓和地方上的事”。在这个方法下，他从与居民同居住的经历中了解居民的感觉，这种感受因为“真实资料”的使用而更为充实，他对亲眼所见所闻的事件所做的解释，通过更系统性的探索去了解似乎透露出来的生活要素，其结果使他能提出更有说服力的研究报告。

寻找“局内人”研究方法并非从事先的分类和资料搜集技巧开始，而是运用被研究者的词语来了解他们。这并不表示研究者就可以突然的决定“我将调查A邻里的居民”。我们通常是在一般学术脉络中做出研究的决定，是在较大的计划中扮演一个角色。而资料的解释则也同样的是在学术的脉络中。研究者在开始研究时必然会有某种程度的限制，而此限制的本质却是引导研究方法选择的基础。那些限制同样引导研究成果的呈现，因为我们的知识是经过这种特殊的方式而增加的。我们可以从野外调查中让研究者否定特定限制下的研究成果，并由其他限制的研究成果所取代。让弱势族群发出声音，而且从局内人的观点来让读者了解存在我们社会中那些被剥夺的边缘群体的生活方式，肯定与我们通常想象的大相径庭。总之，在一个阶级分层高度个别化的资本主义社会中，穷人对其边缘地位的适应和回应是非常值得注意的。

5）观点获得

“局内人”方法并不是漫无目的的“探险者”，而是带有理念的“旅行者”。举例来说，芝加哥学派的民族志学者，相信社会生活是透过沟通来组织和维持的。他们拥有互动论的传统，基于这样的信念，“借着沟通的能力，个人才可以分享一些共同经历和维持一种共同生活。事实上，沟通的历史就是文明的历史”（Jackson and Smith，1984）。所以理解社会如何运作，包括重视（Appreciating）人们如何沟通及沟通什么，这就是野外调查的目的。此外，研究者也有他们自己的，局外人的沟通观点，如同Marx Weber权力与科层的理论，他们设计研究，用以检验这些观点。他们描述的图像可能是“大众化的”、“本土的”而非学术性的，如同赖（Ley，1974）在Monroe区的研究，他要评估美国黑人基于无知和恐惧对于一般白人的印象，以及学术界提倡促进黑人的自觉和团结的学术意象，这仿佛是“在对无从捉摸的世界加入秩序”。这样，“局内人”的方法就显得非常需要。

在当代，参与观察法是获得“局内人”观点的最佳方法，因为其他任何资料来源都是二手的。对历史研究来说，当然有赖于二手资料。历史研究使用参与观察研究所留下来的文本资料来建立一致的解释。然而，第二手资料的范围相当广泛，包括局外人的观点、个人的报告、文献、小说作品、景观和信息来源等，都可以告诉我们许多关于当地的社会文化信息（Lowenthal，1968，1975，1985；Lowenthal and Prince，1965）。

6.1.3 “局内人”方法与“局外人”方法的关系

城市社会地理学的两种研究类型:局外人观点是站在社会之上去看问题,局内人观点则从社会内部的角度去思考问题。有些社会地理学者认为两者皆是必要的,局内人观点研究并不是为了要替代局外人观点的研究,而是为了改进局外人观点的研究方式(Buttimer,1974)。在许多区域地理研究中,不管是现在的还是早期的,研究区通常被孤立起来,然后加以研究,好像惟一会影响的是内在因素(Johnston,1984a)。因此,社会地理学者要打破这种传统,试图既获得局内人的观点,也了解局外人的观点。

“局内人”和“局外人”这两种方法在对个体、群体和社会的研究上都遭到批评,主要认为研究过于肤浅,没有深入去研究引导这些社会群体形成过程的深层社会力量。“局外人的观点”将若干分类视为既定的事实而不加以解释。举例来说,研究居住区隔离的人,通常会接受下列两个情况:① 社会经济背景相同或者是种族相同者会聚集在一起。② 这些群体中有相同需求的成员又会聚集在一起,并和其他成员相互区隔。这些研究者把成果绘在图上,也可能说明族群聚集或区隔的理由(Boa1,1976),而不把族群的存在或住宅上的隔离作为检验的内容。“局内人的观点”不使用外部定义的分类,只接受局内人自己的分类,但他们也不对为什么要做这样的分类提出质疑。这样造成的结果是,不管局内论或局外论都不是完整的社会理论。

要建立完整的社会理论需要现实主义的观点,将现实事件(做决策)和经验世界(认知的经验世界)连接成为具有多种机制的世界,其中最常被提出的理论是马克思主义,它主张所有社会的产生都是为了确保人类得以生存和再生产的需要,而且其中包括了几组机制都是为了维系人类的生活。在资本主义背景下,人与自然为生存而连结的必要性是被物化的。自然变成生产中的一个因素,即:土地,另一个因素则是人,即:劳动力。生产透过这两个因素的买卖关系,以创造出另一个因素——资本。而在资本主义形式下,生产的整个动态历程与资本的持续积累是相结合的。这是经由生产关系而获得的。土地和劳动力只有在下列情形下才发生作用:① 资本拥有者准备在土地与劳动力上投资。② 他们能在销售过程中获取报酬。因此社会被区分为两大阶级——资本拥有者和劳动力拥有者,而两者处于持续的冲突之中,因为资本的积累是通过对劳动力的剥削才获得的,巨额利益暗示着相对较低的工资。这样一来,利益与工资的相对比例是争论的焦点。

另一方面,人们却根据对机制的解释来嘲弄机制。他们创造一种由经济、社会、政治和文化制度组成的超结构,其不论是生产、交换或分配都已组织化。不同的社会群体,在不同的地方,可能会创造出不同的制度。在当代资本主义制度下的政治体制有很多的种类,如法国采取中央集权制,英国实行部分地方分权制,美国执行联邦制,而瑞士则采取高度的地方分权制。无论是民主或集权制,政党都和经济阶层有关(如英国),也和宗教、语言有关(如瑞士、比利时、荷兰),同样也和历史事件有关(如爱尔兰)等等。制度一旦被创造,便会塑造决策。如英国持续以投票方式决定以哪个阶级为基础的政党执政。另外,人们当然也可以在不改变上述机制的原则下,加以改变(如投票给另一个政党),这全依赖这些制度如何被操作。

实证主义者的社会理论焦点只在经验的,然而人本主义理论结合经验与实际研究的事件(event)是局内人所认知的、局外人和局内人所共同认知的结果。实在主义者的理论将此置于研究的脉络中,和社会的动力、机制连接在一起(Eyles,1974)。类似人本主义的研究不是预测性的,它们提供分析的深度,不只是帮助决策了解,也帮助了解为何有些决策是必须的。它们无法在实证观念下被检验,但只要他们所提出的观点前后一致即可。以此为基础,我们可以了解,不只是有居住区隔离的存在(如同局外人所描述的),也了解他们的生活经验(如同局内人所说明的),也了解为什么社会中会有某些力量以特殊方式编制着社会生活(Harvey,1975;Johnston,1984b)。与此方法紧密联结的是,在地理学者间大量流行的所谓结构化,其核心是(Giddens,1984)一个人不能将个体从社会中分隔出来,因为社会是由许多个体所创造的一组制度和法则。

社会地理学是研究特定社会群体的空间形式及过程的科学,有三种研究方法:第一种我们称之为纯然的、细致的描述(Naive, Sophisticated, Description),描述是因为它的目标是希望能尽量写实的叙述,复杂是因为它透过分析性的方式由预测到达解释,而纯然则是因为它考虑了社会群体的定义,无疑地,这定义的确是存在的。第二种我们可称之为纯真的欣赏(Innocent Appreciation),欣赏是因为它的目的是去了解过程如何运作以及形态如何被创造,纯真是因为它接受被大多数人所界定的社会团体定义而非硬加上一种定义,而不需去探究他们的起源。第三种是实在主义的解释(Realistic Explanation),解释是因为它是关于说明人们经验与行动的世界,而实在主义是因为它接受人们在完成他们世界的情况并非来自于自己的选择。

6.2 因子生态学理论

因子生态学理论流行于20世纪60年代(Davies,1984),主要应用于城市居住结构分析。在因子分析中所应用的大多数变量是为了计算居住分异强度及居住分布的空间格局。在不同的城区所运用的因子生态学技术略有差别,主要体现在变量的选取与统计方法的确定上。因子生态学分析方法是依靠多元统计技术方法来实现的,其中,主成分分析、因子分析、对应分析是在城市研究中最常采用的多元统计方法。因子生态学方法作为度量城市空间差异的主要方法之一，在分析社会、经济、人口和居住特征的关系时，起到了归纳总结的作用。随着计算机技术的应用和计量地理学的发展，城市领域内因子生态学的研究更加方便实用，逐渐形成了可靠、有效和高水平的城市空间布局结构的归纳总结方法。

6.2.1　方法与步骤

采用多个可量化、可图示、可表现在其他统计分析中的因素描述城市中各种复杂关系和空间格局的方法称为因子生态学方法，它是一种能够分辨城市社会群体变量和类似变化格局的总结或合成技术。因子生态学分类的基础是把因子维作为假设属性，即统计产生一系列混合变量，每一个独立变量解释综合差异中的一小部分。因子生态学的目标是辨别数据的主要差异，通常保留那些能反映数据更大比例的因素，即通过技术方法筛选变量，可通过加权辨析，如设定最小权重为 1，其余可去除。因子生态学本质上是归纳性的，这与具有演绎性的、严格的特征的社会区分析有较大区别，其实质是采用因子分析模型来分析 n 个基本空间单元的 p 个社会——经济、人口和住房等变量，这些基本数据组成一个 (n,p) 矩阵，将 p 维的数据矩阵 (n,p) 变换为 $r(r<p)$ 个因子（r 维）的矩阵 (n,r)，通过从原始矩阵中消去线性相关的冗余信息，使得这 r 个因子包含了原始数据的所有统计信息。因子生态学方法的操作步骤如下：

① 分析区域概况，界定研究问题，选择基本统计单元；

② 选取影响因子，设定符合条件的变量；

③ 数据变换以消除次要因素的干扰；

④ 标准化处理（比如数据标准差标准化），使数据具有统一的度量单位；

⑤ 建立相关系数矩阵进行变量间的相关度量，其中，以 Pearson 的积矩相关度量最为普遍；

⑥ 确定统计分析方法，主成分分析或标准的因子分析方法，两者的主要区别是相关矩阵主对角线元素的处理；

⑦ 主成分或因子轴的变换，选择采用正交旋转或斜交旋转。使得因子载荷矩阵承载信息量更大，易于问题的研究；

⑧ 根据因子（主成分）得分进行分类，分类等级依情形而定；

⑨ 空间描述，总评结果，找出问题的主要根源。

6.2.2　实例简介

1）芝加哥的因子生态学

地理学家瑞斯（Rees）为研究芝加哥都市区社会区生态结构的形成和制约因

素，从中共选取了 1 324 个统计区作为研究单元，通过筛选出的 12 个变量进行生态因素分析。变量包括：教育程度、职业类型（白领阶层、蓝领阶层）、收入水平（高、中、低）、年龄结构（成年、未成年）、家庭规模、种族状况、住房质量和住房成新度等。经过数据处理分析得出由各因子相关系数组成的芝加哥都市区生态因子结构分析表（表 6.1）。

表 6.1　芝加哥都市区生态因子结构分析表（相关系数表）

变　量	社会经济地位	家庭地位	种族和籍贯	社会区
中学以上	0.920	−0.011	−0.048	0.850
白领工人比例	0.846	−0.220	−0.203	0.805
家庭收入愈 1 万美元的比例	0.771	−0.096	−0.484	0.837
达年收入中值的比例	0.746	−0.059	−0.510	0.820
1950 年后建成的住房比例	0.697	0.434	−0.168	0.702
家庭收入不足 3 000 美元的比例	−0.646	−0.167	0.597	0.802
一般住房比例	−0.627	−0.197	0.488	0.670
失业人口比例	−0.618	0.035	0.566	0.705
家庭人口数	0.032	0.928	−0.045	0.864
低于 18 岁的人口比例	−0.133	0.867	−0.064	0.733
高于 65 岁的人口比例	−0.102	−0.847	−0.241	0.786
黑人比例	−0.277	0.172	0.876	0.848
解释变量（检验值）	37.3	22.3	19.3	

表中划线部分表示两变量显著相关，从中可以看出：社会经济地位与白领工人比例、中等以上教育程度、家庭高收入、中等年收入、较新的住房呈正相关，而与家庭低收入、一般住房、失业人数等呈负相关。结论表明，芝加哥都市区社会区人群的社会经济地位高低取决于职业性质、接受教育程度、收入水平和房产状况等因素。家庭地位与家庭人口数及 18 岁以下的人口比例呈高度正相关，与大于 65 岁的老年人口比例呈负相关，老龄人口的家庭地位往往不高，成为芝加哥都市区重要的社会问题之一，标志着老龄化问题日趋严重。种族与籍贯基本与黑人数目呈明显正相关，表明该区有黑人聚居区存在，必然会产生种族间矛盾。那么，提高人们的收入水平和生活质量、为失业人口提供更多的就业岗位，妥善安排好老年人的生活等，是提高社会经济发展水平的前提。

2）巴尔的摩城的生态因子结构

1980 年，奥克斯（Knox）开始对美国马利兰州（Maryland）巴尔的摩城（Baltimore）的市区生态结构进行研究，针对现存的几个社会问题（下层阶级的标志、社会经济地位的支撑、移民结构、社会区贫困状况等)，从影响因素中最终选取21个变量，经数据统计分析处理，得出巴尔的摩城1980年的生态因子结构，如表6.2。

表6.2　巴尔的摩城1980年生态因子结构特征

序号	因素	检验值	贡献率/%	特征值	相关因子	相关系数
Ⅰ	下层阶级	32.5	32.5	6.8	租房	0.88
					赤贫	0.79
					简陋住所	0.70
					厨房空间不足	0.68
					单身	0.68
					失业	0.65
Ⅱ	社会经济地位	18.2	50.7	3.8	2个或2个以上卫生间	0.85
					家庭收入	0.84
					学历	0.78
					经理、管理和专业技术人员	0.75
Ⅲ	青年移民	14.4	65.1	3.0	移民人数	0.88
					年龄为19~30	0.88
					性别比例	0.84
					西班牙裔	0.57
Ⅳ	社会区贫困状况	7.1	72.2	1.5	黑人数目	0.82
					意大利裔	-0.68
					单亲家庭	0.55
					贫穷	0.54

如表6.2结论表明，在巴尔的摩城市居民社会区问题中，下层阶级由于失业、单身造成赤贫的情形，他们承租廉价的住房，生活条件极其简陋；社会经济地位高低的分界，或中间水平标志为：住房含两个或两个以上卫生间，家庭收入和学历偏高，包括一般从事经理、管理和专业技术的人员；移民结构中，年龄为19~30岁的人口比重较大，性别差异大，以男性为主，种族人群比例不均，以西班牙裔为主；关于社会区的贫困问题，受黑人数目、单亲家庭、贫穷等特征影响，其中，意大利裔居民占有贫困人口比例较小。

3）蒙特利尔的因子生态学

雷伯达斯(Le Bourdais)和毕尤敦(Beaudry,1988)分别于1971年、1981年两个时间段内对蒙特利尔都市(Montreal)的部分统计区进行了生态因子分析，在1971年的时间段内选取了包括59个变量在内的561个统计区，在1981年的时间段内选用了61个变量在内的654个统计区。通过生态因子数据统计分析，分别于两个时间段内确定了6个主要因素，并检验了1971年时间段的80.2%的原始变量，以及1981年时间段的78.0%的原始变量。检验结果参见表6.3。

表6.3 蒙特利尔1971年和1981年两个时间段内的生态因子结构分析表

1971年生态因子	因素出现顺序	1981年生态因子					
		家庭		社会经济		种族	
		1	5	2	4	3	6
家庭	1	0.998	0.045	-0.015	-0.019	-0.013	0.022
	5	0.037	-0.963	-0.097	-0.020	0.069	0.241
社会经济	2	0.021	-0.109	0.993	-0.012	-0.016	-0.035
	4	0.019	-0.015	0.010	0.999	-0.026	0.031
种族	3	0.011	0.070	0.024	0.026	0.997	0.004
	6	-0.032	0.235	0.060	-0.027	-0.022	0.970

分析结果表明，蒙特利尔1971的生态结构与10年后的生态结构存在差异，主要表现在影响程度的变化，1971年该市社会区生态结构主要受家庭状况和种族因素影响，而1981年家庭要素更为重要，种族问题有所改善，社会经济略有提高。不仅如此，各因素的影响方向和影响关系也有些变化，如社会经济因素由1971年的不显著正相关转变为1981年的不显著负相关。而且各因素在不同时期表现不同，如1971年种族问题严重，种族与社会经济的关系较小，1981年种族问题逐渐淡化，两者的关系逐渐加强。

4）中等城市的因子生态学研究

盖奥雷德(Cadwallader,1996)根据美国统计局1970年的数据，选取了6项因素，如：教育、收入、职业、户均人口数、未成年比例(18岁)、妇女在劳动力中的比例，分别以俄亥俄州(Ohio)的肯特(Canton)区、爱荷华州(Iowa)的戴索尼斯(DesMoines)区、田纳西州(Tennessee)的奥克赛尔(Knoxville)区和奥勒冈州(Oregan)的坡特兰(Portland)等地为研究范围。他根据实际调查取消了人种地位因素，最终选择确定了6个子因素替代社会经济地位和家庭地位，如构成社会经济地位的主要生态因素为:中等收入水平、中学学历(≥25岁)、专业和技术人员数量;构成家庭地位的主要生态因素为:户均人数、≥16岁妇女在劳动力中的比例、总人数中≤18岁的人口数。通过各区生态因子数据统计分析,得出各地区生态因子结构对照表,参见表6.4。

表6.4　肯特、戴索尼斯、奥克赛尔和坡特兰的生态因子矩阵

因子	肯特			戴索尼斯			奥克赛尔			坡特兰		
	社会经济地位	家庭地位	社会区共性	社会经济地位	家庭地位	社会区共性	社会经济地位	家庭地位	社会区共性	社会经济地位	家庭地位	社会区共性
教育	0.95	-0.08	0.91	0.96	-0.03	0.92	0.94	-0.14	0.91	0.95	0.04	0.9
收入	0.94	0.07	0.89	0.91	0.34	0.94	0.91	0.21	0.86	0.9	0.33	0.92
职业	0.94	-0.07	0.89	0.88	-0.27	0.85	0.87	-0.09	0.76	0.91	-0.06	0.83
户均人数	0.21	0.95	0.95	0.05	0.95	0.91	0.02	0.97	0.93	0.12	0.95	0.92
≤18岁人口数	-0.04	0.93	0.87	-0.01	0.95	0.9	-0.17	0.95	0.93	-0.05	0.95	0.91
劳动力中妇女比例	0.2	-0.74	0.59	0.03	-0.61	0.37	-0.03	-0.29	0.09	-0.1	-0.58	0.35
总变量百分比	46	38.8		42.2	39.5		41.7	33.3		42.8	37.6	

表中计算出的每对区域的叠合效应规定为:+1为完全一致,0为不一致,-1为完全相反。4区的生态结构基本表现一致,仅奥克赛尔略有例外,其家庭地位受劳动妇女比例的影响不显著。各区域生态因素相和性的相关系数如表6.5。表中对角线以上为家庭地位的相关系数,以下为社会经济地位的相关系数。表中数字表明,4个区域中家庭地位的差距较社会经济地位的差距显著。

表6.5　相和性的相关系数

区　域	(1)	(2)	(3)	(4)
肯特(1)	—	0.97	0.95	0.98
戴索尼斯(2)	0.99	—	0.96	0.99
奥克赛尔(3)	0.98	0.99	—	0.97
坡特兰(4)	0.98	0.99	0.99	—

根据生态因素的空间结构特征，采用复合相关系数和回归分析方法，用于验证扇形区和环行区（分别与家庭地位和社会经济地位有关）空间结构的叠合效应与上述分析结果的是否一致。回归公式如下：

$$Y_{\mathrm{I}} = b_1 X_{\mathrm{I}1} + b_2 X_{\mathrm{I}2} + b_3 X_{\mathrm{I}3} + b_4 X_{\mathrm{I}4} + b_5 X_{\mathrm{I}5}$$

式中 Y_{I} 为统计区 Ⅰ 的值（测定值），$X_{\mathrm{I}1}$、$X_{\mathrm{I}2}$、$X_{\mathrm{I}3}$、$X_{\mathrm{I}4}$、$X_{\mathrm{I}5}$ 为虚拟变量。分析结果见表 6.6。

表 6.6　扇形区和环行区的复合相关系数

生态因子	肯特		戴索尼斯		奥克赛尔		坡特兰	
	环行区	扇形区	环行区	扇形区	环行区	扇形区	环行区	扇形区
社会经济地位	0.669	0.730	0.629	0.581	0.605	0.536	0.214	0.734
家庭地位	0.537	0.577	0.522	0.705	0.556	0.292	0.737	0.230

结果表明，利用空间形体复合相关系数分析和回归分析的结论同单项生态因子叠加分析基本吻合，家庭地位和社会经济地位分别呈环形和扇形结构分布。

5）广州市社会空间结构的因子生态分析

我国在因子生态学领域也有所研究，1989 年，许学强、胡华颖等以广州市为例，采用因子生态分析方法对社会主义中国的城市是否存在社会空间的分异作进一步

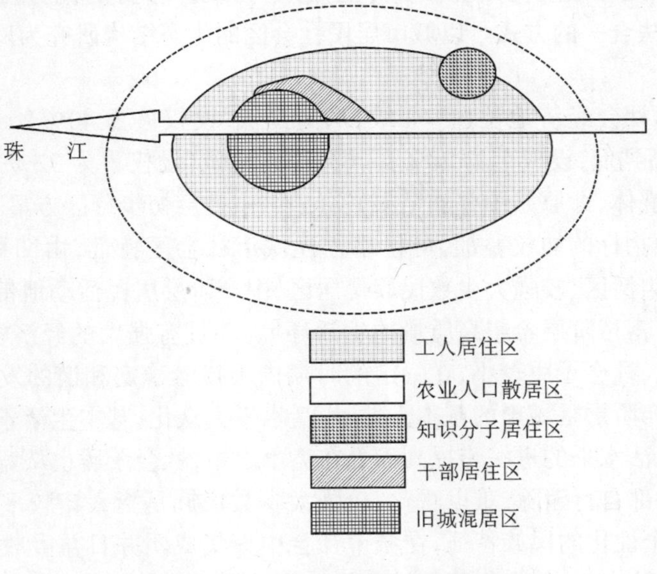

图 6.1　广州城市社会空间模式

论证，并揭示了广州社会区形成的机制。在广州社会区研究中，选出67个变量进行主成分分析，得出17个主成分，归类命名后确定了形成广州社会区的主要因素：人口密集程度、科技文化水平、工人干部比重、房屋住宅质量、家庭人口构成等。并以此确定广州5个社会区大致呈向东延长的同心椭圆态势分布(参见图6.1)。

6.2.3 因子生态分析方法在城市规划中的应用

因子生态分析方法在城市规划中的应用并不多见，为充分利用因子生态分析的结果，可利用生态图法将各项生态因素的指标标上图，将两个以上的生态信息叠合到一张图上，构成复合图，用以表示生态区域受各因素的影响而表现出变化的方向和程度。该方法的特点是直观、形象、简单明了，但不能作精确的定量评价，在城市总体规划或分区规划的方案确定中有用。生态因子叠加的方法有两种，一种是指标叠加法，按各项生态因子的评价分析结果分别分等定级，再将各项指标值图示化，分别将各单项生态因子图叠加；另一种是生态因子剥离分级叠加法，根据实际调查结果先在图上进行生态因子分级分区，再叠加。两种方法各有优势和劣势，前者以室内工作为主，可操作性强，可以较精确地进行定量评价，但易于造成生态因子遗漏和权重确定困难等问题。而后者以实地踏勘和室内判图相结合，通过各项生态因子的剥离，能够较形象地表示出分析结果，但难以确定各因素的权重，难以将各因素标准处理或量化处理。实际运用中，为发挥各自的优势、弥补各自的不足，可采用两法合一的方式。以城市居民社会区的生态结构研究为例，具体步骤如图6.2所示。

图中：(1)社会经济地位(1～4级，从高到低，设权重为40%)。(2)家庭地位(1～3级，从高到低，设权重为28%)。(3)种族地位(设权重为32%)。(4)城市马赛克(城市镶嵌体，即原始图叠加结果)。(5)城市社会初步分区方案。

通过各项指标的加权叠加，可粗略描述城市社会区特征，由四种居民结构组成：富裕阶层生活区、较强大少数民族聚居区、中产阶层居民活动地带、各族低收入者聚集地带。富裕阶层希望高质量的生活环境，并且有强大的经济资助社会区的各项服务职能，社会矛盾较小，在一定的时期内维持着稳定和谐的发展，逐渐形成良性循环；中产阶层是城市的基本人群，生活水平大众化，基本生活条件得到保障，为求生计和生活水平的进一步提高而处在竞争之中，社会矛盾也从竞争中产生，一般可在社会内部自行消除，难以激化；较强大少数民族是指人口较多，人文历史悠久，具有某种个性化的民族特征，在城市社会中聚集成团并日益吸收同族人群，形成强大的异质社会区，具有强烈的排他性，难以融入到城市社会中，因而表现出贫穷、落后、各种矛盾突出，极易激化，造成严重后果，是城市关注的主要社会问题的发源地；各族低收入者由各族中被遗弃者、竞争中失败者、少数民族、社会遗弃者组成,分散性和不团结性是该区的主要特征,居民生活质量差,生活没有任何保障,生存竞争激烈,社会区矛盾突出,日益形成城市的"肿瘤",如不及时"切除",会"恶化",形成恶性循环。

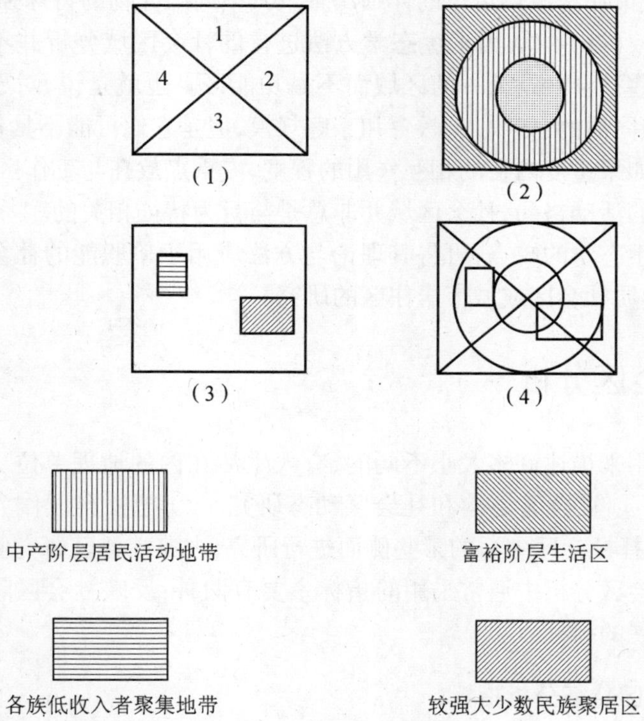

图 6.2 理想化的生态空间格局

总之,通过因子生态学的实践研究,得出两套重要结论。一是在社会区域分析中,可以根据经济地位、家庭地位和种族推测社会区结构差异;二是社会生态因素具有时间和空间两维性,时间特征表现在不同时期的因子生态结构的区别,空间分配分别依据不同的形状,如扇形区、环行区和簇状区。

6.2.4 因子生态学方法研究的缺陷

采用因子生态学方法研究城市居住分异结构表现出三方面的缺点:① 这种特定的研究方式所得出的结论无统一标准,并且不明晰。例如,如果选用块状街区而非统计区,那么所选取的因素与其相关的空间格局可能会存在一些差异。同样,研究结论可能会受到对不同类型因素分析的影响,以及不同种类型的直交和斜交的影响。甚至同种类型的因素分析,针对各种问题也会产生不同的结果。② 因子生态学是一种纯描述型的分析形式,它不能解释形成城市马赛克的过程,如果研究其形成过程一般包括调查居民的流动。宏观上,古典生态学家将这类概念称为入侵和延续,以助于理解居民的流动;微观上,将居民流动界定在个人选择行为结构中。此外,包括对城市住房市场运作的详细调查及其中间媒介物的特殊强调,如房地产代理机构和财政机构。③ 因子生态学方法进行的社会区域分析并不总是构成完整社会区。这些社会区是统一的区域而不是功能区。也就是说,对于一定变量来说,它们是近似同质的,如收入、教育和家庭规模,但是它们可能不具备高度的内在的相互作用。如果量度内在的相互作用的程度,应重点放在与工作区域、朋友们和俱乐部等相关的活动格局,社会区域并非总是与行为特征相关的。

针对因子生态学的缺点,可将其理论与方法应用于单职能的社会区或单一功能区研究,如异质社会区或城市居住区的研究。

6.3 社会区分析

社会区是用来描述许多大小不同的、有人生活在内的地理单位。社会区研究分属三个流派:① 社会区结构和社会区动态研究。② 把社会区作为一个变量进行研究。③ 选择社会区生活的某些侧面进行研究,古典社会区研究侧重第一种方式。在古典社会区分析中通常采用的指标主要有两种:反映社会区隔离的指标和反映社会区发展的指标。

6.3.1 社会区特征分析指标

不同的社会区具有不同的产生根源,反映出不同的表现特征:如城市贫困人口组成的贫困区、城市富裕阶层组成的富人区等,一般用两种指标表示。

1) 社会区隔离指标

社会区隔离指标表明社会的分异程度及不同社会区的特性,主要以下列方法衡量:

计算隔离指数可用下列公式表示:

$$S = \sum_{i=1}^{n} |x_i - y_i| / 2$$

式中:x_i—— 百分比,即一个特定的子群生活在理想的单元 i 中的比例。

y_i—— 生活在理想单元 i 中的剩余人口比例。

理想单元通常指街区或人口普查的一片区域。例如,设想一座城市可分为 5 个理想单元,以学生为特定子群,若就此分析各单元分异程度,则应首先计算各理想单元学生的隔离指数,计算过程如图 6.3。

区域	学生比例	剩余人口比例	绝对差异
1	70	30	40
2	10	20	10
3	5	20	15
4	5	20	15
5	10	10	0

图 6.3 隔离指数计算示意图

隔离指数 = (40 + 10 + 15 + 15 + 0)/2 = 40,该指数的两个极端为 0 和 100,如果特定人群在一个区的人口比例与其余人口数相等,隔离指数为 0;如果特定人群在一个区的人口比例为 100,隔离指数为 100。因此,隔离指数越趋近 100,特定人口的隔离度越高。图 6.3 表明,学生主要集中在 1 区。

社会区生态关系判别可根据不同子群隔离指数的计算结果,划分社会区,分析归纳各类社会区生态特征,判别社会区的分异程度,尤其是突出子群的隔离程度。以美国为例,从 1970 年到 1980 年大多数都市区的隔离指数与黑人种族相关,美国城市社会区从大的方面可分为黑人社会区、白人社会区和混合民族社会区。而我国城市中民族的分布具有大杂居、小聚居的特点,由于优惠的民族政策,少数民族的隔离度越来越小。但我国许多中小城市的开放功能较低,地方主义思想普遍,城市存在着本地人与外地人之间的不和谐与冲突。因此,在我国社会区分异中大量流动人口形成的异质社会区是研究的重点。异质社会区和主流社会区生态关系的调控是协调我国城市整体社会关系的重要手段之一。

当然,任何社会区隔离的形成都包含许多偶然因素(Clark,1986a),尤其是我国市场经济体制实施以来,城市居民的经济收入和消费结构出现多样化特征。主流社会中的分异程度在一些非社会因素的影响下表现得较为突出:如居住小区对社会区的划分所起的作用。住房市场的自由选择取决于经济支持上的住房消费,表现在收入差别和个人的偏爱上,因此,不同人群因住房而聚居在一起,形成以居住小区为基本单位的新型社会区。

2) 社会区发展指标

社会区隔离状态的产生促使不同社会区的同化发展趋势。同化过程总体上可分为行为同化(文化同化)和结构同化。行为同化的发生是当个别群体接受社会区中其他群体的感性和理性而表现出拥有共同的文化生活;结构同化是通过社会的大系统,尤其是职业阶层系统,建立的一种人类管理体制,执行宗教、教育、政治和商业等功能。Boal(1976)认为城市社会区具有 4 大功能:

① 防御功能:排除异己,强大自我。

② 免疫功能:具有个体融入大社团的入口。

③ 维持功能:保留自己的文化遗产,并延续下去。

④ 攻击功能：主动攻击其他子群，如在政治竞争中选出自己的政治代表。

人种的独特性、同化程度和联合的空间模式之间具有一系列关系。如果入侵的客体十分类似于主体社会，将发生快速同化和微乎其微的空间变异。反之，同化过程将会经历漫长的时期。如果社会区中人群的聚集只是一个短暂过程，新成员的流入减少，群落趋于消失。但是受到主流社会的文化保护意识的影响，社会区群体可能会维持得长久一些。如图 6.4 所示。

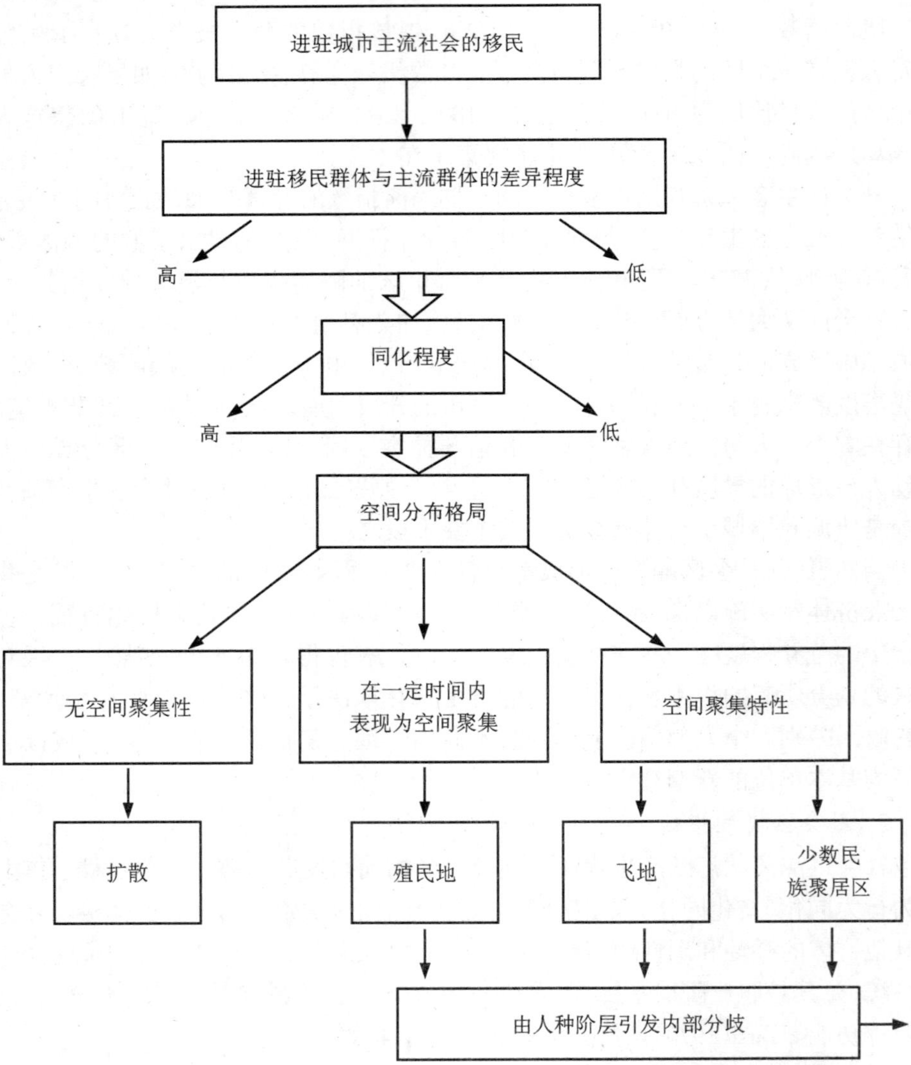

图 6.4　种群、同化和社会区空间布局

西方在古典社会区的研究中有一些突出成就,其中具有影响性的主要有两种:伯吉斯的中心区模型和霍依特的扇形模型。

6.3.2 社会区分析方法

基于上述传统观点,赛克(Shevky,1949)和威廉姆(Williams,1949)为了从更广阔的概念上分析城市社会区的分异,创始了社会区分析基本方法。此后,赛克(Shevky)和拜尔(Bell,1955)将该理论进一步深化。他们按三项基本结构分类人口统计区:经济地位(或社会地位)、家庭地位(或城市化水平)、人种地位(或贫富分化)。

1) 理论基础

赛克和拜尔认为,社会区分析只是部分社会区,不代表整个社会,所以城市生活的社会特征必须根据社会总体的社会特性来调查。现代化城市的高速发展导致社会规模不断增大,引起社会和经济交互转变。由于劳动力的专业化和交通技术的改善,人们在经济上更加彼此依靠,从而形成了社会分异的新格局(如图 6.5)。

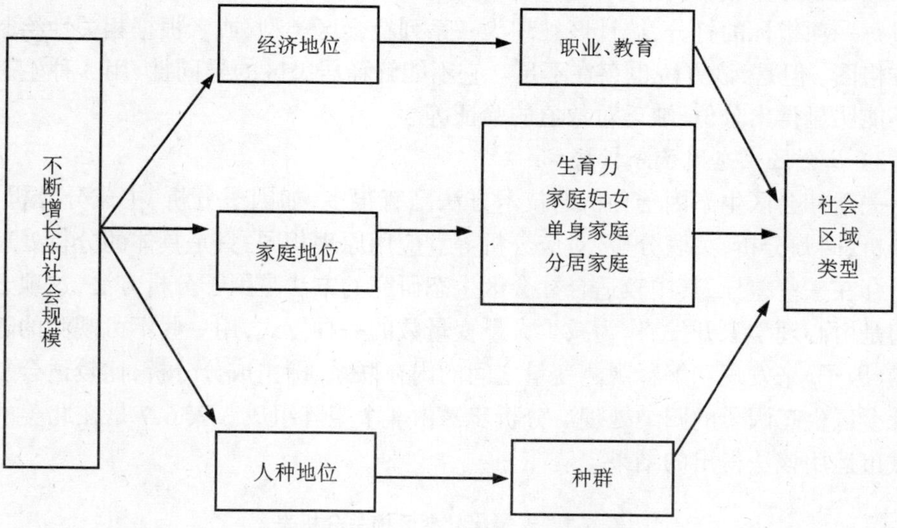

图 6.5 社会构造和社会区类型

首先,由于劳动力的分化,城市社会逐渐开发出一套与阶层、地位相关的职业体系,在工业社会中这一系统变成了社会阶层的基本元素。其次,作为个人经济单元的家庭变得更不重要,即削弱了传统的家庭组织。第三,日趋完备的交通技术促进人口进一步的流动,如更自由的选择住所,从而产生新的分类和种族的隔离。总之,社会规模的扩大,使社会在经济地位、家庭地位和人种地位这三种生态因素的基础上产生分异。

2）应用指标

3种生态因素最初的应用是采用6个不同的变量或指数(如图6.5)。

(1) 经济地位

① 职业:可描述为每1 000个就业人口中工人、技术人员等劳动力的比例。

② 教育:可分两档:≥25岁的人口中低于8年教育的人口数及高于8年教育的人口数;

(2) 家庭地位

① 生育能力:≤4岁儿童的数量(每1 000个人中15~44岁妇女的拥有量)。

② 家庭妇女:劳动力中(≥15岁)待业妇女的总量。

③ 单身家庭单元:单身家庭在家庭总数中的比例。

(3) 人种(种族)地位

少数民族占总人口比例。

数据来源由城市内某个社会区提供,处理时对每一个生态因素提供一个权重。通过每一项指标的打分,统计区被划为一系列社会区类型,或者根据相关性绘制城市方格图。但是,该方法也存在不足。它不能解释居民区的异同性、用3种生态因素不能明显得出分值、缺乏对数值的验证等。

3）社会区生态因子分析技术

关于社会区生态因子分析的技术方法已有很多,如因子分析、主成分分析、聚类分析、回归分析、关联分析、对应分析等。应用原理相同,只是具体的分析处理过程中存在一些差异,其中较适合社会区生态研究的方法是因子分析方法,这项方法最初是由心理学家开发,作为减少大量变量数的一种方式,用一些不可观测的随机变量(因子)来发现和解释观测变量之间的内在联系,即主成分分析,比较适合复杂的社会区生态因子的归纳处理。分析步骤由4个矩阵组成。表6.7是在北美的一些城市运用该法得出的结果。

表6.7 理想化社会区相关分析表

变量	职业	教育	生育力	家庭妇女	单身住宅单元	黑人百分比
职业	—					
教育	×	—				
生育力	○	○	—			
家庭妇女	○	○	×	—		
单身住宅单元	○	○	×	×	—	
黑人百分比	○	○	○	○	○	—

注:○ 表示弱相关,× 表示强相关。

结论:教育与职业性质显著相关;家庭妇女与生育力指标密切相关;生育率高、妇女比例高的地区,单身所占比例少,呈显著负相关。因此,可以将各因素归类,形成理想社会区组成成分矩阵,如表6.8。

表6.8　理想化社会区组成成分矩阵

变量	因素		
	经济地位	家庭地位	人种地位
职业	×	○	○
教育	×	○	○
生育力	○	×	○
家庭妇女	○	×	○
单身住宅单元	○	×	○
黑人百分比	○	○	×

注:○ 表示弱相关,× 表示强相关。

经济地位标示职业性质和教育程度,家庭地位标示生育力、家庭妇女、单身比例等,人种状况标示着黑人百分比。

推荐阅读参考资料

1　陈传康. 行为地理学的研究对象、内容和意义. 见:李旭旦编. 人文地理学论丛. 北京:科学出版社,1986. 230~242

2　许学强,周一星,宁越敏. 城市地理学. 北京:高等教育出版社,1998

3　许学强等. 现代城市地理学. 北京:中国建筑工业出版社,1988

4　Golledge, R., G. Zannaras. Cognitive Approaches to the Analysis of Human Spatial Behavior. In W. H. Ittelson, (ed.). Environment Cognition. New York: Seminar Press, 1973

复习思考题

1　什么是社会地理学?

2　简述“局外人”研究方法。

3　简述“局内人”研究方法。

4　论述因子生态方法在城市规划中的应用。

5　因子生态方法有哪些缺陷?

6　如何计算隔离指数?

7　名词解释:非空间性社会地理学、空间性社会地理学、城市民族志、参与观察法、因子生态学方法、社会区、隔离指数。

7　城市社会学研究方法

城市社会学的学习，既要重视掌握理论知识，又要重视科学方法。在学习城市社会学的理论知识时，同时学习它的研究方法，才能比较深刻地理解这门学科。

7.1　城市社会学研究的方法体系

城市社会学研究的方法，发展到今天，既有逻辑的方法、历史的方法、比较的方法、公理的方法，也有直觉的方法、观察的方法、实验的方法、调查的方法以及模拟的方法、计算的方法等等。

7.1.1　城市社会学研究的方法特点

从研究方法对研究过程的指导作用来看，城市社会学研究方法是一个多层次的体系，包括了方法论、具体方法和研究技术三个层次。现代的城市社会学方法具有如下主要特点：

1）科学化

调查研究是人认识社会的过程，在这个过程中研究者的主观因素要发挥其作用。科学的调查研究要真实地反映社会现状，反对人为扭曲对社会的认识。现代城市社会学研究方法的科学化表现在更加强调调查研究程序本身的科学化，即尽可能地使用现代科学研究手段，最大限度地减少片面的主观因素互动对研究结论准确性的影响，使认识更加接近实际；也表现在强调用调查资料和分析结果来检测原先的理论假设，也就是通常所谓的"用资料说话"。

2）系统化

社会是一个系统。任何社会现象、任何事物都处于复杂的相互联系之中。现代城市社会学研究在考察某一社会现象的特点及其变动规律时往往把它放在其所属的系统之中，并借助于数理统计的方法综合地分析各个相关因素对于该社会现象的影响。

3）定量化

任何社会现象都有质和量两种属性。由于社会现象往往是由多因素共同造成的，这就使得社会现象的发生具有随机性特点，这就需要定量研究，从统计规律进而找出社会现象的规律,揭示出事物运动的规律。由于工具和手段上的局限,传统的城市社会学研究不可能对于社会现象进行大量的、繁杂的数量分析,因而其对社会现象的描述也是不细致的,结论往往是含糊和不确定的。电子计算机的出现为处理大量数据提供了可能。因而现代城市社会学研究倾向于在定性分析的基础上,运用数理统计的方法对事物进行定量的分析和描述,以揭示社会现象的数量特征、数量关系,进而更深刻地揭示其本质和规律。因此,现代城市社会学研究要求做到定性分析与定量分析相结合。

7.1.2 城市社会学研究方法的基本程序

1) 确定研究目的

研究目的可分为应用性的、理论性的和综合性的 3 种。应用性研究的目的在于解决当前实际的社会问题,为实践提供直接的指导。理论性研究的目的主要是发展学科理论,包括对经验研究的理论概括以及对已有理论的检验、批判或发展。应用性研究和理论性研究的区别不是绝对的,应用性研究中包含着理论概括,理论性研究也会随社会的发展而对现实产生直接作用。此外,有些课题的研究,既有应用效果,又有理论上的发展,应用目的和理论目的相结合,就成了综合性研究。

依据研究目标的不同,研究工作可分为下述一些类型:

第一,描述性研究。主要目标是以科学的语言描述出所研究事物的准确图像,使人们能对该事物形成清晰完整的认识,知道它是什么。

第二,解释性研究。不仅回答是什么,而且更要回答为什么,主要目标是揭示事物变化的因果关系。

第三,预测性研究。主要目标是在描述或解释的基础上,对社会现象或社会问题的未来变化做出推断。

第四,评价性研究。主要目标是比较和评价各种社会现象、社会政策或社会行动,分析其后果与影响,看是否合乎人们的需要和预期目标,是否合乎社会发展的价值标准和客观要求。

第五,对策性研究。主要目标是寻找解决实际问题的具体方案和措施,以应用为目的。在立题的过程中确定自己的研究类型,对研究者明确自己的具体研究对象和研究任务,具有重要的意义。

2) 研究前的准备

研究前的准备,包括理论和实际两个方面。理论准备主要采用查阅文献的方法。一般要求对所研究课题的有关文献,作尽可能全面的考察。其次搜集可引用或可借鉴的各种资料特别是历史性资料,以备研究中参考和使用。理论准备有助于研究者保证其研究在知识发展中的连续性,以助研究者在启发和借鉴中进一步确定自己的研究重点和内容。在针对社会现象的经验研究中,往往仅有理论准备是不够的。还要对所要研究的实际情况有所了解,可通过实地踏勘、个别访谈会等方法进行。

3) 设计研究方案

研究方案是对全部研究行为的规划与指导。无论是观察、实验,还是社会调查,研究之初都需制定完整的方案以保证研究的科学性。研究方案的设计,主要包括以下几方面(见图7.1):

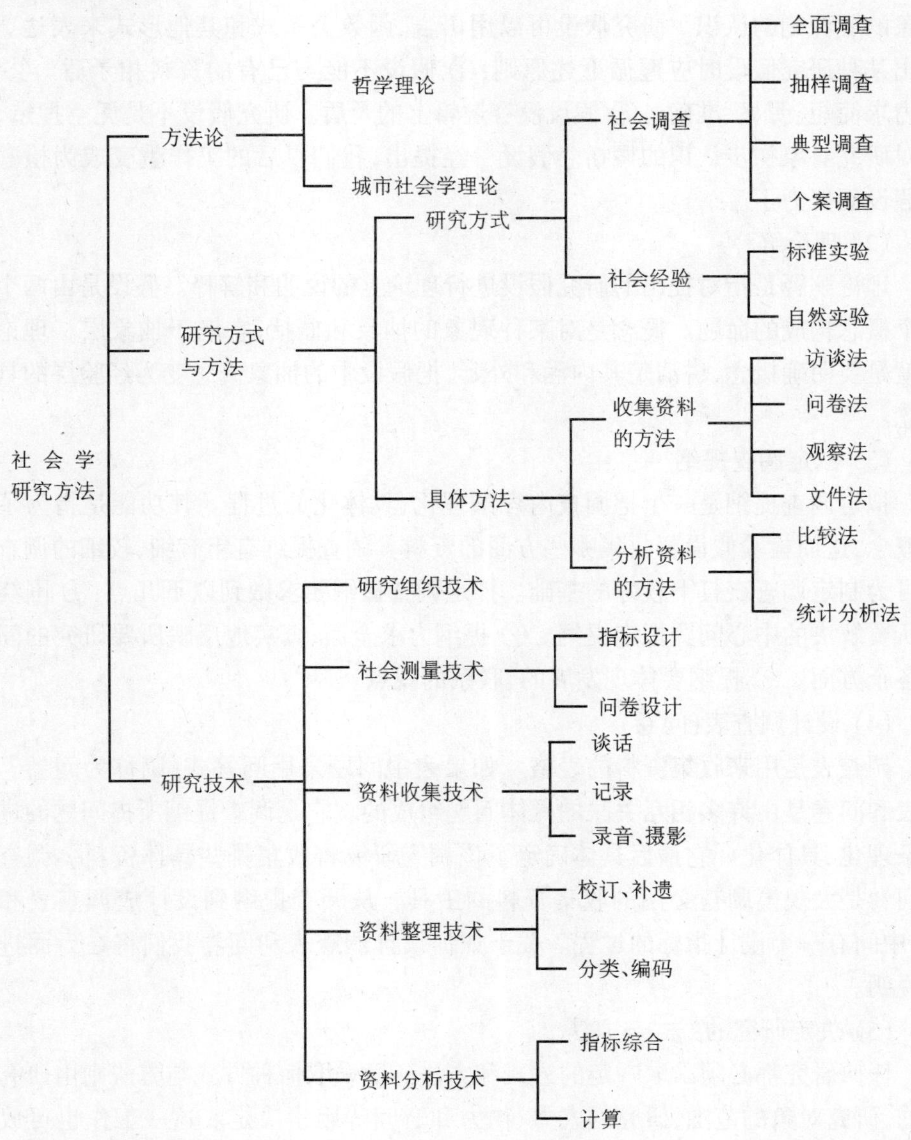

图7.1　研究方案的设计

(1) 提出研究假设

研究假设是建立在对研究对象的局部的、感性认识之上的某种判断。由于这种假设不是对研究对象整体的、本质的认识,所以只是一种理论假说,它有待于通过调查研究来证明。假设有描述性假设、解释性假设、预测性假设三种形式。如果一个假设能够明确地说明社会变量之间的关系,则它就更有价值,因为这是对社会现象的更深刻的认识。研究假设可以用语言、函数关系式和其他形式来表达。在提出某种研究假设时应遵循下述原则:① 假设不能与已有的资料相矛盾。② 假设力求简短、明显、准确。③ 假设没有逻辑上的矛盾。研究假设不是凭空捏造,而是对研究对象初步认识的概括。假设一经提出,我们以后的工作就变成为检验这一假设而努力了。

(2) 理论解释

理论解释是指对提出的研究假设进行理论上的说明和解释。假设是由两个或几个概念构成的命题。概念是对某种现象的抽象和概括,它属于抽象层。理论解释就是要明确概念,讲清楚其内涵和外延,把假设中的抽象概念变为经验层的具体概念。

(3) 拟定调查提纲

拟定调查提纲是一个把调查内容条理化、具体化的过程。其功能是指为了说明概念、进而检验假设要收集哪些方面的资料。调查提纲有粗有细,较细的调查提纲可为制定调查表打下较好的基础。拟定调查提纲要求做到以下几点:① 围绕调查所要解决的中心问题拟定提纲。② 提纲力求全面、真实地反映所要研究的问题的各个方面。③ 提纲要体现发展的、联系的观点。

(4) 设计调查表(问卷)

调查表是用来收集资料的表格。如果表中问题采用问答式,则称为问卷。调查表和问卷是由许多相互关联的具体问题组成的。它是调查提纲所提问题的进一步条理化、具体化。它最后具体确定了该调查研究将收集哪些具体资料。调查表和问卷是大规模调查必用的收集资料的工具。从调查提纲到设计成调查表和问卷,中间有一个设计指标的过程。关于如何设计调查表和问卷我们将在后面进一步说明。

(5) 决定研究的方式与方法

任何研究都必须采取一定的方式和方法。而采取何种方式与方法则由研究的目的,研究对象的范围,研究的人力、物力和时间等因素决定。这一工作也可放在前面进行。

(6) 制定研究的组织计划

较大规模的城市社会学调查研究必须细致、认真地作好调查前的组织工作。这些组织工作包括:① 筹措经费,以备调查研究所必须的各种支出。② 选训调查员。为了使较大规模的调查研究在较短时间内完成,往往需要选用一批调查员。为了尽可能减少由于聘用调查员所带来的误差,必须严格选择和培训合格调查员。入选标准一般考虑性格、工作作风、文化水平、责任心等因素。培训调查员主要包括向调查员讲解调查目的、讲解调查表或问卷内容、讲解调查纪律、进行模拟访问调查等内容。③ 在调查所及的地区和单位宣传该项调查研究的意义,求得有关领导机关和被调查对象的支持,以保证调查研究的顺利进行。④ 合理配备人员、安排好调查研究的进程。

(7) 试验研究

在进行实地调查以前,要在一定范围内对研究对象做一次小规模试验研究,以检验调查表或问卷是否完备、研究计划是否合理可行,并根据发现的问题进一步修订计划。

4) 资料的搜集与分析

(1) 资料的收集

收集资料是调查研究者按照调查提纲、调查表或问卷向被调查者全面收集有关资料的过程,也是双方相互交往、相互影响的过程。交往成功,被调查者可以提供准确的、真实的、全面的资料;否则回答会残缺不全、不真实以至拒绝回答。收集资料的方法有访谈法、问卷法、文件法等多种方式,关于这些方法的较详细内容我们将在下面予以说明。

(2) 资料的整理

通过实地调查收集到的资料是原始资料,必须经过整理才能用来分析研究。原始资料可分为文字资料和数字资料,两种资料的整理应完成下列一些工作:① 文字资料的整理。文字资料包括座谈会的记录、开放式问卷的答案等。整理文字资料时要做以下工作:第一,审查补充。即看资料是否完整、明确,并辨别资料的可靠程度。第二,摘要。即把其精华之处提取出来。第三,归纳分类。即按调查提纲、或依专题等将资料归类。第四,编整加注。即对各类材料统一编排修整,做出初步总结。总之,文字资料整理是一个“去粗取精,去伪存真”的过程,其基本要求是真实、具体、简明、扼要。② 数字资料的整理。现代化调查研究得到的将是大量数字资料。在整理数字资料时要做好以下工作:第一,校订。这一工作包括检查研究对象、所得资料是否有遗漏之处;检查资料有无错填之处;检查度量衡单位是否统一;检查答案之间是否有明显的逻辑错误;判断资料的真实性和可靠性。第二,编码。首先对所有调查表(问卷)编码,再对经过分类排列的问题逐一编码,最后对每一问题的全部选择性答案排列编号。编码也可在设计调查表或问卷时进行。需要较多编码的要搞编码手册。第三,登录。即将数字化了的资料按照顺序,一一登录在登录表上。通过登录不仅资料便于保存,而且便于统计分析。

(3) 资料分析

资料分析一方面是应用统计手段对研究对象(或样本总体)进行数量分析,揭示它们的数量特征,并以此去推论研究总体的各种数量特征。另一方面是运用比较、归纳、推理或统计方法发现各变量之间的内在联系,揭示数量特征和资料本身所反映的意义。

(4) 检验假设

我们的调查研究是从提出研究假设开始的,现在则要用调查得来的资料来验证假设是否成立,将经验资料上升为理论。在体验假设时要客观地从资料出发,而不管假设是否成立都要对调查研究的结果进行解释。

5) 撰写研究报告

撰写研究报告不仅是整个研究过程的最后环节,不仅标志着研究过程的完成,而且也是对研究成果作最后加工的过程。没有研究报告,研究的成果就常常不能以成品的形态出现,其社会价值也往往无法实现。

研究报告一般采用三段式结构,分序论、本论和结论 3 部分。有的研究报告在正文之后还有附录部分,提供重要的研究资料、统计数字和参考文献目录等。

序论部分,最关键的内容是点题和研究方法的介绍。点题即以简洁的语言交代研究的主题和目的,以及研究的理论和实践意义。点题之后,报告中还须对所使用的方法作一介绍。介绍的主要内容是:研究对象的性质和选择方法、选择理由。如典型调查要说明为什么被调查对象是典型。抽样调查要说明采用何种抽样及其根据。其次,介绍研究的主要问题和资料的有效性、准确性、完整性。

本论部分,是对研究成果的全面阐述。本论部分是出观点、出结论的部分,有两种叙述的方法:一是提出论题,列举材料,归纳提出论点;二是提出论题,交待论点,列举材料说明。结论部分,通常是归纳分论点,阐明总论点的部分。应用研究还包括提出对策、建议等。

研究报告撰写完毕,这次研究的全过程就完结了。我们可以把整个研究过程表示为图 7.2。

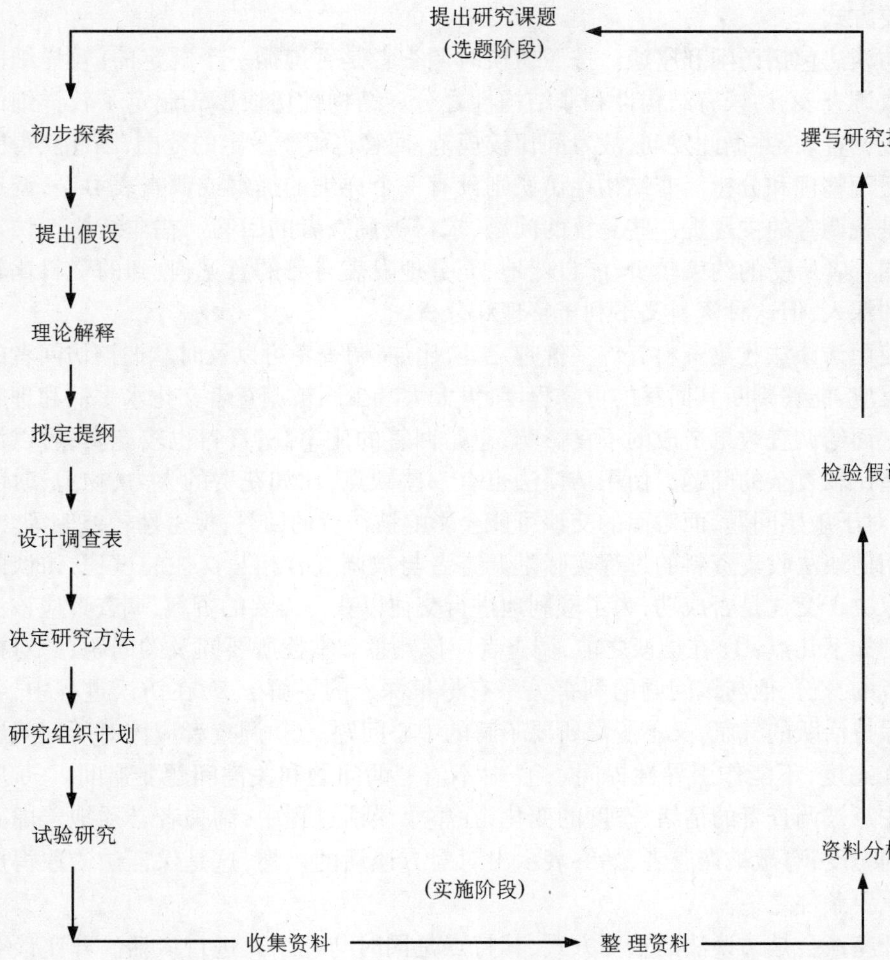

图 7.2 资料搜集与分析的全过程

7.2 城市社会学收集资料的方法

城市社会学收集资料的方法主要有访谈法、问卷法、观察法、文件法等几种,现分别简要介绍如下。

7.2.1 访谈法

访谈法是指调查者和被调查者通过有目的地谈话,收集研究资料的方法。它是城市社会学研究中经常使用的一种方法。访问按双方接触的方式可分为直接访谈和间接访谈两种,直接访谈即面谈,间接访谈则以电话等为媒介。面谈是访谈法的主要方式。

访谈法包括访问和座谈。按照访谈时调查者是否遵循一个既定的、较详细的提纲或调查表,访谈有结构性和非结构性之分。结构性访谈事先制定了较详细的提纲或调查表,并循此发问,故发问比较规范,回答也限于一定的范围,因此获得的资料便于整理和分析。非结构性访谈则没有一个详细的提纲或调查表可循,调查者只是就调查的主题提一些笼统的问题,求得被调查者的回答。在非结构性访谈中被调查者所受的约束较少,能自然地、充分地发表自己的意见,收到的资料比较广泛和深入,但这种资料又不利于整理和分析。

使用访谈法收集资料有许多优越之处,比如,调查者可以及时掌握被访问者的情绪反应,能够判断其回答的可靠程度;可大大减少因被调查者文化水平低和理解能力差而给调查效果造成的不良影响;总是回答的比率高;资料也较充实;可以调查一些比较复杂的问题。使用访谈法也有一些缺点,比如花费的人力、物力、时间较多;对于敏感问题,面对面的交谈可能会影响被访者的回答;保密性较差等等。

用访谈法收集资料的过程实际是调查者与被调查者相互交往的过程,访谈的成败取决于交往是否成功,为了顺利地进行交往以获得需要的资料,调查者应该注意做到如下几点:① 在访谈之前,调查者应该熟悉和掌握所要问及的问题,并对被访问者的身份、他与该问题的利害关系有尽量深入的了解。② 在访谈过程中,要尽量保持活跃的气氛,又不脱离所要了解的中心问题。③ 调查者应该对所问问题持中立态度,不能作引导性提问。④ 对不清楚的问题和关键问题要追问。⑤ 应随时注意被调查者的情绪、态度的变化,在整个谈话过程中,调查者必须抱着虚心求教的态度,尊敬被调查者,始终表示出对对方谈话的兴趣,这是保证访谈取得成功的重要条件之一。

开座谈会是访谈法的重要方式,其特点是同时与几个人进行谈话。开座谈会获得的资料更全面、更准确。如何开好座谈会是一门艺术,至少应该做到如下几点:① 要选择知情者参加座谈会,这些人应具有代表性,并对所要调查的问题有较深入的了解,同时与会者人员不要太多。② 为了使座谈会更成功,最好事先把座谈会所要解决的主要问题告诉与会者,使之有所准备。③ 主持座谈会者应该用与会者易懂的语言发问,座谈会气氛要活跃,最好开成讨论式,而不是一问一答式。④ 要尽量避免和消除与会议主题无关的争论。⑤ 主持座谈会者应始终保持虚心求教的态度,要注意与会者的反应。

总之,使用访谈法成功的关键是取得被调查者的真诚合作。同时,要使用好这一方法,必须会问、会谈、会听。

7.2.2 问卷法

问卷法是通过填写问卷(或调查表)来收集资料的一种方法,也是现代社会调查使用得最多的收集资料的方法之一。因为这种方法是用预先精心设计好的问卷或调查表为媒介收取资料的,使用这种方法不仅可以使调查得来的资料标准化,易于进行定量分析,而且可以节省大量人力、物力和时间,适用于大规模的社会调查。使用问卷法成功与否的关键之一是有否一个好的问卷或调查表。下面就如何设计问卷作一简要介绍。

1) 指标的设计

设计问卷的过程实际上是制定测量社会现象的指标,并把它们按照一定的顺序进行排列的过程。社会测量的尺度可分为4种,即定类尺度、定序尺度、定距尺度和定比尺度。定类尺度只能测量出事物属性的差别,而测量不出它们在大小、程度上的差异,如用性别去测量人,只可以分成男、女两类。定序尺度不但能测量出事物的类别属性,还能测量出它们的等级。顺序上的差别,如社会经济地位可分为上、中、下3个等级。定距尺度高于定序尺度,它除了能测量出事物的类别、顺序方面的属性,还能用数字反映事物在量上的差别,比如用智商去测量人的智力水平。定比尺度是最高层次的测量尺度。它除了具有定距尺度的功能外,还可使不同事物的同一特征的取值构成一个具有意义的比率,因为定比尺度有一个真正有意义的零点,例如年龄就属于定比尺度。

指标反映了社会测量的不同尺度。很明显,对于同一社会现象往往可用不同的尺度来测量。比如家庭经济可以用富裕、一般、贫困这种定序尺度来测量,也可以用家庭月人均收入来测量,而后者是定比尺度。由于较高尺度能更加细致地描述出事物的特征,由此而得到的资料能够被充分地利用,所以,在设计指标测量社会现象时应尽量使用较高级的尺度。当然,这要受研究对象的性质及研究目的的制约。

在城市社会学研究中,指标的制定实际是一个把理论假设中的抽象概念不断具体化,使之变为操作概念的过程。例如,“良好的工作环境”和“工作效率”都是抽象概念,而这种抽象概念是不能被直接测量的。为了达到这一目的,就要把这些抽象概念具体化,直到变为经验层、能够直接测量的操作概念。在这一过程中,应注意使低层次的、具体的概念“隶属”于高层次的、抽象概念,而不能超出它的范围,否则,制定的指标就不能反映抽象概念,也就无从检验理论假设。当然,并非问卷中设立的所有指标都“隶属于”理论假设中的抽象概念,但是有一点必须明确:所有指标都应该或者直接、或者间接地与理论假设有关。

在用指标去量度社会现象的时候,有一个该指标能否稳定地去测量事物和能否有效地反映客观事物的问题。前者是指标的信度、即可靠性问题,后者是指标的效度、即有效性问题。一个好的指标应该是信度与效度、或可靠性与有效性的统一,它不但能够稳定地、不是模棱两可地量度社会现象,而且能够真正客观地反映社会现象的特征。要制定出好的指标,就要求对所要测量的社会现象有一个比较深刻的认识,把握它的本质特征。另外,要对指标进行筛选,挑选那些合适的指标。筛选指标的方法有两种,一种是用统计方法进行筛选,一种是用经验方法进行筛选。在用经验方法进行筛选的时候,先制定出一些指标,然后请一些专家或熟悉情况者对之进行评价,评判它们是否合格,而评价较高者可以录用。

2) 问卷的类型

问卷可分为封闭式和开放式两种。封闭式问卷是把所要了解的问题及其答案全部列出的问卷形式,调查时只需被调查者从已给答案中选择某种答案。如果只提出问题,不给出答案,就是开放式问卷。

在城市社会学调查研究中,封闭式问卷得到了广泛的运用。这主要在于:① 封闭式问卷使各种答案标准化了,这便于进行统计。② 这种答案可以进行事先编码,给资料的整理带来了很大方便。③ 面对着已给出的答案,被调查者回答“不知道”者肯定很少。④ 由于对答案作了简要的规定,被调查者只是选择或排列已有的答案,这就减少了许多不相干的回答。当然,要设计好一个封闭式问卷,则要求研究者对所研究的对象有一定的了解,只有这样,提出的问题、列出的答案才是合乎实际的。

开放式问卷也有其优点。首先,可以利用开放式问卷去征求被调查者对某些复杂问题或研究者尚不明白有多少答案的问题的意见;再者,由于没有固定答案的约束,被调查者可以自由而详尽地陈述自己的观点。显而易见,使用开放式问卷收集到的资料是不规范的,也难以整理;有些人可能会答非所问;对一些比较复杂的问题,思考和回答可能要占用较多的时间,这可能会引起被调查者的不快,以致拒绝回答。

3) 问卷的内容及其格式

问卷的内容一般包括2个方面:① 被调查对象的基本资料,如个人的性别、年龄、职业、文化程度等。这些资料用于说明被调查对象的基本特征。② 被调查对象的态度和行为。对于调查者来说,往往希望获得大量的有关被调查对象的资料,甚至有些人抱着“宁可取得的资料不用,也不要使可能用到的资料不够”的观点去设计问卷,以致把问卷设计得相当“臃肿”。实际上,资料不足固然不能说清楚某些问题,但资料过多也是对人力、物力的浪费。所以,问卷所包含内容的量要适当,过多和缺乏都不足取。

问卷一般采取这样的格式。问卷开头是一个简短的说明书。它要说明为什么搞这项调查,为什么被调查者要回答该问卷中的问题,被调查者用什么方式回答这些问题;同时调查者要承担对于资料的保密义务。总之,说明书的目的是要消除对方顾虑,取得对方的真诚合作。接下来是问卷的具体内容,首先了解被调查者的基本资料,然后再了解他对某些问题的态度和行为。在调查内容的排列上要遵循两个原则:第一,先易后难,先一般后敏感,先封闭后开放。就是说,把容易回答的问题放在前面,把敏感的问题放在后面;前面是封闭性问题,后面是开放性问题。第二,调查内容的排列要有逻辑性和顺序性。

对于封闭式问卷来说,其答案的排列方式有列式排列和行式排列两种。列式排列卷面整齐,易于被调查者选择自己的答案;行式排列则节约纸张,不致使问卷显得太"臃肿"。一般社会调查常常使用列式排列,当所要调查的问题较多时,也可用行式排列。不管是列式排列还是行式排列,问题及其答案都要放在问卷的左侧,而在右端留一统计空格,用以登录被调查者对该问题回答的代号,以便于对全部结果的统计。封闭式问卷的最后可设几个开放性问题,请被调查者就某些问题自由发表意见,以缓和被调查者由于拘于封闭式问卷的填写而造成的"心理压力"。

4) 态度量表

城市社会学研究往往要涉及人们对某一事物的态度,在对社会讨论进行研究时尤其如此。如果整个问卷都围绕着对某个问题的态度展开,该问卷可称态度量表。就是在其他问卷中,也是时常出现一些测量人们对某一事物的态度的问题。

测量人们对某一问题的态度可以用多种尺度。比如,可以用定类尺度,测量出被调查者对某问题的赞成或反对,满意或不满,也可以用定序尺度测量出他对这一问题赞成或反对的程度。显然,用定序尺度能更细致地反映问题,在测量人们的态度时用得最多的是赖克特量表,它用 5 个等级来反映人们对某一问题的态度。赖克特态度量表的制作方法是先选择一些能较好反映人们态度的语句,然后按照一定顺序进行排列。

选择语句是制作态度量表的最重要的工作。在选择语句时要做这样一些工作:① 围绕研究的主题搜集有关项目,以赞成或反对的方式叙述,形成一些判断语句。一般说来,要搜集、设计 20 条以上判断语句。② 按 5 个等级(很赞成、比较赞成、中立、不太赞成、很不赞成,或者很满意、比较满意、无所谓、不太满意、很不满意等)表示态度的异同程度,然后请 20 人左右就每一语句的内容陈述自己的意见。③ 对每一语句,很赞成者打 5 分,比较赞成打 4 分,中立打 3 分,不太赞成打 2 分,很不赞成打 1 分。将某人对所有项目的得分相加,即为其态度分数。在这种情况下,总分愈高,态度愈趋向于赞同。当然也可以反过来打分。④ 根据每一语句的辨别力(灵敏度)将辨别力弱者去掉,剩下的即可正式录用,组成量表。而要删除辨别力弱者,就要在知道被试者各自得分的基础上,将他们按照得分多少平均分为 4

组,并计算各组在每一语句上的平均得分,比较最高分组与最低分组在每一语句上的平均得分,将差异最小者(即最不灵敏者)删掉。

态度量表一般将语句按列式排列。在用多个语句对某一问题的态度进行测量,而且在这些语句比较集中的情况下,态度量表的右端就构成了一个反映人们态度的表格,被调查者可以对任何一个语句表示自己的态度,并用一定方式表示出来。比如,可以在相应空格内打对号,然后由研究者转换为分数,也可以按照事先规定在相应空格内直接填分数。

5) 设计问卷要注意的问题

在设计问卷或制定态度量表时,为了使之更科学,更能有效地测量社会现象,还要注意以下几点:问题不宜太多,问卷不宜太长,以免造成被调查者的厌烦心理(当然这要视调查问题的性质而定);修辞要简明,通俗易懂,概念要准确;卷面要整洁,层次要分明;不要作引导性、胁迫性提问;为了测验被调查者回答的可信程度,可以有意反向地排列某些问题,或者从正反两个方面提出同一个问题。另外,为了使问卷中的提法更加明确、具体,为了使各调查者对同一问题有一个相同的理解,并做出符合自己情况的回答,可以在问卷之后附上对某些指标的解释,这也有益于"统一口径"。

6) 问卷的使用方法

使用问卷进行调查可采取不同的形式。可以用邮寄法进行问卷调查。其方式是将问卷寄给被调查者,被调查者填完问卷后再寄回。使用邮寄法可以大大节省经费开支,也可以进行大规模、大区域的调查。由于研究者同被调查者不直接见面,这就使被调查者有可能说出与调查内容有关的个人隐秘;然而这种方式又有一些缺陷,比如回收率较低;当被调查者对问卷理解不深透时,资料的精确性就差一些,甚至在某些情况下,会出现别人代填的情况。

在很多情况下,被调查者填写问卷时调查员在场,这样虽然会费一些人力,但调查员可以随时解释被调查者提出的疑难问题,这也就能够使资料更加精确。同时,调查员在场可掌握、控制环境,使被调查者免受他人和外界的影响。

问卷法是现代城市社会学调查研究中使用得最多的一种方法,因为它有许多优点。但是这种方法也不是尽善尽美的,如用问卷法取得的资料往往不太深入、不太细致,用它往往不能了解复杂问题和事情的来龙去脉;另外,对于不识字或文化程度较低者,使用问卷可能会遇到一些困难。因此,如果把访谈法与问卷法结合起来使用,调查研究可能会收到更好的效果。

7.2.3 社会观察法

社会观察法,即研究者深入事件现场并在自然状态下通过自身感官直接搜集有关资料的方法。所谓事件现场,即社会现象发生发展的现实环境。研究者深入事件现场,就能对正在进行着的现象不定期过程作直接的了解。因此观察法特别适于搜集正在发生的社会现象。毛泽东的《湖南农民运动考察报告》同样是经过研究者本人的实地观察和调查后做出的科学研究报告。许多人类学家在研究人类文化现象时,为了保证文化现象的原始性、自然性,也都以观察法为主。

7.2.4 社会实验法

社会实验法,可以说是观察法的进一步发展。是迄今为止最严密、最科学的经验研究法。它是把研究对象置于人为设计的条件控制中进行观察和比较的研究方法。和观察法相同的是,实验研究者也靠自己的感受去搜集对象的信息。但是,实验法又和观察法有根本的不同。首先,实验的观察不再是自然状态下的观察,而是在人工环境中,在人为控制中进行的观察;其次,自然观察的内容是难以重复的,而实验的内容却可以不断反复。

实验法的基本模式是设置一个人为控制的实验环境,使某种待研究现象得以发生,然后将实验对象分成若干实验组和控制组,并置于同样的实验环境中,再对实验组进行有控制的实验变量的刺激,观察其变化与结果,并与对控制组的观察相对照,从中获得各种观察比较的资料。由此可见,实验法在运用观察时也和观察法不同,是比较复杂的观察过程,包括实验前的观察和实验后的观察,对实验组的观察和对控制组的观察。实验法的运用有两种基本形式即实验室实验和现场实验。实验室实验是最严格最正统的实验方法,要求实验必须置于严格控制的人工环境下即实验室进程的各种条件,标准程度高,实验误差小。但是由于社会现象是极其复杂的,许多社会因素不可能在实验室中得到控制,因此实验室实验在社会研究中受到很大限制,通常只用于研究一些行为心理方面的社会现象。社会调查中常用的实验方法是现场实验,即把实验放到现实的社会环境中去进行,研究者只对部分条件或社会因素加以控制。总的来看,实验法有不同于其他方法的两大优点:一是它能通过人为控制促使待研究现象发生,从而使实验者能不受自然条件的限制去研究一些自然观察无法涉及的社会现象与过程;二是它被公认为社会研究中确定因果关系的良好方法,通过对条件的控制和比较观察,各因素之间的因果影响能比较清晰地被揭示出来。但是,实验法在研究社会现象时也有自身局限:其一是有许多社会情境难以人为形成,特别是宏观的社会现象与过程,使实验法无用武之地;其二是实验人员和实验对象之间不可避免地会产生主观影响,从而干扰实验结果,造成实验误差。

7.3 社会调查方法

在进行社会调查时,研究者在实地考察社会现象,往往以上述访谈、问卷等作为搜集资料的基本手段。社会调查是采取客观态度、运用科学方法、有步骤地去考察社会现象、搜集资料并分析各种因素之间的相互关系,以掌握社会实际情况的过程。在这里,所谓客观态度是指不依个人好恶去收集和对待资料,如实地了解被研究对象的状况。所谓科学方法是指客观反映被研究对象的状况。这种科学方法本身内部有一定的逻辑结构;它对所有正常的研究者来说都具有同等效力;对社会现象有正确的分类,对其因果关系有正确的观察。借助于这种方法以及研究者的创造性思维可以揭示社会运动的规律。

根据被研究对象所包括的范围、特点的不同,社会调查可分为全面调查、抽样调查、典型调查和案例调查等。

7.3.1 全面调查

全面调查也叫普查,它是对被研究对象所包括的全部单位无一遗漏地加以调查,以掌握被研究对象的总体状况的过程。例如人口普查、干部队伍状况普查等等都属此列。全面调查的范围有大有小,但一般是指在较大范围内进行的此类调查。全面调查所要了解的是某一社会现象在某一时点上的具体状况,例如,我国 2000 年的人口普查标准时间是 9 月 30 日零点。这一普查得到的资料是 9 月 30 日零点全国人口的基本状况。由于全面调查所涉及的调查范围大、调查对象多、工作量大、时间性强等特点,这就要求在此类调查时动用较多人力、物力,花费较多时间。这样全面调查的计划组织和实施就要完成大量的、纷繁复杂的工作,也正因此,全面调查并不时常进行。

进行全面调查应该遵循以下几个原则:① 必须统一规定调查资料所属的标准时间,以避免遗漏和重复。② 调查(尤其是资料的收集)应在尽可能短的时间内完成,以提高资料的准确程度和便于下面工作的进行。③ 调查项目是要搜集本范围内最重要、最基础的资料,项目不宜太多,定义浅显明确。项目一经规定,不能任意增删改变。

原则上全面调查可选任意时点为标准时间,但为了使资料更准确,标准时间最好选在被研究的社会现象相对稳定的时间。为了使历次全面调查的资料具有可比性,以测知社会现象的发展趋势,全面调查多数按一定的周期进行。如果美国人口普查是每十年进行一次。我国人口普查今后也将每十年举行一次,并在每两次普查之间举行一次 1/100 次的 1/100 人口状况抽样调查。

7.3.2 抽样调查

抽样调查是非全面调查的一种,是从研究总体中按照一定的方法挑选部分对象进行调查,并企图用样本资料来说明或代表被研究现象的总体情况的方法。

所谓总体,指所要研究的社会现象的所有单位,而选取的部分单位则构成样本。组成总体的各个单位称为总体单位,组成样本的每一单位称为样本单位。当所要研究的总体单位很多、不可能或不需要对所有总体单位进行调查的时候,往往使用抽样调查。

抽样调查的本质特点是以部分来说明或代表总体。这样,所抽取的样本是否具有代表性就成为抽样调查的一个关键,样本对于总体的代表程度大,通过对样本调查而获取的资料就能较好地说明和代表总体特征,反之总体特征就得不到比较切合实际的说明。样本单位的选取与采用何种抽样方法有关,抽样方法可分为随机抽样和非随机抽样两大类。

随机抽样的理论基础是概率论和大数定律。它们保证了每一个被研究的总体单位都有同样的机会被抽取到,这也就保证了在总体中某种特征的单位多,在样本中这类单位也多,而当样本容量达到一定程度(即比较多)的时候,样本的特征就较好地代表了总体的特征。常用的随机抽样有简单随机抽样、系统抽样、类型抽样、整群抽样等几种形式。

1) 简单随机抽样调查

所谓随机,是根据机会或者机遇的意思。随机抽样,即被选取的样本是基于纯粹的机遇,每个待选的单位都有同等的机会而不论其本身有何特点。各待选单位,彼此互不干扰,其选中的可能性是各自独立的。因此简单随机抽样也叫纯随机抽样,是一种对总体单位不作任何人为的分组、排列,全凭偶然的机会抽取样本单位的方法。这种方法完全遵循同等可能性原则。简单随机抽样可以借助于抽签法或随机号码表进行。施行简单随机抽样的步骤是:

第一步,取得抽样框架,即取得所有被研究对象(即总体单位)的名单。

第二步,给总体单位编号,每一个总体单位都用一个号码代表。

第三步,利用随机号码表或直接抽取样本。

随机号码表(见附表)是用随机原则建造的号码表,利用它我们可以随机地得到所要抽取的样本。比如我们要在 15 000 名学生中抽取 100 名进行某一问题的调查。在给 15 000 名学生逐一编号(如从 00001 ~ 15000)后,我们就可以在随机号码表上任一行或任一列(由自己确定)找到第一个五位数,然后向某一方向(向上、向下、向左、向右由自己定)依次取得一批五位数。在这些五位数中,凡是落在 00001 ~ 15000 这个区间内的算被抽中号码,否则舍去,重复被抽中的舍去,直到抽够 100

个五位数为止，这 100 个五位数所代表的学生就是我们所要直接抽样的对象。

这种抽样方法较适用于总体单位之间差异较小的情况。当总体单位数目太大时，由于编码的困难，简单随机抽样就不太适宜了。

2）系统抽样调查

系统抽样也叫机械抽样或等距抽样。这种抽样方式要求先将总体单位按照某一特征排列起来，然后等间隔地依次抽取样本单位。

在对总体单位进行排列的时候，可以按照与研究主题有关的特征，也可以按照无关特征进行。例如研究学生的学习状况，可将学生按姓氏笔画排队，这是按无关特征排队，如果按某次考试成绩排队就是按有关特征排队了。在这两种排列方式中，按有关特征排队然后等距抽取的样本更具代表性，因为这时样本总体中包括了各种不同水平的代表者。在按无关特征排队进行抽样时，要防止出现抽样间隔(或称抽样距离)与现象本身的周期相重合的现象。例如我们要了解某工厂工人的状况，如果工人花名册是按班组排列的，且每班组人数又相等(比如都是每组 10 人)，班组长排在第一位，如果抽样间隔也是 10 人，即每十人抽一人，第一人又抽中班组长，那么最后样本就不是一般工人的代表，而只是班组长的代表。至于抽样间隔，它与总体单位的数目、样本大小有关，它是两者相除所得的商。另外，在按有关特征排队进行系统抽样的时候，所抽取的第一个单位在该抽样间隔中不应是最前头的或最后边的，而应抽居中的一个，这样样本的代表性会更好。系统抽样所得样本往往比简单随机抽样更具代表性。这种方式也不适于总体单位太大的情况。

3）类型抽样调查

类型抽样也叫分层抽样或分类抽样。这一方法是先把总体单位按某一特征分类，然后再在各类中随机抽取样本单位。例如，要了解某一人群对某一事物的态度，就可先把这些人按年龄(或性别、职业等)分成若干组，然后按某种要求在各组中随机抽一定的人数组成样本。这样得到的样本既照顾到了不同类型的人群，又遵守了随机原则，因而具有较好的代表性。实际上，类型抽样是科学分组与随机原则的结合。类型抽样有等比抽样和不等比抽样之分。等比抽样是指在各类之中按照相同的比例抽取样本，这样得到的样本实际上是总体按照某一比例的缩小。但有时，各类总数差别很大，按同一比例抽样，从小类中抽取的样本容量很小，不便于进行统计分析。为了解决这一矛盾，往往在小类中按较大比例抽样，这就是不等比抽样。类型抽样是一种较好的抽样方法，它尤其适用于总体单位数目多、各单位之间相差悬殊的情况。在使用这种抽样方法时要求事先对所要研究的总体有一定的了解，以进行科学的分类，要知道各类单位数，而在分类时不宜把类分得太杂太多。

4）整群抽样调查

整群抽样是从总体中成群成组地抽取调查单位的方法，它以群或组作为抽样单位,并对抽中群或组的所有单位全部进行调查。在进行整群抽样时,首先要收取所有被调查单位的名单,然后把总体分成大小相同的若干组或群,组成抽样框架,然后进行抽样。在分组时,一般规模不宜太大,而且总体各单位之间的差异程度越大,群或组的规模应该越小。整群抽样的可靠程度,取决于各群组间平均数变异程度的大小,变异程度越小,抽样结果越精确。整群抽样的优点是抽样的组织工作比较方便。但由于调查单位只能集中在若干被抽中的群组中,而不能均匀地分布在总体之中,因此,用样本推论总体的准确性差一些。整群抽样往往用于不适宜采用单个抽取总体单位的情况。

5) 多段抽样调查

把抽取样本单位的过程分为两个或几个阶段来进行,即为多段抽样。在多段抽样时,往往是将上述几种抽样方式结合起来使用。比如,可以先进行类型抽样,然后进行系统抽样,再进行简单随机抽样。在进行多段抽样时,前面几个阶段都是过渡性的,最后一个阶段才能确定抽取的调查单位。多段抽样的优点是抽取样本时比较方便,尤其是适用于规模较大,总体内容情况比较复杂的情况。其缺点是抽样过程复杂,用样本推论总体时比较麻烦。

6) 样本数的确定

在实际调查研究中,采用何种抽样方式,要根据调查的目的、要求、现有条件而定。在实际调查中一个重要的问题是科学地确定抽样数目,即样本容量问题。因为抽取的样本数目过多,会造成人力、物力和财力的浪费;如果抽取的样本数目过少,则会使样本失去应有的代表性,影响调查的结果。

必要的抽样数目与以下几个因素有关:

第一,总体单位某一标志变异的程度,即 σ^2 或 $(1-p)$ 的大小。各单位之间在被研究的特征方面差异越大(即 σ^2 越大),所要抽取的样本 n 数目也就越大。

第二,样本的某一特征的平均数与总体的特征的平均数会有一定误差,该误差可称之为允许误差(记为 Δ),允许误差 Δ 越大,抽样数目 n 越小。

第三,在由样本指标值推断总体指标值的时候,所要求的把握程度即概率度 (t) 越大,则抽样数目 n 越大。

第四,不同的抽样方法,影响抽样数目的大小。在同样条件下,重复抽样所需抽样数目比不重复抽样要求更小一些。

由于不重复抽样条件下确定样本数目的公式相对繁一些,故在实际工作中往往采取简单随机重复抽样的样本估计公式来确定必要的抽样数目,其公式为:

$$n=\frac{t^2\cdot\sigma^2}{\Delta^2}$$

由此可见,当 t、σ^2 和 Δ 三个因素确定之后,必要的抽样数目也就确定了。

应该指出的是,在实际工作过程中,人们实际抽取的样本总数往往要比由样本估计公式计算得到的数目略大一些,其目的是预防在实际调查过程中得不到某些样本单位的可靠、完备资料的特殊情况,以资弥补。

7.3.3 案例调查

任何一种现象,如果用来当作研究单位或中心对象都可以称为案例。案例可以是一个人、一个家庭、一个组织甚至一件事情。案例调查是选择某一社会现象为研究单位,收集与它有关的一切资料,详细地描述和分析它产生与发展的过程、描述和分析它的内在与外在因素之间的相互关系,并把它同类似的案例相比较得出结论的过程。

案例调查,一般采用参与观察法,即研究者同被研究者生活在一起,收取有关的所有资料。案例调查的资料来源主要有被研究对象自己的记录(如日记、传记以及其他有关实物等)、别人对他(它)的记录、与被研究者谈话和对被研究者的观察等。这基本上是一种定性的研究方法。

由于采用这种研究方式往往用参与观察法,所以得到的资料比较详尽,因而能够具体而深入地把握该案例的全貌。另外,调查时间有一定弹性,研究者可采取的方法也比较多样。案例调查也有一些不足之处,主要是它的代表性差。由于每个案例有许多特殊之点,所以推论意义较差,如果考虑不到这些特殊性,就会犯"以偏概全"的错误。另外,这种调查所需的时间较多。

案例调查是一种行之有效的研究方式,也是比较难以掌握的研究方法,它要求研究者具有较广博的学识、较丰富的经验、敏锐的观察力、敏捷的思维力和较强的应变能力等。

7.3.4 典型调查

典型调查是在对所要研究的对象进行了普查、抽查、案例调查并有了初步了解的基础上,有计划、有目的地选择若干有代表性的典型单位进行周密系统的调查研究方式。这种调查研究方式在一定程度上有推论意义,即可以通过对典型的了解而推知面上的情况。它侧重对于事物的质的方面的研究。

典型调查的一个重要环节是选点,即选择什么样的事物作为典型。一般说来,人们对典型的理解有两种,一是认为在同类事物中发展最充分、某种特点最突出的事物,如先进典型是指最先进的集体或个人。这种典型反映了该类事物变动的方向和发展水平,但对发展水平的代表性又不太强。另一种理解是突出典型的代表性,它更多地着眼于该类事物的发展水平、代表的普遍意义,而对其变动方向的反映则缺乏一些。如果从典型应具有较强的代表性这一考虑出发,在选择典型时就应该既要注意该事物的代表性,又要注意到各事物发展的不平衡。典型应选在某类事物中最有代表性的点上,但又不能只选一个点去反映所有同类事物的状况。如果能在同类事物中选择几个发展水平不同的点作为典型的局限性或条件性,就能明了这些典型在哪些方面、在什么情况下才是典型,而不能盲目地推论。

典型调查像个案调查一样,能够全面而细致地了解事物的状况,进而揭示出事物的本质,同时又具有一定的代表性,故不失为一种好的调查方法。当然,这种调查研究方式又有一些不足。首先,典型的选择容易受到主观因素的干扰;另外,典型调查定性分析较多,定量分析较少,不能较好地从量的角度说明问题。因此,如果能把抽样调查与典型调查结合起来,就会取得更加丰富的成果。

7.4 社会调查资料的整理

社会调查资料的整理包括文献资料整理,访谈、问卷和观察资料整理。

7.4.1 文献资料的整理

文献资料整理是从记载各种信息的文献中分析出具有原初性质的研究资料的方法。文献一般是指各种文字材料,包括出版物和非出版物,有时则泛指一切文字的和视听的(非文字的)材料。文献资料整理的重要优点在于它能提供关于历史现象的资料,以及那些研究者限于条件而无法通过直接观察、实验或调查去搜集到的资料。文献资料整理的关键是在于找出真正能够用作经验研究基础的原初性质的事实资料。所谓原初性质的事实资料是指未经思维加工的,被直接记载在文献中的反映事物原貌的种种材料,如对事物的直接的观察描述,交谈的原始记录,社会统计的初始数据等。由于文献是人们获得各种间接知识和资料的主要来源,因此文献资料整理被广泛地运用于各种研究之中,它既可作为研究的主要方法,又可作为研究的辅助方法。

文献资料整理一般分为两步:第一步是文献搜索,搜集各种可能记载有用资料的文献。搜集文献首先要着重搜集原始文献,原始文献有 3 种:① 以记载原初资料为主的文献,如第一手的调查报告、统计报告、原始档案等。② 是首本文献,即最早论及某种研究内容的文献。③ 是原本文献,即某种资料的本来的最初的记载处。第二步是对文献作内容分析。内容分析是从文献中挖掘材料的过程。必须注意分析文献中哪些是反映客观事实的资料,哪些只是作者个人的观点和评论,哪些是经过作者思维加工的事实资料,哪些是原初性质的事实资料。有时,内容分析还包括对文献背景和作者情况的分析,以便进一步对文献的资料性质做出判断。

在文献资料整理的整个过程中,资料的采集主要通过阅读、摘录、笔记、复印和统计等技术完成。

7.4.2 访谈、问卷与观察资料的整理

在进行社会调查时,研究者在实地考察社会现象,往往以访谈、问卷为搜集资料的基本手段。此外观察法也是一种常用的方法。

(1) 访谈法主要通过两种形式进行。一种是个别访谈法,研究者每次访谈的对象只限于一人,其优点是访谈易于深入,不受外界影响,但资料搜集过程较繁琐;另一种是集体访谈法,即开调查会的方法,研究者一次访谈的对象可有若干人以至十几人,优点是资料搜集过程比较方便,被访者之间提供资料时会相互启发、相互补充,使资料比较全面;其局限是某些共同敏感的问题较难了解,并且可能会出现“从众”现象。

(2) 问卷法要求研究者运用专门的调查工具——问卷,进行书面征询意见以搜集资料。所谓问卷,是一种为了搜集一定资料而专门编制的问题表,用于征询他人意见并记录对问题的回答。问卷调查中使用的有两种基本方式:一种是用于访谈之中,由访问员填写答案;另一种是通过邮寄、派发或其他方式把问卷送到被调查者手中,由于他们自己填写答卷回收率不可能达到100%,因此在邮寄或派发问卷时,分发数量必须按一定比例超过研究所需数量,其计算方式是:

$$分发数=\frac{所需数}{估计回收率\times估计有效率}$$

(3) 观察法,即研究者深入事件现场并在自然状态下通过自身感官直接搜集有关资料的方法。所谓事件现场,即社会现象发生发展的现实环境。观察法特别适用于搜集正在发生的社会现象的资料。

观察法搜集资料的主要手段是调查者自身的感官。首先是视觉感官,它能使研究者获得有关社会现象的可靠的真实材料,特别是各种非言语性信息;其次是听觉和其他器官。听主要采用旁听或倾听的方式。

观察法的基本要求是:观察应在事件发生的自然过程中进行,观察者不对事件的自然状态施加任何影响或干预。自然状态下的观察,有两种基本方式:一种是参与观察,它要求观察者投身事件之中,成为所研究对象的一份子、一个参与者,从“内部”进行观察;另一种是非参与观察,它要求观察者以局外人、旁观者的身份进行“外部”的观察。

观察法的主要优点有:第一,特别适用于搜集各种非言语性信息,常被用于行为和过程的研究。第二,由于观察法要求尽量排除人为因素对所观察对象的自然过程干扰,因此搜集的资料能较符合实际情况。第三,运用条件最简便灵活,能对同一对象进行持续的观察,从而有利于深入地、历史地了解对象。

访谈、问卷与观察资料整理就是根据上述调查方法、原则，剔除不符合要求的部分，然后进行分类整理。

7.4.3　资料分析方法

要想从收集到的资料中得出科学的结论，必须对资料进行分析。分析是从原始资料和整理过的资料进到结论的桥梁。实际上，在城市社会学研究过程中常常需要把定性分析与定量分析结合起来对资料进行综合分析。

1）*定性分析的方法*

定性分析的方法是人们运用各种逻辑方法通过思维发现知识的基本方法。基本的逻辑方法有：① 抽象概括的方法，即把大量感性认识浓缩成少量的理性知识。② 分解与综合的方法，即把事物的整体分解成部分或把分散的、独立的部分联结成整体。③ 其他方法，如定义的方法、分类的方法、揭示因果联系的方法，类比推理方法、归纳推理方法和演绎推理方法等。

在城市社会学研究中，在掌握上述逻辑方法的基础上，还可以运用其他一些定性分析的方法。例如：① 矛盾分析法。即运用辩证法原理分析事物中对立统一关系的方法，要求从事物的同一性中发现内在的对立、差异、冲突和相互转化等关系，因为正是事物内部的这些关系，决定了事物的本质和变化。② 社会因素分析法。要求根据社会是一个系统整体，内部各因素存在着普遍的相互作用的观点，探寻资料中反映的社会因素以及它们在事物变化发展中的相互作用和相互关系。③ 历史分析法。即从事物的起源和发展历史来分析它现在的情形和变化，以及从其过去和现在来分析它的将来的方法。任何事物都有一定的发展规律，通过历史的回溯，就有可能从杂乱无章的资料中理出事物的发展规律，认清它的存在和变化。④ 对比分析法。即根据两个或两类事物之间的相异点和相同点的比较，认识事物之间的关系，或用一种社会现象说明另一种社会现象。黑格尔曾指出，对比分析的重点，“是要能看出异中之同，或同中之异”。也就是说，对比分析要能从现象深入本质，从现象中的异找出本质上的同，或从现象中的同找出本质上的异。对比分析在城市社会学研究中具有重要作用，许多社会现象都可用对比的方法去认识。对比分析和历史分析结合起来，又可形成更复杂的历史—比较分析法。⑤ 功能分析法。即把所要认识的现象或事物放到一个更大的系统结构中进行考察，分析其与该系统整体以及系统结构中其他成分之间功能关系的方法，以功能的存在和变化说明现象或事物的存在和变化。社会是一个超复杂的功能系统，有维持结构存在和运行的需要。这一需要规定了社会系统中的各成分之间的“需要支持”关系即功能关系，同时也就规定了一定的社会现象或事物的发生、发展和变化，都与它和系统整体以及其他成分之间的功能关系的状况有关：它对系统结构的需要有正向的支持作用,就能存在和发展;反之,不是它自身变化,就是引起系统结构的变化。⑥ 行为心理分析法。即把一切社会现象与社会的主体联系起来,从主体的行为以及决定行为的心理因素如动机、性格、价值观念等方面分析和认识现象的方法。应该指出,行为心理的分析,不能说是对社会现象的终极说明。

2) *定量分析方法*

在城市社会学研究中,常常运用定性分析与定量分析相结合的方法。定性方法着重做出对事物"质"的方面的认识,是运用文字概念与科学逻辑处理和加工资料的认识方法;定量分析是着重说明事物"量"的方法,是运用数字和数学手段处理和加工资料的认识方法。在定量分析中会遇到各种数据的分析。

城市社会学研究中的定量分析方法以统计学的方法为基础。因为城市社会学所研究的社会现象,大多属于随机现象,而统计学就是研究随机现象背后的统计规律的科学。统计学方法通过对大量反映个别变化的资料的统计分析,使个别特征弱化,共同特征显现,从杂乱无章中找出一定的秩序和趋势。

统计分析离不开社会指标这一测量社会现象特征变动的工具。社会指标由指标名称和指标数值两部分构成。指标名称规定了测量的内容和对象,指标数值则是测量结果的数字记量。大量统计资料都是由指标数值构成的。统计分析包括统计描述、统计解释和统计预测。统计描述是直接处理原始资料的过程,它主要是把原始资料加以整理和简化,通过计算,用一系列集合性的数字说明资料中所反映现象的整体性质与特征。如描述调查的个案总数,各种特征上的数量分布,所测量现象的各种整体水平的数值或某一特征上的连续变动值等。统计解释可采取多种形式,一般采用双变量的相关分析方法,它的分析目标主要说明两个变量之间是否存在着相关关系以及两者关系的强度。统计预测是在通过调查能够确知变量之间关系或通过统计解释能够测算变量之间的关系后,运用一定的统计技术从已知的统计值推测出未来的测量值。统计预测最常用的技术是回归分析,它同时也是统计解释中建立因果模型的技术。

统计分析除了掌握基本的运算技术外,还须掌握利用图表展示统计结果的方法。统计图像,包括统计图形与统计表,它们能形象和直观地展示数字结果,揭示不同变量之间的相互关系及发展趋势。

3) *数据处理与表达方法*

城市社会学统计分析可分为描述性分析和说明性(解释性)分析。如果社会统计分析的目的在于陈述被调查对象的特征,揭示事物内部的联系,则属于描述性分析。如果社会统计分析所要解决的不但是指出调查对象的特征,还要指出现象内部的联系以及何以存在这些特征与联系则属于说明性分析。这就涉及到调查数据的处理与表达。例如,通过抽样调查得到的资料要运用推论分析以从部分推知全体。

社会测量的尺度不同,统计分析的方法也不相同。因此,采取何种统计分析方法还与社会测量的尺度有关,即资料是通过哪种尺度的测量得到的。比如,通过对社会现象的定类尺度的测量所获取的资料,其分析方法就粗糙、简单一些,而使用定比尺度的测量所获取的资料就能使用更高级的统计分析方法。下面,让我们对通常进行的数据处理与表达方法作一简单的介绍。

(1) 频数和频率

频数是反映某类事物绝对量大小的统计量。例如,通过对 1 000 人的调查,发现小学及以下文化程度的 250 人,初中和高中文化水平的 600 人,大学及以上文化程度的 150 人。这里的 250 人、600 人、150 人就分别是具有初等、中等和高等文化水平者的频数。如果用频数同总数相比,得到的相对数则是该类事物的频率。例如,在这个总体中,具有初等、中等、高等文化程度者的频率分别为 25%、60%和 15%。频数和频率说明的都是总体中不同类别事物的分布状况。它们可以直接以数字的形式表示出来,也可以用条形图、直方图、统计表反映。频率还可以用圆形结构图来表示。频数和频率是对社会现象的特征的最简单、最基本、最粗略的描述,这种分析适用于用各种尺度测量所获得的资料的分析。在描述现象的分布状态的时候,往往既使用频数,也使用频率,就是既用绝对数来说明,也用相对数来说明。在用频率描述社会现象时,对不同的社会现象常常采用不同的频率(比率)形式。如识字率用百分数,出生率和死亡率用千分数,犯罪率用万分数。

(2) 众数值

众数值是被研究总体中频率最多的变量值,它表示的是某种特征的集中趋势。由于众数值是总体中某一特征出现最多的变量的数值,所以,它对总体有一定的代表性。众数值适用于用定距、定比尺度测量所获资料的分析,适用于资料呈单峰对称分布的情况。

众数值可以有以下两种求法:① 如果资料是以总体单位(或标本单位)为单位分列的,则频数最大者所对应的指标值即为众数值。同样,如果资料以单项式分组形式排列,频数最大者所对应的指标值为众数值。② 如果资料以组距式分组形式排列,可以用公式求得众数值:

下限公式:$M_0 = L_1 + \dfrac{\Delta_1}{\Delta_1 + \Delta_2} \times d$

上限公式:$M_0 = L_2 - \dfrac{\Delta_2}{\Delta_1 + \Delta_2} \times d$

式中 M_0 代表众数值,L_1、L_2 分别代表众数组的下限值和上限值;Δ_1、Δ_2 分别代表众数值组的次数与下一组(或上一组)次数之差;d 代表众数组的组距。

(3) 中位数

如果将各单位的某一变量值按照大小排列出来，则处于中间位置的那个变量值将为中位数。中位数所反映的是某种社会现象的一般水平，它适用于总体各单位集中于中间某一部位的情况。

如果资料是原始资料，且资料不多，可直接将资料按顺序排队，找出其中间位置，然后找到中间位置所对应的指标值即为中位数。这时，中位数处于$(N+1)/2$的地方。在这里，N为原始资料(数据)的个数，即单位总数。在原始资料为偶数的情况下，中位数为居中位置上下两数的平均值。

如果对资料进行了单项式分组，其中位数的求法与上述求法相类似，即先找到数列的中间位置，然后找到对应的中位数。

如果对资料进行了组距式分组，可以用下述公式求得中位数：

$$\text{下限公式：} M_0 = L_1 + \frac{\frac{\sum f}{2} - CF_1}{f_m} \times d$$

$$\text{上限公式：} M_0 = L_2 - \frac{\frac{\sum f}{2} - CF_2}{f_m} \times d$$

式中M_0代表中位数；L_1、L_2分别代表中位数所在组的下限和上限；CF_1、CF_2分别代表中位数所在组以下和以上的累计次数；f_m代表中位数所在组的次数；d代表中位数所在组的组距。

(4) 平均数

平均数也叫均值，它是总体各单位某一指标值之和的平均，它说明的是总体某一数量标志的一般水平。在对社会现象进行分析时，常用的是算术平均数，简称平均数。

如果所用资料为原始资料，则求平均数的公式为：

$$\bar{X} = \frac{\sum X_i}{N}$$

式中$\bar{X}$表示总体的某一指标的平均数：X为总体各单位该指标的数值；$\sum$为加和符号；N为总体单位数。

如果所用资料是分组资料，则需用加权法求得算术平均数，其公式为：

$$\bar{X} = \frac{\sum X_i f_i}{\sum f}$$

式中f_i为各组单位数，其他字母、符号含义同上。在使用上述两个公式求平均数时，要注意分子与分母的可比性。

上面提及的众数值、中位数、平均数都是要用一个数值来代表总体的一般水平，但它们的灵敏度、对总体的代表程度各不相同。由于平均数的求得应用了所有资料，因此它最灵敏、最有代表性，从而在统计分析中应用也最广泛。这就是说，如果要反映总体的一般水平，最好使用平均数。

(5) 标准差

在对调查资料进行统计分析时，不但要用平均数等反映总体各单位的集中趋势，即一般水平，还要指出总体各单位在该特征上的差异，即指出它们的离散趋势。反映社会现象的离散趋势的统计量即标准。标准差 S 也叫均方差，它是方差 S^2 的平方根。

求标准差的公式有两个，在资料未进行分组的情况下，标准差：

$$S = \sqrt{\frac{\sum (X_i - \bar{X})^2}{N}}$$

如果资料是分组数据，标准差：

$$S = \sqrt{\frac{\sum (X_i - \bar{X})^2 f_i}{\sum f_i}}$$

式中各字母所代表的意义与前面相同。

像平均数一样，标准差主要用于对用规定尺度测量所获资料的分析。一般说来，平均数与标准差是相互伴随的，它们从不同的角度反映了事物某一特征的状况。

利用标准差可以比较水平相同的两个总体在分布上的差异，利用离散系数也可比较平均水平不同的两个总体在分布上离散程度上的不同。关于这一点，这里就不作介绍了。

(6) 相关系数

任何社会现象内部都包含有多种因素，或称变量。这些因素或变量之间或者无直接关系或者有直接关系。在两个变量之间存在着直接关系，即彼此之间存在着相互依存或互为消长关系的情况下，如果依存关系是固定的、有规律的，而且两者之间的具体关系值是固定的，这种关系称为函数关系。如果变量之间存在着数量上的相互依存关系，但具体关系值是不固定的，这种关系称为相关关系，反映这种相关关系的统计量为相关系数。只涉及两个变量的相关关系叫单相关。涉及三个及以上变量的相关关系叫复相关。

如按相关关系的表现形态来划分，当一个变量(自变量) 变化之后，另一个变量(因变量) 近似地在一条直线的方向上变动，这种相关关系称为直线相关。在直线相关中,自变量增加,因变量也随之增加的称正相关;自变量增加,因变量反而减少的称为负相关。如果自变量变化之后,因变量近似地在一条曲线的方向上变动,这种相关关系称为曲线相关。以下我们将简单介绍单相关和直线相关。

资料不同,用来测定变量之间相关系数的方法也不同,或者说,用不同尺度测量社会现象所获取的资料要求采用不同的测定相关系数的方法。

① 用定类—定类尺度或定类—定序尺度测量的两变量相关系数的求法。

如果对两个变量都是用定类尺度测量的,或者其中一个用定类尺度、另一个用定序尺度测量,所得资料可以用公式处理,求得两变量之间的相关系数:

$$\phi = \sqrt{\frac{x^2}{N}}$$

在这里,ϕ 表示两变量之间的关联程度;N 表示为资料个数(也即被直接调查的单位数)。x^2(卡方) 可通过计算求得,其计算公式为:

$$x^2 = \sum \frac{(f_{ij} - e_{ij})^2}{e_{ij}}$$

式中 f_{ij} 为某类资料的真实次数;e_{ij} 为在假设两变量之间无关条件下的期望次数。

在计算 ϕ 系数之前,应先按定类—定类,或定类—定序将两变量交叉分组,构成列联表,即可得到不同的 f_{ij},然后求出与之对应的 e_{ij}。计算方法为:

$$e_{ij} = \frac{F_{yi} \cdot F_{xj}}{N}$$

式中 F_{yi} 为f_{ij} 所在行总数;F_{xj} 为f_{ij} 所在列总数;N 为资料个数(即被直接调查的单位数)。

通过以上计算,就可求得 ϕ 值。

如果对资料进行分组构成了 2 × 2(即有两行两列) 的列联表,即把所有资料分成表 7.1 的形式。

表 7.1　2 × 2 列联表

	B	非 B	总　数
A	a	b	$a + b$
非 A	c	d	$c + d$
总　数	$a + c$	$b + d$	N

则用另一个公式来测定 ϕ 系数:

$$\phi = \frac{ad - bc}{\sqrt{(a + b)(a + c)(b + d)(c + d)}}$$

在表7.1 2×2列联表中，$0 \leqslant \phi \leqslant 1$，当 $\phi > 0.3$ 时，说明两变量之间的关联程度较大。

依据上述分组资料来测定两变量关系的还有其他方法(如 τ 系数)，这里就不介绍了。

② 用定序—定序尺度测量的两变量相关系数的求法。

当对两个变量都进行定序尺度的测量，即把它们各自按顺序排列之后，这两个变量之间的相关关系就可以用斯皮尔曼等级相关系数 r_s 来反映。其计算公式为：

$$r_s = 1 - \frac{6\sum d_i^2}{L(L^2 - 1)}$$

式中 r_s 为斯皮尔曼等级相关系数；d_i 表示两个变量在同一问题上所处位置之差；L 表示等级对的总数，即对两个变量划分了多少个等级。很明显，当两个变量(或两类事物)在某些问题上的顺序特征完全相同，即两个数列完全按同一顺序排列时，$d_i = 0$，$\sum d_i^2 = 0$，这时 $r_s = +1$，两个变量在这些方面呈正相关。相反，如果两个数列完全按相反顺序排列，则 $r_s = -1$，两个变量在这些方面呈负相关。这就是说 r_s 的取值范围在 $+1 \sim -1$ 之间。

用斯皮尔曼等级相关系数来测定两变量的关系还有一个达到什么程度这种相关关系才显著的问题。在划分等级较少，$L < 30$ 的情况下，其显著性可根据附表1给出的临界值中的相应数值 r_s 来确定，即用由资料求得的 r_s(观察值)与表中的相应数值(理论值)进行比较，若观察值大于理论值，则显著相关。

用定序—定序尺度测量的两个变量之间的相关关系也可以用肯达尔系数 τ 来测量，其计算公式为：

$$\tau = \frac{S}{\frac{1}{2}L(L - 1)}$$

式中 L 仍为等级对的总数；$S = \sum(S_i^+ - S_i^-)$。S 是这样来计算的：我们首先把第一类事物的某些方面的特征从大到小排队，得出顺序 Ⅰ，然后相应地将第二类事物排队，得到顺序 Ⅱ。顺序 Ⅰ 的号码是从小到大的，顺序 Ⅱ 却不尽然。我们把顺序 Ⅱ 中的每一个号码都同它以下的号码相比较，下面号码比上面大的为与顺序 Ⅰ 同序，小者为异序，相等者删除。同序对的个数记为 S_i^+，异序对的个数记为 S_i^-，再求 S_i^+ 与 S_i^- 之差，最后加总得到 $S = \sum(S_i^+ - S_i^-)$。τ 也在 $+1 \sim -1$ 之间取值。

应该指出，使用不同的方法测定等级相关系数可能会出现不同的结果。一般认为比能更细致地说明两个变量关系的程度。

③ 用定类—定距、定序—定距尺度测量的两变量相关系数的求法。

使用这种测量尺度得到的资料，可以用相关比率 E^2 来表示两个变量之间关系。求 E^2 的公式为：

$$E^2 = \frac{\sum n_i\bar{y}_i^2 - N\bar{y}^2}{\sum y^2 - N\bar{y}^2}$$

式中 n_i 为某类包含的单位数；$\bar{y}_i$ 为该类各单位被测特征的均值；N 为各类单位总数；$\bar{y}$ 为全部单位被测特征的均值；$\sum y^2$ 为总体各单位被测特征值的平方和。

E^2 的取值范围在 0 ~ 1 之间。

在计算 E^2 时，最好先将总体各单位的情况分类列表，分别求出上式所需各数值，再计算 E^2。

④ 用定比一定比尺度测量的两变量相关系数的求法。

社会现象中有许多相互关联的变量可以用定比尺度来测量，如工龄与工资，妇女受教育年限与生育数量等等。对于这类资料，可以用相关系数 r 来反映两者之间关系的密切程度。其计算公式为：

$$r = \frac{\sum(x_i - \bar{x})(y_i - \bar{y})}{\sqrt{\sum(x_i - \bar{x})^2}\sqrt{\sum(y_i - \bar{y})^2}}$$

式中 x_i 为自变量的各指标值；$\bar{x}$ 为自变量该指标值的均值；y_i 为因变量的各指标值；$\bar{y}$ 为因变量该指标值的均值。

r 取值范围在 $+1 \sim -1$ 之间，$r > 0$ 时为正相关，$r = 0$ 时两变量无关，$r < 0$ 时两变量负相关。一般认为 $|r|$ 在 0.3 以下可视为两变量不相关，$0.3 \leqslant |r| \leqslant 0.5$ 时为低度相关，$0.5 < |r| \leqslant 0.8$ 时为显著相关，$|r| > 0.8$ 时为高度相关。

以上我们简单介绍了几种根据不同类型的资料求相关系数的方法。应该指出，如果以上的相关系数是由抽样调查所取到的资料计算出来的，那么就又有一个推断在总体范围内两个变量是否仍然相关的问题。这就要进行假设检验。对于 ϕ 系数，可应用 χ^2 检验；对于等级相关系数可用斯皮尔曼等级相关系数临界表检验或 Z 检验；对于相关比率 E^2 和相关系数 r，可应用 F 检验。检验的具体方法在一般数理统计教科书中都有论述，这里就不介绍了。

还有，两变量之间的相关有一个真正相关和虚性相关的问题，这要通过使用控制变量的方法进行验证。

社会现象正是在统计描述所提供的分析结果基础上，才能进行更为复杂和困难的统计解释和统计预测。统计解释可采取多种形式，但一般采用双变量的相关分析方法，它的分析目标主要是说明两个变量之间是否存在着相关关系，以及两者关系的强度。通过对变量间相关关系的分析，统计解释可以揭示客观现象变化的原因和程度。一旦通过对变量之间的关系，或通过统计解释能够计算变量之间的关系后，就有可能运用一定的统计技术从已知的统计值推测出未来的数量值，或从一个变量的变化推测出另一个变量的变化，这就是统计预测的分析任务。统计预测最常用的技术是回归分析，它同时也是统计解释中建立因果模型的技术。

统计分析除了掌握基本的运算技术外，还须掌握利用图表展示统计结果的方法。统计图表，包括统计图形和统计表。它们能形象和直观地展示数字结果，揭示不同变量之间的相互关系及发展趋势。

7.4.4 通用计算机软件应用

城市社会学统计分析现在已经有比较成熟的通用计算机软件，在国外主要采用 SPSS 和 SAS 两种，国内最近开发了一套类似的软件《城市与区域规划模型系统(URPMS)》[1]。由于这一套软件为具有自主知识产权的全中文版软件，这里主要推荐介绍。

《城市与区域规划模型系统(URPMS)》的核心功能是规划模型和数据分析，包括各种空间数据分析模型(以多元统计分析模型为主)、城市规划模型和区域规划模型。数据输入模块和数据分析模块之间有数据预处理模块，负责数据预处理，功能包括标准差正规化、极差正规化、数据中心化、对数变换、百分比变换等。空间数据分析模块包括数据预处理功能(标准差正规化、极差正规化、数据中心化、对数变换、百分比变换等)、常用统计分析(方差、协方差分析，典型相关分析，罗仑兹曲线分析，拟合抛物线分析，有效根分析)、回归分析(一元回归分析、多元回归分析、逐步回归分析、岭回归分析和广义回归分析、判别分析(两组判别分析、多组判别分析和逐步判别分析)、聚类分析(系统聚类分析、动态聚类分析、模糊聚类分析和图论聚类分析等)。主体部分包括区域规划模块和城市规划模块。此外，系统还包括数据的输入、输出功能，它是系统与其他软件和数据之间的接口。

SAS 提供的功能主要有：① SAS/STAT：统计分析。② SAS/ETS：计量经济学和时间序列分析。③ SAS/OR：运筹学模型。④ SAS/INSIGHT：数据可视化。SPSS 提供的功能(8.0) 主要有：统计分析(基本统计量的计算)、广义线性模型(GLM)、相关分析、回归分析(包括线性回归、非线性回归和 Logistic、Probit 模型等)、聚类分析、因子分析、尺度分析(Scale)、无参检验、生存模型等。

《城市与区域规划模型系统(URPMS)》与 SAS，SPSS 功能比较如表 7.2 所示。

---

[1] 张伟，顾朝林．城市与区域规划模型系统(URPMS)．南京：东南大学出版社，2000

表 7.2 SAS,SPSS 功能比较

功能	URPMS	SAS	SPSS
统计分析	有	有	有(强)
绘图	有	有	有
地理信息系统分析	有	无	无
专业模型	有(强)	弱	无

推荐阅读参考资料

1 风笑天. 现代社会调查方法. 武汉:华中理工大学出版社,1996
2 雷蒙布尔. 社会学的方法. 北京:商务印书馆,1995
3 宋林飞. 社会调查研究方法. 上海:上海人民出版社,1990

复习思考题

1 论述城市社会学研究方法的特点。
2 概述城市社会学研究方法的基本程序。
3 概述城市社会学收集资料的方法。
4 论述社会观察法与社会实验法的差异性。
5 名词解释:全面调查、抽样调查、典型调查、案例调查、频数和频率、中位数。

附表

附表 1　斯皮尔曼(Spearman)等级相关系数 r_s 的临界值

n	a 显著性水准（单向标准）		n	a 显著性水准（单向标准）		n	a 显著性水准（单向标准）	
	0.05	0.01		0.05	0.01		0.05	0.01
4	1.000		10	0.564	0.746	22	0.359	0.508
5	0.900	1.000	12	0.506	0.712	24	0.343	0.485
6	0.829	0.943	14	0.456	0.645	26	0.329	0.465
7	0.714	0.893	16	0.425	0.601	28	0.317	0.448
8	0.643	0.833	18	0.399	0.564	30	0.306	0.432
9	0.600	0.783	20	0.377	0.534			

附表 2　χ^2 分布临界值表

n \ λ \ a	0.975	0.05	0.025	0.01
1	0.000 98	3.84	5.02	6.63
2	0.050 6	5.99	7.38	9.21
3	0.216	7.81	9.35	11.3
4	0.484	9.49	11.1	13.3
5	0.831	11.07	12.8	15.1
6	1.24	12.6	14.4	16.3
7	1.69	14.1	16.0	18.5
8	2.18	15.5	17.5	20.1
9	2.70	16.9	19.0	21.7
10	3.25	18.3	20.5	23.2
11	3.82	19.7	2 109	24.7
12	4.40	21.0	23.3	26.2

续附表 2

λ　a n	0.975	0.05	0.025	0.01
13	5.01	22.4	24.7	27.7
14	5.63	23.7	26.1	29.1
15	6.26	25.0	27.5	30.6
16	6.91	26.3	28.8	32.0
17	7.56	27.6	30.2	33.4
18	8.23	28.9	31.5	34.8
19	8.91	30.1	32.9	36.2
20	9.59	31.4	34.2	37.6
21	10.3	32.7	35.3	38.9
22	11.0	33.9	36.8	40.3
23	11.7	35.2	38.1	41.6
24	12.4	36.4	39.4	43.0
25	13.1	37.7	40.6	44.3
26	13.8	38.9	41.9	45.6
27	14.6	40.1	43.2	47.0
28	15.3	41.3	44.5	48.3
29	16.0	42.6	45.7	49.6
30	16.8	43.8	47.0	50.9

注　n:自由度,λ:临界值,$\{x^2 > \lambda\} = a$。

附表 3　随机数字表

	1 2 3 4 5	6 7 8 9 10	11 12 13 14 15	16 17 18 29 20	21 22 23 24 25	26 27 28 29 30	31 32
1	1 2 5 4 2	8 5 8 7 3	5 8 4 0 2	4 3 6 8 4	8 4 8 5 2	6 1 7 5 4	8 8
2	5 4 4 3 4	9 1 1 0 9	2 2 7 1 3	4 4 7 9 8	1 3 1 1 8	7 0 1 2 2	1 0
3	3 2 6 2 2	3 2 2 4 1	1 2 9 8 7	7 4 7 7 6	4 5 1 2 1	7 4 6 2 5	9 3
4	7 8 0 9 0	2 9 7 8 9	5 6 2 1 5	8 7 7 8 0	0 7 5 3 1	2 3 2 7 1	8 1
5	6 8 6 2 4	1 9 4 3 5	9 6 5 0 7	2 4 4 7 6	3 0 9 9 0	7 2 9 4 9	5 0
6	9 1 7 9 3	8 1 4 9 1	5 3 2 1 2	7 6 7 4 5	9 6 4 6 8	1 0 5 3 1	3 3
7	5 3 1 7 0	9 8 6 0 6	3 3 6 4 8	0 4 8 3 4	8 7 1 0 8	8 2 9 8 5	7 2
8	0 1 2 6 4	7 7 7 8 0	3 4 9 2 1	7 2 1 2 8	2 2 3 2 5	0 3 9 8 6	3 7
9	2 3 7 2 7	7 7 4 9 4	4 6 7 1 7	8 8 4 0 3	3 9 7 1 0	8 9 9 5 2	7 4
10	0 3 5 7 5	2 7 6 3 9	9 9 0 2 6	1 9 2 5 5	5 7 8 0 5	7 2 8 0 0	3 2

续附表 3

	1 2 3 4 5	6 7 8 9 10	11 12 13 14 15	16 17 18 29 20	21 22 23 24 25	26 27 28 29 30	31 32
11	78559	70752	5 9 4 2 6	3 9 8 7 8	4 9 1 8 0	9 8 7 9 1	1 3
12	25104	25415	4 3 0 2 2	4 0 1 1 2	6 5 2 3 8	6 6 7 4 7	0 7
13	66391	91331	2 0 9 1 4	9 6 1 4 5	5 8 9 5 0	7 2 6 3 8	8 3
14	67691	43591	0 7 4 7 6	2 9 9 0 2	3 7 6 4 7	3 8 8 2 7	2 9
15	45278	00086	4 8 3 3 6	6 7 9 4 5	4 8 4 7 4	3 1 7 9 6	3 6
16	56999	88324	5 6 0 8 9	3 4 1 3 2	6 6 6 8 0	7 9 9 6 1	3 7
17	41601	44528	8 7 0 7 2	4 1 2 9 4	8 9 8 8 1	5 2 7 1 4	6 7
18	45062	47435	9 0 5 3 0	8 7 6 4 0	7 1 2 8 1	0 2 3 2 4	1 8
19	46450	61398	4 6 4 4 5	8 5 6 6 6	7 6 7 1 1	1 8 4 2 3	2 8
20	66863	54498	2 8 9 1 8	7 0 5 0 6	6 4 7 3 5	3 5 6 8 9	4 0
21	65030	32978	9 9 8 2 1	1 0 8 5 2	8 0 6 6 5	7 0 6 1 9	4 0
22	16584	28818	5 6 5 3 1	9 3 5 1 2	8 9 8 1 7	4 6 8 3 8	3 6
23	13191	20433	4 4 8 8 8	6 3 9 4 6	6 7 7 7 1	7 0 0 0 3	2 3
24	50304	02720	7 7 9 8 1	2 8 6 4 5	3 2 9 0 7	1 9 1 6 1	5 2
25	78662	02951	5 6 2 0 0	2 3 9 4 0	0 2 3 7 7	6 7 0 2 8	5 2
26	19838	99210	1 7 7 2 6	3 7 6 9 9	4 1 5 1 8	1 3 2 7 2	7 1
27	99440	84574	6 8 3 9 3	6 8 0 0 2	0 8 5 7 5	7 8 4 4 4	8 0
28	03309	91349	9 0 7 7 9	0 6 9 3 2	0 8 7 1 1	9 8 8 9 8	8 1
29	99037	91441	3 8 6 8 2	6 0 2 3 0	1 3 3 7 7	4 1 3 8 8	4 0
30	33113	86295	0 0 4 1 0	9 1 0 3 7	2 9 7 8 6	0 7 5 0 9	7 1
31	20961	16437	8 8 6 2 5	7 0 6 3 2	0 6 9 3 2	2 6 3 5 2	9 0
32	05110	22959	5 1 6 8 0	8 1 4 0 9	7 6 2 4 4	9 0 3 4 6	9 2
33	05244	05691	4 0 6 3 7	1 2 0 9 9	8 2 9 0 3	6 1 1 6 5	0 1
34	73813	38665	6 8 1 5 6	8 4 1 6 0	0 4 2 9 3	4 8 8 3 7	4 1
35	33113	73378	8 2 6 9 8	5 7 8 7 4	7 2 6 2 4	5 8 7 9 5	9 1
36	68742	53474	8 5 9 5 9	6 9 0 8 6	2 7 0 1 4	9 6 7 1 5	8 8
37	89873	12136	2 8 0 3 7	2 1 0 5 9	6 3 3 9 8	9 7 3 4 2	1 8
38	92052	35803	9 3 3 1 9	6 1 6 1 2	8 3 9 7 4	3 9 0 0 1	8 7
39	97497	98370	7 6 9 7 9	1 1 5 3 0	8 1 2 7 4	4 7 4 1 8	9 5
40	21832	10920	7 4 5 7 3	3 1 5 6 7	7 7 6 4 4	9 3 9 9 9	1 9
41	69263	08520	7 9 3 3 3	0 4 4 3 2	9 5 2 4 0	3 2 7 9 6	4 0
42	33733	56703	7 1 5 9 3	2 3 9 2 7	7 2 5 0 8	5 7 8 5 8	6 9
43	97715	54247	1 5 5 5 2	7 3 7 6 3	3 1 6 7 3	6 7 9 4 3	9 9
44	93535	57654	7 4 0 1 9	0 7 2 7 4	6 9 9 3 3	9 2 0 7 2	7 2
45	57616	30135	5 8 6 2 0	5 3 0 1 2	6 1 9 5 8	4 6 1 2 0	4 6

续附表 3

	1 2 3 4 5	6 7 8 9 10	11 12 13 14 15	16 17 18 29 20	21 22 23 24 25	26 27 28 29 30	31 32
46	6 8 5 0 8	1 2 2 4 4	5 5 2 9 4	0 9 9 4 5	9 6 8 8 3	5 8 8 8 3	1 1
47	6 6 1 6 6	7 6 0 4 9	3 8 0 0 6	9 0 3 9 4	8 8 9 8 4	7 5 3 7 4	0 2
48	2 6 3 3 4	2 5 5 8 7	5 5 8 4 3	4 4 3 3 4	8 9 9 2 1	2 6 0 0 5	4 7
49	6 8 3 7 4	8 9 8 9 5	2 7 3 5 3	6 6 5 3 6	7 7 0 3 9	9 4 1 8 4	5 4
50	4 5 2 3 7	7 7 2 3 8	8 8 7 2 4	3 1 3 3 0	7 1 1 5 4	8 9 7 6 6	1 8

主要参考文献

1 鲍跃敏. 城市规划中的社会学问题. 北京规划建设,1992,(4)
2 北京大学社会学系. 社会学教程. 北京:北京大学出版社,1987
3 北京市人民政府. 北京 40 年. 北京:中国统计出版社,1990
4 北京统计局编. 北京统计年鉴 1996. 北京:中国统计出版社,1996
5 蔡肃科著. 芝加哥学派. 香港:三联书店(香港)有限公司,1993
6 陈传康. 行为地理学的研究对象、内容和意义. 见:李旭旦编. 人文地理学论丛. 北京:科学出版社,1986. 230~242
7 陈锦华等著. 香港城市与房屋:城市社会学初探. 香港:三联书店(香港)有限公司,1997
8 崔功豪等. 中国城市边缘区空间结构及演化. 地理学报, 1990, 45(4):399~410
9 丹尼尔·贝尔(美);高铦等译. 后工业社会的来临:对社会预测的一项探索. 北京:商务印书馆, 1984
10 风笑天. 现代社会调查方法. 武汉:华中理工大学出版社,1996
11 葛延风. 城镇贫困问题报告. 见:载江流等. 1996—1997 年中国社会形势分析与预测. 北京:中国社会科学出版社,1997.92
12 顾朝林. 中国城镇体系. 北京:商务印书馆,1991
13 顾朝林, C. 克斯特洛德. 北京社会极化与空间分异研究. 地理学报,1997,52(5)
14 顾朝林. 北京社会极化与空间分异研究. 地理学报,1997,(5):385~393
15 顾朝林. 北京社会空间结构影响因素分析. 城市规划,1997,2(4)
16 顾朝林. 经济全球化与新城市经济现象. 国外城市规划,1997,(1)
17 顾朝林,胡秀红等. 北京富裕阶层初步研究. 城市问题,1999,(6)
18 顾朝林等. 论城市边缘区研究. 地理研究, 1989,8(3):95~101
19 顾朝林等. 中国大都市边缘区特性研究. 地理学报, 1993,45(4):317~328
20 顾朝林等. 中国大都市边缘区研究. 北京:科学出版社,1995a
21 顾朝林等. 北京的社会极化与空间分异. 地理学报,1997,(5)
22 顾朝林等. 转变中的北京城市社会空间结构. 城市规划,1997,(4)
23 国家统计局课题组. 中国城镇居民贫困问题研究. 统计研究,1991,(6)
24 韩世隆. 跨世纪世界经济的四大趋势. 中国社会科学,1997, (2)
25 胡兆量. 北京浙江村——温州模式的异地城市化. 城市规划汇刊,1997,(3)

26 雷蒙布尔. 社会学的方法. 北京:商务印书馆,1995
27 李郇,许学强. 广州市意象空间分析. 人文地理,1993,(3)
28 李建勇. 社会流动的实证研究. 社会学探索,1983,(5)
29 李健正. 居者有其屋?——香港住房政策和住房社会学初探. 香港社会科学学报,1993,秋季(2):70
30 李培林. 新时期阶级阶层结构和利益格局的变化. 中国社会科学,1995a,(3)
31 李培林. 中国新时期阶级阶层报告. 沈阳:辽宁人民出版社,1995b
32 李强. 当代中国社会分层与流动. 北京:中国经济出版社,1993
33 李如干. 首都北京发展的新时期. 中国国情报告, 第1号
34 李学增,程学斌. 中国城市各阶层的利益差距. 中国社会科学,1997,(6)
35 林富德,张铁军. 京城外来女的婚育模式. 人口与经济, 1998,(4)
36 刘海泳,顾朝林. 北京流动人口聚落的形态、结构与功能. 地理科学,1999,19(6)
37 诺伯舒兹;施植明译. 场所精神——迈向建筑现象学. 台北:田园城市文化事业有限公司,1995
38 R. E. 帕克, E. N. 伯吉斯,R. D. 麦肯齐;宋俊岭,吴建华,王登斌译. 城市社会学——芝加哥学派城市研究文集. 北京:华夏出版社,1987
39 宋林飞. 社会调查研究方法. 上海:上海人民出版社,1990
40 宋迎昌,武伟. 北京市外来人口空间集聚特点、形成机制及其调控对策. 经济地理,1997,(4)
41 王德发,章伟君. 城市居民家庭最低生活费用的测定及贫困率的计算. 统计研究,1991,(2)
42 王德业. 区域形象浪潮. 北京:新华出版社,1998
43 吴铎. 社会学. 北京:高等教育出版社,1992
44 吴良镛. 北京旧城要审慎保护——关于北京市旧城区控制性详细规划的几点意见. 北京规划建设,1998,(2)
45 吴增基. 现代社会学. 上海:上海人民出版社,1997
46 徐放. 居民感应地理研究的一个实例——对赣州市的调查分析. 地理科学,1983,(2)
47 许学强. 城市意象空间. 见:陈述彭.地球系统科学. 北京:科学技术出版社,1998
48 许学强,周一星,宁越敏. 城市地理学. 北京:高等教育出版社,1998
49 许学强等. 现代城市地理学. 北京:中国建筑工业出版社,1998
50 杨宜勇等. 公平与效率——当代中国的收入分配问题. 北京:今日中国出版

社，1997
51 于祖尧．转型时期暴富群体的政治经济学分析．经济研究，1998,(2)
52 张文奎．行为地理学的基本问题．见:李旭旦编．人文地理学论丛．北京:科学出版社,1986．216~229
53 张问敏,李实．中国城镇贫困问题的经验研究．经济研究,1992,(10)
54 张小南．社会学．重庆:西南财经大学出版社,1996
55 中国社会科学院世界经济与政治研究所专题组．美国社会的贫富差别．中国社会科学,1988,(5)
56 朱庆芳．1996—1997年人民生活状况．见:载江流等．1996—1997年中国社会形势分析与预测．北京:中国社会科学出版社,1997.128
57 朱文一．建筑、空间和人．北京:中国建筑工业出版社,1993
58 Albertsen, N. Postmodernism, Post-Fordism, and Critical Social Theory. Environment and Planning D, 1988,6:339~365
59 Bardo, J. W.,Hartman, J, J. Urban Sociology: A Systematic Introduction. USA: F. E. Peacock Publishers lnc., chapter titled"The Chicago School and Its Critics", 1982
60 Bluestone, B., Harrison, B. The Deindustrialisation of America. New York: Basic Books, 1982
61 Bourne, Larry S. Urban Spatial Structure: An Introduction Essay on Concepts and Criteria. Internal Structure of the City. Second Edition. New York: OUP, 1982. 28~45
62 Burgess, Emest W. The Growth of the City: An Introduction to a Research Project, in Park, R. E and Emest W. Burgess eds., The City: An Introduction of Human Behavior in the Urban Environment. Chicago: University of Chicago Press,1925
63 Carp, F.M, R.T. Zawadski,H. Shokron. Dimensions of Urban Environmental Quality. Environment and Behavior, 1976,8:239~264
64 Carter, H. The Study of Urban Geography. London: Edward Arnold,1982
65 Castells, M. Is There an Urban Sociology? In Pickvance, C. G.(ed.). Urban Sociology: Critical Essays, London: Tavistock, 1976a
66 Castells, M. Theory and Ideology in Urban Sociology, in Pinkvance C. G.(ed.). Urban Sociology: Critical Essays, London: Tavistock, 1976
67 Castells, M. The Informational City: Information Technology, Economic Restructuring, and the Urban-regional Process. Basil Blackwell, Padstow,1989
68 CHAN, Kam Wing. Cities with Invisible Walls: Reinterpreting Urbanization in Post-1949 China. Hong Kong: Oxford University Press, 1994
69 Chang, Sen-dou. The Morphology of Walled Capitals. in Skinner, G.W.(ed.). Th

City in Late Imperial China. California: Stanford University Press, 1977
70 Choldin, Harvey M. Cities and Suburbs: An Introduction to Urban Sociology. USA: McGraw Hill lnc., chapters titled "The Beginnings of Urban Sociology" and "An Overview of the Field", 1985
71 Clark, G. H., Meric Gertler. Migration and Capital. Annals of the Association of American Geographers, 1983, 73(1): 18 ~ 34
72 Clark, G. L., Ballard, K. P. The Demand and Supply of Labor and Interstate Relative Wages: An Empirical Analysis. Economic Geography 57, 1981, 95 ~ 112
73 Clark, W. A. V., M. Cadwallader. Residential Preferences: An Alternate View of Intra-urban Space. Environment and Planning A, 1975, 5: 693 ~ 703
74 Cook, P. Flexible Integration, Scope Economics, and Strategic Alliances: Social and Spatial Redication. Environment and Planning D, 1988. 281 ~ 300
75 Domosh, M. Feminism and Urban Imaginery. Urban Geography, 1995, 16(7)
76 Fan, C. Etc. Waves of Rural Brides: Female Marriage Migration in China. Annals of the Association of American Geographer. 1998, 88(2): 227 ~ 251
77 Flanagan, Willian G. Contemporary Urban Sociology. USA: Cambridge University Press, chapter titled "Urban Ecology and Its Critics", 1993
78 Forrest, R., Murie, A. Selling the Welfare State: The Privatization of Public Housing. London: Routledge, 1988
79 Francescato, D., W. Mebane. How Citizens View Two Great Cities. In R. Downs and D. Stea (eds). Image and Environment. Chicago, Aldine, 1973. 131 ~ 147
80 French, R.A., Hamilton, F.E.I. Is there a Socialist City. In French, R.A. and Hamilton, F.E.I. (eds.). The Socialist City. Chichester: John Wiley and Sons, 1979. 1 ~ 22
81 Friedmann, J., Goetz Wolff. World City Formation: An Agenda for Research and Action. International Journal of Urban and Regional Research, 1982, 6: 309 ~ 343
82 Gaubatz, Piper. Changing Beijing. Geographical Review, 1995, 85(1)79 ~ 96
83 Gertler M. S. The Limits to Flexibility: Comments on the Post-Fordist Vision of Production and Its Geography, Trans. Inst. Br. Geogr. N.S. 13, 1988. 419 ~ 432
84 Gertler M. S. Flexibility Revisited: Districts, Nation-states, and the Forces of Production, Trans. Inst. Br. Geogr. N.S. 17, 1992, 259 ~ 278
85 Giddens, A. The Constitution of Society. Cambridge, U. K.: Polity Press, 1984
86 Giddens, A. The Class Structure of the Advanced Societies. London: Hutchinson, 1973

87 Golledge, R. Learning about Urban Environments. Timing Space and Spacing Time (Eds T. Carlstein, D. Parkes, and N Thrift). London: Edward Arnold, 1979,1

88 Golledge, R., G. Zannaras. Cognitive Approaches to the Analysis of Human Spatial Behavior. In W. H. Ittelson, (ed.). Environment Cognition. New York: Seminar Press, 1973

89 Gong, Hongmian. Spatial Patterns of Foreign Investment in China's Cities: 1980 ~ 1989. Urban Geography, 1995,16(3):198 ~ 209

90 Gottdiener, Mark. The New Urban Sociology, USA: McGraw Hill lnc., chapters titled "The Rise of Urban Ecology and Its Critics",1994

91 Gu Chaolin, Chris Kestelot. Peasant Immigrants and Their Concentration Areas in Beijing. Belgische Vereniging Voor Aardrijksundige Studies, 1997,(1):107 ~ 119

92 Gu Chaolin. China's Urban Housing System in Transition. Journal of Chinese Geography, 1995,6(2):16 ~ 38

93 Hou Renzhi. Evolution of the City Plan of Beijing, Third World Planning Review, Liverpool University Press, 1986,8:5 ~ 17

94 Hou Renzhi. The Transformation of the Old City of Beijing. Harris, C. D. (ed.). World Patterns of Modern Urban Change. Chicage: The University of Chicago, 1986. 217 ~ 239

95 Joel A. Devine, James D. Wright. The Greatest of Evils: Urban Poverty and the American Underclass. Aldeine De Gruyter,1993. 45 ~ 46

96 Johnston R. J. Philosophy and Human Geography: an introduction to contemporary approaches, London: Edward Arnold,1983

97 Johnston, R.J. Spatial Patterns in Suburban Evaluations. Environment and Planning A, 1973,5:385 ~ 395

98 Jordan, B.,Redley, M. Polarization, Underclass and the Welfare State. Work, Employment and Society,1994,8:153 ~ 176

99 Kempen, E. T. The Dual City and the Poor: Social Polarization, Social Segregation and Life Chances. Urban Studies, 1994,31(7):995 ~ 1015

100 Kesteloot, C. Three Levels of Socio-spatial Polarization in Brussels. Built Environment, 1995,20(3):204 ~ 217

101 Knox, P. Urban Social Geography: An Introduction. Longman Scientific and Technical, Third Edition,1995

102 Lash, S., John Urry. Economies of Signs and Space. London: SAGE Publication, 1994

103 Lee, Y. Urban Spatial Cognition: A Chinese Experience. Regional Conference on Asian Pacific Countries. International Geographical Union, 1990

104 Lee, Y., C G Schmidt. Evolution of Urban Spatial Cognition: Patterns of Change in Guangzhou, China. Environment and Planning A, 1988, 20:339 ~ 351

105 Lowenthal, D. Experience and Imagination: Towards A Geographical Epistemology Annals of the Association of American Geographers, 1961, 51(3)

106 Lowery, R.A. A method for analysing distance concepts of urban residents Image and Environment (Eds. Downs, R and Stea, D). Chicago, Aldine, 1973. 338 ~ 360

107 Lynch, K. The Image of the City Cambridge, Mass. MIT Press, 1960

108 Lynch, K. Reconsidering "the Image of the City". In R. M. Hollister and L. Rodwin, (eds.). Cites of the Mind. New York: Plenum, 1984

109 Mckenzie, R. D. "The Ecological Approach to the Study of the Human Community", in Pard, R. E. and Emest eds. The city: Suggestions for Investigation of Human Behavior in the Urban Environment. Chicago: University of Chicago Press, 1925

110 Mckenzie, R. D. The city: Suggestions for Investigation of Human Behavior in the Urban Environment, in Park, R. E. and Emest W. Burgess eds, Chicago: University of Chicago Press, 1925

111 Mckenzie, R. D. The Scope of Human Ecology. in Hawley, A. H. ed, Human Ecology, Chicago: The University of Chicago Press, 1968

112 Mote, F. W. The Transformation of Nanking, 1350 ~ 1400. in Skinner, G. W. (ed.). The City in Late Imperial China. California: Stanford University Press, 1977

113 Orleans, P.. Differential Cognition of Urban Residents: Effects of Social Scale on Mapping. Image and Environment (Eds. Downs, R and Stea, D), Chicago, Aldine, 1973. 118 ~ 119

114 Pahl, R. E. Whose City? 2nd edition, Harmondsworth: Penguin, 1975

115 Park, Robert E. Human Ecology. The American Journal of Sociology, 1936, 42(1): 1 ~ 15

116 Paul A. Jargowsky. Poverty and Place: Ghettos, Barrios and the American City. Russel Sage Foundation, New York, 1997

117 Reed, A. The Underclass as Myth and Symbol: The Poverty of Discourse about Poverty. Radical America 24, 1990. 21 ~ 40

118 Reissman, Leonard. The Urban Process: Cities in Industrial Societies, U.S.A: The Free Press. chapter titled "The Ecologists: Analysis of Urban Patterns", 1970

119 Rex, J. Race Relations in Sociological Theory. London: Routledge and Kegan

Paul, 1983

120 Romans, J. T. Capital Exports and Growth Among US Regions. Middletown: Wesleyan University Press, 1965

121 Room, G. New Poverty in the European Community. London: Macmillan, 1990

122 Rowthrn, R. E. Neo-classicism, Neo-ricardianism and Marxism. New Left Review, 86, 1974. 63 ~ 87

123 Russwurm, L. H. Urban Fringe and Urban Shadow. In Bryfogle, R. C. and Krueger, R. R. (eds.). Urban Problems (rev. ed.). Holt: Rinehart and Winston, Toronto, 1975. 148 ~ 164

124 Sassen, S. The Global City: New York, London, Tokyo. Princeton, N. J.: Princeton University Press, 1991

125 Sassen, S. Cities in a World Economy. London: Pine Forge Press, 1994

126 Saunder P, Williams P. R. The New Conservatism: Some Thoughts on Recent and Future Development in Urban Studies. Environment and Planning D, Society and Space, 1986, 4:393 ~ 399

127 Schwab, William A. The Sociology of Cities. N.J.: Prentice Hall, chapter titled "Theories of the City", 1992

128 Sit, V.F.S. Beijing: The Nature and Planning of a Chinese Capital City. Chichester: John Wiley and Sons, 1995

129 Soothill, W.E. The Hall of Light: A Study of Early Chinese Kingship. London: Lutterworth, 1951

130 Tuan, Yifu. Space And Place: The Perspective of Experience. University of Minnesota Press, 1989

131 Victoria A. Lawson Hierarchical Households and Gendered Migration in Latin America: Feminist Extensions to Migration Research. Progress in Human Geography, 1998, 22(1):39 ~ 53

132 Walker, R. A. Two Sources of Uneven Development Under Advanced Capitalism: Spatial Differentiation and Capital Mobility. Review of Radical Political Economics, 1978, 10:28 ~ 38

133 Wilson, W. L. The Truly Disadvantaged: The Inner City, the Underclass and Public Policy. Chicago: University of Chicago Press, 1987

134 Wirth, Louis. Urbanism as a Way of Life. in Reiss, A. J. Jr. ed., Louis Wirth on Cities and Social Life: Selected Papers, Chicago: University of Chicago Press, 1964

135 Wong, Chack Kie. Measuring Third World Poverty by the Liternational Poverty Line:

The Case of Reform China, in Social Policy and Administration, 1995, 29(3)

136 Xie Jinyu, Yu Jing. Comparative Studies on the Planned Rural-urban Migrants and Spontaneous Rural-urban Migrants in China. China City Planning Review, 1992, 8 (6): 25 ~ 40

137 Xu Huang. A Case Study on Behavior Geography: Ganzhou Survey and Analysis. Scientia Geographica Sinica, 1983, 2

138 Y, Lee, C G Schmidt. Evolution of Urban Spatial Cognition: Patterns of Change in Guangzhou, China. Environment and Planning A, 1988, 20: 339 ~ 351

附录一

2001年度全国城市规划院校本科学生课程作业评优

——城市社会调查——

城市规划教育是要培养具备城市综合知识与综合分析、工作能力的人才。城市社会调查是本科城市规划教学中的重要内容。2000年度举办的全国城市规划院校本科学生课程作业评优(城市社会调查)取得了成功。根据全国城市规划教学指导委员会的要求,继续举办2001年度全国城市规划院校本科学生课程作业评优(城市社会调查)。本次评优由全国城市规划教学指导委员会主办,南京大学城市与资源学系具体承办。2001年7月18~20日将在南京大学召开全国城市规划教学指导委员会年度会议,届时将由全国城市规划教学指导委员会委员及有关人士共同组成评委小组,进行评优结果的评定。

一、参赛题目范围

1. 现代城市居住环境

围绕城市的居住问题进行有关社会问题、空间环境等方面的调查研究。

2. 城市风貌特色

从城市规划的角度,围绕某个城市或某个地区、地段的现代或传统风貌等进行调查、研究。

3. 城市休闲空间

生活闲暇化是城市发展的一大特征,围绕人们休闲行为的意向或空间进行调查、研究。

要求紧扣主题范围,充分发挥同学们的想象力与创造力。

二、参赛对象

参赛对象是城市规划专业本科学生,要求必须是学生课程作业的成果。以3~5名同学为一个评优小组,一个评优小组完成一件社会调查成果。

三、参赛要求

1. 参赛单位的教师可以组织、指导,评优作品必须由学生独立完成。

2. 一件评优作品包括文字报告(含分析图表在内总篇幅 8 000 ~ 10 000 字,A4 版面装订)及相应简要说明调查成果的展板(A0 版面)1 张。

3. 每所院校至少提交三件不同的社会调查成果。每件评优作品请提交文字报告 3 份(可以是复印件),展板只需提交 1 份。

4. 为保证评选的公正性,每件参赛作品的文字报告和展板中只注标题,不注院校名称与学生、教师姓名。请另页注明单位、参赛人员姓名、年级、通讯地址,并随同参赛作品一并寄出。

5. 所有参赛作品必须在 2001 年 6 月 15 日之前寄达南京大学城市与资源学系,超过日期者无效。请在邮件封面上注明"城市规划评优"。

四、成果评分的基本标准

1. 成果格式规范化(10 分)

主要包括:文字、图纸的幅面、文字总数、包装效果、展板效果等。

2. 资料调查(20 分)

主要包括:选择地区或样本的典型性、现状调查的深度、基础数据情况、问卷设计、参考资料的应用等。

3. 分析研究(25 分)

主要包括:对资料的分析、对比、综合水平,文体、段落格局,图文说明对应,文字精练等。

4. 科学结论(20 分)

主要包括:能否在分析的基础上得出正确、清晰的结论。

5. 展板设计制作(25 分)

准确、清晰、简练地表达调查成果,图文并茂、布局美观大方等。

附录二

南京市新街口正洪商业步行街社会调查报告〔1〕

〔1〕 该调查报告由南京大学城市与资源学系黄春晓老师指导，徐闻闻、于涛、徐玲玲、盛鸣、罗海明等同学完成，获 2001 年度全国城市规划院校本科学生课程作业评优优秀奖。

目　　录

一　调查区概况与调查思路

1　调查背景及社会价值

近年来，国内一些大城市如北京、上海等地在经济发展过程中，结合城市中心区的改造，开发了不少商业步行系统，使曾被忽视的商业步行街由幕后走向台前，一跃成为我国城市建设的一大热点。合理的步行街系统具有能够表达“以人为本”的城市设计核心理念，反映人在城市空间塑造中的主体地位、价值和支配手段，体现城市景观特色创造的意义以及丰富城市环境文化等作用，从而有利于改善城市社会形象、吸引人流、刺激商业发展，改变商业中心区的环境面貌，最终实现城市的经济效益、环境效益及社会效益的平衡。

南京市经济、文化和形象的标志地段——南京新街口地区作为南京市的商业中心，其核心部(四环路以内)平均日人流量已接近 90 万人次(节假日更高)，门户效应可见一斑。但在其商业功能地位不断上升的同时，步行系统的建设却明显滞后，结构形式单一，使用效率低下，无法满足日益提高的人流联系与疏散的要求。因此，构建一个充满人文情怀的步行系统、不断满足人们日益增长的物质文化需求、创造优质高效的服务环境，对提高新街口中心商务区吸引力、强化中心商务区的核心地位、乃至丰富整个城市的个性等方面都有明显助益。

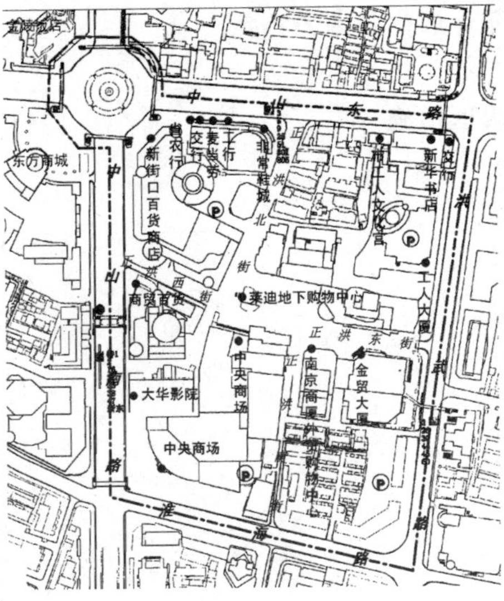

图 1　南京新街口正洪商业步行街范围

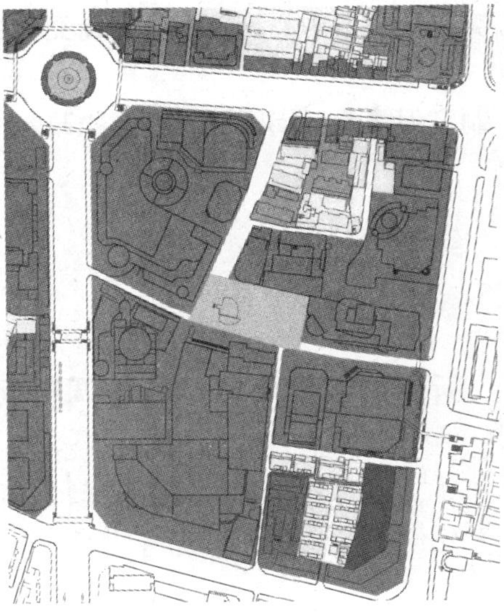

图 2　正洪商业步行街用地现状

2 调查范围及现状

图1反映了这次调查的主要范围,即以中山南路、中山东路、洪武路、淮海路4条城市干道划分的街区(包括周边天桥),主要包括新街口百货商店、中央商场、南京商厦外贸购物广场、非常鞋城、莱迪地下购物中心、新华书店、工人大厦、金贸大厦、大华电影院等大型公建,占地面积6.78公顷。目前该区除白下区核心部已初步形成步行街区外,其周边步行体系仍停留在沿街人行道的初级形态(图2)。

3 调查思路及进程

调查突出了"以人为本"的原则,通过对人流分布的统计分析和对人们物质、精神需求的访问调查,探讨新街口正洪商业步行街改造的具体构想和设计思路。图3是这次调查研究的基本进程:

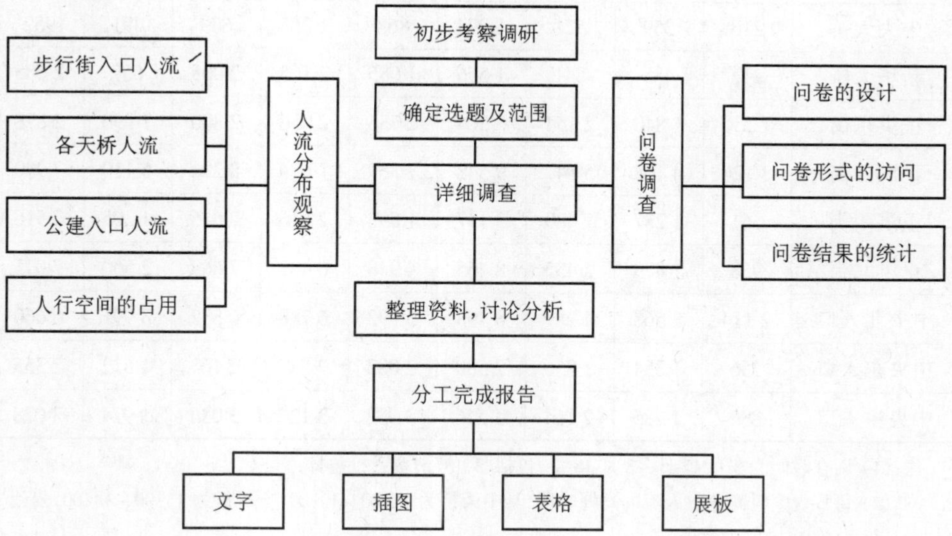

图3 新街口步行街调查过程与思路

二　新街口正洪商业步行街调查结果统计分析

1　调查结果汇总

表 1　新街口商业步行街区人流统计汇总表

人流节点	星期一	星期二	星期三	星期四（3.15）	星期五	星期六	星期日	平常日	双休日
东天桥	1 754	1 862	2 463	9 808	2 225	9 456	7 986	2 076	8 721
西天桥	1 120	1 250	1 369	4 298	1 461	3 210	2 236	1 300	2 723
南天桥	1 589	1 950	1 988	6 178	1 769	4 680	4 624	1 824	4 652
北天桥	1 325	1 488	1 289	3 469	1 282	3 120	2 850	1 346	2 985
商场天桥	1 115	1 246	1 258	3 628	985	3 205	2 395	1 151	2 800
中央天桥	216	359	521	1 024	868	1 265	639	491	952
新华天桥	217	485	841	1 556	1 085	2 165	2 005	657	2 085
正洪东街	1 230	1 840	2 154	3 204	2 736	2 956	2 800	1 990	2 878
正洪西街	3 126	4 108	5 847	9 548	7 359	7 684	8 296	5 110	7 990
正洪南街	561	1 287	1 480	3 147	1 892	2 416	2 616	1 305	2 516
正洪北街	958	1 879	2 455	8 465	4 948	6 481	7 669	2 560	7 075
中央北入口	2 114	3 568	4 289	8 798	5 993	6 788	6 532	3 991	6 660
中央东入口	756	1 354	1 856	2 580	2 082	2 547	2 163	1 512	2 355
中央主入口	895	1 785	2 164	4 546	3 052	3 120	3 036	1 974	3 078

注：(1) 调查时间为 3 月 12 日 ~ 3 月 18 日，包括“3.15”消费者权益日；

(2) 每日观察时间选取人流的高峰时段，其中天桥为 12:00 ~ 13:00，步行街为 13:00 ~ 14:00，公建入口为 14:00 ~ 15:00；

(3) 平常日的人流量由周一至周五（周四 3.15 除外）的数据均值算得，双休日由周六、周日均值算得。

表2 新街口商业步行街区问卷统计汇总表

	A		B		C		D		E		F	
	所选人数	比例（%）	所选人数	比例（%）	所选人数	比例（%）	所选人数	比例（%）	所选人数	比例（%）	所选人数	比例（%）
第一题	97	57.8	54	32.1	17	10.1	—	—	—	—	—	—
第二题	47	28.0	121	72.0	—	—	—	—	—	—	—	—
第三题(多选)	82	48.8	78	46.4	97	57.7	70	41.7	—	—	—	—
第四题第一位	20	11.9	45	26.8	11	6.5	71	42.3	16	9.5	5	3.0
第四题第二位	25	14.9	25	14.9	5	3.0	43	25.6	26	15.5	44	26.2
第四题第三位	23	13.7	20	11.9	3	1.8	15	8.9	30	17.9	2	1.2
第五题	7	4.2	59	35.1	31	18.5	71	42.3	—	—	—	—
第六题(多选)	53	31.5	61	36.3	115	68.5	37	22.0	25	14.9	129	76.8
第七题	56	33.3	45	26.8	64	38.1	3	1.8	—	—	—	—
第八题	16	9.5	64	38.1	77	45.8	11	6.5	—	—	—	—
第九题	25	14.9	6	3.6	99	58.9	38	22.6	—	—	—	—
第十题	27	16.1	28	16.7	54	32.1	38	22.6	17	10.1	4	2.4
第十一题	44	26.2	68	40.5	37	22.0	19	11.3	—	—	—	—

注：调查共发放问卷200份，回收有效问卷168份，有效率达84%。

第4题交通出行方式调查是按不同出行方式的综合评分进行排序的。对前三位的出行方式按等差数列模式打分，最主要的出行方式为5分，其次为3分，再次为1分。最后根据各交通方式的最终得分来确定到新街口最主要的出行方式。

计算结果如表3：

表3 交通方式得分计算结果

交通方式	步行	自行车	摩托车	公交车	出租车	私家汽车
第一位	20	45	11	71	16	5
第二位	25	25	5	43	26	44
第三位	23	20	3	15	30	2
总分	198	320	73	499	188	159

2 新街口正洪商业步行街人流分布特征

2.1 人流时间分布明显不均衡

2.1.1 工作日与假日人流量差距明显

我们选取新街口正洪商业步行街的几个重要人流交通节点(point)和人行通道(path)为对象,进行了为期一周的人流数量定时段统计分析比较。这些交通节点和通道包括新街口正洪广场附近7座人行天桥和通向正洪广场的4条步行街巷(图4)。从数据可以看出,节假日和双休日的人流量大概是平常日的2倍左右。人流节点部位差距更为显著(图5),使得步行系统一到假期便超负荷运转,出现"停车难、行路难"的"节日病"。

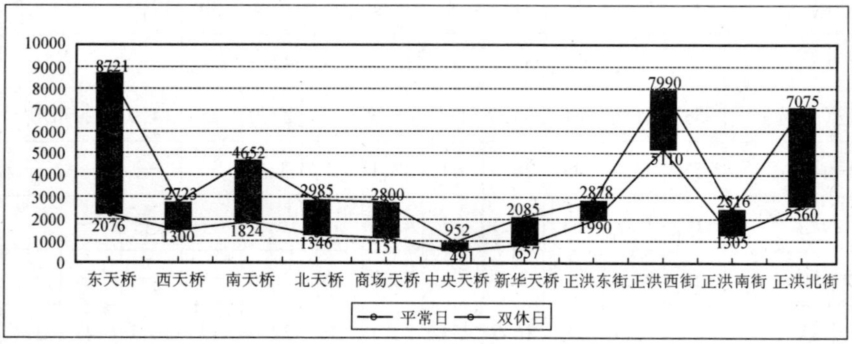

图4 正洪商业步行街人流时间分布特征

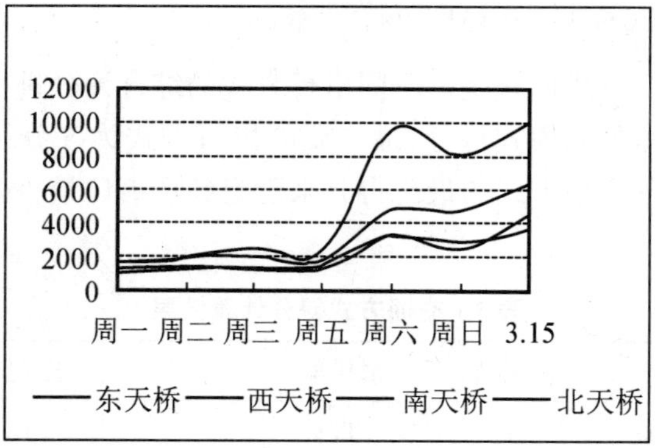

图5 新百天桥一周人流变化

思考:了解假日与工作日的人流量差异明显的特征,对于建立高时效的随人流变量动态变化的智能步行系统,合理有效的利用现有设施,体现配套管理系统的弹

性以及确定科学高效的步行系统设计容量都非常重要。

2.1.2 人流量日时段分布明显不均衡

问卷显示,选择 13:00~16:00 为最佳出行购物时间的有 58.9%,其他时段人流则相对比较分散,中午出行的最少(图 6)。

思考:人流量的日时段分布不均要求步行系统既能适应人流购物时段的变化,又能降低人流高峰时段的峰值。受季节、气候等因素的影响,人流的分布也会不同,应采取不同的对策;像夏季傍晚以后的人流比较集中,因而步行街的夜景设计应充分考虑季节因素,重点适应夏季人们的出行特点。

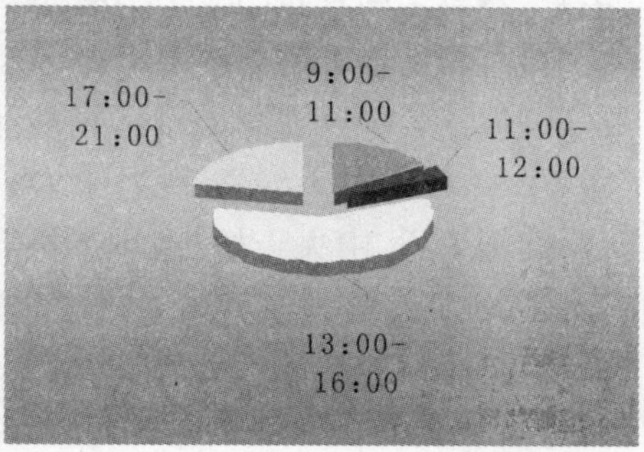

图 6 人们购物时段选择分布

2.1.3 人群出行时间的选择具有一定的性别差异性

有效问卷中有女性问卷 73 份,男性问卷 95 份。结果显示,女性购物具有“不厌其烦,货比三家”的特点,或者只是出于休闲和娱乐,没有明确的购物目标。从表 4 中可看出女性购物持续时间一般比较长(72.6%的女性逗留时间超过 2 小时),而男性则逊色许多(仅有 36.9%的男性购物超过 2 小时)。因此,购物行为因性别的不同而产生很大的差异。

表 4 不同性别购物时间统计

题目(选项)		男性		女性		总计	
		人数	比例	人数	比例	人数	比例
第 8 题(购物逗留时间)	A. <1 小时	12	12.6	4	5.5	16	9.5
	B. 1~2 小时	48	50.5	16	21.9	64	38.1
	C. 2~4 小时	30	31.6	47	64.4	77	45.8
	D. >4 小时	5	5.3	6	8.2	11	6.5
第 9 题(购物选择时段)	A. 9:00~11:00	14	14.7	11	15.1	25	14.9
	B. 11:00~12:00	4	4.2	2	2.7	6	3.6
	C. 13:00~16:00	53	55.8	46	63.0	99	58.9
	D. 17:00~21:00	24	25.3	14	19.2	38	22.6

思考:“人性化”步行系统的硬件设计和服务功能是否也应具有“性别差异”,或者是有所倾向?

2.2 人流空间分布明显不均衡(图 7)

2.2.1 各天桥人流分布不均衡

人流主要集中于新街口广场的4座天桥,平均每小时人流量高达4 770(图8),而商场天桥、中央天桥、新华天桥人流稀少,平均人流量为1 946。每逢节假日或商场举行活动时,人流如潮、交通受阻,极易形成阻塞(图9)。调查中72.0%的人认为天桥并未给其行走带来方便(第2题);48.8 %的人认为新百东、南天桥过于拥挤,41.7%的人认为商场活动会造成行人滞留而引起天桥堵塞,57.7 %的人认为管理紊乱,很多小商贩占据天桥,导致交通不畅(第3题)。

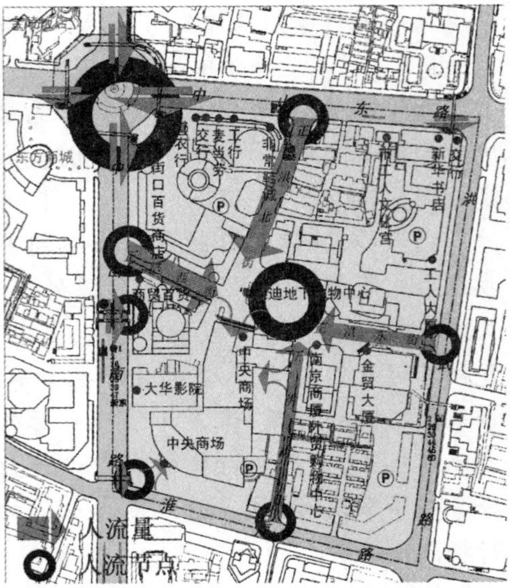

图7 人流空间分布示意

图8 新百天桥人流密度最大

图9 商场活动使行人滞留、天桥堵塞

思考:针对几座天桥建成后“饿的饿死、饱的饱死”的情况,可采取“分而治之”的策略:解决该问题应结合地下通道的建设来考虑,充分发挥立体交通的优势,对利用率低的天桥,如中央天桥、新华天桥应在近期予以拆除。

2.2.2 各街巷人流分布不均衡

新百和中央商场作为南京规模最大的商业性建筑,对人流有极大的吸引力,其7个主出入口中有5个朝向步行街,使得人流大量集中在正洪西街和北街(两街占了总人流量的75%),特别是新百南出入口和中央商场的北出入口,集结了大量的人流,已成为正洪步行街中人流密度最大的节点(图7);而东街和南街虽然是正洪步行街的重要部分,却没能起到疏导人流、缓解压力的作用,从而造成街区经常性局部堵塞,给行人带来不便;正洪商业广场作为整个步行系统的核心,因缺乏必要的休憩设施,没有足够的吸引力,行人很少在此驻留,其功能已退化为一个交通通道。

思考:人流在各街巷的分布失衡,造成系统功能的"偏瘫"。今后应重点开发正洪南街,整治环境,拓宽道路,并与公建出入口相联系,充分发挥出其对人流的疏散作用,撑起步行系统的另外"半边天"。正洪广场进行环境改造,使其真正成为步行系统的核心。

2.2.3 人流的疏散受到内部停车设施和外部交通的双重制约

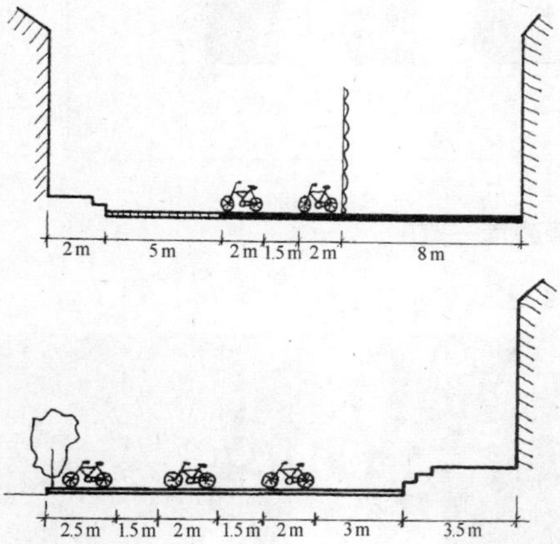

图10 自行车停放占道断面

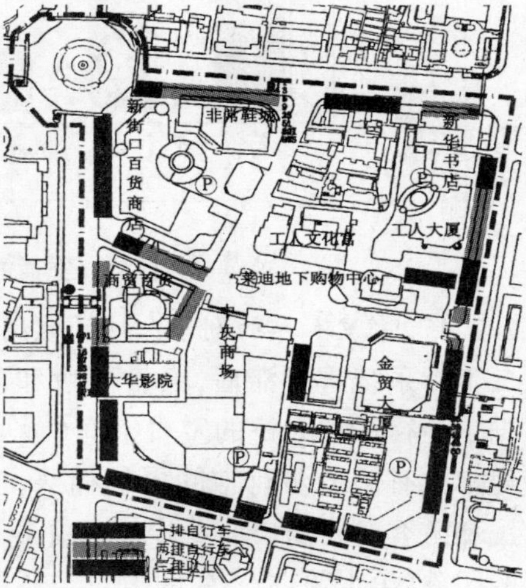

图11 自行车停放占道示意

图12 自行车挡路,不利于疏散

问卷中,11.90%的人是骑车前往步行街的,自行车数量很大,而该区缺乏统一的车库或地下停车场,自行车随意停放现象严重,出现了车与人争抢空间的尴尬局面(图10~图12);同时,公交站点也不能与步行系统紧密配合,难以达到快速疏散的目的。离步行街近的(西街、北街)公交站点,人流拥堵,乘车不便(图13中公交车为首选交通方式)。

思考:自行车停放问题已成为影响步行街畅通和美观的重要制约因素,建设统一的车库或地下停车场已成当务之急。而公交站点的设置还须与步行系统相协

调,在东街、南街建立相应公交人流集散点,促使人流在步行街均衡合理的分布。

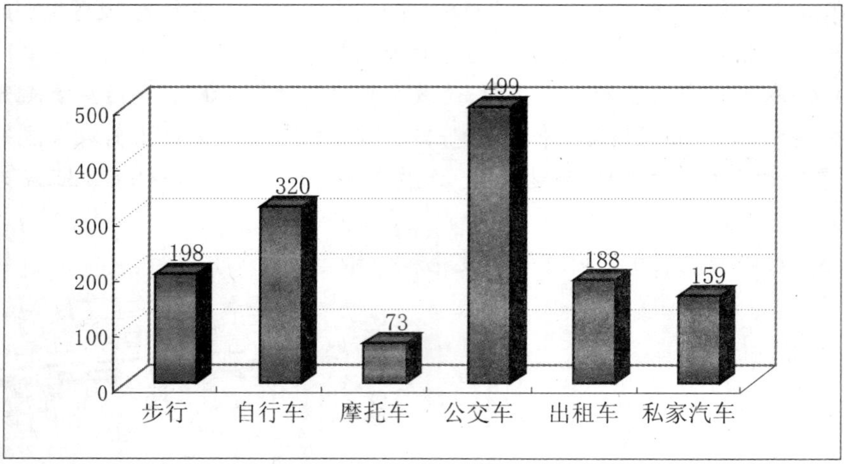

图 13 交通方式选择频度一览图

2.2.4 管理不善加剧了人流的空间拥塞问题

步行系统管理滞后,大量商贩和乞丐占据了步行街和天桥的宝贵空间(图 14),使得本已有限的步行空间更加拥塞,也使市民和游客对新街口商业步行区留下了不好的印象(第 1 题:57.8%的人对天桥留有"视觉效果差"的印象);此外,各种商业促销活动往往选择在高峰时段进行,地点通常位于人流密度最大的商场出入口,虽然商业效益较好,但由于缺乏有效的交通管理,空间又过于狭窄,加剧了人流分布的不均衡和拥塞问题。

图 14 管理不善,商贩占道

思考:新街口商业区应定位为"商业繁华、秩序井然的南京市城市形象的窗口",应不断加大管理和服务成本的投入,塑造一个良好的管理环境。

3 新街口正洪商业步行街规划设计中存在的主要问题

一个良好的步行系统应体现"以人为本"的宗旨,充分满足人们的需求,提供安全舒适的购物环境,延长行人驻留时间,从而提高商家的经营效益。其主要功能包括:

循环功能——提供给行人足够的步行空间

休憩功能——为步行者提供休息的区域

美化功能——增加绿化,吸引过客

目前,新街口商业步行街还不能做到这几点,存在以下几个突出问题:

3.1 步行街休憩场所极度匮乏,不能满足行人最基本的休憩需要

步行区内,除了正洪广场的喷水池边可坐数人,其他地段连简单的坐椅都没有,很多人无奈地“钻”进周围的室内收费茶座。可见,室外免费供人停留休息的场所还远远不够。通过问卷发现,当问及“您最倾向于广场上设置何种设施”时,68.5%的人选择“绿地小品”,76.79%的人选择了“坐椅”。试想,身心疲惫地处于这样一个嘈杂纷乱的“水泥森林”中而找不到一片休憩之所,必然的结果只有逃离(图 15、图 16)。

图 15 喷水池,惟一休息的地方

图 16 设计的尴尬,行人的无奈

思考:从无到有,尽快建立新街口正洪商业街步行休闲设施体系,以满足行人最基本的休憩需要,是提高新街口步行空间环境质量的前提。

3.2 绿地、小品等步行环境要素缺乏,美化功能不强

东入口是正洪广场设计之初的主入口,为什么建成后它的利用率却如此之低呢?观察中发现人们穿梭于高楼大厦围合的水泥幕墙之中时会产生压抑感,从而促使人们尽可能的快速穿越这些地带,同时也使得人与人交往的机会大为减少。

人们心理上渴望的步行空间是怎样的呢?“沿街建筑立面通透明亮,无论在色彩还是质感上都十分一致,且具有亲和性;建筑物与步行空间,休闲空间相结合,步步有景,室外展销、艺术活动穿插于景观设施之中。”这就是人们心中理想的步行区空间环境,国外已经有很多成功的例子(图 17、图 18)。

思考:绿化景点、小品设施的不足,使商业街的美化功能未得到充分的发挥。

建议将东街、南街东侧的老住区(现正在拆迁)用地置换成绿化娱乐设施用地,同时添置一些遮阳篷、盆栽花草等小品以满足步行者对视觉环境的需求。

图 17　威尼斯市政广场的晨曦

图 18　立面恰似敞开的舞台,巴黎

3.3　没有充分考虑老年人与儿童的需求,忽视弱势群体设施的建设

正洪广场上除了麦当劳前设盲道外,其他各道路以及各大商场的出入口处均未设有盲道和缓坡。当人流拥挤的时候,经常出现占用盲道的现象,广场上也没有供老年人和儿童休憩、娱乐的设施(第 5 题:42.3%的人对正洪广场的设计不满意)。

思考:一个成功的步行街,应该多关怀弱势群体,满足不同年龄段人群的需求,真正体现人文关怀。

3.4　步行街文化服务层次过于单一,不能满足高层次的需求

尽管步行街街区文化的贫乏显而易见,但是人们对于步行街内举行的如三人篮球赛、模特展示、歌舞表演等各种商业促销活动并非持反对态度(第 11 题:26.2%的人认为“很好,非常热闹,商业气息浓”)。不过,这些文化活动层次较低,未能体现南京作为六朝古都的传统文化特色和作为现代都市的新文化情结,其氛围为单纯商业,缺乏文化生机和多元化导向,与同是商业街的山西路、湖南路城市副中心相比,还有所不及。

思考:正洪步行街文化层次的提高是当前亟须解决的问题,也是其功能档次提升的标志。新时代的步行街体现出的应是商业气息与文化气息的完美结合。

三 关于新街口商业步行街区规划设计的建议

1 势在必行的立体步行化系统

新街口地区是南京市的一级商业中心,仅新百和中央商场顾客平均日流量已超过30万人次。新街口中心商业区的步行系统的立体化趋势势在必行。

1.1 空中步行道

a. 近期拆除中央商场天桥、新华书店天桥,远期结合南京地铁一号线、三号线新街口换乘站的建立,拆除新街口转盘处的4座天桥,最终只保留商贸商场人行天桥。

b. 新百、中央、商贸是新街口商业区最主要的人流集散场所,直接导致步行街南北街的人流密度极高,故可考虑在这3座公建之间建立空中步行道。

c. 地上步行道包括建筑退让、横跨基地的附属建筑物、二层广场平台和人行天桥等,应以封闭、半封闭为主,这样可以满足人们恶劣天气下的行走需求(图19)。

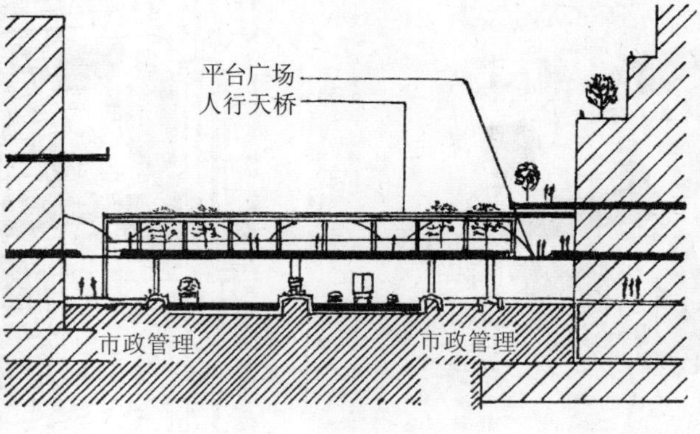

图19

1.2 地面步行道

a. 外围步行道:拓宽人行道——行人重新获得失去的城市空间的最直接途径。

对中山南路、中山北路的道路断面进行重新设计，由原先的六车道压缩为四车道，且仅供公交车辆和中心区内部企业车辆通过。其余车辆由中心区外环路疏散。在市中心拓宽人行道可减轻拥挤感，局部放大形成广场，可供人们休息和游憩（图 20）。

图 20

b. 内部步行道：开发南街——实现人流空间分布的均匀性。

对现状主要为居住用地的南街东侧地区进行全方位的开发，使其成为新街口商业区又一重要的人流集散场所，从而有助于该人流空间分布的均匀性。

1.3　地下步行道

结合南京地铁一号线、三号线新街口换乘站的建立，以及业已存在但相互独立的各公建的地下空间（图 21、图 22），建成新街口中心商业区的地下空间，并形成环路。

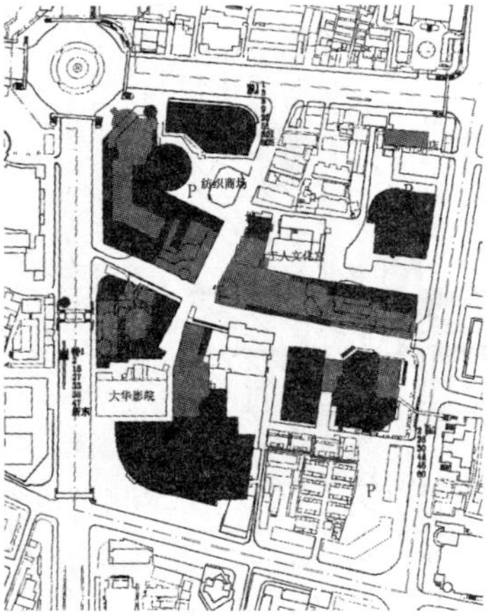

图 21　地下空间一层现状图

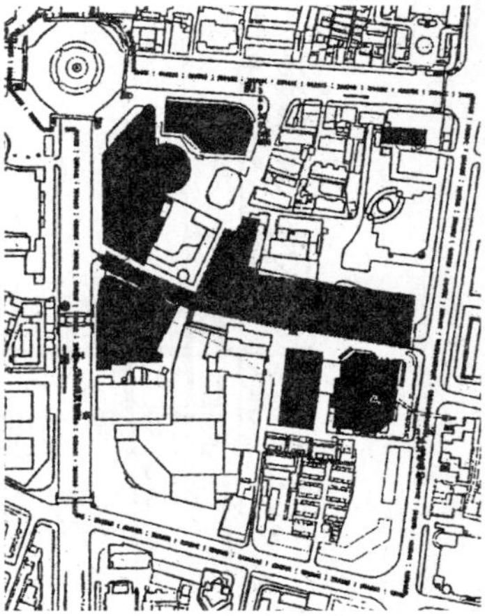

图 22　地下空间二层现状图

地下步行线与地区内重要公建或下沉广场相衔接，形成较为明确的形态特征，便于行人识别。地下步行道的开放时间根据人流时间分布的特征和商家的营业时间而定。

1.4 垂直交通系统

根据我们本次调查的结果，为了在有限的时空范围内实现人流的有序、高效的集散，拟在新百正门、南门、中央商场北门、商贸北门、新华书店等现状人流过于拥挤的场所、未来潜在的人流密集场所设置沟通立体步行系统的垂直交通系统。

立体交通的规划设计构想详见图 23、图 34。

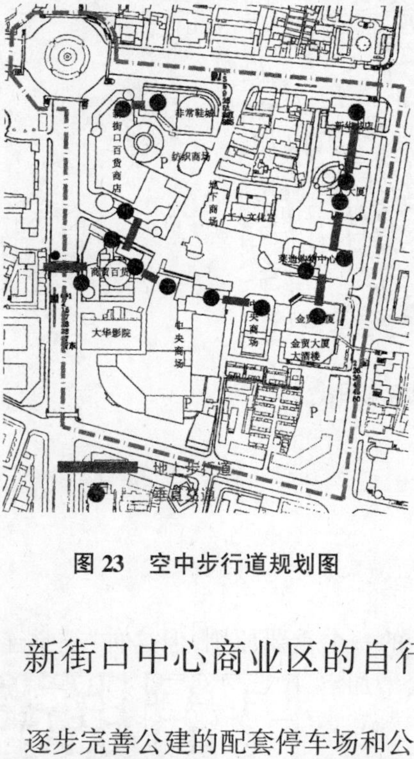

图 23　空中步行道规划图

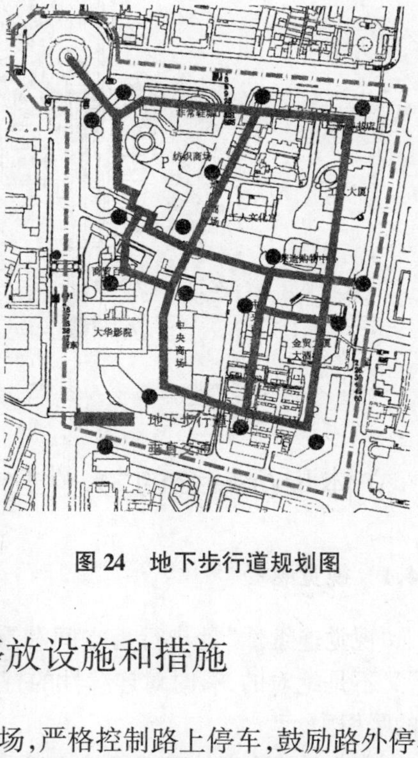

图 24　地下步行道规划图

2　新街口中心商业区的自行车停放设施和措施

逐步完善公建的配套停车场和公共停车场，严格控制路上停车，鼓励路外停车场、库、楼建设，规定单位必须自建职工停车场，并解决顾客自行车停放问题，与市容管理、交通管理等其他政策措施配套。

自行车停放场所主要有：洪武路人行道、原先各公建已有的配建停车场、南街东侧地区建一公共停车场；中山南路人行道、中山北路人行道内部禁止停放自行车。

3　与外部交通有效衔接——合理布局公交站点、出租车停靠点

公交站点主要分布于中山南路、中山东路、洪武路上；出租车停靠点主要分布

于洪武路、淮海路上。各站点的具体位置应方便与立体步行系统的衔接以及考虑到人流空间分布的均衡(图 25)。

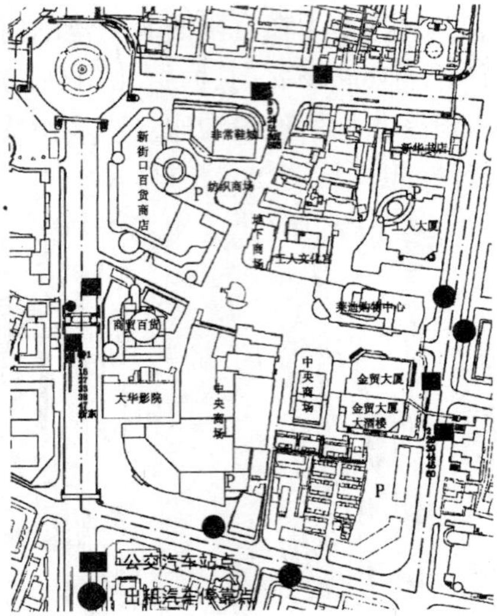

图 25　公交出租规划图

4　立体步行系统的“人性化”设计

4.1　视觉感受

“视觉连续性”是步行街空间和形象设计的一个重要原则,但这种“视觉连续性”又不是绝对的,有时对连续性的打破,也会增加空间的吸引力。

a. 步行道两旁的建筑物应在色彩、质地、风格进行部分改造,以达到呼应、统一的目的。

b. 道路铺面的造型、材料、颜色应富于变化,形成色彩鲜艳、节奏明快、变化有序的平面效果(图 26)。

c. 增加步行街区内的休憩设施,并通过诸如坐凳、花坛、灯具、广告牌等设施的重复、叠加、连接等设计手法来创造整体形象,并注重与建筑物的细部的呼应。

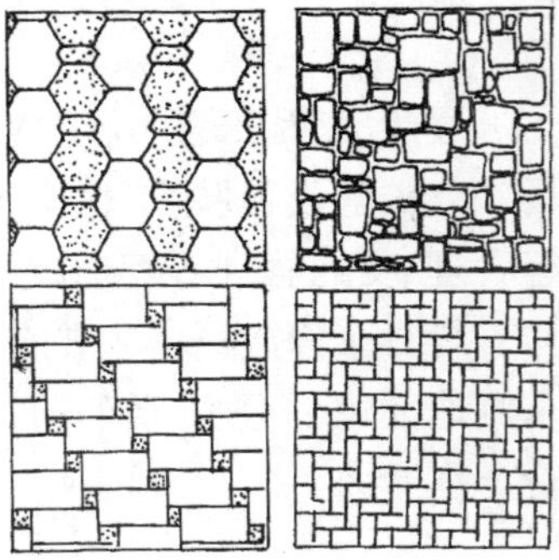

图 26　铺地

4.2 空间心理感受

人在一个空间中的驻留状态,很大程度上是因为空间的"水平封闭性"。适当封闭的街道能保持安全和舒适的心态,才可能坐下来欣赏和感受周围的环境,欧洲很多成功的街道空间范例已证明了这一点。新街口中心商业区步行道的室外公共设施设计应注重"水平封闭性"的应用,如树木对空间的"虚界定"、空间的适当放大等(图 27)。

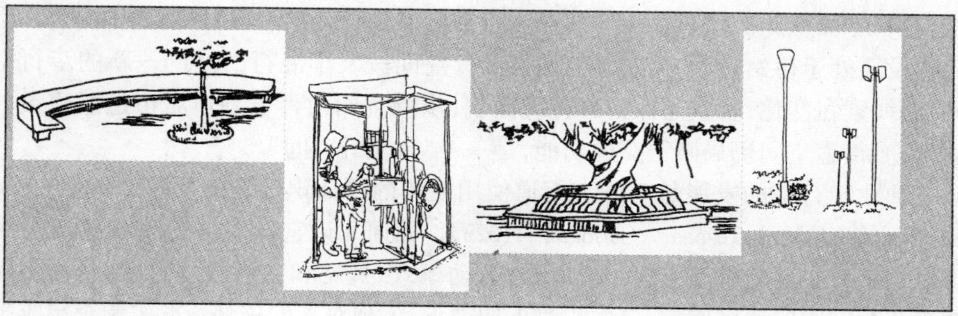

图 27

5 突出新街口中心商业区步行街文化的多元化取向及地方特色

新街口中心商业区消费阶层的复杂性及消费需求的多样性大大增加了不同文化背景、阶层的人相互交往的机会(第 10 题),多元文化共存乃大势所趋。文化的多元化也必将导致商业活动形式的多样化。新街口商业区目前的商业活动内容过于单一,多以商家的产品、形象展示为主。今后,可增加诸如名人演讲、艺术品拍卖等内容,使步行街真正成为综合性的购物、娱乐、文化场所,全方位的适应城市中心区商业的更新和发展。

新街口地区作为南京的"对外窗口",其各种文化活动应时刻体现出古都南京"山、水、城、林"特色,打出南京自己的品牌。

6 制定保障步行街区健康发展的政策法规管理措施

对非功能性、又妨碍空间环境与功能合理发挥的行为与现象要予以取缔,如随意摆地摊、乱停乱放自行车、随意横穿马路以及其他违章乱建、占道等行为。

四 结 语

以1930年由德国林贝克街(Limbecker Street)改造成的“林阴大道”为雏形的现代商业步行街的发展经历了三个阶段:单纯以吸引顾客为目的的阶段、体现对步行者关怀的阶段、作为社会活动中心的阶段,经过三个阶段的特征演变,商业步行街已成为一个地区,乃至整个城市的多功能社会活动中心和旅游景点,是一个“人性的空间”。而从此次南京新街口商业步行街区的调查结果来看,目前我国商业步行街建设还处于初始阶段,遵循着“旧的步行空间—人车混行的空间—新的步行空间”的线索在变化,多数还保留着传统面貌,步行空间设计被划作城市道路建设的附带物,街道空间仍局限于交通功能,是一个“人流的空间”。

商业步行街的发展是对城市街道使用主体的再认识过程的反映:“What is the city but people”(Shakespeare, Cariolanus, 1623)。因而无论它怎么发展,都必须充分考虑以“人”为主题的城市空间、人的行为活动模式、视觉和空间心理感受,从而不断提高步行空间的环境质量,全面满足人的需求,体现对人的关怀。本次调查牢牢抓住上述要点,围绕着“以人为本”的思想,从一个步行者的角度出发,设身处地地去观察、感受,尽可能多地发现问题,通过大量的问卷、数据来定性和定量证明自己的观点,最后还介绍了国外“特色步行街文化”、“综合化步行系统”、“立体发展的步行街”等商业步行街发展趋势,并提出了一些解决新街口商业步行街具体问题的建议。相信这些建议能够对新街口商业步行街的改造并使之成为南京市第一条突出中国特色的现代化商业步行系统有所帮助,从而实现本次调查的最终预期。

附 新街口正洪商业步行街调查问卷

作为南京的市民或观光者,您可以通过填写该问卷表达您对新街口建设的看法。本问卷是不记名的,请放心填写。——感谢您对南京城市建设和研究做出的贡献!——

(本资料"属于私人单项调查资料,非经本人同意不得泄漏"。《统计法》第三章14条)

新街口正洪商业步行街调查问卷

您的职业:＿＿＿＿＿ 年龄＿＿＿＿＿ 性别＿＿＿＿

1. 您对新街口人行天桥最直接的印象是(请打√,以下同):
a. 视觉效果差,比较拥挤、b. 不错,是大都市的象征和标志、c. 没什么印象

2. 您认为天桥是否给您的行走带来方便:a. 是、b. 否

3. 您觉得天桥给行人带来了哪些不便:(可多选)
a. 不够宽,过于拥挤、b. 选址不合理,绕行浪费时间、c. 管理紊乱,经常有很多小商贩占据天桥、d. 商场举行活动造成行人滞留,引起天桥堵塞

4. 您通常以何种交通方式到新街口,请将以下的几种交通方式按您选择频率的高低排序:＿＿＿＿ ＿＿＿＿ ＿＿＿＿ ＿＿＿＿ ＿＿＿＿ ＿＿＿＿
a. 步行、b. 自行车、c. 摩托车、d. 公交车、e. 出租车、f. 私家汽车

5. 您对正洪广场的设计:
a. 很满意、b. 满意、c. 一般满意、d. 不满意

6. 您认为新街口商业区(如正洪广场)还需要增加哪些设施:(可多选)
a. 自行车停车设施、b. 露天休闲茶座(提供饮料、小吃)、c. 绿地小品、d. 盲道、e. 公建门口的缓坡道、f. 坐椅

7. 当您逛街感到疲惫时,您比较倾向于以下哪种休憩方式:
a. 室内收费茶座或饮食场所(如麦当劳、地下美食中心、新百内的茶座等)、b. 室外沿街设置的免费坐椅、c. 商场内布置的免费坐椅、d. 其他

8. 您在新街口商业区购物一般会逗留多长时间:
a. <1小时、b. 1~2小时、c. 2~4小时、d. >4小时

9. 您通常选择什么时段来新街口购物:
a. 9:00~11:00、b. 11:00~12:00、c. 13:00~16:00、d. 17:00~21:00

10. 您目前的月收入(所有收入)约为
a. 200元以下、b. 200~499元、c. 500~999元、d. 1000~1999元、e. 2000~3999元、f. 4000元以上

11. 您认为节假日商场门口举行的各种商业促销活动:
a. 很好,非常热闹,商业气息浓、b. 人流大量聚集,造成堵塞,影响走路、c. 噪音太大、d. 无所谓

* * * * * * * * 您答完这份问卷后感到还有什么需要补充吗? 如有,请写在下面
* * * * * * * * ＿＿＿＿＿＿＿＿＿＿＿＿＿＿＿＿＿＿＿＿＿＿＿＿

谢谢您真诚的合作! 2001.3

调查人姓名:＿＿＿＿＿＿＿＿ 调查时间:＿＿＿年＿月＿日＿时至＿时
对本问卷的评价:可信＿＿,基本可信＿＿,不可信＿＿。